U0897636

人才发展体制机制改革理论与实践研究

主　编　何　宪
副主编　余兴安　唐志敏

图书在版编目(CIP)数据

人才发展体制机制改革理论与实践研究/何宪主编．—北京：中国人事出版社，2016

ISBN 978-7-5129-1122-2

Ⅰ.①人… Ⅱ.①何… Ⅲ.①人才管理-研究-中国 Ⅳ.①C962

中国版本图书馆 CIP 数据核字(2016)第 212484 号

中国人事出版社出版发行

(北京市惠新东街 1 号 邮政编码：100029)

*

北京隆昌伟业印刷有限公司印刷装订 新华书店经销

787 毫米×1092 毫米 16 开本 22.5 印张 380 千字

2016 年 9 月第 1 版 2017 年 6 月第 3 次印刷

定价：58.00 元

读者服务部电话：(010) 64929211/64921644/84626437

营销部电话：(010) 64961894

出版社网址：http://www.class.com.cn

编　委　会

前　言

经过几个月的努力，《人才发展体制机制改革理论与实践研究》一书，终于与广大读者见面了。本书是人才学研究专家学者和人才工作者对中共中央《关于深化人才发展体制机制改革的意见》（以下简称《意见》）的解读和学习体会。

在我国全面深化改革进入攻坚克难的关键时期，中共中央于2016年3月21日印发了《意见》，这是继2003年中共中央、国务院颁发《关于进一步加强人才工作的决定》、2010年发布《国家中长期人才发展规划纲要（2010—2020年）》之后，又一里程碑式的人才工作纲领性文献。

《意见》立足于我国新时期、新常态下人才工作创新发展和更好实施人才强国战略，着眼于破除束缚人才发展的思想观念、思维方式和体制机制障碍，解放和增强人才创新、创造、创业活力，形成具有国际竞争力的人才制度优势和聚天下英才而用之的良好环境，进一步明确了新时期、新常态下深化人才发展体制机制改革的指导思想、基本原则、主要目标和重点任务，从管理体制、工作机制、制度安排到政策体系、组织领导等方面都提出了一系列改革、创新措施。《意见》的颁布实施，对全面贯彻党的十八大和十八届三中、四中、五中全会精神，深入认真学习和贯彻落实习近平系列重要讲话精神，加快实施建设世界人才强国的目标，最大限度激发人才创新创造创业活力，把各方面优秀人才聚集到党和国家事业中来，为实现“两个一百年”奋斗目标提供强有力的人才智力支撑，具有非常重要的战略意义和现实意义。

中国人才研究会把学习好、领会好、贯彻好《意见》，作为当前最重要的任务。《意见》刚刚颁布，即于4月8日在北京组织召开了“学习贯彻《意见》专家座谈会”。来自中央机关和全国各地的专家学者和实际工作者，紧紧围绕“深化人才发展体制机制改革”这一时代主题，从认真学习、深刻领会《意见》各项改革部署、创新措施的角度出发，对深化人才发展体制机制改革内容和要求，交流了各自的初步理解和认识。为了更好地推动《意见》的学习贯彻，中国人才研究会按照高质量、高水平的要求，让参加座谈会的每一位专家学者和实际工作者，对个人在座谈会上的发言材料，进行了深入加工、认真修改，最终形成了《人才发展体制机制改革理论与实践研究》一书。

全书约30多万字，由总体论述篇、体制改革篇、管理评价篇、开发培养篇、引进流动篇、制度保障篇、责任落实篇七篇构成，30多位专家学者和实际工作者，分别从《意见》颁发实施的宗旨目的、重大意义、管理体制、工作机制以及开发培养、考核评价、引进流动、保护激励、投入保障、领导服务等人才工作和人才发展的各个方面、相关环节，进行了深入地研究探索，并提出了指导性、针对性、应用性都比较强的对策建议，是一部学习领会、贯彻落实《意见》比较好的辅导读物。

希望本书的出版发行，对深入学习、认真贯彻和落实《意见》，能起到积极的推动作用。

何宪

2016年7月15日

目　录

总体论述篇

体制改革篇

管理评价篇

开发培养篇

引进流动篇

制度保障篇

责任落实篇

总体论述篇

习近平人才思想初探

罗洪铁　唐　斌

最近，中共中央印发的《关于深化人才发展体制机制改革的意见》（以下简称《意见》），是对党的十八大以来习近平总书记有关人才工作一系列重要讲话精神的贯彻落实，也是习近平总书记有关人才发展战略思想精髓的集中体现。深入学习习近平人才思想，对深刻理解《意见》出台的重大意义、主要目标、基本原则、重点任务、改革方向以及工作部署、要求，具有指导性作用。

党的十八大以来，习近平总书记不仅重视对人才的培养和使用，更重视人才发展战略的制定与实施。对人才发展、人才工作、人才战略等各个方面都做出了一系列重要论述，从而形成了新时期习近平的人才思想。我国正在实施人才强国战略，为实现中华民族的伟大复兴而奋斗。在这样的背景下，研究习近平人才思想，对更好地学习贯彻《意见》，具有重要的理论价值和实践意义。

一、人才是实现中国梦的关键

实现中华民族伟大复兴的中国梦，是我国现代化建设的战略目标。要实现中国梦，人才是关键。习近平总书记在欧美同学会成立100周年庆祝大会上的讲话中指出："'致天下之治者在人才'，实现中国梦，关键在人才。人才是衡量一个国家综合国力的重要指标。没有一支宏大的高素质人才队伍，全面建成小康社会的奋斗目标和中华民族伟大复兴的中国梦就难以顺利实现。"① 实现中国梦，关键在人才，是习近平人才思想中最有代表性的理论观点之一。这一观点明确地告诉我们，只有抓好人才工作，大力开发我国丰富

① 习近平. 在欧美同学会成立100周年庆祝大会上的讲话［N］. 人民日报，2013-10-22.

的人才资源，才能抓住实现中国梦这个关键性、战略性的问题。

由于人才在实现中国梦的过程中具有战略性的作用，习近平总书记希望人才要为实现中国梦建功立业。他在全国政协十二届一次会议参加分组讨论时指出："要加强科技人才队伍建设，为人才发挥作用、施展才华提供更加广阔的天地，鼓励人才把自己的智慧和力量奉献给实现中国梦的伟大奋斗。"① 他满腔热情地呼吁："广大留学人员要把爱国之情、强国之志、报国之行统一起来，把自己的梦想融入人民实现中国梦的壮阔奋斗之中，把自己的名字写在中华民族伟大复兴的光辉史册之上。"②

2013 年 5 月他在给北京大学学生的回信中提出："希望你们珍惜韶华、奋发有为，勇做走在时代前面的奋进者、开拓者、奉献者，努力使自己成为祖国建设的有用之才、栋梁之材，为实现中国梦奉献智慧和力量。"③ 他勉励大学生：大学的青春时光，人生只有一次，应该好好珍惜。殷切期望大学生要勤奋学习，开拓进取，使自己成为国家的栋梁之才，为实现"中国梦"建功立业。

二、人才培养以德为先

人才培养必须以德为先，人才只有德才兼备，才能在我国的社会主义现代化建设中大展宏图，为中国梦的实现贡献自己的聪明才智。人才培养要以德为先，是习近平早就关心的问题。他还在浙江工作期间，就在《成才必须先学做人》一文中指出："人而无德，行之不远。没有良好的道德品质和思想修养，即使有丰富的知识，高深的学问，也难成大器。"④ 习近平在担任党中央总书记以后，更加重视立德树人，2014 年 5 月 4 日，他在北京大学师生座谈会上的讲话中指出："'德者，本也。'道德之于个人、之于社会，都具有基础性意义，做人做事第一位的是崇德修身。这就是我们的用人标准为什么是德才兼备、以德为先。因为德是首要、是方向，一个人只有明大德、守公德、严私德，其才方能用得其所。修德，既要立意高远，又要立足平实。要立志报效祖国、服务人民，这是大德，养大德者方可成大业。同时，还得

① 习近平李克强张德江俞正声刘云山王岐山张高丽分别看望出席全国政协十二届一次会议委员并参加讨论［N］. 人民日报，2013-03-05.

② 习近平. 在欧美同学会成立 100 周年庆祝大会上的讲话［N］. 人民日报，2013-10-22.

③ 勇做走在时代前面的奋进者开拓者奉献者［N］. 人民日报，2013-05-05.

④ 习近平. 之江新语［M］. 杭州：浙江出版联合集团、浙江人民出版社，2013.

从做好小事、管好小节开始起步，‘见善则迁，有过则改’，踏踏实实修好公德、私德，学会劳动、学会勤俭，学会感恩、学会助人，学会谦让、学会宽容，学会自省、学会自律。”① 他在许多讲话中都强调，培养人才首先要提高道德素质，尤其是希望承担着实现中华民族伟大复兴历史使命的当代青年，更要加强自己的道德修养，成为有远大理想和良好道德素质的建设人才。

怎样才能立德树人，培养德才兼备的人才呢？习近平总书记认为，立德树人要从小抓起，他指出："少年儿童从小就要立志向、有梦想，爱学习、爱劳动、爱祖国，德智体美全面发展，长大后做对祖国建设有用的人才。"② 少年儿童正处在德智体美素质形成的基础阶段，即扣人生第一颗扣子的时期。如何用科学理论教育、引导他们，对于他们道德品质的形成，知识、能力的培养和生理素质的强壮至关重要。在少年儿童阶段养成了这些素质，不仅对他们中青年阶段素质的提高具有直接性的影响，还关系到他们能否成为社会主义现代化事业的建设者和接班人，为祖国的繁荣昌盛展现出自己的才华。

三、教育为本，突出实践

人才培养的核心问题是素质的全面提升，而素质提升的渠道很多，但最重要的渠道是教育和实践。在科学技术快速发展的今天，尤其如此。面对素质提升的新态势，习近平总书记讲："百年大计，教育为本。教育是人类传承文明和知识、培养年轻一代、创造美好生活的根本途径。……中国将坚定实施科教兴国战略。始终把教育摆在优先发展的战略位置，不断扩大投入，努力发展全民教育、终身教育，建设学习型社会。"③

就如何通过教育和实践来培养人才，习近平总书记阐述了以下观点：

（一）学校教育培养人才

学校教育，能够系统地传授道德知识和专业理论，训练能力，强壮体质，为全面发展奠定基础。习近平总书记非常重视学校教育，他多次强调百年大计，教育为本。教育是人类传承文明和知识、培养年轻一代、创造美好生活的根本途径。要办好教育，必须有一支高素质的教师队伍，他要求各级党委和政府要把加强教师队伍建设作为教育事业发展最重要的基础工作来抓，提

①③ 习近平．青年要自觉践行社会主义核心价值观——在北京大学师生座谈会上的讲话［N］．人民日报，2014-05-05．

② 让孩子们成长得更好［N］．人民日报，2013-05-31．

升教师素质，改善教师待遇，紧紧依靠广大教师，支持优秀人才长期从教、终身从教。通过发展教育事业，造就社会主义现代化建设急需的各类人才。

（二）实践指导成就人才

习近平总书记认为：实践出真知，实践出人才。这是人才成长最根本、最管用的规律。如何才能实践出真知，实践出人才？习近平总书记提出用培养与使用、理论与实际相结合的方法，引导人才学以致用，深入基层、深入群众、深入生产第一线，在改革开放和社会主义现代化建设实践中，掌握真才实学。

（三）传帮带发展人才

传帮带是寓教育与实践于一体的培养方法。传是传授知识和经验，帮是帮助成长和成才，带是带着培养对象一起工作。习近平总书记回忆他在河北省正定县任副书记的体会时说：“整个班子都是老同志的班子，确实是一个受教育的过程，跟着学跟着走的过程。所以，我说冯书记（县委书记冯国强）起了传帮带的作用。我们有幸在这么一段时间学习。”[①] 习近平总书记要求领导干部到基层，进行传帮带，提高工作水平。他自己还身体力行，带头教育培养干部。

四、选人用人要德才兼备

在选拔人才时，习近平总书记强调“要正确处理德与才的关系。才为德之基，德为才之帅。现在选干部，容易忽略的往往是德。因此，在把握德与才的关系时，特别要注重德，把德放在首位。”[②] 他认为，用人坚持德才兼备的原则，不仅能够为各类人才干事创业和实现价值提供机会和条件，使他们的创新智慧得到迸发，还能形成良好的用人风气。“用一贤人则群贤毕至，见贤思齐就蔚然成风。选什么人就是风向标，就有什么样的干部作风，乃至就有什么样的党风。”[③]

用人在坚持德才兼备原则时，要特别关注那些“看得准、有潜力、有前途”的年轻干部。培养和用好这些干部，既能使他们尽快成长，还能使党的事业薪火相传，国家长治久安。如何培养这样的年轻干部呢？其措施是：

---

① 习近平谈治国理政［M］. 北京：外文出版社，2014.

② 习近平. 之江新语［M］. 杭州：浙江出版联合集团、浙江人民出版社，2013.

③ 正定：从政始发地［N］. 经济观察报，2012-11-19.

“要敢于给他们压担子，有计划安排他们去经受锻炼。”① 习近平总书记所说的“看得准”，是指人才要有洞察力、分析力，能够正确把握时代发展的脉搏；“有潜力”就是人才的内在素质雄厚过硬，有较大的开发潜力和发展潜力；“有前途”是指人才的发展空间大，就是说要选拔有发展前途和发展空间大的人才。以上论述尽管讲的是年轻干部，但对培养和选拔人才具有普遍意义。

反腐败暴露出的在用人上存在的问题再次证明，只有按照德才兼备的原则选拔和使用干部，才能风清气爽，干部的聪明才智得到充分发挥，事业得到发展，党和人民群众的鱼水关系才会更加紧密。

五、加强党政人才队伍建设

党政人才担负着治国理政的重任，他们的素质，尤其是他们的道德素质如何关系重大。因此，加强党政人才队伍建设，首先是重视干部的道德修养。习近平总书记指出：“做官先做人，做人先立德；德乃官之本，为官先修德。”② 他希望领导干部要注意自己的言行举止，珍惜自己的人格魅力，洁身自好，做一个有高尚品德的人。他要求领导干部要“常修为政之德，常思贪欲之害，常怀律己之心，在实践中把做人与做官统一起来，把学习与改造统一起来，把‘立言’与‘立行’统一起来，真正做到为民、务实、清廉”。③ 如何修德成为有高尚品德的人，习近平总书记指出，修炼道德操守，提升从政道德境界“最好的途径就是加强学习，读书修德，并知行合一，付诸实践”。④

他还强调：“党要管党，首先是管好干部；从严治党，关键是从严治吏。要把从严管理干部贯彻落实到干部队伍建设全过程，坚持从严教育、从严管理、从严监督，让每一个干部都深刻懂得，当干部就必须付出更多辛劳、接受更严格的约束。”⑤最近又再次重申：“查处腐败问题，必须坚持零容忍的态度不变、猛药去疴的决心不减、刮骨疗毒的勇气不泄、严厉惩处的尺度不松，发现一起查处一起，发现多少查处多少，把反腐利剑举起来，形成强大震慑。”⑥ 习近平总书记的以上论述，既提出了加强党政干部队伍建设必须坚持德才兼备、以德为先的方针，还强调要从严治党，关键是从严治吏。从严治

①⑤ 习近平谈治国理政［M］. 北京：外文出版社，2014.

②③④ 习近平. 之江新语［M］. 杭州：浙江出版联合集团、浙江人民出版社，2013.

⑥ 十八大以来重要文献选编（上）［M］. 北京：中央文献出版社，2014.

吏的措施是从严教育、从严管理、从严监督。这些论述，对于提高党政人才的领导水平和执政能力，造就一批善于治国理政的领导人才，建设一支政治坚定、善于推动科学发展的高素质党政人才队伍具有重要的指导作用。

六、建设一支具有创新精神的科技人才队伍

建设世界科技强国，必须要建设一支具有创新精神的科技人才队伍。习近平总书记在全国科技创新大会、两院院士大会、中国科协第九次全国代表大会上的讲话中指出："我国要建设世界科技强国，关键是要建设一支规模宏大、结构合理、素质优良的创新人才队伍。要大兴识才爱才敬才用才之风，在创新实践中发现人才、在创新活动中培育人才、在创新事业中凝聚人才，聚天下英才而用之，让更多千里马竞相奔腾，努力造就一大批能够把握世界科技大势、研判科技发展方向的战略科技人才，培养一大批善于凝聚力量、统筹协调的科技领军人才，培养一大批勇于创新、善于创新的企业家和高技能人才。"① 习近平总书记在这段论述中，既讲了培养科技人才队伍的重要意义，还讲了建设科技人才队伍的方法。这段论述对于我国建设具有创新精神，能够参与国际竞争，促进我国现代化建设事业大发展的科技人才队伍有重要的指导作用。

七、优化人才成长的环境

人才的培养、选拔、使用离不开良好的环境，人才自身的成长、成才、发展也需要一个良好的环境作为保障。习近平强调：要营造尊重人才、见贤思齐的社会环境，鼓励创新、容许失误的工作环境，待遇适当、无后顾之忧的生活环境，公开平等、竞争择优的制度环境，促使优秀人才脱颖而出。习近平关于人才环境优化理论的精辟论述，对于促进我国人才环境建设将产生重要影响。

（一）营造尊重人才、见贤思齐的社会环境

任何人才都产生和发展于一定的环境，因此，环境的好坏直接关系到人才的成长与其价值的实现。对此，习近平总书记有很深刻的论述："环境好，

---

① 深化科技体制改革增强科技创新活力真正把创新驱动发展战略落到实处［N］. 人民日报，2013-07-18.

则人才聚、事业兴；环境不好，则人才散、事业衰。要健全工作机制，增强服务意识，加强教育引导，搭建创新平台，善于发现人才、团结人才、使用人才，为留学人员回国工作、为国服务创造良好环境，促使优秀人才脱颖而出。”[①] 创造尊重人才的良好环境，充分发挥人才的作用是我党的优良传统，需要继续坚持下去。形成全社会都尊重知识、尊重人才，见贤思齐的风气，让人才在良好的环境氛围中为实现中国梦充分释放出他们的高能量。

（二）营造鼓励创新、容许失误的工作环境

由于主客观因素的影响，人们在工作中会出现各种各样的错误，尤其是从事创造性劳动的人才更容易出现差错，遭遇失败。如何对待人才的错误和失败，习近平总书记有他独到的见解。2013 年 7 月，他在中国科学院考察时指出：“要最大限度调动科技人才创新积极性，尊重科技人才创新自主权，大力营造勇于创新、鼓励成功、宽容失败的社会氛围”。[②] 这段话既强调了要鼓励创新，同时也要宽容失败。对失败者不要求全责备，而是帮助他们树立信心，让他们在宽容的工作环境中反思失误，总结经验教训，继续大胆探索。

（三）营造待遇适当、无后顾之忧的生活环境

人才不仅需要宽容的工作环境，还需要无后顾之忧的生活环境，使之能集中精力工作。习近平总书记提出，要关心各类人才的学习和生活，不断改善他们的生活条件，千方百计帮助他们解决好住房、医疗、养老、子女教育和就业方面的实际问题，使他们安心工作。2013 年教师节习近平总书记出访在外，但他心系教师，给全国教师发来慰问信，在信中特别要求各级党委和政府要“改善教师待遇，关心教师健康，维护教师权益，充分信任、紧紧依靠广大教师，支持优秀人才长期从教、终身从教”。[③] 习总书记最近在哲学社会科学工作座谈会上的讲话再次强调，对人才要“做到政治上充分信任、思想上主动引导、工作上创造条件、生活上关心照顾，多为他们办实事、做好事、解难事”。他希望全党、全社会都要关心人才的疾苦，帮助他们解决生活中的问题，营造一个无后顾之忧的生活环境。

（四）营造公开平等、竞争择优的制度环境

公开平等、竞争择优的制度环境，是人才能够脱颖而出，才华得到充分

---

① 习近平．在欧美同学会成立 100 周年庆祝大会上的讲话［N］．人民日报，2013-10-22.

② 习近平向全国广大教师致慰问信［N］．人民日报，2013-09-10.

③ 习近平主持召开哲学社会科学工作座谈会强调结合中国特色社会主义伟大实践加快构建中国特色哲学社会科学［N］．人民日报，2016-05-18.

施展的保障。党的十八届三中全会指出，全面深化改革，需要有力的组织保证和人才支撑……建立集聚人才体制机制，择天下英才而用之。打破体制机制壁垒，扫除身份障碍，让人人都有成长成才、脱颖而出的通道，让各类人才都有施展才华的广阔天地。要建立公开平等、竞争择优的制度环境，打破壁垒、扫除障碍，让人才在公平公开的环境中平等竞争，做到人尽其才、才尽其用。

在深入学习、贯彻落实《意见》的过程中，进一步研究学习习近平的人才思想，把学习《意见》和学习习近平人才思想有机结合起来，对《意见》的实施与推进，具有十分重要的指导引领意义和作用。

（罗洪铁，西南大学马克思主义学院教授、博士生导师。唐斌，重庆市马克思主义理论研究中心成员，西南大学马克思主义学院讲师。）

人才评价机制的新发展

萧 鸣 政

中国人才研究会组织学习《关于深化人才发展体制机制改革的意见》（以下简称《意见》）专家座谈会，很及时，也十分重要。我就有关人才评价机制创新方面内容，谈点个人的学习体会与理解。

一、基于《意见》的全文分析与独特性理解

中共中央印发的《意见》对于人才评价非常重视，基本贯穿全文。在第一部分，第二、第四与第九部分，有10个地方提及人才评价的内容。具体体现在：（二）基本原则，（三）主要目标，（四）转变政府人才管理职能，（六）健全市场化、社会化的人才管理服务体系，（七）加强人才管理法制建设，（九）改进战略科学家和创新型科技人才培养支持方式，（二十九）实行人才工作目标责任考核，以及第四部分的“创新人才评价机制”。《意见》一共6页，共6 585个字，涉及评价的内容约占1/10。其中第四部分用了551个字专门论述。在第四部分的“创新人才评价机制”中，指出人才评价机制是一个体系，包括了人才评价、绩效考核、职称评审与职业资格考评等多个方面；创新人才评价机制的目的，在于形成与社会主义市场经济体制相适应，“人人皆可成才、人人尽展其才”，让人才价值得到充分尊重和实现的考评制度；特色在于人才评价的科学化、社会化、市场化与分类化。与2010年颁发的《国家中长期人才发展规划纲要（2010—2020年）》相比较，既全面继承与保持了以往的人才评价思想与精神，又有所发挥与创新。《意见》中人才评价机制的独特性与突破性具体体现在以下四个方面：

（一）在专业技术人才评价方面有所突破

将人才区分为应用型人才与研究型人才，研究型人才又细分为应用研究

人才、技术开发人才、基础研究人才、哲学社会科学人才；评价主体包括国际同行、专家数据库、国内同行；评价方式包括分类评价、科学评价、市场评价、社会评价。

（二）在评价规范化与法制化方面有所突破

提出研究制定人才评价方面的法律法规，清理和规范人才招聘与评价环节中的行政审批和收费事项，建立专家评价责任和信誉制度。

（三）对于领导班子与领导干部的人才管理工作评价有新突破

把人才评价引入到人才管理的考核中。实行领导班子与领导干部的人才工作目标责任考核制度，将考核结果作为领导班子评优、干部评价的重要依据。将人才工作列为落实党建工作责任制情况述职的重要内容。

（四）在发挥市场评价作用方面有所突破

积极培育各类专业社会组织和人才中介服务机构有序承接政府转移的人才评价等职能。突出用人主体在职称评审中的主导作用，合理界定和下放职称评审权限，推动高校、科研院所和国有企业自主评审；探索高层次人才、急需紧缺人才职称直聘办法；畅通非公有制经济组织和社会组织人才申报参加职称评审渠道。

二、基于2003年以来党和国家三个重要文件的比较分析

党和国家先后于2003年、2010年与2016年颁发了关于我国人才发展方面的三个纲领性文件，分别是：《中共中央　国务院关于进一步加强人才工作的决定》（以下简称《人才工作决定》）、《国家中长期人才发展规划纲要（2010—2020年）》（以下简称《规划纲要》）与《意见》。从时间上看，基本上是平均每七年一次。13年来，三个纲领性文件所持的基本观点是一致的，主要表现在以下几个方面：

（一）人才评价机制创新中人才及人才评价的概念

《人才工作决定》首先提出了科学人才观与人才评价机制的理念。《人才工作决定》提出，我们要树立科学的人才观。只要具有一定的知识或技能，能够进行创造性劳动，为社会主义物质文明、政治文明、精神文明建设做出积极贡献，都是党和国家需要的人才。人才之所以不同于一般的人口、人员与人力，其区别之处就在于人才具备了较高的创造意识、丰富的知识技能与显著的工作业绩。因此，我们可以用以下公式来描述我们的人才：人才＝一

定的知识技能+强烈的创造意识+显著的工作业绩。

有了上面对于人才概念的讨论，我们应该用什么标准来衡量人才的问题就十分清楚了。《人才工作决定》认为，应该把能力和业绩作为衡量人才的主要标准，不唯学历，不唯职称，不唯资历，不唯身份。为什么应该把能力与业绩作为衡量人才的根本标准呢？因为能力与业绩既是人才的内涵，又是人才的外在形式。能力与业绩对于人才的揭示互为表里并且统为一体。其中能力是根本，业绩是标志。评价人才时，我们应该通过业绩看能力，透过能力看实绩。

我们评价人才时，对于能力与业绩的衡量，应该树立系统观、动态观与战略观。

所谓系统观，就是我们对于能力与业绩的结构及其影响因素，应该有一个全面的认识。系统的能力与业绩，包括知识、经验、技能、才能、成果、成效、成功与品德。品德本身对能力具有放大与缩小的作用。

所谓动态观，就是我们对于能力与业绩的水平及其影响因素，应该有一个全面的认识。动态的能力与业绩，包括知识、经验、技能、才能、成果、成效、创新意识与品德。强烈的创新意识与优良的思想品德，是确保人才能力与业绩水平持续提高的源泉。

所谓战略观，就是我们对于能力与业绩的发展及其影响因素，应该有一个全面的认识。战略的能力与业绩，不但包括人才当前所具备的知识、经验、技能、才能、成果、成效，而且包括对人才将来可能具备的知识、经验、技能、才能、成果、成效的估计。强烈的创新意识与优良的思想品德，是确保人才能力与业绩持续发展与更新的动力。

因此，我们认为战略与动态的人才应该用下面的公式进行描述：人才=一定的知识技能+强烈的创造意识+显著的工作业绩+优良的思想品德。

以上关于科学人才观与人才评价机制的思想，13 年以来在不断继承与发扬。

（二）人才评价机制创新中人才评价的作用变化

进行人才评价，宏观上讲是基于国家人才战略的需要，微观上讲是基于个人发展的需要，中观上讲是基于组织管理的需要。关于组织管理的需要，具体有下面几个方面：第一，是了解人才的需要。人才具有多样性，人才的素质具有内在性，人才的行为具有表面性，人才的价值具有模糊性，人才的业绩具有多面性，人才的贡献具有争议性。所以，我们需要通过评价对人才进行分析，通过评价对人才价值进行标定，通过评价对人才业绩进行界定，通过评价对人才贡献进行确定。第二，是人才选拔的需要。对于人才，我们有发展人才观和评价人才观之分，有素质人才观和业绩人才观之别。从评价人才观来讲，人才是那些业绩突出、能力优异、贡献多、素质高的人。我国目前人口众多，但是人口多并不是人才多，人才只是人口当中的一部分。在我国，高等教育资源比较紧张，工作岗位资源比较短缺，这就要求我们通过评价的方式，从人口中筛选出人才进行优先分配。在人才中，并非所有的人才水平都一样，所以需要通过评价区分人才，对人才进行分类管理。第三，是人才配置的需要。每个人天资禀赋不同，能力素质有别，兴趣爱好各异，所以，我们需要进行人才评价，把不同的人才分配到不同的组织，配置到最合适的岗位上。第四，是贯彻与落实科学人才观的需要。科学人才观是一种尊重人才素质客观基础与成长规律的人才观，是一种科学的人才管理与开发的方式方法。因此，我们需要通过人才评价进行分类管理，通过人才评价进行择优开发，通过人才评价进行职业生涯设计，通过人才评价进行效果评估。

（三）人才评价机制创新中人才评价的方法变化

关于人才评价方法的问题，2003 年 12 月中共中央召开的全国人才工作会议有所涉及。在这次会议上，中央提出要建立一个以能力和业绩为导向的、科学的、社会化的人才评价机制，这是我国人才评价工作管理层面上的重大突破。这种人才评价方式重在确立评价标准，改革评价方式，完善评价手段。目前在评价标准上，我们倡导的是德才兼备、以德为先。评价方式上，强调的是“三个认可”。在评价手段上，我们是把业绩考核和素质测评相结合、资格考试与技能鉴定相结合、组织考察和民主测评相结合。这种人才评价方式的建立，改进了我们国家的人才评价工作。

《规划纲要》中关于人才评价机制创新的内容，与《人才工作决定》相比较，主要在表述上有所变化。《人才工作决定》是直接阐述有关人才评价与选拔的标准、方法与内容，而《规划纲要》则是划分为目标与任务两个方面来阐述有关人才评价与选拔的标准、要求、方式与方法。《意见》在评价标准上，仍然体现了德才兼备、品德为先、能力为重、业绩与贡献为实的结构框架，体现了科学人才评价观的可持续发展导向，体现了岗位特点与用人单位自主权，不但继承了《规划纲要》中评价人才不唯学历与论文，而且把两“不唯”扩大为三“不唯”，增加了不唯职称。在应用型人才评价上，不把论文作为限制性条件。不看论文看绩效，不看学历看能力，体现了技能、才能与德能三能并重，效果、效率与效益合一的新型人才效能观。对职称评审，外语和计算机应用能力考试不作统一要求。

《意见》在评价主体上，仍然体现了评价主体的多元性，体现了政府主导、市场主体、多方参与的立体化结构，积极发挥政府、市场、专业组织、用人单位等多元评价主体的作用。

（四）人才评价机制创新中评价对象的变化

《人才工作决定》主要对于党政人才、企业经营管理人才与专业技术人才的评价与选拔工作做出了相关的规定，而《规划纲要》增加了对技能人才、事业单位人员这两类群体的评价与选拔要求。同时，对于各类人才的评价与选拔，《规划纲要》也做出了新的调整。

关于党政人才的评价与选拔，重点在于党政领导干部，核心在于按照职位要求考评，关键在于提高公信度；关于企业经营管理人才的评价与选拔，重点在于国有企业领导人员，核心在于任期目标，关键在于业绩贡献；关于专业技术人才的评价与选拔，更为精细与专业，划分为准入性的资格条件评价、任职性的职务能力评价与区分性的职业水平评价；关于技能人才的评价与选拔，主要是建立一种多元化的评价机制（职业资格评价主要由院校负责，职业技能鉴定主要由行业协会负责，专项职业能力评价主要由企业负责）；关于事业单位人员的评价，一是要求分行业特点进行分类评价，二是评价标准重在岗位业绩，克服唯学历、唯论文倾向。

（五）人才评价机制创新中评价特色的变化

与《人才工作决定》相比，《规划纲要》表现了人才评价与选拔的四个突出。

（1）突出了品德在人才评价中的作用地位，把德才兼备、以德为先的原则要求落实在人才管理工作的关键点上，主张建立一种“以品德、能力和业绩为导向，科学化、社会化的人才评价发现机制”。与《人才工作决定》比较，在评价机制中进一步突出了“品德”的标准要求。

（2）突出了人才评价的科学性。《规划纲要》主张建立一种“科学化、社会化的人才评价发现机制”。与《人才工作决定》比较，在评价机制中进一步突出了“科学化”的独立要求。

（3）突出了人才评价的客观性。《规划纲要》主张“克服唯学历、唯论文倾向，注重靠实践和贡献评价人才”。与《人才工作决定》比较，“实践与贡献”要求更加突出了客观性。

（4）突出了人才评价的发现作用。与《人才工作决定》相比较，《规划纲要》更加强调人才评价基础上的发现价值，主张人才评价机制应该从衡量评价转向识别人才与发现人才，突出识别显人才与发现潜人才的作用，主张从依靠少数人评价发现转向依靠全社会的评价发现。《规划纲要》主张举荐人才的社会化与专业化，注重从依靠平时工作中的评价发现转向依靠关键场合与关键工作中的评价发现。这充分体现了中国共产党一贯相信人民、依靠人民的社会化。在《规划纲要》中，明确指出应该“在重大科研、工程项目实施和急难危重工作中发现与识别人才”。

《意见》在评价方式方法上，相对于前面的《人才工作决定》与《规划纲要》，既有继承又有创新。评价方式体现了四化特点，突出了针对性。四化特点包括分类化、科学化、社会化与市场化。人才分类更为具体，科学化评价更具特色，包括同行评价、大数据评价、国际同行评价、建立专家数据库、延长考核周期等。社会化评价与市场化评价更具针对性。基础研究人才评价，适当延长评价考核周期，以同行学术评价为主，注重引入国际同行评价。应用研究和技术开发人才评价，突出职业特点、能力和业绩，突出市场化评价。哲学社会科学人才强调社会化评价。

（六）人才评价机制创新中评价理念的变化

评价理念从服务于管理，到发现人才，变化到“聚天下英才而用之”与服务于人才治理。无论是“聚天下英才而用之”，还是把人才管理转向治理，均需要人才评价机制的有效支持。因为聚才在于用才，用才在于把合适的人才放在合适的位置上发挥作用，配置的合适性关键在于人才评价的科学性。人才管理转向治理，在于管理主体的单一性转向治理主体的多元性，多元治理的有效性在于他们对于人才的认同性，认同性的关键在于人才评价的科学化、市场化与社会化。

三、关于贯彻落实《意见》人才评价机制的相关建议

建议在《意见》人才评价机制基础上分类制定与完善针对9个类别人才的评价体系。《意见》对于技能人才评价方面没有专门的论述。《规划纲要》中对此有专门论述：探索技能人才多元评价机制，逐步完善社会化职业技能鉴定、企业技能人才评价、院校职业资格认证和专项职业能力考核办法。《意见》对于建立产教融合、校企合作的技术技能人才培养模式的运行没有评价机制的支持，对于战略科学家与创新型科技人才没有相关的遴选机制与评价机制，缺乏相关的人才评价机制支持。

因此，建议在《意见》的实施细则中，能够对于以上各类人才的评价标准与方法进行进一步补充与完善。

（萧鸣政，中国人才研究会常务理事，中国人才学专业委员会副会长，北京大学政府管理学院人才与人力资源研究所所长、教授、博士生导师。）

落实人才发展体制机制改革任务的路径探讨

袁　兴　国

中国共产党一直高度重视人才队伍建设，这是我们克服一个又一个困难、实现一个又一个目标的根本保障。新中国成立以来，党和国家培养了大批人才，为经济社会发展做出了巨大贡献，但人才发展也存在诸多体制机制方面的实际问题。尤其是近年来，经济进入新常态，社会转型加快，各种新的经济业态、运行模式不断涌现，大众创业、万众创新的社会氛围日渐浓厚，社会资源不断整合，人才的数量和结构都发生了很大变化。为全面贯彻党的十八大和十八届三中、四中、五中全会精神，落实习近平总书记关于人才工作的系列重要讲话，2016 年 3 月 21 日，中共中央印发了《关于深化人才发展体制机制改革的意见》（以下简称《意见》）。这个文件的出台，是全面深化改革的重要组成部分，是党的人才制度改革的重要内容，是加快人才强国建设步伐的重大举措，是人才发展理论与实践的一个重要里程碑，是指导当前和今后一个时期全国人才工作的重要指导性文件。《意见》的颁布与实施，将最大限度地激发人才创新创业创造活力，把各行各业的优秀人才集聚到党和国家的建设事业中来，为协调推进“四个全面”战略布局，贯彻落实创新、协调、绿色、开放、共享的发展理念，实现“两个一百年”的奋斗目标，提供强有力的支撑。作为一个人才研究与实践的基层工作者，学习《意见》后深受教育和鼓舞，现将一些学习感受总结如下。

一、要提高对当前人才发展体制机制改革的重要性和紧迫性的认识

（一）人才的竞争已成为国际竞争的核心内容

从国际的视野看，进入 21 世纪，世界格局变幻莫测，人才的竞争已经成为世界各国竞争的核心内容。比如美国，我们研究发现，目前世界 500 强企业有 140 多个在美国，对各国人才具有强大的吸引力。但这还只是问题的表

象，美国真正意义上的人才竞争优势除了在核心企业、品牌和资本以外，更为重要的是在以下三个方面：企业管理以及社会环境、城市发展以及法律优势、文化教育和科技创新。这其中科技创新的要素又是核心。研究进一步显示：美国还大力发展职业移民、投资移民、技术移民，进一步笼络全球精英。据美国联邦人口普查局数据，2011 年美国出生在外国的人数已达 4 000 万，占全美人口的 13%，来自中国、印度等国家的高技术人才成为新移民主力。当前，奥巴马政府通过多种手段改革移民体系，其中一个重要做法就是人才移民程序简单化，如方便科学、技术、工程和数学专业的优秀留学生获得绿卡，创立新的签证类别，根据国家安全需要，留住一些在联邦政府中关键科学实验室工作的稀缺型移民人才等。我们再以日本为例，日本人才竞争战略有两个显著特点：首先是政府主导实施的引才计划明显多于其他国家，其次是移民政策逐渐开放。日本近年来频繁出台开放的人才政策。2013 年 12 月，日本开始计划建设“国家战略特区”，吸引和留住海外人才，并计划实行留学生毕业包分配政策。2014 年 6 月，日本通过了《出入境管理及难民认定法》修正案，将外国高级人才获得永久居留权所需要的居留时间，从 5 年降低到 3 年，不仅缩短了具备高学历、拥有高技术的外国人获得永久居留权所需时间，还允许高级人才的配偶在日本就业，父母和家政人员随行。由于日本工作环境和社会福利比较好，如就医、子女上学、户口迁移等都很方便，降低绿卡门槛后，增加了对人才的吸引力。在 2015—2016 年版“世界人才竞争力指数”中，日本在 109 个国家中列第 19 位。在培养人才的能力方面，日本在“竞争的激烈程度”和“技术的活用”指标上位居全球第一。还有德国、英国、印度等国家，都在人才竞争战略上精心谋划，政策举措不断创新。所以，《意见》的出台，对应对当前国际化人才竞争的新局势具有重大意义。

（二）国内的新形势迫切要求人才引领发展

从国内形势看，我国近年来社会政治经济快速发展，新的理念不断涌现，经济发展的新思维不断出现，尤其是党的十八大以来，经济社会发展进入新常态，中央应对新举措不断：创新驱动、“供给侧改革”“互联网+”、工业 4.0、物联网 3.0、中国制造 2025，等等。我们面临着一个崭新时代的变革期，无论从研究还是实践的视角，都给我们人才队伍的发展与建设工作带来了前所未有的发展机遇，也使我们面临着巨大的挑战。笔者认为，所有新经济新思潮最终能否实现，人才队伍是关键。其数量、质量等综合素质能否与时俱进，能否与当前的发展形势和发展趋势相匹配，能否在下一个五年很好地贯彻落实国家“十三五”规划，实现全面建成小康社会、“两个一百年”的伟大战略目标，显得至关重要。党中央科学研判形势，着眼于破除束缚人才发展的思想观念和体制机制障碍，及时出台《意见》，旨在全力打造能为我国经济社会建设服务的人才引领发展的战略新格局，开拓人才队伍发展与建设的新境界，具有十分重要的战略意义和现实意义。

（三）《意见》的出台将加速人才发展

《意见》的出台，是我党进入21世纪以来对人才强国战略从战略制定到不断落实的科学系统决策，前后政策既是一脉相承，又有创新发展。2003年12月19日，党中央、国务院召开新中国历史上第一次全国人才工作会议。会后印发的《中共中央　国务院关于进一步加强人才工作的决定》成为新世纪人才工作的行动纲领。2006年1月，党中央、国务院召开全国科学技术大会，做出了走自主创新道路、建设创新型国家的决定，提出用15年时间使我国进入创新型国家行列的重大战略任务；同年3月，人才强国战略作为专章列入“十一五”规划纲要。2007年，人才强国战略写入党的十七大报告和新党章，进一步提升了在党和国家战略布局中的地位。根据党的十七大提出的“更好实施人才强国战略”的总体要求，着眼于为实现全面建成小康社会奋斗目标提供人才保证，2010年6月6日国家颁布了中长期人才发展规划纲要（2010—2020年），这是我国第一个中长期人才发展规划，是当前和今后一段时期全国人才工作的指导性文件。所以，《意见》的出台，是贯彻落实科学发展观、更好实施人才强国战略的重大举措，是我国在激烈的国际竞争中赢得主动的战略选择，对于加快我国经济发展方式转变、全面建成小康社会，具有全局性和战略性的重大意义。

二、要充分学习领悟《意见》的新思想和新举措

《意见》中有许多新思想和新举措，对我们开展具体工作具有极强的现实指导意义，总结起来有以下几点。

（一）《意见》体现了新时期的人才工作指导思想

《意见》的指导思想表述的语句虽然很少，但既有战略高度，又更加具体明确，其中“聚天下英才而用之”既通俗易懂，又寓意深刻。早在2014年5月4日，习近平总书记在同北大师生代表的座谈会上就曾指出“我们有凝心聚力办大事的自信，要把最好的资源凝聚起来，发挥各类人才的智慧，

聚天下英才而用之”。一般来讲，指导思想表述都是非常宏观和战略的语句，因此，在指导思想中运用这样言简意赅的话语来说明核心的思想，在表述上就是一个突破和创新。再就是“构建科学规范、开放包容、运行高效的人才发展治理体系”，这是推进实现国家治理体系和治理能力现代化战略目标在人才工作中的具体体现。推动人才事业兴旺发展，就要建立与“择天下英才而用之”相匹配的国家人才治理体系。建立现代人才治理体系，关键是推动政府简政放权，厘清政府、市场、社会的责任和界线；政府后退一步，社会前进一步，增强市场激励、社会评价和行业规制力量，充分调动人才创新创造的内在能量。把“人才发展治理体系”写进中央文件，这是第一次。这是国家治理体系在人才工作中的具体体现，这些新特点需要重点学习和领悟。

（二）《意见》体现了新时代的人才工作原则

基本原则的表述精准务实。比如在服务发展大局这一个原则中有这么一句表述：“实现人才发展与经济建设、政治建设、文化建设、社会建设、生态文明建设深度融合。”党的十八大将生态文明建设纳入“五位一体”中国特色社会主义总布局，要求“把生态文明建设放在突出地位，融入经济建设、政治建设、文化建设和社会建设各方面和全过程”，从而使得生态文明建设贯穿于中国特色社会主义道路，与经济建设、政治建设、文化建设、社会建设紧密联系起来，形成一个有机整体。人才发展的体制机制的建设改革要与这“五位一体”高度融合，反映了与时俱进、创新发展的思想理念。尤其是人才发展与生态文明建设的融合，更是我们研究与实践的重点内容。再如，纠正人才管理中存在的行政化、“官本位”倾向，防止简单套用党政领导干部管理办法管理科研教学机构学术领导人员和专业人才。这个表述既说明了原则，又以此类比，举一反三，明确地说明了所要重点解决的现实问题，突出说明了长期制约人才发展理念的瓶颈所在，为下一步贯彻落实人才发展体制机制改革指出了目标。本人在高校工作，对此深有感触。对高校官本位、去行政化提了很多年，但收效甚微。这些都严重影响制约了高校各类人才作用的发挥。《意见》中的这个表述可谓是一语破的，可以预见，下一阶段将对科研教育机构学术型领导和专业技术人员出台有利于释放创新创业创造活力的新的政策举措。

（三）《意见》提出人才管理体制改革新思路

在推进人才管理体制改革的举措中，《意见》提出了要“创新事业单位管理模式”的改革思路。具体表述为：“创新事业单位编制管理方式，对符合条件的公益二类事业单位逐步实行备案制管理。改进事业单位岗位管理模式，建立动态调整机制。探索高层次人才协议工资制等分配办法。”编制管理是我国长期以来使用的事业单位人员管理模式，但当前的社会发展出现了较大变化，人员的基本结构也与以前有很大差别，必须做出相应调整，消除当前编制管理约束人才发展的不利因素。再就是编制管理下的工资分配制度，很难体现出高层次人才的劳动付出与价值，不利于激发高层次人才的积极性、主动性和创造性。探索高层次人才协议工资制等分配办法，将在收入分配制度改革方面提出创新举措，使得《意见》的精神能够精准落地，这也是我们学习《意见》，开展研究和实践的创新点。

(四)《意见》提出人才开发培养新举措

在改进人才培养支持机制的举措中，《意见》提出“完善符合人才创新规律的科研经费管理办法”。从中我们可以看出，党中央在发布《意见》前期做了大量的调研工作，准确把握了当前人才发展中面临的最具现实意义的问题：科研经费的使用和管理问题。减少经费管理和使用给科研人员带来的干扰，让广大科研人员能够集中精力去做研究，多出成果、出好成果，需要我们改革和创新现有的体制机制，解决好人才在实际工作中的困难问题。

(五)《意见》创立人才评价新机制

在创新人才评价机制的举措中，改革和创新的亮点更为突出。比如，“突出品德、能力和业绩评价”，反映出我们党对人才评价的改革创新思路，把品德放在第一位，然后才看能力和业绩。这个提法和前面的党管人才的指导思想一脉相承。我们在高校里经常讨论一个问题，做人和做学问哪个更重要。那么答案是：做人、做事、做学问。通俗地说，就是先要学会做人，然后才能去做事，把人和事情都做好了才能去做学问，在做不好人的情况下去做事和做学问对社会的危害是极大的。再就是“克服唯学历、唯职称、唯论文等倾向。不将论文等作为评价应用型人才的限制性条件”，这一提法让我们充满信心，充满期待。

三、全面贯彻落实《意见》，做好人才发展工作的几点思考

(一)理念先行，树立人人都能成才、行行都能建功立业的“大人才”观

在当前形势下，大众创业、万众创新的理念已经深入人心，无论党政人才队伍，还是高技能人才队伍、农民人才队伍，都是可以在新的经济业态下

成为有所成就的群体。营造一个人尽所能、行行皆能成才的社会氛围已经蔚然成风。特别是在目前经济发展方式快速转变的形势下，势必要改变过去传统经济模式下人才队伍成长与培育的工作方式和理念，人才队伍更向多元化的格局发展。比如现在在互联网领域内的创业者，正在积极与社会各个领域相衔接，创造出大量的新经济业态，对社会各个方面都产生了巨大影响。在城市、乡村，在社会建设与发展事业的任何一个角落，能解决好实际问题、创新能有成效的都是人才。我们要突破传统的人才认识观念，把人才定位在对社会发展能有贡献，能够为创新驱动战略的实施起到推动和促进作用的人上面。

为此，各级各类人才培育机构，尤其是高校，应该建立“大人才观”的理念，把人才培养纳入到国内外经济社会发展的宏观视野，纳入到市场经济发展进程的核心环节中。要不断解决人才培养的数量质量与经济社会发展的需求不相匹配的矛盾，要协调高层次人才队伍和高技能人才队伍的均衡发展，大力营造人人都能成才、都能建功立业的社会氛围。应该具有包容宽厚的惜才爱才情怀。人才队伍工作者要敞开胸怀，在当前创新引领发展的新常态中，营造“遍地开花”的人才发展新环境，这是“十三五”时期人才队伍发展与建设的主要目标。

（二）目标精准，确立人尽其才、创新智慧竞相迸发的人才“大应用”观

从《意见》出台的指导思想看，“坚持聚天下英才而用之”将是我们人才工作具体落地的核心。《国家中长期人才发展规划纲要（2010—2020年）》也曾提出人才工作“以用为本”的理念。面对当前经济社会发展新形势，对人才如何更好地使用仍是一个发挥人才效能的核心问题。一方面我们通过各种方式、花费巨额经费培育了大量的人才，另一方面我们总觉得缺乏真正能带来效能的核心人才。创新驱动本质上就是人才驱动，实质上就是如何发挥人才效能的驱动战略。对于人才队伍建设与发展而言，强调“解放和增强人才活力”就是要营造有利于人才做实事、有成效的生态环境，就是要抓好政策的落实，力求使所有人才都能发挥效能。这一点在当前经济处于增长速度换档期、处于结构调整阵痛期和前期刺激政策消化期的复杂局面下，对我们能否走出困局、防范风险、适应和引领新常态至关重要。

为此，我们必须破除体制机制中不利于人才发挥效能的因素，全面整合政策体系，根据新的经济社会发展态势，及时研究创新人才队伍发挥作用的运行机制。要在各级各类人才发展与经济社会发展深度融合上做文章，服务发展大局，使得人才规模、质量和结构与社会发展相适应相协调。具体讲，

就是使人才只要想做事就有平台，只要做成事就有激励，只要是人才就能够体现价值，同时要宽容失败。对人才的使用和作用发挥在实践中寻求自身独特的解释与见地，不“本本”、不“教条”，既要研究当前经济社会的新思维，又要充分发挥传统文化的精髓作用，打造符合区域特征的人才汇聚创新新平台，形成能够引领区域经济的人才可持续引领优势，这也是“十三五”期间人才队伍发展与建设的重要目标。

（三）围绕新常态，建立人才能力与素养全面提升的人才“大治理”观

党的十八届三中全会提出：“全面深化改革的总目标是完善和发展中国特色社会主义制度，推进国家治理体系和治理能力现代化。”这里的“治理”包括了经济、政治、文化、社会、生态文明和党的建设等各领域。在《意见》的指导思想中明确提出了“构建科学规范、开放包容、运行高效的人才发展治理体系”。从人才工作的视角看，国家治理体系和治理能力的现代化，就是要实现人才的素质和能力与当前发展的新常态高度匹配，起到全面治理的推动作用。一个地区人才的素质与能力综合水平决定了当地整体经济社会发展的基本定位，决定了这个地区要在何种水平与状态下运行。所以，建立人才能力与素养全面提升的人才治理体系，是推进国家治理体系和治理能力现代化、引领新常态的核心环节。这就要求对人才治理目标的衡量，既要注重经济发展指标，更要看重社会责任、担当意识、大局意识的人文素养指标。尤其是具有国际化的视野，在国际化的大环境中体现出具有民族精神的品质和意志，培养能够在未来的发展与竞争中起到引领作用的新一代人才队伍。

为此，我们要大力提升各级各类人才的素质与能力水平，把提升治理能力和水平的现代化，作为当前人才发展与建设的核心内容。使他们的思想观念融入到国家治理的基本理念中来，要从人才能力提升的视角来破解当前国家治理体系和治理能力现代化从理论走向实践的困难局面。尤其要结合当地的基本情况，敢于下猛药、放大招，突出对党政人才在科学打造政治生态、依法行政、实现发展建设目标中的能力提升，在以人为本、心系民生的责任和担当中个人素养的提升。这个能力与素养的建设反映在方方面面，是一项综合的系统工程。我们必须通过建设人才治理的体系来统筹各类人才队伍的建设，真正提高治理能力，发挥人才效能，否则再好的制度体系也难以发挥作用。这是当前人才队伍发展与建设的核心目标。

（四）整体推进，重点突出，全力优化人才创新创业的环境

在知识经济条件下，人才作为“第一资源”，其创新创业水平日益成为决定一个地区发展速度和质量的第一要素。在“十三五”规划强调的五大理念中，创新是第一理念，具有统领其他发展理念的重要作用。这就充分说明：“抓创新就是抓发展，谋创新就是谋未来。”而创新创业人才必定是经济社会发展中非常宝贵、稀缺的战略性资源，是当前地区实施创新驱动战略、全面建成小康社会、营造地区竞争新优势的核心助推力量。从我国当前的基本情况看，创新创业人才主要分布在一线城市的城区，城区人才创新创业环境的优劣，对能否集聚到一定数量的创新创业人才和能否充分发挥创新创业人才的效能至关重要。因此，要大力优化人才创新创业环境，为各类人才施展创新创业才华提供广阔空间。要对区域的创新和创业环境做全面的调查比较分析，解析创新创业主体与环境要素的相关关系，深究人才创新创业环境优化的机制，充分借鉴国内外典型城市优化创新创业环境的经验做法，研究实践创新创业环境优化的实现路径和对策措施，科学谋划人才创新创业环境优化的长效机制。

为此，要大力改善目前很多地区面临的科技投入总量不足、自主创新能力薄弱、高新技术产业发展滞后、产学研紧密结合的创新机制不完善、高新技术人才匮乏、吸引优秀创新创业人才的环境不够完善等诸多问题，进一步发挥出创新创业环境在人才创业活动中的主体培养作用、事业依托作用、物质保证作用和精神推动作用。笔者认为，要本着坚持科学发展观，适应新常态，全面贯彻落实《意见》中关于人才创新创业环境优化的改革举措，深入实施人才创新创业环境优化发展战略；以创新创业人才为主体，整合政策资源，以有利于形成区域人才创新创业环境优化的长效机制为重点；从发挥人才创新创业效能、贡献力出发，以有利于激活人才创新创业活力为抓手；以巩固和进一步推进人才创新驱动的引领地位为关键环节，重点在于优化人才创新创业政策环境、人才创新创业经济环境、人才创新创业文化环境、人才创新创业生态环境、人才创新创业交通环境这五个方面。这是吸引人才并发挥人才效能优势平台高地作用的重要路径。

2016 年是“十三五”规划的开局之年，要想完成“十三五”规划的发展目标，没有一支理念超前、结构合理、素质全面、善于创新的人才队伍是无法实现的。树立人才发展的“大人才”观、“大应用”观、“大治理”观，确立人尽其才、创新智慧竞相迸发的人才使用机制，建立人才能力与素养全面提升的人才治理体系和优化人才创新创业的环境，将是着眼于人才优先发展的战略大局、人才队伍建设适应新常态、服务创新发展的核心内容。因此，人才研究与工作者要充分结合历史与现实、国内与国外，深入学习、认真领会《意见》的指导思想、基本原则和主要目标，尤其是推进体制机制改革的具体建设举措，在理论上和实践上都要积极行动起来，推动《意见》的全面贯彻和落实。可以预见，只要我们理念先行、科学谋划、目标精准、务实推进，就能够最大限度激发人才创新创造创业活力，把各方面优秀人才集聚到党和国家的事业中来，为加快建设人才强国，实现“两个一百年”奋斗目标提供有力的人才支撑。

（袁兴国，徐州创新创业教育学院副院长，江苏省“333 工程”中青年科学技术带头人，中国人才研究会理事，江苏省就业创业指导专家，徐州市拔尖人才。）

人才工作的五大创新

黄　炜　杨　莉　何海霞

在我国全面深化改革进入攻坚克难的关键阶段，中共中央印发《关于深化人才发展体制机制改革的意见》（以下简称《意见》），这是关系我国建设世界人才强国目标能否早日实现的纲领性文件。党和国家历来十分重视人才工作，在革命、建设、改革各个历史时期，制定和实施了一系列重大方针政策，为党和人民的事业发展培养和集聚了人才队伍，但同时也存在人才队伍大而不强、人才体制机制不活等问题。要解决这些问题，关键还是要进一步深化人才发展体制机制改革，积极构建科学规范、开放包容、运行高效的人才发展治理体系，真正把人才“解放”出来。党的十八大以来，习近平总书记深刻把握国际国内发展基本走势，对人才事业发展和人才队伍建设做出一系列重要指示，他反复强调，办好中国的事情，关键在党，关键在人，关键在人才；要加大改革落实工作力度，加快构建具有全球竞争力的人才制度体系，聚天下英才而用之；要着力破除体制机制障碍，向用人主体放权，为人才松绑，让人才创新创造活力充分迸发，使各方面人才各得其所、尽展其长；要树立强烈的人才意识，做好团结、引领、服务工作，真诚关心人才、爱护人才、成就人才，激励广大人才为实现“两个一百年”奋斗目标、实现中华民族伟大复兴的中国梦贡献聪明才智。

目前，我国正处于加快转变经济发展方式、推动科学发展和实现强国梦的关键时期，高素质的人才队伍已成为实现这一伟业的最大短板。在过去很长一段时间里，我国人才管理的行政色彩比较浓厚，存在着行政化、“官本位”倾向，市场的决定性作用还没有得到有效发挥。对人才评价标准过于单一，常常是论资排辈、求全责备，导致急功近利。在人才评价方面，“评人的不用人，用人的不参评”“唯学历、唯职称、唯身份”的现象仍然存在；在人才流动方面，“一亩三分地”“不患寡而患不均”等陈旧人才观念仍有市场，存在平均主义和大锅饭思想。这一切都显示出人才体制的不科学，使广大人才的成长发展和作用发挥在一定程度上受到了抑制。

要聚天下英才而用之，就必须打破这种体制。《意见》作为我国首个关于人才发展体制机制改革的综合性文件，在顶层设计上对人才评价、流动、激励机制等进行了全面部署，对深化人才体制机制改革、加快建设人才强国做出了具体要求，从管理体制、工作机制和组织领导等方面提出了一系列改革措施。

一、创新人才管理体制

在管理体制方面，《意见》指出，要积极转变政府职能，推动人才管理部门简政放权，消除对用人主体的过度干预，建立政府人才管理服务权力清单和责任清单；充分发挥用人主体在人才培养、吸引和使用中的主导作用，创新事业单位编制管理方式，对符合条件的公益二类事业单位逐步实行备案制管理，保障和落实用人主体自主权，探索高层次人才协议工资制等分配办法；构建统一、开放的人才市场体系，完善人才供求、价格和竞争机制，放宽人才服务业准入限制，健全市场化、社会化的人才管理服务体系；研究制定促进人才开发及人力资源市场、人才评价、人才安全等方面的法律法规，完善外国人才来华工作、签证、居留和永久居留管理的法律法规，制定人才工作条例，清理不合时宜的人才管理法律法规和政策性文件。

二、创新人才工作机制

在改革人才培养、评价、流动、激励等机制方面，《意见》也分别提出了具体要求。人才的评价标准，往往指引着人才的培养方向。虽然我国在创新教育培养模式上取得了很大进展，但仍存在重应试教育、重知识灌输、轻创新创造等现象。因此，在人才培养方面，要注重人才创新意识和创新能力的培养。要树立全面发展的观念、人人成才的观念、多样化人才的观念、终身教育的观念、系统培养的观念。要遵循人才成长规律，重点聚焦专业人才，改进培养支持方式，根据人才多样性、多层次性特点，更加注重系统培养、分类培养和个性化培养，完善产学研用结合的协同育人模式。

在人才评价方面，根据人才不同类别，分别实行学术评价、市场评价和社会评价，提高人才评价的针对性、科学性。同时，加大激励表彰力度，对取得重大成果、做出重大贡献、产生重大影响的高端人才，通过财税金融扶持、科研资助、股权激励、设立突出贡献人才奖等方式给予激励。这些激励措施，大大降低了高校、科研人员创新创业的准入门槛，解除了原有的体制机制“羁绊”，通过市场的作用充分激发人才的积极性，更好地引领各领域人才为创新发展做出贡献。

在人才流动方面，破除人才流动障碍。打破户籍、地域、身份、学历、人事关系等制约，促进人才资源合理流动、有效配置，畅通党政机关、企事业单位、社会各方面人才流动渠道，为人才跨地区、跨行业、跨体制流动提供便利条件，促进人才向艰苦边远地区和基层一线流动。

在人才引进方面，敞开大门，不拘一格，柔性汇聚全球人才资源。完善海外人才引进方式，对国家急需、紧缺的特殊人才，开辟专门渠道，实行特殊政策，实现精准引进。健全工作和服务平台，整合人才引进管理服务资源，优化机构与职能配置。同时，扩大人才对外交流，创立国际人才合作组织，促进人才国际交流与合作，研究制定维护国家人才安全的政策措施。

在投入保障方面，促进人才发展与经济社会发展深度融合，坚持人才引领创新发展，将人才发展列为经济社会发展综合评价指标。建立多元投入机制，综合运用经济、产业政策和财政、税收杠杆，加大人才开发投入力度，促进人才与经济社会发展深度融合，落实有利于人才发展的税收支持政策，完善国家有关鼓励和吸引高层次人才的税收优惠政策。

改革开放30多年来，我国的国有企业、高校、科研院所等企事业单位和社会组织并没有形成独立自主的用人权。用人自主权不完整，主要指关系到企业生死存亡的人才进入和如何使用等一系列核心权力一直由政府人事管理部门掌握，如编制确定、岗位比例、激励方式等等。《意见》中这些突破性政策，回答了用人单位的关切。如对符合条件的公益二类事业单位逐步实行编制备案制管理，建立事业单位岗位管理动态调整机制，探索高层次人才协议工资制等举措为用人主体松绑，促进科学用人、合理用人和高效用人。俗话说：“树挪死，人挪活。”作为创新之本的人才，能够自由流动是其充分发挥作用的前提条件，人才健康成长的核心在于顺畅流动。党的十八届三中全会《中共中央关于全面深化改革若干重大问题的决定》中特别强调，“完善党政机关、企事业单位、社会各方面人才顺畅流动的制度体系”。习近平总书记也多次强调，要用好用活人才，打通人才流动、使用、发挥作用中的体制机制障碍。《意见》提出，打破户籍、地域、身份、学历、人事关系等制约，促进人才资源合理流动、有效配置。建立高层次人才、急需紧缺人才优先落户制度。加快人事档案管理服务信息化建设，完善社会保险关系转移接续办法，为人才跨地区、跨行业、跨体制流动提供便利条件。坚持德才兼备，注重凭能力、实绩和贡献评价人才，克服唯学历、唯职称、唯论文等倾向。这种调整是评价标准、方法上的与时俱进。

以往，我国的人才管理和行政配置资源主要表现为，把对党政领导干部的管理办法简单地套用到管理科研教学机构学术领导人员和专业人才身上。《意见》中明确指出，要赋予高校、科研院所科技成果使用、处置和收益管理自主权，除事关国防、国家安全、国家利益、重大社会公共利益外，行政主管部门不再审批或备案；允许科技成果通过协议定价，在技术市场挂牌交易、拍卖等方式转让转化；完善科研人员收入分配政策，依法赋予创新领军人才更大的人财物支配权、技术路线决定权，实行以增加知识价值为导向的激励机制；完善市场评价要素贡献并按贡献分配的机制；研究制定国有企事业单位人才股权期权激励政策，对不适宜实行股权期权激励的采取其他激励措施；探索高校、科研院所担任领导职务科技人才获得现金与股权激励管理办法，完善人才奖励制度。

简单地说，这种改变，使得“科研经费管理更灵活，大家不用天天发愁找发票了”。创新创造是异常艰难的智力劳动，只有人才全身心投入、长时间沉潜探索，才有可能取得突破。未来科研人员的科研经费，不需要像现在这样全部都通过竞争获得，国家会稳定地、普惠地支持合格科研人员的研究，“顺木之天，以致其性”。用科学的制度设计，让科研人员全身心地工作，是对创新规律的最大尊重。尊重科技人才创新自主权，摒弃“管理”思维，让人才在学术天地自由成长。另外，国家将会提高劳动报酬占科研经费的比例，下放部分科研经费的预算调整权力，哲学社会科学类研究会减少事先申请类项目比重，加大事后奖励的幅度。

可以说，《意见》就是针对当前存在的人才不适用、不够用、用不好和制约人才发展的体制机制障碍较多等问题，为人才发展体系建设绘制的一张蓝图。其目的就是要实现人才能各得其所、用当其时、才尽其用，努力做到用氛围凝聚人才、用机制激励人才、用制度保障人才、用事业造就人才，为实现全面建成小康社会和伟大“中国梦”奠定坚实的人才之基。

三、创新人才工作领导机制

在组织领导方面，《意见》提出，要完善党管人才工作格局。习近平总书记强调：“要坚持和完善党管人才原则，切实改进党管人才方法，真正做到解放人才、发展人才、用好用活人才”。党管人才不是包揽包办，核心在于党委政府领导与多元主体参与的统一、德治与法治的统一、管理与服务的统一。建立健全更加科学的人才发展治理体系，重点是完善人才工作运行机制、人才服务机制和人才资源配置机制；发挥党委（党组）总揽全局、协调各方的领导核心作用，加强党对人才工作的统一领导，切实履行管宏观、管政策、管协调、管服务职责；实行人才工作目标责任考核，不断完善党委统一领导，建立各级党政领导班子和领导干部人才工作目标责任制，细化考核指标，加大考核力度，将考核结果作为领导班子评优、干部评价的重要依据；组织部门牵头抓总，有关部门各司其职、密切配合，社会力量发挥重要作用的人才工作格局，着重处理好党管人才和尊重人才成长规律的关系、党管人才和市场配置人才资源的关系、党管人才和依法管理人才的关系，切实把人才管好、用活。同时，加强政治引领和政治吸纳，充分发挥党的组织凝聚人才作用；制定加强党委联系专家工作意见，建立党政领导干部直接联系人才机制；加强各类人才教育培训、国情研修，增强认同感和向心力；完善专家决策咨询制度，畅通建言献策渠道，充分发挥新型智库作用；建立健全特殊一线岗位人才医疗保健制度；加强优秀人才和工作典型宣传，营造尊重人才、见贤思齐的社会环境，鼓励创新、宽容失败的工作环境，待遇适当、无后顾之忧的生活环境，公开平等、竞争择优的制度环境。

通过这一系列的改革措施可以看出，《意见》的改革不是零敲碎打式的应付了事，而是把人才发展体制机制改革放到协调推进“四个全面”战略布局中进行谋划，以习近平总书记系列重要讲话精神为指导，坚持聚天下英才而用之，牢固树立科学人才观，深入实施人才优先发展战略，遵循社会主义市场经济规律和人才成长规律，破除束缚人才发展的思想观念和体制机制障碍，解放和增强人才活力，构建科学规范、开放包容、运行高效的人才发展治理体系，形成具有国际竞争力的人才制度优势。其目标是：到 2020 年，在人才发展体制机制的重要领域和关键环节上取得突破性进展，人才管理体制更加科学高效，人才评价、流动、激励机制更加完善，全社会识才爱才敬才用才氛围更加浓厚，形成与社会主义市场经济体制相适应、人人皆可成才、人人尽展其才的政策法律体系和社会环境。

为了实现上述目标，《意见》确立了坚持党管人才、服务发展大局、突出市场导向、体现分类施策、扩大人才开放等几项基本准则。

坚持党管人才。充分发挥党的思想政治优势、组织优势和密切联系群众优势，进一步加强和改进党对人才工作的领导，健全党管人才领导体制和工作格局，创新党管人才方式方法，为深化人才发展体制机制改革提供坚强的政治和组织保证。

服务发展大局。围绕经济社会发展需求，聚焦国家重大战略，科学谋划改革思路和政策措施，促进人才规模、质量和结构与经济社会发展相适应、相协调，实现人才发展与经济建设、政治建设、文化建设、社会建设、生态文明建设深度融合。

突出市场导向。充分发挥市场在人才资源配置中的决定性作用，加快转变政府人才管理职能，保障和落实用人主体自主权，提高人才横向和纵向流动性，健全人才评价、流动、激励机制，最大限度激发和释放人才创新创造创业活力，使人才各尽其能、各展其长、各得其所，让人才价值得到充分尊重和实现。

体现分类施策。根据不同领域、行业特点，坚持从实际出发，具体问题具体分析，增强改革的针对性、精准性。纠正人才管理中存在的行政化、“官本位”倾向，防止简单套用党政领导干部管理办法管理科研教学机构学术领导人员和专业人才。

扩大人才开放。树立全球视野和战略眼光，充分开发利用国内国际人才资源，主动参与国际人才竞争，完善更加开放、更加灵活的人才培养、吸引和使用机制，不唯地域引进人才，不求所有开发人才，不拘一格用好人才，确保人才引得进、留得住、流得动、用得好。

“不拒众流，方为江海”，全面抓好各类人才队伍建设，必须坚持这些基本原则，将人才工作从点上突破向整体运筹转变、从单兵作战向协同发力转变，着力在推动人才供需平衡上做文章，不断激发人才的创新、创造、创业活力，实现资源、资本和要素集聚效应的最大化。解放和增强人才活力，要把理顺政府、市场、社会、用人主体关系作为重点，切实转变政府人才管理职能。加强对人才工作的组织领导，进一步建立健全工作机制，不断健全完善人才管理、培养支持、引进激励等政策体系。要探索建立政府人才管理服务权力清单和责任清单，推动人才管理部门简政放权，消除对用人主体的过度干预。要突出需求导向，健全有利于人才向重点领域、重点行业、重点企业流动的政策措施，促进人才的横向和纵向培养、交流、引进。特别要针对产业转型、项目谋划、城市建设、经济管理等需求，着力引进和培养一批懂经济、懂技术、会经营、善管理、素质高的创新型、实用型人才。对反映强烈的编制、岗位和薪酬管理等涉及体制机制的问题，要在尊重和保障用人主体自主权的基础上，通过改革的办法，打破体制壁垒，扫除身份障碍，增强人才横向和纵向流动。同时，要把放活市场“无形之手”与用好政府“有形之手”有机结合起来，既充分发挥市场在人才资源配置中的决定性作用，又善于发挥政府宏观管理、公共服务和监督保障作用，推动人才发展实现共治共赢共享，为全面建成小康社会提供人才支撑和智力支持。

四、创新人才工作制度

党的十八届五中全会强调，“加快建设人才强国，深入实施人才优先发展战略，推进人才发展体制改革和政策创新，形成具有国际竞争力的人才制度优势”。人才工作要顺应全球人才流动规律和人才战略发展趋势，就必须加快推进人才发展体制改革和政策创新。在人才培养方面：要重点聚焦专业人才，尤其是实施创新驱动发展战略急需的战略科学家、科技创新人才、技能人才，改进培养支持方式，注重创新能力培养。在人才评价方面：要根据人才不同类别，分别实行学术评价、市场评价和社会评价，提高人才评价的针对性、科学性。在人才激励方面：要完善市场评价要素贡献并按贡献分配的机制，促进科技成果资本化、产业化，实施股权期权激励，让人才合理合法享有创新收益。在人才引进方面：要树立全球视野和战略眼光，实行更积极、更开放、更有效的人才政策，不唯地域、不求所有、不拘一格，广开进贤之路、广纳天下英才。积极构建具有全球视野选才、海纳百川聚才、宾至如归留才的制度体系，不断加快形成具有国际竞争力的人才制度优势。

当前，在人才强国、人才强企等智力技能比拼的大背景、大环境中，在人才竞争日益激烈的形势下，强中择强、优中选优、能中挑能已成为人才遴选使用的新常态。从利国利民利发展的角度来说，人才甄别和使用，理应强者优先、优者居上、能者靠前。纵观古今，真正的人才无不以习技强能为基、以广用建功为本。人才作为高能力高素质的群体，有位时应当仁不让、克己奉公，无位时更应敬业自持不懈怠，“习强技以固基开源，施广用以强业展能”。然而，我们一些地方对人才工作不重视，人才总量不足、结构不优，人才工作运行机制还不够完善，特别是高层次的人才匮乏，难以满足改革发展的现实需要。陆贽曾说，人之才行，自昔罕全，苟有所长，必有所短。若录长补短，则天下无不用之人；责短舍长，则天下无不弃之士。加以情有爱憎，趣有异同，假使圣如伊、周，贤如墨、杨，求诸物议，孰免讥嫌？因此，我们必须要“不拘一格”、扬长避短、取长补短、博采其长，围绕人才的有效使用，加强体制机制建设，确立一个科学的要素、标志、标度的指标体系，让有才能的人找到最佳坐标位置，使优秀人才脱颖而出，为国为民贡献其智慧和力量，拓展其广阔发展空间；用制度作保障，对人才给予关爱和支持，搭建其干事创业舞台；承认人才的价值，使人民群众的生活水平和幸福指数不断攀升。

五、创新人才工作观念

“得士者昌，失士者亡”。人才是经济社会发展的第一资源，人才发展体制机制改革是全面深化改革的重要组成部分，是党的建设制度改革的重要内容。古人云：“策之不以其道，食之不能尽其材，鸣之而不能通其意，执策而临之，曰：‘天下无马。’呜呼！其真无马耶？其真不知马也！”要想获得人才，领导干部须能识才，营造出“尊重知识，尊重人才”的良好氛围和“让金子发光”的社会环境。要树立强烈的人才意识，寻觅人才求贤若渴，发现人才如获至宝，举荐人才不拘一格，使用人才各尽其能。要炼就发现人才的“慧眼”，善于当伯乐、乐于做红娘，注重发现人才，并加以重用。要制定以人为本的方案，充分开发利用人才资源，确保人才引得进、留得住、流得动、用得好，为人才提供一个施展才华的平台。要树立全球视野和战略眼光，充分开发利用国内国际人才资源，主动参与国际人才竞争，完善更加开放、更加灵活的人才培养、吸引和使用机制。

好的政策，关键在于执行，制度再好而不执行，等于一纸空文。要让《意见》真正发挥作用，把人才真正用起来，尤其是在基层的落实和实践，就必须深入学习贯彻落实《意见》。政府要真正做到简政放权，从编制岗位、职称评聘、经费投入到人才评价、人才流动等，健全市场化、社会化的人才管理服务体系。一方面，要着力完善人才公共服务体系，提高服务质量和服务的便捷性；另一方面，要积极发挥社会力量的作用，不断冲破思想观念障碍，突破利益固化藩篱，扫除束缚人才脱颖而出和充分发挥作用的体制机制障碍，让人才活起来。

（黄炜，北京中医药大学管理学院教授。杨莉，北京中医药大学管理学院副教授。何海霞，黄河科技大学商贸学院副教授。）

人才事业发展和人才队伍建设的重要指南

吴 东 莞

中共中央《关于深化人才发展体制机制改革的意见》（以下简称《意见》）的出台，指明了新时期我国人才工作的路径和方向。《意见》以实现中华民族伟大复兴“中国梦”为引领，确定了“聚天下英才而用之”的目标，提出了树立强烈人才意识、遵循人才成长规律的要求，强调了坚持党管人才原则，明确了建立集聚人才体制机制的坐标，肯定了营造人才发展良好环境的作用，突出了培养造就创新创业人才这个重点。《意见》进一步充实了党的人才战略思想内涵，对于更好地实施人才强国战略，促进人才发展体制机制改革的深化，造就规模宏大的高素质人才队伍，提供了科学指南和基本遵循。

一、深刻认识人才作用，树立强烈人才意识

《意见》把人才发展体制机制改革作为主线，把人才工作摆在非常突出的位置，明确要求树立强烈的人才意识，强调解放人才、激活人才的极端重要性，这对于增强全党做好新形势下人才工作的责任感、使命感、开创人才事业新局面具有重要的指导作用。

习近平总书记一直高度肯定人才在党和国家事业中的重要地位和作用，学习落实《意见》，必须深刻理解习近平总书记关于人才的一系列论述。习近平总书记说过：“人才是事业发展最可宝贵的财富，人才资源是党执政兴国的根本性资源。”① 他还强调：“实现科学发展，关键在科技，根本在人才。”② 这些都深刻揭示了人才的“根本”地位和作用。针对人才建设中存在

① 十七大以来重要文献选编［M］. 北京：中央文献出版社，2009：216.

② 习近平. 坚持以更大力度推进“千人计划” 更好发挥海外高层次引进人才作用［N］. 人民日报，2010-07-30.

的不足和障碍，习近平指出："各级党委和政府要深刻认识人才在我国经济社会发展中的重要作用，牢固树立人才资源是第一资源的理念，坚持解放思想、解放人才、解放科技生产力。"① 习近平关于"解放人才"的论断，增强了各级党和政府为人才成长和发挥作用破障开路的使命感。2014 年 6 月，习近平在两院院士大会上指出："知识就是力量，人才就是未来""千秋基业，人才为先。实现中华民族伟大复兴，人才越多越好，本事越大越好。"② 这些都说明，要赢得未来就必须先赢得人才，实现"中国梦"的宏伟大业必须紧紧抓住人才这个关键和根本。习近平对人才地位作用的这种深刻认识由来已久，他在担任浙江省省委书记期间就指出："各级领导干部要有强烈的人才意识和爱才之心、识人之智、容才之量、用才之艺，努力在全社会营造尊重劳动、尊重知识、尊重人才、尊重创造的良好氛围。"③ 这是习近平第一次提出"要有强烈的人才意识"。同时他还提出，要"使人才就是财富、人才就是效益、人才就是竞争力、人才就是发展后劲的理念深入人心，使浙江成为人的才华得到充分尊重、人才价值得到充分承认、创业人才容易成功、各类人才不断涌现的热土"④。2016 年 5 月，习近平就深化人才发展体制机制改革做出的重要指示中强调："要树立强烈的人才意识，做好团结、引领、服务工作，真诚关心人才、爱护人才、成就人才，激励广大人才为实现'两个一百年'奋斗目标、实现中华民族伟大复兴的'中国梦'贡献聪明才智。"⑤ 重视人才、发现人才、使用人才、发展人才是时代的呼唤，更是我们党为履行执政使命而确立的执政自觉。这些论述充分体现了尊崇人才、渴求人才的强烈意识。

当代中国更加渴求人才，推进具有新的历史特点的伟大斗争，实现党的十八大确定的"两个一百年"的宏伟目标，关键在党，关键在人才。党的十八大召开至今，习近平在多次重要讲话中都强调要树立强烈的人才意识。2013 年 6 月，他在全国组织工作会议上明确指出："要树立强烈的人才意识，寻觅人才求贤若渴，发现人才如获至宝，举荐人才不拘一格，使用人才各尽其能。"⑥ 2013 年 8 月，习近平在大连考察时指出："要把人才工作抓好，让

---

① 习近平会见第四届全国杰出专业技术人才代表并讲话［N］. 人民日报，2009-09-11.

② 习近平. 在中国科学院第十七次院士大会、中国工程院第十二次院士大会上的讲话［N］. 人民日报，2014-06-10.

③ 习近平. 干在实处走在前列［M］. 北京：中共中央党校出版社，2006：356.

④ 习近平. 干在实处走在前列［M］. 北京：中共中央党校出版社，2006：357.

⑤ 习近平就深化人才发展体制机制改革作出重要指示［N］. 人民日报，2016-05-07.

⑥ 习近平. 建设一支宏大高素质干部队伍确保党始终成为坚强领导核心［N］. 解放军报，2013-06-30.

人才事业兴旺起来，国家发展靠人才，民族振兴靠人才。”[①] 此后，习近平在欧美同学会成立 100 周年庆祝大会上的讲话同样体现了强烈的人才意识。他深刻指出：“‘致天下之治者在人才’。人才是衡量一个国家综合国力的重要指标。没有一支宏大的高素质人才队伍，全面建成小康社会的奋斗目标和中华民族伟大复兴的‘中国梦’就难以顺利实现。”[②] 他还说：“人才资源作为经济社会发展第一资源的特征和作用更加明显，人才竞争已经成为综合国力竞争的核心。谁能培养和吸引更多优秀人才，谁就能在竞争中占据优势。”[③] 习近平进一步指出：“我们比历史上任何时期都更接近实现中华民族伟大复兴的宏伟目标，我们也比历史上任何时期都更加渴求人才。”[④]这些都说明，我们已经有了实现中华民族伟大复兴“中国梦”的高度自信，而实现“中国梦”的关键在于人才，最紧缺、最急需的也是人才。2014 年 5 月，习近平在一次重要批示中要求“在全社会大兴识才、爱才、敬才、用才之风，开创人人皆可成才、人人尽展其才的生动局面”。这些论述，无不反映出渴求人才、兴旺人才事业的强烈人才意识。

创新驱动实质上是人才驱动，要大力集聚创新人才。“培养大批创新人才，是人类共同面临的重大课题。”[⑤] 在我国，经历改革开放 30 多年的快速发展之后，依靠投资驱动、规模扩张、出口导向的发展模式空间已经越来越小。在全球化竞争日趋激烈的背景下，党的十八大做出了实施创新驱动发展战略的重大部署，强调科技创新是提高社会生产力和综合国力的战略支撑，而贯彻创新驱动发展战略的根本依靠力量就是创新人才，只有通过人才引领、创新驱动，经济发展和社会进步才是一条可持续发展之路。“人是科技创新最关键的因素。创新的事业呼唤创新的人才。”[⑥] 党的十八大召开后不久，习近平在深圳考察时指出：“我国要走创新发展之路，必须高度重视创新人才的聚集，择天下之英才而用之。”[⑦] 2014 年 6 月，习近平在两院院士大会上再次强调创新人才开发问题。他指出：“我们要把人才资源开发放在科技创新最优先的位置，改革人才培养、引进、使用等机制，努力造就一批世界水平的科学家、科技领军人才、工程师和高水平创新团队，注重培养一线创新人才和青年科技人才。”[⑧]这是我们建立创新型国家的必然要求。习近平还充分

① 习近平. 抓好人才工作兴旺人才事业［N］. 新京报，2013-08-31.

②③④ 习近平. 在欧美同学会成立 100 周年庆祝大会上的讲话［N］. 人民日报，2013-10-22.

⑤ 习近平致国际教育信息化大会的贺信［N］. 解放军报，2015-05-24.

⑥⑧ 习近平. 在中国科学院第十七次院士大会、中国工程院第十二次院士大会上的讲话［N］. 人民日报，2014-06-10.

⑦ 习近平考察广东：再强调“空谈误国实干兴邦”［N］. 南方日报，2012-12-13.

肯定创新实践、创新活动对于创新人才发展的重要作用。他说：“我国要在科技创新方面走在世界前列，必须在创新实践中发现人才、在创新活动中培育人才、在创新事业中凝聚人才，必须大力培养造就规模宏大、结构合理、素质优良的创新型科技人才。”① 2014 年 8 月，习近平进一步强调了创新人才对于实施创新驱动发展战略的重大意义。他深刻指出，“创新驱动实质上是人才驱动”②，并要求“大力集聚创新人才”③。2015 年 3 月，习近平再次强调：“人才是创新的根基，创新驱动实质上是人才驱动，谁拥有一流的创新人才，谁就拥有了科技创新的优势和主导权。”④ 这些论述深刻揭示了实施创新驱动发展战略，人才是基础和关键的道理。也就是说，创新驱动，实际上要靠创新人才驱动，没有创新人才，就不可能有创新驱动。创新人才是中华民族伟大复兴的关键资源、是实施创新驱动发展战略的关键因素。

二、遵循人才成长规律，提高人才工作科学化水平

《意见》提出，强化人才培养支持机制，提高人才工作科学化水平。人才的培养、开发和使用是一门科学。习近平强调“深刻认识、自觉遵循人才成长规律，切实提高人才工作科学化水平”等，对于指导人才成长、做好新时期人才工作有着很强的现实意义。

做好人才工作必须充分认识和尊重人才成长规律。习近平早在 2010 年 5 月第二次全国人才工作会议讲话中指出：“把我国建设成人才强国，是一项庞大的系统工程，必须认识规律、尊重规律，按规律办事。什么是人才成长规律？就是人才成长过程中带有普遍性的客观必然要求。”习近平在这次讲话中比较系统地阐述了人才成长规律。比如关于“厚德育人规律”，习近平指出：“德领才、德蕴才、德润才，不修德养身，难以成为有用人才，更难成为大家、大师。把握这一规律，就要把厚德作为培养人才的首要任务，努力造就一批又一批品学兼优、德才兼备的优秀人才。”再如关于“实践成才规律”。习近平说：“实践出真知，实践出人才。这是人才成长最根本、最管用的规律。当前，要着力解决培养与使用脱节、科研与生产脱节、理论联系实际不够的问题，引导人才深入群众、深入生产一线、深入现实生活，推动

---

① 习近平. 在中国科学院第十七次院士大会、中国工程院第十二次院士大会上的讲话［N］. 人民日报，2014-06-10.

②③ 习近平. 加快实施创新驱动发展战略加快推动经济发展方式转变［N］. 人民日报，2014-08-19.

④ 习近平. 在参加十二届全国人大三次会议上海代表团审议时的讲话［N］. 解放军报，2015-03-06.

干部下基层、教师进课堂、医生去临床、演员上舞台、科技人员到厂矿车间和田间地头，注重依托国家重大建设项目和重大科学工程发现和培养人才，真正让人才在实践中锻炼、在一线上建功、在社会里成长。”这说明习近平对于实践成才规律最为重视。另外，习近平还阐述了量才施用规律、竞争成才规律、最佳成才期规律等，这些都是从古今中外大量成才案例中总结出来的普遍规律，充分反映出他对人才建设和人才工作的深刻认识。

促进人才发展必须符合人才成长规律要求。习近平在2014年6月两院院士大会上指出：“要按照人才成长规律改进人才培养机制，‘顺木之天，以致其性，’避免急功近利、拔苗助长。”① 这就是说，尽管党和国家的宏伟大业对人才无比渴求，但是在人才培养上又不能急于求成，盲目蛮干。因为人才成长有规律，人才培养必须遵循这些规律。如果违背规律，就可能事与愿违，出现现代版的“伤仲永”。2014年9月，习近平在同北京师范大学师生代表座谈时指出：“老师在学生心目中具有重要位置，老师无意间的一句话，可能造就一个天才，也可能毁灭一个天才。好老师一定要平等对待每一个学生，尊重学生的个性，理解学生的情感，包容学生的缺点和不足，善于发现每一个学生的长处和闪光点，让所有学生都成长为有用之才。”② 这一重要指示，符合人才成长规律的客观要求，是对教育工作者的重要启发。习近平还在有关人才工作会议上批评了一些地方和单位在人才使用上存在的陈腐落后观念和违背人才成长规律的现象：一是“武大郎开店”；二是“叶公好龙”；三是不能正确认识和处理引进外来人才与培养、使用本土人才的关系；四是论资排辈。这些违背人才成长规律的现象至今仍然极大地妨碍着人才自身发展和人才建设事业，是必须加以防止和克服的。实际上，人才成长与发展的各方面和各环节都有一定的规律，促进人才发展、搞好人才建设，必须不断探索规律、掌握规律、运用规律，以减少人才工作的盲目性、主观性和片面性，把人才工作做得更好。

开创人人尽展其才之局面必须重点把握“两个规律”。2014年5月，习近平在一份重要批示中特别指出，必须“遵循社会主义市场经济规律和人才成长规律”。这就是人才建设要重点把握的“两个规律”。遵循这“两个规律”，是对党的十八届三中全会“使市场在资源配置中起决定性作用”的新诠释，更是我党在人才工作认识上的一个重大进步。在人才工作中，遵循社

① 习近平. 在中国科学院第十七次院士大会、中国工程院第十二次院士大会上的讲话［N］. 人民日报，2014-06-10.

② 习近平. 做党和人民满意的好老师［N］. 人民日报，2014-09-10.

会主义市场经济规律，就是要按照市场经济运行中的价值规律、竞争规律和供求规律来统筹做好人才工作，使人才与其他资源要素达到最佳配置，发挥最大作用；运用好社会主义市场经济规律，可以使各类人才在大浪淘沙的市场环境中，获得创新动力、创造活力，实现竞争择优、优胜劣汰，满足供求平衡，体现人生价值，也可以使人才工作在推动经济社会转型中更具灵活性、效率性和可持续性。综合运用“两个规律”，即在遵循人才成长规律的同时，重视运用社会主义市场经济规律，这样才能更好地集聚人才、配置人才、促进人才成长与发展，也才能做到习近平在上述批示中所说的那样，“破除束缚人才发展的思想观念，推进体制机制改革和政策创新，充分激发各类人才的创造活力，在全社会大兴识才、爱才、敬才、用才之风，开创人人皆可成才、人人尽展其才的生动局面”。

三、推进人才对外开放，聚天下英才而用之

当今世界，人才无疆界，人才全球化、人才加快流动的趋势愈演愈烈。特别是国际金融危机发生后，各国间“人才战争”更加激烈。在这种背景下，党的十八大发出“广开进贤之路，广纳天下英才”的号召。习近平反复强调积极参与国际人才竞争，推进人才对外开放，充分开发利用国内国际人才资源，择天下英才而用之。这些论述对于探索建立符合中国国情、充分体现中国特色社会主义制度优势的引才用才模式具有重要指导意义。

树立更加开放的人才观念，实行更加开放的人才政策。党的十八大召开后不久，习近平在深圳考察时指出：“我国要走创新发展之路，必须高度重视创新人才的聚集，聚天下之英才而用之。中国要敞开大门，招四方之才。”① 这一重要指示，彰显了当代中国求贤若渴的真情诚意和广纳英才的博大胸怀。2014 年 5 月，习近平在上海同外国专家座谈时进一步指出：“一个国家对外开放，必须首先推进人的对外开放，特别是人才的对外开放。”② 这一重要论断，丰富和拓展了我国对外开放的内涵，明确了对外开放中的人才优先战略。习近平还强调指出：“现在，我们比历史上任何时期都更需要广开进贤之路、广纳天下英才。要实行更加开放的人才政策，不唯地域引进人才，不求所有开发人才，不拘一格用好人才，在大力培养国内创新人才的同

---

① 习近平考察广东：再强调“空谈误国实干兴邦”［N］. 南方日报，2012-12-13.

② 习近平. 中国要永远做一个学习大国［N］. 人民日报，2014-05-24.

时，更加积极主动地引进国外人才特别是高层次人才，热忱欢迎外国专家和优秀人才以各种方式参与中国现代化建设。”① 这一论述体现了“中国要永远做一个学习大国”②的开阔胸襟和谦逊态度，从扩大对外开放的角度明确了人才工作的方向，对于我们以更加开放包容的胸襟引进国外人才和智力、加强国际人才交流合作具有重要指导意义。习近平还把招商引资和招人聚才紧密联系起来。他在2014年8月的一次会议上说：“要学会招商引资、招人聚才并举，择天下英才而用之，广泛吸引各类创新人才特别是最缺的人才”，③“发展的中国需要更多海外人才，开放的中国欢迎来自世界各地的英才。”④习近平在谈到留学工作时指出：“留学工作要适应国家发展大势和党和国家工作大局，统筹谋划出国留学和来华留学，综合运用国际国内两种资源，培养造就更多优秀人才。”⑤ 以上重要论述，充分反映了广博包容、兼收并蓄、自信自强的“大人才观”，充分体现了更加开放的人才观念和更加开放的人才政策，充分展示了快速发展、急剧转型的当代中国对于八方人才十分渴求、高度期盼和热诚欢迎的姿态。

充分尊重、放手使用，更好发挥海外引进人才的作用。怎样做到“聚天下英才而用之”呢？习近平指出：“为了使海外高层次引进人才更好地发挥作用，我们要坚持充分尊重、积极支持、放手使用的方针。充分尊重，就是要认识和肯定海外高层次引进人才的独特作用，采取有力措施，使他们引得进、留得住、用得好，迸发创新智慧，涌现创业活力。积极支持，就是要充分考虑海外高层次引进人才在国内工作可能遇到的实际困难，在生活上提供更多便利，在工作上提供更多机会和更大舞台，努力营造鼓励成功、宽容失败的氛围。放手使用，就是要努力提供海外高层次引进人才创新创业、发挥作用的政策条件，把他们放到关键岗位，让他们参与专业决策、领衔重大项目，做到人尽其才、才尽其用、用当其时、各展所长。”⑥ 上述方针体现了我们党对高层次引进人才的充分尊重、高度重视和大胆使用的基本态度，对于海外引进人才在我国创新创业、成就事业、实现人生价值有着积极的促进作用。2014年5月，习近平进一步指出：“要积极营造尊重、关心、支持外国人才创新创业的良好氛围，对他们充分信任、放手使用，让各类人才各得其

---

①② 习近平. 中国要永远做一个学习大国［N］. 人民日报，2014-05-24.

③ 习近平. 加快实施创新驱动发展战略　加快推动经济发展方式转变［N］. 人民日报，2014-08-19.

④ 习近平. 在欧美同学会成立100周年庆祝大会上的讲话［N］. 人民日报，2013-10-22.

⑤ 习近平. 对全国留学工作会议的重要指示［N］. 人民日报，2014-12-14.

⑥ 习近平. 坚持以更大力度推进“千人计划”更好发挥海外高层次引进人才作用［N］. 人民日报，2010-07-30.

所，让各路高贤大展其长。”① 他在谈到引进外国人才、发挥外国人才作用时强调：“要遵循国际人才流动规律，更好发挥企业、高校、科研机构等用人单位的主体作用，使外国人才的专长和中国发展的需要紧密契合，为外国专家施展才能、实现事业梦想提供更加广阔的舞台。”②通过国际人才交流合作联合培养拔尖人才是一种可行之举。习近平在 2014 年 6 月的一次讲话中指出：“我们将加强工程科技人才培养，把国际交流合作作为聚集一流学者的重要平台，联合培养拔尖创新型工程科技人才。”③ 这就是说，不仅要揽天下英才为我所用，而且要请天下英才为我育才，以才生才，充分发挥海外英才对我国人才建设的积极作用。

千方百计创造条件，吸引支持留学人员为国服务。当今，我国敞开大门，招四方之才，聚天下英才，尤其应当积极引导和支持海外留学人员回国或以多种方式为国服务。习近平指出：“党和国家将按照支持留学、鼓励回国、来去自由、发挥作用的方针，把做好留学人员工作作为实施科教兴国战略和人才强国战略的重要任务，以更大力度推进‘千人计划’‘万人计划’，千方百计创造条件，使留学人员回到祖国有用武之地，留在国外有报国之门。我们热诚欢迎更多留学人员回国工作、为国服务。”④ 这个基本方针，对于吸引和保留留学人员为国服务具有很强的现实针对性。良禽相木而栖，贤才择境而事。吸引支持留学人员为国服务，还要做好服务保障、优化环境等工作。习近平在谈到这个问题时指出：“要健全工作机制，增强服务意识，加强教育引导，搭建创新平台，善于发现人才、团结人才、使用人才，为留学人员回国工作、为国服务创造良好环境，促使优秀人才脱颖而出。”⑤这些重要论述，对于做好留学人员为国服务工作，全力支持他们在服务国家发展中拓展事业空间、实现人生价值具有重要指导意义，对于更好推进“千人计划”、“万人计划”等重大人才工程也有很强的现实指导作用。

四、加快人才工作体制机制改革，激发人才创造活力

从人才大国迈向人才强国必须有体制机制保障，人才工作体制机制是制约人才发展与人才建设的重要因素。《意见》将深化人才发展体制机制改革作为主旨，切中要害。习近平指出：“要深化用人制度改革，破除各种束缚

①② 习近平. 中国要永远做一个学习大国 [N]. 人民日报，2014-05-24.

③ 习近平. 让工程科技造福人类、创造未来 [N]. 人民日报，2014-06-04.

④⑤ 习近平. 在欧美同学会成立 100 周年庆祝大会上的讲话 [N]. 人民日报，2013-10-22.

和限制人才的体制障碍，建立健全科学的人才培养、吸引、使用、评价、流动、激励机制，进一步完善人才管理体制，坚持用法制规范、促进和保障人才发展，努力营造有利于各类人才脱颖而出的体制环境。”习近平有关加快人才工作体制机制改革的一系列重要论述，对于破解束缚人才脱颖而出和发挥作用的体制机制障碍，建立更加灵活、更加开放、更加有效的人才发展体制机制，形成具有国际竞争力的人才制度优势，充分调动人才创新创业积极性，让一切创造源泉充分涌流，具有很强的现实针对性。

深化人才发展体制机制改革，着力破除束缚人才发展的思想观念和体制机制障碍。党的十八大报告明确提出“加快人才发展体制机制改革和政策创新”的要求。2013 年 9 月，习近平在中央政治局第九次集体学习时进一步强调：“着力完善人才发展机制。要用好用活人才，建立更为灵活的人才管理机制，打通人才流动、使用、发挥作用中的体制机制障碍，最大限度支持和帮助科技人员创新创业。”① 习近平非常重视从各方面、各环节入手改革人才发展体制机制。他在一次青年科技创新创业人才座谈会上指出：“要大规模培养青年科技创新创业人才，建设有利于人才成长的教育培养体系，形成完整的人才培养成长链，建立人才培养的协调机制，造就大批一线的青年科技人才。”② 这是对建立人才培养机制的正确指导。党的十八届三中全会提出“创新高校人才培养机制”③，这是对院校培养教育机制改革提出的新要求。在 2014 年两院院士大会上，习近平针对人才培养中急功近利的现象指出：“要按照人才成长规律改进人才培养机制，‘顺木之天，以致其性’，避免急功近利、拔苗助长。”④ 遵循人才成长规律要求，为改进创新人才培养机制指明了方向。关于完善人才激励保障和流动机制，习近平指出：“要大力度吸引青年科技创新创业人才，进一步创新政策、完善体制，坚持用宏伟事业感召人才，用良好环境凝聚人才，用优质服务吸引人才，用合理待遇激励人才，充分调动青年科技人才创新创业的积极性。”⑤这是对完善人才激励保障机制所做的全面论述。人才合法利益和正当权益的维护，激发人才创新创业积极性，需要体制机制来保障。习近平在 2013 年 12 月召开的中央经济工作会议上强调，“强化激励，用好人才，使发明者、创新者能够合理分享创新收益，

---

① 习近平. 敏锐把握世界科技创新发展趋势 切实把创新驱动发展战略实施好［N］. 人民日报，2013-10-02.

②⑤ 习近平. 青年科技人才要勇做创新先锋［N］. 人民日报，2008-05-05.

③ 中共中央关于全面深化改革若干重大问题的决定［M］. 北京：人民出版社，2013：43.

④ 习近平. 在中国科学院第十七次院士大会、中国工程院第十二次院士大会上的讲话［N］. 人民日报，2014-06-10.

打破阻碍技术成果转化的瓶颈"。人才是在流动中发展的，没有流动，人才就会变得迟钝，组织就会变得僵化，失去生机和活力。当前人才流动难的问题仍然存在，仍然需要完善相关体制机制。习近平早就指出："建立和健全统一有序的人才市场，打破人才的部门、地区和所有制壁垒，打通各类人才队伍之间的交流渠道，建立开放灵活的人才流动机制。"① 人才流动固然要遵循市场经济规律，但也要保证正确流向，这就需要完善激励调控机制。党的十八届三中全会提出，"完善党政机关、企事业单位、社会各方面人才顺畅流动的制度体系。健全人才向基层流动、向艰苦地区和岗位流动、在一线创业的激励机制"②。上述重要思想和观点，对于做好人才的培养、激励、保障和流动等工作，促进人才更好发展，具有很强的现实针对性。

为进一步破除束缚人才发展的思想观念和体制机制障碍，解放和增强人才活力，形成具有国际竞争力的人才制度优势，聚天下英才而用之，中共中央于2016年3月印发《意见》。这是我国第一个关于人才发展体制机制改革的综合性文件。《意见》对我国人才事业发展做出了总体谋划：把人才发展体制机制改革放在协调推进"四个全面"战略布局中进行谋划，树立全球视野和战略眼光，注重统筹开发利用国内国际人才资源，为创新驱动发展提供人才和智力支撑。在推进人才管理体制改革方面，《意见》把理顺政府、市场、社会、用人主体关系，明确各自功能定位作为改革重点，要求"推动人才管理部门简政放权，消除对用人主体的过度干预""充分发挥用人主体在人才培养、吸引和使用中的主导作用""保障和落实用人主体自主权"③；《意见》强调要"纠正人才管理中存在的行政化、'官本位'倾向，防止简单套用党政领导干部管理办法管理科研教学机构学术领导人员和专业人才"④，最大限度激发和释放人才创新创造创业活力。在改革人才评价、流动、激励等机制方面，《意见》明确提出六项改革任务：一是人才培养要重点聚焦新兴产业人才，尤其是实施创新驱动发展战略急需的战略科学家、创新型科技人才、企业家和技术技能人才等，改进培养支持方式，注重创新能力培养。二是人才评价要突出品德、能力和业绩评价，发挥多元评价主体作用，根据人才不同类别，"基础研究人才以同行学术评价为主，应用研究和技术开发人才突出市场评价，哲学社会科学人才强调社会评价"⑤。突出用人主体在职称评审中的主导作用。三是人才流动要"打破户籍、地域、身份、学历、人事

① 习近平．干在实处走在前列［M］．北京：中共中央党校出版社，2006：355.
② 中共中央关于全面深化改革若干重大问题的决定［M］．北京：人民出版社，2013：59-60.
③④⑤ 关于深化人才发展体制机制改革的意见［N］．人民日报，2016-03-22.

关系等制约，促进人才资源合理流动、有效配置”①。强调“畅通党政机关、企事业单位、社会各方面人才流动渠道”“促进人才向艰苦边远地区和基层一线流动”②。四是人才激励要“加强创新成果知识产权保护”，实施“股权期权激励政策”，让人才合理合法享有创新收益，为人才创新创业提供支持，强调“完善科研人员收入分配政策，依法赋予创新领军人才更大人财物支配权、技术路线决定权，实行以增加知识价值为导向的激励机制。完善市场评价要素贡献并按贡献分配的机制”③。五是引才用才要“实行更积极、更开放、更有效的人才引进政策，更大力度实施海外高层次人才引进计划（国家‘千人计划’），敞开大门，不拘一格，柔性汇聚全球人才资源”④。六是投入保障要综合运用区域、产业政策和财政、税收杠杆，加大人才资源开发力度，促进人才发展与经济社会发展深度融合⑤。《意见》在“指导思想”部分强调指出：“坚持聚天下英才而用之，牢固树立科学人才观，深入实施人才优先发展战略，遵循社会主义市场经济规律和人才成长规律，破除束缚人才发展的思想观念和体制机制障碍，解放和增强人才活力，构建科学规范、开放包容、运行高效的人才发展治理体系，形成具有国际竞争力的人才制度优势。”⑥《意见》的制定实施是深入贯彻人才优先发展战略，加快我国人才事业发展的重大举措，必将有力推进人才强国建设，把各方面优秀人才集聚到党和国家事业中来，为现代化建设提供强大人才支撑。

2016年5月，习近平就深化人才发展体制机制改革做出重要指示：“要加大改革落实工作力度，把《关于深化人才发展体制机制改革的意见》落到实处，加快构建具有全球竞争力的人才制度体系，聚天下英才而用之。要着力破除体制机制障碍，向用人主体放权，为人才松绑，让人才创新创造活力充分迸发，使各方面人才各得其所、尽展其长。”⑦ 这一指示，对于深化人才发展体制机制改革、进一步做好人才工作，提出了明确要求，指明了方向。

建立集聚人才体制机制，形成具有国际竞争力的人才制度优势。实现中华民族伟大复兴“中国梦”，需要集聚宏大的人才队伍。这就需要建立集聚人才体制机制，增强国际竞争力，否则对四方英才就缺乏吸引力。党的十八届三中全会对集聚人才体制机制建设提出总要求：“建立集聚人才体制机制，择天下英才而用之。打破体制壁垒，扫除身份障碍，让人人都有成长成才、

---

①②③④⑥ 关于深化人才发展体制机制改革的意见［N］. 人民日报，2016-03-22.

⑤ 加快建立集聚人才体制机制——中央组织部负责人就《关于深化人才发展体制机制改革的意见》答记者问［N］. 光明日报，2016-03-23.

⑦ 习近平就深化人才发展体制机制改革作出重要指示［N］. 人民日报，2016-05-07.

脱颖而出的通道，让各类人才都有施展才华的广阔天地。完善党政机关、企事业单位、社会各方面人才顺畅流动的制度体系。……加快形成具有国际竞争力的人才制度优势，完善人才评价机制，增强人才政策开放度，广泛吸引境外优秀人才回国或来华创业发展。”[①] 建立集聚人才体制机制，是加快确立人才优先发展战略布局，推动我国由人才大国迈向人才强国的体制保证，将为全面深化改革开放提供强有力的人才支撑。广泛集聚人才必然要求大力引进外国人才，这就要有激励保障措施。习近平在 2014 年 5 月的一次讲话中指出，“要继续完善外国人才引进体制机制，切实保护知识产权，保障外国人才合法权益，对作出突出贡献的外国人才给予表彰奖励，让有志于来华发展的外国人才来得了、待得住、用得好、流得动”[②]。2014 年 5 月，习近平在一次重要批示中关于“择天下英才而用之，关键是要坚持党管人才原则，遵循社会主义市场经济规律和人才成长规律，着力破除束缚人才发展的思想观念”的要求，为建立集聚人才体制机制提供了基本遵循。2014 年 8 月，中央政治局通过的《深化党的建设制度改革实施方案》提出“健全党管人才领导体制、创新集聚人才体制机制、完善人才流动配置、评价激励、服务保障机制”的改革任务，强调人才工作“着眼于形成激发人才创造活力、具有国际竞争力的人才制度优势，营造识才、爱才、敬才、用才的良好氛围，择天下英才而用之，把各方面优秀人才集聚到党和国家事业中来”。这就为当前和今后一个时期建立、完善集聚人才体制机制确定了指导思想和基本方针。

形成有效管用、简便易行、有利于优秀人才脱颖而出的选人用人机制。党政干部人才选用机制事关党和国家事业的兴衰成败，习近平对此高度重视。他说：“把好干部选用起来，需要科学有效的选人用人机制。要紧密结合干部工作实际，认真总结，深入研究，不断改进，努力形成系统完备、科学规范、有效管用、简便易行的制度机制。”[③] 这一论述不仅充分揭示了选人用人机制的重要性，而且对建立健全选人用人机制提出了具体要求。为贯彻这一指示精神，2014 年年初颁布的《党政领导干部选拔任用工作条例》明确规定：“建立科学规范的党政领导干部选拔任用制度，形成有效管用、简便易行、有利于优秀人才脱颖而出的选人用人机制。”[④] 2014 年 8 月，中央政治局

---

① 中共中央关于全面深化改革若干重大问题的决定［M］. 北京：人民出版社，2013：59-60.

② 习近平. 中国要永远做一个学习大国［N］. 人民日报，2014-05-24.

③ 习近平. 建设一支宏大高素质干部队伍确保党始终成为坚强领导核心［N］. 解放军报，2013-06-30.

④ 党政领导干部选拔任用工作条例［M］. 北京：人民出版社，2014：1.

审议通过的《深化党的建设制度改革实施方案》确定干部人事制度改革“总的要求就是进一步健全选拔任用、考核评价、管理监督、激励保障等方面制度，构建科学有效的选人用人机制”。根据这一要求，当前干部人事工作重点应解决干部选拔任用和考核评价中“唯票、唯分、唯 GDP、唯年龄”取人问题，解决干部能上能下的问题，解决干部激励保障制度不健全、职务与职级脱节的问题。这是今后一个时期党政干部人才选用制度改革的基本任务、努力方向和工作重点。“才以用而日生，思以引而不竭”。科技人才尤其要用好用活，否则就难以释放其创新创造的潜能。为此，中共中央于 2016 年 3 月印发《关于深化人才发展体制机制改革的意见》，强调指出：“纠正人才管理中存在的行政化、‘官本位’倾向，防止简单套用党政领导干部管理办法管理科研教学机构学术领导人员和专业人才。”① 这对于破除束缚科技人才发展的体制机制障碍，促进优秀科技人才脱颖而出，有着很强的现实针对性。

五、着眼人才成长和作用发挥，努力营造良好环境氛围

人才的竞争往往是人才环境的竞争。“环境好，则人才聚、事业兴；环境不好，则人才散、事业衰。”② 习近平在全国有关人才工作会议上对人才成长和发挥作用的环境建设问题进行了全面阐述。他说：“领导的责任，很重要的就是为人才的成长创造环境、创造机会，使他们有用武之地。”具体来讲，“要营造尊重人才、见贤思齐的社会环境，鼓励创新、容许失误的工作环境，待遇适当、无后顾之忧的生活环境，公开平等、竞争择优的制度环境，促使优秀人才脱颖而出”③。党的十八大以来，习近平进一步深刻论述了人才环境建设问题。有关这方面的重要论述，对我们以环境建设促进人才创新创业、施展才华、贡献社会具有重要指导作用。

为科技人才施展才华和成就事业搭建平台、营造环境。习近平针对科技人才成长和科技创新特点，强调为人才发挥作用、施展才华提供更加广阔的天地，营造适合创新的工作、生活环境和社会氛围。2013 年 3 月，习近平在看望全国政协委员时指出：“要加强科技人才队伍建设，为人才发挥作用、施展才华提供更加广阔的天地，鼓励人才把自己的智慧和力量奉献给实现

① 关于深化人才发展体制机制改革的意见［N］. 人民日报，2016-03-22.
② 习近平. 在欧美同学会成立 100 周年庆祝大会上的讲话［N］. 人民日报，2013-10-22.
③ 全国人才工作会议在京举行［N］. 人民日报，2010-05-27.

‘中国梦’的伟大奋斗。”① 2013 年 10 月，习近平会见清华大学经管学院顾问委员会海外委员时再次强调“为各类人才发挥作用、施展才华提供更加广阔的天地”②。对于引进的外国人才也应当持同样的态度，习近平要求“为外国专家施展才能、实现事业梦想提供更加广阔的舞台”③。科技人才从事创造性活动需要宽松宽容的工作环境和社会氛围，习近平对这个问题非常重视，他在 2013 年 7 月考察中国科学院时强调，“要最大限度调动科技人才创新积极性，尊重科技人才创新自主权，大力营造勇于创新、鼓励成功、宽容失败的社会氛围”④。2014 年 6 月，他在两院院士大会上又指出：“要在全社会积极营造鼓励大胆创新、勇于创新、包容创新的良好氛围，既要重视成功，更要宽容失败，完善好人才评价指挥棒作用，为人才发挥作用、施展才华提供更加广阔的天地。”⑤ 没有个性就没有人才。大凡人才，往往都有独特的个性。习近平特别重视为个性突出的人才发挥作用、贡献才华创造条件。他说：“要善于发现、大胆使用那些才智出众而又个性特点突出的人才。这类人才往往是某个行业、某个领域、某个方面的拔尖之才、不可多得之才，对他们要正确看待，关心爱护，积极引导，合理使用，使他们为建设创新型国家贡献才干。”⑥ 这就是说，要善待那些有独特个性的人才，为他们发挥才能创造良好环境氛围。这些论述充分体现了我党对科技人才的充分尊重和真诚关爱，为人才发挥作用、展现才华营造环境有重要启发意义。

为广大青年成长进步和成才出彩创造条件、提供机会。习近平十分关心青年人才，特别重视为广大青年成才进步、创新创业营造良好环境。他在 2010 年全国人才工作会议上指出：“在各类人才培养中，特别要抓紧培养造就青年人才。”青年人才正处于创新创造的活跃期，他们的成长需要组织上雪中送炭、加油鼓劲。2013 年 6 月，习近平在同团中央新一届领导班子集体谈话时满怀深情地指出：“团的工作要注意为青年成长创造条件，把蕴藏在青年身上的创造能量和活力激发出来，使青年人人都能成才，人人皆可出彩。”这反映出习近平对团的工作在促进广大青年成长成才上寄予了很高期

① 习近平等分别看望出席全国政协十二届一次会议委员并参加讨论［N］. 人民日报，2013-03-05.

② 习近平会见清华大学经管学院顾问委员会海外委员［N］. 人民日报，2013-10-24.

③ 习近平. 中国要永远做一个学习大国［N］. 人民日报，2014-05-24.

④ 习近平. 深化科技体制改革增强科技创新活力 真正把创新驱动发展战略落到实处［N］. 人民日报，2013-07-18.

⑤ 习近平. 在中国科学院第十七次院士大会、中国工程院第十二次院士大会上的讲话［N］. 人民日报，2014-06-10.

⑥ 十七大以来重要文献选编（上）［M］. 北京：中央文献出版社，2009：218.

望。青年人才成长离不开学校教育，育人环境建设也应予重视。2013 年 9 月，习近平在谈到教育问题时指出："要深化教育改革，推进素质教育，创新教育方法，提高人才培养质量，努力形成有利于创新人才成长的育人环境。"① 习近平尤其重视为科技界的青年人才成长和作用发挥创造条件、提供机会。他在一次座谈会上指出："要大气魄使用青年科技创新创业人才，破除论资排辈、求全责备等观念，放开视野选人才，不拘一格用人才，为青年科技人才大胆创新创业提供更多机会，使他们人尽其才、才尽其用。"② 这是从人才使用角度来谈为人才发挥作用提供机会，就是要创造适宜的条件让青年人才挑大梁、出头彩。2014 年 1 月，习近平在会见嫦娥三号任务参研参试人员代表时强调："要不拘一格、慧眼识才，放手使用优秀青年人才，为他们奋勇创新、脱颖而出提供舞台。"③ 习近平还希望老一辈科学家奖掖后学、甘为人梯，在青年人才成长方面提供更多支持和帮助。他说："广大院士不仅要做科技创新的开拓者，更要做提携后学的领路人。希望广大院士肩负起培养青年科技人才的责任，甘为人梯，言传身教，慧眼识才，不断发现、培养、举荐人才，为拔尖创新人才脱颖而出铺路搭桥。"④ 只有这样，才能形成薪火相传、人才辈出的生动局面。习近平对青年干部人才的培养也非常重视，要求为青年干部成长创造条件。他说："加强和改进年轻干部工作，要下大气力抓好培养工作。对那些看得准、有潜力、有发展前途的年轻干部，要敢于给他们压担子，有计划安排他们去经受锻炼。"⑤ 这实际上就是要求为培养造就年轻干部创造良好环境，提供历练的机会。中共中央于 2016 年 3 月印发的《意见》强调，"破除论资排辈、求全责备等陈旧观念，抓紧培养造就青年英才。建立健全对青年人才普惠性支持措施。加大教育、科技和其他各类人才工程项目对青年人才培养支持力度，在国家重大人才工程项目中设立青年专项"⑥。这对于促进广大青年优秀人才脱颖而出是有重要意义的。

---

① 习近平. 敏锐把握世界科技创新发展趋势 切实把创新驱动发展战略实施好［N］. 人民日报，2013-10-02.

② 习近平. 青年科技人才要勇做创新先锋［N］. 人民日报，2008-05-05.

③ 习近平. 坚持走中国特色自主创新道路 不断在攻坚克难中追求卓越［N］. 人民日报，2014-01-07.

④ 习近平. 在中国科学院第十七次院士大会、中国工程院第十二次院士大会上的讲话［N］. 人民日报，2014-06-10.

⑤ 习近平. 建设一支宏大高素质干部队伍确保党始终成为坚强领导核心［N］. 解放军报，2013-06-30.

⑥ 关于深化人才发展体制机制改革的意见［N］. 人民日报，2016-03-22.

六、培养造就更多领军人才、高端人才，发挥引领带动作用

当今世界正处在第三次工业革命和第六次科技革命的导入期，进入了创新密集时代。高端人才成为大国角逐的决定性力量。然而从总体上看，我国高端人才特别是一流科学家、科技领军人才仍显匮乏，能跻身国际前沿、参与国际竞争的战略科学家更是凤毛麟角，很多领域还处在“跟跑”的地位。正如习近平在2010年全国人才工作会议上所指出的那样，“高层次创新型人才匮乏，人才创新创业能力不强，严重制约着我国经济和科技的国际竞争力，影响着国家的长远发展”。他还说：“我们在科技队伍上也面对着严峻挑战，就是创新型科技人才结构性不足矛盾突出，世界级科技大师缺乏，领军人才、尖子人才不足。”① 千军易得，一将难求。从人才大国迈向人才强国，必须充分发挥高端人才的引领带动作用。

突出人才队伍建设上领军人才、高端人才这个重中之重。习近平反复强调人才队伍建设“要以培养造就高层次创新型人才为重点”。2013年2月，习近平在兰州视察时强调，“要搞好创新就要抓高端人才的培养”②。因为高端人才是科技创新的旗帜和领路人，高端人才的作用发挥好了，就能够把整个人才队伍拉起来、聚起来、强起来。2014年2月，习近平在一次会议上指出：“‘千军易得，一将难求’，要培养造就世界水平的科学家、网络科技领军人才、卓越工程师、高水平创新团队。”③ 在2014年6月两院院士大会上，习近平再次要求“更好发现和培养拔尖人才”“努力造就一批世界水平的科学家、科技领军人才、工程师和高水平创新团队”④。军队高端人才也存在严重不足的问题，习近平强调军队和军队院校要“走出一条有利于高端军事人才成长的新路子”⑤。这些论述都充分反映了习近平对培养造就领军人才、高端人才的急切心情和重视程度。习近平还从改革院士制度着眼，提出关于中青年领军人才、高端人才发展的思路。他在2014年6月召开的两院院士大会上强调要“改进和完善院士遴选机制、学科布局、年龄结构、兼职和待遇、退休退出制度等，以更好发挥广大院士作用，更好发现和培养拔尖人才”⑥。

---

①④⑥ 习近平．在中国科学院第十七次院士大会、中国工程院第十二次院士大会上的讲话［N］．人民日报，2014-06-10.

② 习近平视察兰州科技园区时强调科技创新人才培养［N］．甘肃日报，2013-02-17.

③ 习近平．总体布局统筹各方创新发展努力把我国建设成为网络强国［N］．解放军报，2014-02-28.

⑤ 习近平．深入贯彻落实党在新形势下的强军目标加快建设具有我军特色的世界一流大学［N］．人民日报，2013-11-07.

党的十八届三中全会也强调，要“改革院士遴选和管理体制，优化学科布局，提高中青年人才比例，实行院士退休和退出制度”[①]。改革科技管理体制机制不失为使中青年高端人才脱颖而出的可行之路。

引进海外高层次人才以期带动和促进我国高端人才成长。高端领军人才固然主要靠我们自己培养和造就，但这是不够的，不能适应我国快速发展的需求。因此，习近平提出根据需要引进一批海外高端人才以带动和引领我国高端人才成长与发展的观点，他指出：“海外高层次引进人才是我国改革开放和社会主义现代化建设不可或缺的重要人才资源。要以更大力度推进‘千人计划’，更好地发挥海外高层次引进人才的作用。”[②] 他还说：“加快从海外引进一批能够突破关键技术、发展新兴产业、带动新兴学科、培养创新人才的高层次人才，是顺应世界科技进步、参与国际人才竞争的必然要求，是壮大我国人才队伍、加快建设人才强国的必然要求，是提升我国自主创新能力、建设创新型国家的必然要求。”[③]引进或柔性引进海外高层次人才以增强我国高端领军人才的创造活力和成长动力，是一项富有远见的可行之举。2014 年 5 月，习近平强调指出：“在大力培养国内创新人才的同时，更加积极主动地引进国外人才特别是高层次人才。”[④] 2015 年 3 月，习近平在谈到创新驱动问题时再次重申：“要聚天下英才而用之，实施更加积极的创新人才引进政策，集聚一批站在行业科技前沿、具有国际视野和能力的领军人才。”[⑤] 从当前看，重点应当引进能够带动突破关键技术、发展高新技术产业、带动新兴学科的战略型人才和创新创业的领军人才，引进一批重点领域急需紧缺的高层次人才和专门人才，“不求所有、但求所用”，鼓励各国、各领域优秀人才以多种方式为我国经济社会发展服务，促进我国高端人才的成长与发展。

总之，《意见》抓住了我国人才队伍建设的突出问题，明确了深化人才发展体制机制改革的重点和方向，对于加速我国人才发展，尤其是创业创新人才发展，营造人才发展良好的体制机制环境，解决我国高层次创新人才匮乏的问题，促进人才资源和经济社会发展相协调，都具有重要指导意义。

（吴东莞，解放军南京政治学院上海校区教授、博士生导师，军事学博士。）

① 中共中央关于全面深化改革若干重大问题的决定［M］. 北京：人民出版社，2013：15.

②③ 习近平. 坚持以更大力度推进“千人计划”更好发挥海外高层次引进人才作用［N］. 人民日报，2010-07-30.

④ 习近平. 中国要永远做一个学习大国［N］. 人民日报，2014-05-24.

⑤ 习近平. 在参加十二届全国人大三次会议上海代表团审议时的讲话［N］. 解放军报，2015-03-06.

体制改革篇

人才发展制高点的重大转折

吴　江

推进人才管理体制改革，是建设人才强国的根本问题。我国人才资源“大而不强”，说到底是不计成本、不讲效率、无人负责的大一统管理体制造成的。人才管理体制改革的重大意义在于调整这种不适应的生产关系，摆脱旧体制对人才的桎梏，进一步解放人才生产力。体制改革的核心问题是处理好政府和市场、政府和社会的关系，使市场和社会在资源配置中起主导性作用，同时更好地发挥政府的管理作用。这是第一次从体制改革的高度来看人才管理问题，无论是理论意义还是实践意义，都远远超过制定一部人才规划的战略高度，也就是说，改革将意味着人才发展制高点的重大转折。

一、从人才管理到人才治理的改革逻辑起点

管理体制的首要问题是解决谁来管的问题。《关于深化人才发展体制机制改革的意见》（以下简称《意见》）的改革逻辑起点是：以聚天下英才而用之为目标，创造性地提出构建科学规范、开放包容、运行高效的人才发展治理体系的构想。把人才发展纳入国家治理体系和治理能力现代化的逻辑框架中来，这是人才发展理论的一个重大突破。人才治理的基本含义是治理主体从一元化走向多元化，这是一个社会治理的范畴而不是政府治理的范畴。我理解其概念为：在坚持党管人才原则下，要充分发挥人才主体的治理作用，激励企业、高校、科研机构、社会组织和个人等多元主体的积极参与，形成一个由政府、社会、市场、个人协同治理的责任共同体，实现人才优先发展的共治、共赢、共享。

《意见》中把“择天下英才”改为“聚天下英才”，一字之差，体现了管理与治理的重要区别，同时也揭示了人才发展的制高点就是人才自身的内驱力，正如马克思在论述人的解放时曾精辟概括的，“任何一种解放都是把人

的世界和人的关系还给人自己”。人才治理的抽象内核，就是社会每一个人都有成才的自由和追求幸福的权利，每一个人才也都有施展才华的自由和创业创新的权利，构建人才发展治理体系的目的，就是使人人有享受这些权利的制度和文化环境，而不仅仅是选拔发现、培养使用、激励保障这些具体用人政策的完善。那么，推进人才治理能力现代化，改革的重点就必然包括了调整政府人才管理职能，发挥市场在配置人才资源中的主导作用，保障和落实用人主体自主权，完善人才公共服务，纠正人才管理中存在的行政化、“官本位”倾向，促进人才发展与“五位一体”建设的深度融合，主动参与国际人才竞争等一系列改革措施。这一管理体制的理论创新将会持续创造出最具活力和最具国际竞争力的人才制度优势。

二、简政放权是释放人才活力的关键

人才管理要简政放权，实质上是要解决“管理者的理性是有限的”这个根本命题。人才的积极性、创造性是不是管理出来的？答案是否定的。在计划经济体制下，人才管理不是一种人才的内在需求，而是一种外在的形式。就是说，在中央高度集权、利益高度集中的计划经济模式下，人才的劳动与利益往往相脱节。不管能力大小，不管贡献多少，均由权力说了算，自然没有人去看重人才实际的能力与贡献，并将其作为确定利益的依据。人才的能力、贡献以及所得到的利益，总是固定在自上而下的管理权力分配基础上，是由领导和组织“规定”出来的，这种体制下的人才管理，不可避免地表现为等级色彩浓厚的模糊性和思辨性。于是乎，人才计划管理体制使人才的价值与使用背离了，付出与获得脱节了，能力与贡献游离了。在这种情况下，不管单位还是个人，都没有强化人才开发的内在冲动，它只能停留在“官本位”体制“外生变量”的层面上。随着我国社会主义市场经济的深化改革，人才的讲效益、重能力、论功绩、可流动成为主流思维。市场供求规律、价格规律、竞争规律已成为引才用才的基本依据，人才管理体制的变革，也就自然成为市场经济体制下的内在冲动和本能要求。

在市场经济规律的作用下，衡量人才管理体制的好坏取决于三个变量关系：第一个是市场的开放度与自由度，第二个是政策的受益度与公平度，第三个是政府的监管适度和服务效度。这六个自变量是互为依存、互为制约的，只有平衡好这三个关系，人才的积极性、创造性才能够得以最大限度地发挥出来，良好的人才的生态环境才能够培育出来。也可以说，这是构建科学规范、开放包容、运行高效的人才发展治理体系的“金三角”。

改革的首要任务是政府职能定位要明确，就是根据政社分开、政事分开和管办分离要求，强化政府人才宏观管理、政策法规制定、公共服务、监督保障等职能。这四大人才职能定位与党管人才的“管宏观、管政策、管协调、管服务”四个职责是基本一致的。离开这个定位就是错位和缺位。当然，这四项职能还需要进一步细化，要实现精准化的职能转变，就要明确界定宏观与微观的管理界限在哪里，如人才的规划预测主要聚焦在国家和地方重大发展战略的支撑，集中优势办大事，而不能搞太多重复性的人才工程计划。中央与地方的人才管理事权要有界限，国家“千人计划”要围绕国家战略的人才需要，不能与地方同质化。当前，突出的问题是围绕着四个职能定位，推动人才管理部门简政放权，消除对用人主体的过度干预，建立政府人才管理服务权力清单和责任清单，清理和规范人才招聘、评价、流动等环节中的行政审批和收费事项。这次改革，简政放权是核心举措。当前我国人才管理的行政色彩比较浓厚，市场的决定性作用还没有得到有效发挥。建立权力清单和责任清单很关键，但权力清单应该是负面的清单，以限制市场主体不公平竞争为目的，而且要自上而下来展开，而不是自下而上搞形式。

《意见》提出，充分发挥用人主体在人才培养、吸引和使用中的主导作用，全面落实国有企业、高校、科研院所等企事业单位和社会组织的用人自主权。这是一个用人与治事结合、责权利统一的难点问题。国有企事业单位和社会组织的用人自主权不独立、不完整，因为实际法人是虚位的，管理权没有法律地位，只能靠政府主管部门授多少权管多少事，实际是辅助作用。由此就出现了二律背反现象，优秀人才难以脱颖而出，用人不正之风难以根除，这“两难”的根子在于用人信息不对称，无法精准问责。责任主体不明确导致了不放权就出不来优秀人才，不管住就遏制不了用人腐败。《意见》明确了单位用人主体的主导作用很关键，是该解决管人与管事的长期脱节问题了。近年来，许多地方都有一些放权的举措。如浙江下放基层医生高级职称评审权，广东向高校下放岗位设置、公开招聘等权限。尽管一些地方在人才管理体制上加大改革力度，但用人自主权落实不到位的现象还相当普遍。在什么时间、什么条件下、用什么人以及怎样用人，用人单位应该最有发言权。用人自主权至少应该包括以下 15 个方面：编制管理自主权、录用人才自主权、聘用方式自主权、评定职称自主权、科研经费分配管理自主权、设岗职数自主权、晋升自主权、薪酬管理自主权、表彰奖励自主权、绩效考核自主权、教育培训自主权、人才流动自主权、免职辞退自主权、惩戒处分自主权和退休延期自主权。当然，在人才权益保护方面，政府要有监管措施和法律规定。具体要解决当前突出存在的主要环节的用人自主权问题：一是逐步放开编制的僵化管理。《意见》要求创新事业单位编制管理方式，对符合条件的公益二类事业单位逐步实行备案制管理。二是逐步放开岗位设置管理。要改进事业单位岗位管理模式，建立动态调整机制。三是逐步放开薪酬差别管理。探索高层次人才协议工资制等分配办法。这三个方面应该是针对当前普遍反映强烈的用人自主权诉求拿出来的解决办法，核心问题是在不突破现有制度和管理格局下，采取更为灵活的管理机制。但要真正全面落实用人自主权，还需要一个长期磨合的过程。

三、健全市场化、社会化的人才管理服务体系需要体制创新

政府简政放权不是目的，关键要把市场和社会发动起来。当前，不少地方人才工作的困难在于社会的积极性不高，市场力量调动不足，政府不得不唱“独角戏”。首先是个观念问题。为什么要建立市场化、社会化的人才管理体制？我们许多同志至今想不明白人才管理与干部公务员管理的区别在哪里。一个突出问题就是人才管理存在严重的行政化、“官本位”倾向，简单套用对党政领导干部的管理方法管理科研教学机构学术领导人员和专业人才，如对后者设置行政级别。这样的管理方式必然带来许多阻碍创新的不良后果，如无法对其进行风险行为的激励，鼓励其做官而非做科技创新，等等。聚天下英才而用之，核心是遵循人才成长规律，“周公吐哺，天下归心”，就是激励人才规律。择是用器，聚是归心，人才的本质不是器，马克思在深刻论述生产力与生产关系中揭示了资本主义不是没有解放生产力，而是没有解放人。只有解放了人才的自由创造活力，集聚天下英才而用之才可能实现。聚是需要三顾茅庐、礼贤下士的，没有梧桐树哪有凤凰来？所以，人才管理体制是包容开放型体制。一个用人单位，一个地区乃至一个国家，自身的人才资源都是有限的，无论是从数量、质量还是结构上，都会出现不够用、不适用和不会用的问题。因此，人才管理体制必须从组织内部管理型转变为面向社会开放型的人才集聚体制。我们过去是在体制范围内寻找发现人才，现在是在全社会13亿人乃至全球70亿人范围内寻找发现人才。必须面向全世界开放，要打破一切体制壁垒和身份障碍，要广开进贤之路、广纳天下英才，唯才是举，聚天下英才而用之。

同时，它又是一个市场充分竞争的、优胜劣汰的人才管理体制。在市场

竞争中使用人才，要流动起来方能充满活力。人才在竞争中选择，哪里有需要、哪里能发挥作用、哪里效率高就往哪里流。这样的体制需要打通人才流动通道，使人才“能进能出、能上能下、优胜劣汰”。从世界范围来看，各国的人力资源数量的多寡与经济产出的多寡并非正相关关系，经济产出数量更多取决于人才使用质量和人才配置效率。比如，美国大概就是 1 亿多劳动力，但是其人力资本大约是 200 万亿美元，人均劳动生产率 9. 7 万美元；我们 9 亿劳动力，我们的人力资本大体上也就是 160 万亿元人民币，人均劳动生产率 8. 7 万元人民币。资本是人才在社会生产使用价值过程中的效率状态，有这种状态就能反映出在经济社会发展当中的人才贡献程度。因此，在全面深化改革进程中，要求我们用市场机制选拔发现和评价优秀人才，打破行政主导和部门分割，建立主要由市场决定技术创新项目和经费分配、评价成果的机制等。

《意见》提出了七条改革措施，有很多亮点。我就此谈三点如何落实好措施的想法。一是如何构建统一、开放的人才市场体系，关键问题是人才市场的体制分割状况，行政过度干预、管办不分，再加上行业垄断行为，都是问题的症结。目前要加大经营性服务分离改革力度，逐步实现“职能分开、机构分设、业务分离、分类管理”。按照管办分开的原则，深化人才公共服务机构改革，政府不再直接提供人才公共服务，更多采取购买方式，推进公共服务机构的法人治理结构，提高公共服务的均等化程度和服务效率。二是进一步减少行政审批项目，放宽人才服务业准入限制。通过建立人才服务产业集聚区，出台扶持产业发展的优惠政策，解决中小企业融资难、成本高、技术含量低、服务标准乱的问题。出台更加优惠的财税政策，发展专业性、行业性人才市场，鼓励发展高端人才猎头等专业化服务机构。三是积极培育各类专业社会组织和人才中介服务机构，支持其有序承接政府转移的人才培养、评价、流动、激励等职能。要改革公共财政的内卷化方式，以人才集聚绩效为导向，支持体制外人才成长，扩大社会组织人才公共服务覆盖面。同时加强政府人才监管职能，完善人才诚信体系，建立失信惩戒机制。

四、加强人才管理法治建设要有国际竞争意识

当前，从中央到地方，人才政策出台了很多，方方面面政策制定了不少，但是政策知晓率还是很低，据调查不及 1/3，大多都还躺在政府的办公抽屉里。

人才管理法治化至今没有大的突破，根本原因是许多人把法治与现行的管理体制对立起来，甚至仍然纠结在权大还是法大的困惑中。“法者，治之端也。”维护人人平等的权利是法治的本质。应该认识到，全面推进依法治国为人才工作提供了难得的历史机遇，法治化应当成为人才事业改革发展的新路径。《意见》要求研究制定促进人才开发及人力资源市场、人才评价、人才安全等方面的法律法规，就是要将人才工作由政策推动转向营造法治环境。法治环境才是人才发展的最好环境，唯有法律方可确立人才的主体地位，明确人才的权利义务，依法保障人才的合法权益，为人才潜心研究、发明创造、技术突破创造良好环境。

人才管理法治化是国际上的通行做法，发达国家对人才的吸引力主要是有一整套的权益保障法律，美国的人才竞争力说到底是始终保持了人才法律的时代适应性，如不断修订的《移民法案》已经形成了国际人才竞争的法律优势，每年吸引优秀人才移民高达100多万。《意见》这次特别强调完善外国人才来华工作、签证、居留和永久居留管理的法律法规，就是要尽快与国际接轨，建立我国的技术移民制度，提高人才的国际竞争力。当然，也包括清理不合时宜的人才管理法律法规和政策性文件，以保持法律的适应性和有效性，让我国的人才法治建设成为具有国际竞争力的人才制度优势。

（吴江，中国人事科学研究院原院长、研究员，博士生导师，国务院特殊津贴专家。）

把住人才体制改革的关键
处理好政府与市场关系

赵 永 乐

2016年3月21日，中共中央印发了《关于深化人才发展体制机制改革的意见》（以下简称《意见》），紧接着又于5月6日在北京召开了贯彻《意见》座谈会。习近平总书记对这次会议非常重视，会前就深化人才发展体制机制改革做出重要指示，强调办好中国的事情，关键在党，关键在人，关键在人才，要求着力破除体制机制障碍，向用人主体放权，为人才松绑。《意见》的出台和习总书记的指示，对破除束缚人才发展的思想观念和体制机制障碍、最大限度激发人才创新创造创业活力、加快建设人才强国、形成具有国际竞争力的人才制度优势具有重要意义。如果说2003年出台的《中共中央、国务院关于进一步加强人才工作的决定》是大力实施人才强国战略的动员令，2010年颁布的《国家中长期人才发展规划纲要（2010—2020年）》是向全国发出奔向世界人才强国宏伟目标的进军令，那么《意见》就是为打赢这场关系国家命运的决战而吹响的冲锋号。人才发展体制机制改革是我国全面深化改革的重要组成部分，放权松绑的关键（也是改革的热点和难点），就是在人才管理上必须解决好政府与市场的关系问题。因此，研究和破解人才管理中政府与市场的关系问题既有深刻的理论意义，更有重大的现实意义。

一、处理好政府与市场的关系

目前我国人才体制改革面临着人才发展、人才工作改革和人才开放三大问题。党的十八届五中全会在制定“十三五”规划建议中提出，“深入实施人才优先发展战略，推进人才发展体制改革和政策创新，形成具有国际竞争力的人才制度优势”。这三句话对应的就是人才的发展、改革和开放三大问题。人才发展是我国人才工作的根本任务，改革开放以来虽然取得了举世瞩目的成就，但发展方式还较粗放。因此，“十三五”时期人才工作要适应经济发展新常态，以加快转变人才发展方式为主线，创新驱动，引领发展，形成人才优先发展的战略布局。我国人才发展在全球竞争与合作大背景下，实行全方位的高层次的双向对外人才开放是跻身世界人才强国行列的必由之路。“十三五”时期，一方面实施更开放的海外人才引进政策，更大力度地引进急需紧缺人才，聚天下英才而用之；另一方面造就“一带一路”战略所需的国际化人才，走出国门在全球范围大展宏图。要想实现人才发展和人才开放的战略目标，就必须变革现有人才管理方式，改革一切阻碍或不适应人才发展和开放的体制机制，使市场在人才资源配置中起决定性作用，更好地发挥政府引领作用。这里所说的政府是广义政府，包括对人才发展具有管理和制约权限的国家各级党委和政府。

我国人才管理方式的转变始于 20 世纪 70 年代后期。众所周知，新中国成立之初，我国实行的是计划经济，人才配置实行的也是计划体制。不可否认，在人才资源极端贫乏的情况下，人才的计划调配和集中使用，对当时的国民经济恢复和社会主义建设起到了一定的积极作用。但是，随着时间的推移，计划体制的弊端显露无遗，配置僵化，效率低下，浪费惊人，单位所有制滋生，人才积极性遭受严重压抑。到改革开放之初，人才问题集中爆发，在各种形态人才流动浪潮的一轮又一轮冲击下，传统的计划体制不能适应时代的发展。伴随着经济体制改革的不断深化，我国人才管理的方式也在不断变革：从人才单位所有到人才自由流动，从大中专毕业生的统一分配到学校和企业的“供需见面”，从用人单位的“大锅饭”和“铁饭碗”到企业用人自主权的不断扩大，从人才交流服务机构的问世到全国人才市场体系的基本形成，从人事工作的“两个调整”（把适应计划经济的人事管理体制调整到与社会主义市场经济相配套的人事管理体制上来，把传统的人事管理调整到整体性人才资源开发上来）到人才强国战略的确立，从《国家中长期人才发展规划纲要（2010—2020 年）》的实施到《意见》的出台。人才管理方式的转变贯穿于我国改革开放的全过程，并且随着全面改革的深化而不断深化。政府控制市场，政府培育市场；市场冲击政府，市场倒逼政府。政府人才管理的职能在持续变革过程中不断调整，市场从无到有，在人才资源配置中扮演着越来越重要的角色，所起的作用也越来越大。

经过 30 多年的改革，我国虽然已经基本上建成与社会主义市场经济相适应的人才体制机制框架，但人才体制机制改革的深度和人才管理方式创新的力度，在很大程度上仍滞后于经济体制改革的需求。一些制约人才成长和作用发挥的政策还在沿用，有些陈旧的人才工作机制还在发挥作用，政府管了大量不该管的事，市场在人才资源配置中还远没有起到决定性作用。人才市场（不是指挂牌为“人才市场”的机构或形式空间）体系不完善，人才服务尤其是能够为高端人才创新创业提供的服务，还远没有形成产业。有关行政部门对系统内或所属企事业单位的编制、职称尤其是人才的引进、使用和激励干预过多，市场监管不到位。这种状况既阻碍了我国人才发展方式的进一步转变，也限制了我国持续扩大人才对外开放的深度。

中央关于“十三五”规划的建议指出，“改革是发展的强大动力”。人才发展体制改革是我国全面深化改革不可或缺的重要内容，研判我国人才发展体制改革能否有效推进和深化，就要看是否能突出市场导向。“十三五”时期是我国全面建成小康社会的决胜阶段，必须在协调推进“四个全面”战略布局和贯彻落实“五大”发展理念的过程中，把深化人才体制机制改革作为建设人才强国的根本动力，打赢深化人才体制机制改革这场攻坚战。要加快转变人才管理方式，厘清政府和市场关系的边界，突出市场导向，为人才发展扫除体制机制障碍，构建科学规范、开放包容、运行高效的人才发展治理体系，形成具有国际竞争力的人才制度优势。与我国经济体制改革一样，人才发展体制改革的核心问题就是要处理好政府与市场的关系。在人才管理范畴中，政府与市场两者之间的关系不是简单的非此即彼或此消彼长的关系，而是有机组合、相辅相成的关系。只有真正使市场在人才资源配置中起到决定性作用，才能突出市场导向；也只有更好地发挥政府引领作用，才能扫除障碍、突出市场导向。

二、厘清宏观与微观两个层面

人才管理方式要解决的是“谁管、管谁、管什么、怎么管”四个问题，这四个问题其实就是人才管理的体制机制问题。国家的人才管理体制是指政府和市场等管理主体就人才管理权限边界的分割和运作，而人才管理机制则是指各管理主体在权限范围内的职责和义务的实现和运作机理、制度和方式。根据党的十八届三中全会精神，我国现时人才管理体制改革的核心是处理好政府与市场的关系，使市场在人才资源配置中起决定性作用，并更好地发挥政府引领作用。相应的，人才管理机制的创新，也要紧紧围绕处理好政府与市场的关系这个核心，使市场在人才资源配置中起决定性作用。虽然两者的使命是一致的，但功能和运作领域却有很大区别。就国家而言，人才管理体制为干，基本属于宏观的战略层面；而人才管理机制则为枝，大多属于微观的操作层面。人才体制和人才机制两者干枝一体，缺一不可，错一也不可。因此，两者之间的关系务必要从宏观和微观两个层面厘清，不能混为一谈。

社会上的人才需求主体是形形色色的用人单位（包括人才创业的自我单位），人才供给主体是一个个的人才个体，不同的经济体制决定了不同的人才需求主体与人才供给主体的配置方式。在计划经济时期，人才管理方式（无论是体制还是机制）从属于计划经济体制：所有的用人单位与人才个体的配置都由政府决定，政府不仅通过计划控制整个社会的宏观人才运行过程，而且还通过严格的行政指令控制具体的用人单位与人才个人结合的微观运行过程。在市场经济条件下，人才管理方式（无论是体制还是机制）则与市场经济体制相匹配：用人单位与人才个人的配置不再由政府决定，而是由两者自主选择决定（不是一方决定），政府只是在宏观上进行调节、微观上进行引导。

整个社会人才需求与人才供给的互相作用和结合过程，就是宏观人才配置过程。市场经济条件下人才需求与人才供给的矛盾主要表现为三种形式：一是人才供给大于人才需求时，便会造成人才过剩；二是人才供给小于人才需求时，便会滞后于经济社会的发展；三是人才供给与人才需求不对路时，前两种表现同时存在，形成结构性矛盾。越是低端人才的配置越是有可能出现人才供大于需现象，越是高端人才或是稀缺人才的配置越是有可能出现人才供小于需的现象，而供需不对路这种现象在社会上普遍存在。因此，在宏观人才管理领域，政府不能坐视不管，必须大有作为。但大有作为不是说要回到计划经济时代的做法，而是要强化政府人才宏观管理、政策法规制定、公共服务和监督保障等职能，持续对供给侧进行结构性改革，调整人才结构，保障人才供给，提升人才素质和效率，满足经济社会发展对人才的需求。

从微观层面来看，具体的用人单位与人才个人的结合和使用过程，就是人才微观配置过程。虽然说市场经济条件下用人单位与人才个人具体结合的过程，实际上是两方自由选择的结果，但由于配置的层次和种类不同，配置主导方也有很大差异。越是低端人才的配置，越是用人单位处于主导地位。越是高端人才或稀缺人才的配置，越是人才个人处于主导地位。当用人单位需要的人才市场上没有供给时，就需要用人单位及早从内部培养或寻求替代人才，用人单位当然处于主导地位；当人才要自我创业时，用人单位就是人才自己，当然人才自己处于主导地位。当今社会第三产业越来越发达，服务业在市场经济中占据着越来越重要的地位。人才配置领域也不例外，越来越多的企业将人力（人才）资源业务外包出去，招聘、甄选、规划、工作分析、岗位设计、绩效考评、薪酬设计、培训、素质测评等专业化的人才中介机构和猎头、咨询、成果转让、创业孵化、风投等高端人才服务公司，在人才市场上发挥着越来越大的作用。由此可以看出，微观人才管理的主体不应该是政府，也就是说在微观人才管理领域，政府不应再居主导地位，也不应再起主导作用。那么政府该做些什么呢？《意见》所给出的明确答案是：推动人才管理部门简政放权，消除对用人主体的过度干预，建立政府人才管理服务权力清单和责任清单，清理和规范人才招聘、评价、流动等环节中的行政审批事项。回顾改革开放30多年来的实践不难看出，由于政府从来就没有在微观层面上具体干预过“三资”、民营和个体等所谓公有制外企业的人才管理，使这些企业的用人自主权得到充分保障，其人才培养、吸引和使用机制更加灵活完善，人才效率也更高。所以，《意见》强调，充分发挥用人主体在人才培养、吸引和使用中的主导地位，全面落实国有企业、高校、科研院所等企事业单位和社会组织的用人自主权。尤其是对公有制内的事业单位，一要创新编制管理方式，对符合条件的公益二类事业单位逐步实行备案制管理；二要改进岗位管理模式，建立动态调整机制。

因此，在深化人才发展体制机制改革过程中，一定要厘清体制和机制在宏观和微观领域人才管理的边界，尤其是要厘清人才管理有关运行机制在微观领域的实施责任主体。如果实施责任主体是政府有关部门（比如实施“千人计划”或“万人计划”需要认定人选），那么有关部门就应起到主体作用；如果实施责任主体是企业，那么政府就不要过多干预。比如人才评价，也要保障和落实用人主体的自主权，除社会性评价（如评选劳动模范、优秀企业家、人才计划入选者等），一律由具体的用人单位自主评价。要确立“谁用人、谁评价，谁管理、谁付酬，谁获益、谁承担用人风险”的微观人才管理原则。用人单位在评价人才时，可以自己评价，也可以聘请专家或委托第三方评价，但不能为评而评，要评以致用，避免毫无目的的滥评价。

三、加快转变政府职能

人才发展体制的改革是涉及人才工作宏观治理体系的大问题，虽然核心是政府与市场两者的关系，但推动改革的主体力量最重要的还是政府。政府与市场在人才管理权限边界的确定和分割上，市场虽然不完全是被动的，但主动权主要还是在政府方面。也就是说，决定市场能否在人才资源配置中起决定性作用的是政府，只有政府才是推动深化人才体制机制改革的最重要动力因素。试想政府如若没有改革的主观愿望，人才资源市场配置体系就很难形成，更谈不上市场起决定性作用，配置效果和效率也更无从谈起。因为改革的关键就是要变革政府的所作所为，限制政府的权限，调整政府的管理方式，控制政府有关部门拓展管理边界的冲动，在人才发展过程中更好地发挥市场配置的决定性作用。

为此，政府要加快转变人才管理职能，从根本上解决以往在人才管理上干预过多和监管不到位的问题，大幅度减少政府对人才资源的直接配置，将政府的职责和作用主要定位于两个方面：一是直接操盘宏观调控体系，二是间接调节市场配置体系。对前者政府要强化职能，根据国际国内形势科学预测国家经济社会发展对人才的需求，制定切实可行的人才发展规划，建立人才发展与经济社会发展相适应的机制，加快转变人才发展方式，对人才结构进行战略性调整，推动人才可持续发展，保证国家人才安全，加强和优化人才公共服务等。对后者政府要转化职能，遵循社会主义市场经济规律和人才成长规律，积极稳妥地培育和健全人才市场体系，从广度和深度上推进人才市场化改革，突出市场导向，推动人才资源配置依据市场规则、市场价格、市场竞争实现效益最大化和效率最优化，激发各类人才的创造活力和各类用人主体的用人活力，保障人才公平竞争，加强市场监管，维护市场秩序，弥补市场失灵。

大幅度减少政府对人才资源的直接配置，不能简单地理解为限制政府作用的发挥，而是要加快转变政府职能，更好发挥政府引领作用。改革开放以来，我国政府在人才工作中做了大量的工作，有力促进了人才工作发展。特别是 21 世纪以来，党管人才领导体制的确立形成了不可替代的政治优势和组织优势，使我国的人才发展如虎添翼。因此，我们不是不要政府发挥作用，而是要以强大的政治优势和组织优势来确保突出市场导向，构建和创造市场优势。根据党的十八大和十八届三中全会、四中全会、五中全会的精神，政府人才管理面临以下四项任务。

（一）强化人才宏观调控

作为制度政策的供给者，政府要以宏观调控的主体角色出现，紧紧围绕使市场在人才资源配置中起决定性作用深化人才体制改革，确保国家人才发展战略目标实现，确保市场在人才资源配置中起决定性作用。深入实施人才优先发展战略，坚持和完善基本人才制度，加快完善现代人才市场体系、宏观人才调控体系、开放型人才体系，加快转变人才发展方式，加快建设创新型国家和人才强国。调控人才市场人才资源总量供求保持基本平衡，推动人才供给侧结构性改革，战略性调整人才结构，推进人才发展体制改革和政策创新，形成具有国际竞争力的人才制度优势。打通人才、科技、经济发展通道，激发发展（第一要务）、科技（第一生产力）、人才（第一资源）、创新（第一动力）“四个第一”的综合潜能。

（二）重点掌控国家人才命脉

人才宏观运行的全过程不是都在市场边界内，像人才的生产、国资企事业单位和国家重大工程项目的人才管理、国家（省市）人才工程等，尽管都有市场的作用在里面，但也都有相当的空间需要政府进行管理。例如，推动高等教育大众化和人口现代化，实现新一代人口人才化，为开创人人皆可成才、人人尽展其才的生动局面和推动大众创业、万众创新奠定广泛而扎实的人才基础，这些都不是市场所能完全解决的。再比如国家人才安全，政府必须给予强有力的干预，而不能任凭市场作为。这就需要政府制定强势的政策和举措，掌控住国家人才命脉，规划重点领域的人才发展战略和队伍建设重点措施，建立完善人才系统的预警体系，确保国家人才安全。

（三）不断优化人才发展环境

建设有利于人才集聚的产业环境，以优良的产业发展环境吸引人才，以强势的产业发展需求促进人才培养。建设公正文明权威的法制政策环境，加强人才法制建设，坚持用法律保护人才、保护创新创业、保护用人主体的合法权益，建立健全人才工作法规，促进人才开发和发展。建设先进繁荣开放的社会文化环境，弘扬民族文化精神，提升国家文化软实力，塑造人才的文化品质，激发人才活力。建设竞争合作进取的创新创业环境，积极培育创新意识和创业精神，大力支持创新和扶植创业，使竞相创新创业精神产生强大的人才凝聚力和亲和力。建设方便简捷高效的公共服务环境，在全面推进文化、医疗卫生、居住、教育、交通等服务水平的基础上，制定涵盖人才审批、监管、服务等方面的人才权力清单，加强和优化人才公共服务，为社会和人才提供优质、专业、高效、便利的服务。

（四）加强人才队伍体系建设

我国新的现代化建设内涵，对人才发展和六支人才队伍建设提出了新的要求。经济社会发展对人才的需求不仅仅表现在经济建设上，还表现在政治建设、文化建设、社会建设和生态文明建设等方面。要打造精简、高效、廉洁的党政人才队伍，培养壮大经营管理人才队伍，分门别类发展专业技术人才队伍，探索通过高等教育渠道培养高技能人才、现代农业人才和有中国特色的社会工作人才队伍。

四、突出市场导向

人才发展体制改革的目的是使市场这个主体在人才资源配置中起决定性作用，然而，由于市场这个主体只是一种关系而并不是一个实体，因此要突出市场导向就必须做到两个“充分”：一是充分激发市场运行主体用人单位和人才自身，以及市场服务主体人才服务产业的活力，二是充分发挥市场的供求、价格和竞争三大机制的作用。所谓的突出市场导向，就是政府要尽可能地保障和落实用人主体自主权，增强人才横向和纵向流动性，健全人才评价、流动、激励机制，最大限度激发和释放人才创新创造创业活力，使人才各尽其能、各展其长、各得其所，让人才价值得到充分尊重和实现。要消除政府有关部门对用人主体（主要是国有企事业单位）的过度干预，不该管的不管，管不了的和管不好的更不管，凡是市场运行主体自己可以决策和实施的都不要管，凡改革开放以来政府没有管过而市场能够有效调节的，政府不仅不要管，而且要逐步放开。一句话，凡是微观的人才活动领域（诸如人才与用人主体的配置以及用人单位具体的人才培养开发、评价发现、选拔任用、流动配置、激励保障等）都应该交给用人主体自主运转，政府原则上都应该退出。

企事业单位是人才的重要载体，其用人自主权能否得到保障和落实，是市场导向是否突出的风向标。改革开放 30 多年来，用人单位的用人自主权虽然得到了很大改善，但依然受到很大限制，特别是国有企事业单位，在引人用人和激励等方面还是受到众多条条框框的束缚。因此，有关行政部门要进一步简政放权，放开用人单位手脚，充分保障企事业单位编制管理、人员聘用、职称评定、绩效工资分配以及激励等方面的自主权。要创新管理方式，调动用人单位和人才的创新积极性，使其充分迸发活力。要积极探索高层次人才协议工资制等分配方法。重视吸收民营企业育才引才用才成功经验做法，防止体制内的传统做法以服务为名向体制外推广和延伸。

要突出市场导向，就必须加强人才流动性，确保人才自由流动（择业）的自主权。市场经济的最大特点就是各种经济要素具有充分的流动性，而其中以人才的流动性最为重要。要以流动的方式推动人才供给侧结构性改革，对人才结构进行战略性调整。为此，要打破体制壁垒，扫除身份障碍，促进党政机关、企事业单位和社会各方面人才顺畅流动，增强人才横向和纵向流动性。在流动中要特别重视鼓励和引导人才向艰苦边远地区和基层一线流动。还要以人才柔性流动的方式鼓励人才创新创业，推动人才离岗创业和在岗兼职，打通企业和高校、科研院所人才流动的渠道，以产学研紧密结合的方式使人才在合作过程中达到流动效果。

要突出市场导向，就必须遵循社会主义市场经济规律和人才成长规律，紧紧围绕使市场在人才资源配置中起决定性作用，深化人才发展体制改革，积极稳妥地从广度和深度上推进市场化改革，大幅度减少政府对人才资源的直接配置，加快完善现代人才市场体系，推动人才资源配置依据市场规则、市场价格、市场竞争实现效益最大化和效率最优化。人才是运行于人才市场上的主体要素，也是供给要素，必须进一步解放思想、解放人才、解放和发展社会生产力、解放和增强社会活力，使人才成为最重要、最鲜活、最具效力的市场要素。企事业单位是运行于人才市场上的组织要素，也是需求要素，必须进一步放开放活，使其成为拥有真正用人自主权的用人主体。人才服务机构和企业是运行于人才市场上的中介要素，是为人才和用人单位提供中介服务或为人才创新创业提供全要素组合与孵化的服务主体要素，必须花大力气培育和扶持现代服务产业，使其在市场化、专业化、产业化的道路上不断成长壮大。

（赵永乐，中国人才研究会副会长，水利部人力资源研究院副院长，中国（南京）人才发展研究中心常务副主任，中央人才工作协调小组特聘专家组成员，国家人社部 CETTIC 面试考官认证专委会副主任，河海大学文天人力资源研究院院长、教授、博士生导师。）

深化人才发展体制机制改革 激发人才创新创造活力

郑亨钰　林喜庆　段晓川

深化人才发展体制机制改革，激发人才创新创造创业活力，需要我们深入学习贯彻中央《关于深化人才发展体制机制改革的意见》（以下简称《意见》）和习近平总书记系列重要讲话精神，坚持创新、协调、绿色、开放、共享的发展理念，实施人才优先发展战略，破除束缚人才发展的思想观念和体制机制障碍，解放和增强人才活力，构建人才发展制度优势和社会环境。

一、颁布实施《意见》的重要意义

2016年3月，中央印发了《意见》，这是中央深化体制改革的重要组成部分，是实施人才强国战略的重要里程碑，是我们党立足当前、放眼世界、面向未来做出的重大战略部署，是人才发展理念的重大创新，体现了人才工作在观念、方式、方法上的与时俱进，是当前和今后一个时期全国人才工作的重要指导性文件。《意见》明确了深化改革的指导思想、基本原则和主要目标，从管理体制、工作机制和组织领导等方面提出改革措施，对于形成具有国际竞争力的人才制度优势，聚天下英才而用之，加快建设人才强国，最大限度激发人才创新创造创业活力，把各方面优秀人才集聚到党和国家事业中来，为实现“两个一百年”奋斗目标提供有力人才支撑，具有十分重要的战略意义和现实意义。

（一）明确了人才发展体制机制改革的主要目标和实现路径

全面贯彻党的十八大和十八届三中、四中、五中全会精神和习近平总书记系列重要讲话精神，坚持聚天下英才而用之，牢固树立科学人才观，深入实施人才优先发展战略，遵循社会主义市场经济规律和人才成长规律，破除束缚人才发展的思想观念和体制机制障碍，解放和增强人才活力，构建科学规范、开放包容、运行高效的人才发展治理体系，形成具有国际竞争力的人才制度优势。

（二）有利于应对日趋激烈的国际人才竞争

随着经济全球化发展，人才全球化趋势不可逆转，国际人才竞争更加激烈。近年来，从中央到地方，各级政府密集出台了多项“人才新政”，在出入境、工作许可、购房、子女入学等方面为引进外籍人才提供了有力保障，给了他们在华安居乐业的“定心丸”，全力支持他们在华拓展事业、实现价值。一系列政策的落实，使在我国创业发展的外籍高层次人才数量迅速增加。以当前我国最高层次的外国人才引进项目国家“外专千人计划”为例，目前已有6批335名外籍顶尖人才入选该计划。2008年以来，以国家“千人计划”为龙头的海外高层次人才引进工作整体快速推进，在海内外引起了强烈反响，带动形成了新中国成立以来最大规模的海外人才归国潮。《意见》的出台，将进一步破除引进海外人才的各种障碍，使更多的海外高层次人才成为提高我国自主创新能力的领跑者和生力军，有利于提升我国国际人才的竞争力。

（三）有利于推动人才强国战略和创新驱动发展战略相结合

习近平总书记指出，我们比历史上任何时期都更接近实现中华民族伟大复兴的宏伟目标，我们也比历史上任何时期都更加渴求人才。2016年6月，中国科学技术发展战略研究院发布《国家创新报告》，报告显示，2015年我国创新指数居全球第18位，处于第二集团的领先位置，且研发（R&D，research and development）人员总量连续多年位居世界首位。人才是创新实践的主体和主导者，创新驱动实质上是人才驱动。实施创新驱动发展战略，必须把人才开发作为战略基点，推动“人力红利”转变为“人才红利”，以“人才红利”促进管理创新、技术创新和劳动生产率提高，增强创新发展的内生动力。加快形成创新型人才队伍，重点是在用好、吸引、培养上下功夫。《意见》的出台，将有利于人才强国战略和创新驱动目标相结合，人才开发、科技创新、成果转化有机结合，共同推动经济转型。

（四）有利于推动建设规模宏大的高素质人才队伍，不断完善人才发展机制

习近平总书记指出，我国要在科技创新方面走在世界前列，必须大力培养造就规模宏大、结构合理、素质优良的创新型科技人才；必须着力培养造就一大批高层次创新型科技人才，在创新实践中发现人才、在创新活动中培

育人才、在创新事业中凝聚人才；必须充分发挥人才创新优势，引领关键核心技术实现重大突破，不断提升我国科技实力和自主创新能力；要大力培育支撑中国制造、中国创造的高技能人才队伍。《意见》的出台，将有利于完善人才发展机制，推动高素质、专业化创新创造创业人才队伍建设。

二、推进人才管理体制改革

推进人才管理体制改革，构建有利于人才充分发展的体制机制，关键在于推动政府转变职能、简政放权，厘清政府、市场、社会和用人主体的权责边界。近日，习近平总书记就深化人才发展体制改革做出重要指示，强调“要着力破除体制机制障碍，向用人主体放权，为人才松绑，让人才创新创业活力充分迸发，使各方面人才各得其所、尽展其才”。总书记的重要指示，为政府人才管理部门简政放权、充分释放人才活力指明了方向、提供了遵循，对进一步做好人才工作具有重要指导意义。

近年来，福建省人社厅等部门贯彻中央和省委、省政府部署，加快人才管理职能转变的步伐，积极下放和落实高校、省属公立医院引才聘用、职称评聘等用人自主权，并不断简化审批手续、提速提效，激活用人单位和人才两池“春水”，但各种束缚用人主体和各类人才积极性创造力充分发挥的“条条框框”仍不同程度存在。

《意见》提出，遵循社会主义市场经济规律和人才成长规律，推进人才管理体制改革，构建更加科学高效的人才管理体制。首先要转变政府人才管理职能，保障和落实用人主体自主权。人社部门作为政府人才工作综合管理部门，要按照政社分开、政事分开和管办分离要求，转变职能、简政放权，发挥好在人才宏观管理、政策法规制定、公共服务、监督保障等方面的作用，充分发挥用人主体在人才培养、引进、使用中的主导作用，向大中专院校、公立医院下放或落实编制使用备案权、岗位设置备案权、引才聘用权、职称评聘权、薪酬分配权、科研资金使用权、科研成果转化收益权。

（一）坚决破除不敢放、不会放、不愿放的思维禁锢

需要多少人才、需要什么样的人才，用人单位最清楚。向用人主体放权，就是要消除对用人主体的过度干预，凡是行政部门应当下放的权力，都要下放；凡是用人单位可以自己决定的事情，都应由用人单位自行决定。有关部门要做出表率，大胆在人才的培养引进、评价使用、薪酬激励等方面赋予用人单位自主权，还市场以决定权，以行政权力的“减法”，换来人才资源配

置精准性、人才评价准确度的“加法”和人才创新创业动力的“乘法”。

（二）在放管结合、优化服务上“比高下”

习近平总书记多次指出，简政放权不能“自由落体”“不能出现真空地带”。为使政府转移的相关职能有人接、接得好，有关部门要从具体的、有形的“管”转变为宏观的、无形的“扶”，简政放权、放管结合、优化服务三管齐下，围绕人才创新创业需求，积极培育各类专业社会组织和人才中介服务机构，健全市场化、社会化的人才管理服务体系。同时，多渠道提升公共服务共建能力和共享水平，最大限度地让人才、企业享受到规范、便捷、高效的优质公共服务。

（三）加快人才法治环境的构建

最好的人才环境是法治环境。珠海市颁布实施的全国首部人才开发地方性法规——《珠海经济特区人才开发促进条例》，对于吸引集聚海内外创新创业人才起到了示范引领作用。转变政府职能，实现放管结合，首先就要求依法行政，法律法规没有规定的，既不能“越位”，也不能“越权”；保护人才合法权益，也需要靠完善法制来保障。有关部门要积极推进人才管理法制建设，加快构建更加公平公正、更具竞争力的人才制度体系。

三、改进人才培养支持机制

当前福建省人才培养机制存在的主要问题是：供给与需求、培养与使用脱节，高校专业设置调整滞后；人才素质不适应社会需求，如职业技能人才进企业后还需要进行二次培训；高层次、高技能、创业型人才缺乏，不能适应实施创新驱动战略、促进产业转型升级、加快“机制活、产业优、百姓富、生态美”的新福建建设的要求。

人才工作部门应通过抓好《意见》贯彻实施的契机，建立有效的联动协调机制，推进相关职能部门政策的落实，推动形成《意见》提出的“创新人才教育培养模式”“改进战略科学家和创新型科技人才培养支持方式”“完善符合人才创新规律的科研经费管理办法”“优化企业家成长环境”“建立产教融合、校企合作的技术技能人才培养模式”。

2015 年 9 月，福建省人民政府下发了《关于加快发展现代职业教育的若干意见》（以下简称《若干意见》），福建省人民政府办公厅制定下发了实施细则。《若干意见》提出加强科学规划引领，加快构建现代职业教育体系，促进职业教育与行业、产业、企业深度融合（包括建立行业人力资源需求预测和就业状况定期发布制度），充分发挥就业指挥棒作用，加强实训基地建设，加快“双师型”教师队伍建设，支持民办职业教育健康发展，深化闽台职业教育交流合作等一系列政策举措，有利于更好地发挥市场的导向作用，加快促进人才供给侧改革。5年内，全省技能劳动者总量达到700万人以上，高技能人才占技能人才比例超过20%。加快培养支撑中国制（创）造的技术技能人才队伍。推行高校教师和企业工程师共同指导和培养学生的双导师制度。创新技术技能人才教育培训模式，促进企业和职业院校成为技术技能人才培养的“双主体”。推进校企合作和产教融合。在技工院校中推行“校企双制、工学一体”的办学模式。探索建立技工院校学历文凭加高级工证书培养制度。加强高技能人才培养基地和技能大师工作室等平台建设。建立企业“首席技师”制度，探索建立技能人才技术技能业绩与薪酬待遇挂钩制度，不断提高技术技能人才经济待遇和社会地位。

四、强化人才创新创业激励机制

激发人才创新创造创业活力，从政府职能部门角度出发，要做好以下工作：

（一）放管结合，形成健康有序的创业创新市场环境

“放”就是要放开放活，建立开放、透明、规范、平等的创业创新准入制度，以信用管理为基础的创业创新监管模式，有利于人才流动和成果转化的科技体制及全面、共享的公共信息资源发布利用政策；“管”就是要管住管好，维护公平公正的竞争秩序，在完善创业创新法制、提供便捷的公共服务、有效运用财政资金加强对创新创业项目的引导扶持等方面有所建树。

（二）以人为本，健全有效的创业创新保障机制

最近，国家出台了鼓励科技人员离岗创业的政策举措。我们要以此为契机，进一步完善政策，扩大受益面，逐渐建立健全有效的创业创新“兜底”保障政策，如加快完善统一和接续的社会保障体系，加大金融创新力度，促进信贷、保险、创投等金融工具的互动等措施，合理降低创业创新风险，化解人才创业创新的后顾之忧。研究制定国有企事业单位科研人员离岗创业办法，企事业单位科研人员经所在单位同意，可带科研项目和成果（技术）保留人事关系离岗创业。

（三）构建科学、技术、工程专家协同创新机制

运用“互联网+”“+互联网”技术，推动科技人才与高校、科研院所、大中小微企业线上线下创新创业活动有机结合。推进项目评审、人才评估、机构评估改革。围绕产业链部署创新链，鼓励面向企业开展技术创新活动，组建产学研联盟。搭建一批科技成果转化平台，建设虚拟研究院和技术转移中心。制订培育科技小巨人领军企业行动计划。促进优质资源相互开放，推动众创空间、创业孵化基地建设，依托开发区、高新区建设人才创新创业示范区。

（四）突出重点，培育发展信息化产业

制定有力的数字化政策，加快优化金融、教育、医疗、交通等重点行业升级发展。信息技术、通信技术是拉动创新最有力的引擎之一，有了有力的数字化政策的支持，才能主动抓住互联网、云计算、大数据等带来的指数级增长机遇，推动创新经济发展的IT应用，最大限度地通过信息技术支持创新创业。

五、构建具有国际竞争力的引才用才机制

习近平总书记指出：一个国家对外开放，必须首先推进人的对外开放，特别是人才的对外开放。《意见》又明确提出：构建具有国际竞争力的引才用才机制。这实际上是对党的十八届三中全会提出的“建立集聚人才体制机制，择天下英才而用之”战略部署的细化和落实。从人才工作部门角度出发，构建更加开放的人才政策体系和人才工作机制，关键就是要秉持和遵循改革的观点和思维，用改革的思路、以改革的方法在改革中开拓工作新局面。

（一）在理念上，要实现人才引进工作理念和方式的“三个转变”

（1）由重招商引资向招才引智转变。招商引资是资金短缺时期，依靠资金等生产要素投入驱动为主的经济发展方式下的理性选择，曾对地方经济发展起到过极大的促进作用，但在当前阶段已不再是最优、最有效率的选择。就我国目前阶段而言，社会各类资金充沛，而人才资本相对短缺，更有招、引、争的价值。

（2）由平均用力向重点引进转变。随着引进人才的增多，更需要在精细化、针对性上下功夫，突出引才重点。必须把引进高层次创新型科技人才和

经济社会发展重点行业、关键领域的紧缺人才作为引进重点。

（3）由重引进向重使用转变。《国家中长期人才发展规划纲要（2010—2020年）》提出，“人才以用为本”。引进人才的根本目的是要发挥人才的作用。目前，我国引进的人才数量已经不少，但也有不少地方还存在重引进、轻服务、未重用的情况，要尽快予以改变。

（二）在方向上，要着眼于高端引领，优化人才政策顶层设计

（1）要把人才政策创新放到经济社会发展全局中加以研究，既要上下贯通，即与国家相关人才政策、产业政策对接，也要左右贯通，即与本省发改、科技、教育、卫生等部门出台的重大改革举措和政策相互衔接，还要内外贯通，即注意人才需求与政策内容间的协调配套。

（2）要着眼于破解当前人才工作体制机制中的重点难点问题。要寻求突破制约各方面人才顺畅流动的体制机制壁垒，寻求改善人才队伍结构和人才资源配置结构，重视改革实效，狠抓政策落实。

（3）要着眼于增强区域人才综合竞争力。福建处于全国经济活动、人才流动比较活跃的沿海地区，这在形成地缘优势的同时，又由于经济发展水平、城乡基础建设等方面与相邻发达省市的差距而形成了在人才竞争力上的劣势。福建省要着力于抢占人才竞争中新的战略制高点，朝有利于形成区域人才竞争比较优势的方向努力。

（三）在政策上，加强政策法规建设，打破入境和居留壁垒

通过加强引进外国专家人才的法制建设，使引智工作走向制度化、规范化、法制化。要启动具有中国特色的移民法等法规的研究和制定工作。地方也要根据当地引进外国专家人才的情况，制定地方有关引智方面的法律法规，以保证单位和海外人才的合法权益。

（四）在机制上，要优化海外高层次人才引进工作机制

进一步优化海外高层次人才引进工作机制，使市场机制成为引进外国专家人才的主要方式。我国引进外国专家工作，过去实行计划审批制度。在新形势下，必须进行制度和政策创新：在宏观机制上，要将引智工作放到市场经济体制的环境中来考察，重新定位国家在引进国外智力中的角色；在微观机制上，要使企业和各种组织认识到引进外国专家工作的重要性，引导建立符合国际惯例的游戏规则和有效发挥外国专家作用的用人机制；在运行机制上，要发挥市场机制在配置外国专家中的决定性作用，提高企业等单位引进外国专家的积极性。

（五）在举措上，要进一步加大高层次人才引进工作力度

（1）推进人才工作的市场化、法治化进程。人才工作法治化是人才工作市场化的重要保证，二者需要同步推进，既要让市场需求、价值规律、供求关系、竞争规则在人才的发现、培养、引进、使用、激励、保障等各个方面都发挥作用，又要把人才工作各个环节都纳入法治轨道，减少人治行为和行政化配置资源倾向。

（2）突出人才工作的高端化、国际化特征。要打造高质量创业创新平台，加大对“两高”人才的扶持力度，鼓励企业特别是龙头企业、高科技企业加强“两高”人才队伍建设，以“两高”人才（高层次创业创新人才、高技能人才及其团队）的培养、吸引和集聚来带动整体人才队伍建设的全面推进；要以国际化的视野、国际化的思维来审视和推动人才体制机制创新工作，遵循通行的国际人才流动惯例，掌握游戏规则为我所用。

（3）促进产业集聚与人才集聚的良性互动。研究表明，产业集聚与人才集聚之间具有明显的互动效应。党的十八大以来，福建产业集群集聚快速发展，对各类人才具有强大的集聚效应。有关部门应紧扣产业发展需求，努力完善产业集聚区的人才创业创新环境，包括建设公共研发平台、引进科研院所、扶持企业研究院（重点实验室、博士后流动站）、配套优质居家生活设施等，不断增强产业集群对人才的集聚效应，推动产业集聚与人才集聚间良性互动关系的形成。

（4）大力加强海外人才资源信息建设。为了能全面提升引智工作的效率和水平，必须大力加强我国海外人才资源的信息建设。当前最重要的是要整合分散在各地区、各部门、各单位的海外人才信息与资源，形成海外人才资源信息共享机制和全国大网络体系。这就急需建立“海外人才信息中心”“海外人才研究中心”和“海外人才库”，实现国家外国专家局与发达国家专家协会的专家库对接。

（六）在环境上，要发挥福建优势，进一步优化人才发展环境

人才竞争的背后，实质上是人才环境的竞争。我国为引进海外高层次科技人才提供的“硬环境”，如工作条件、实验设备等基本上达到世界一流水平，但“软环境”方面仍需完善，如科技体制和科研政策环境、科研成果转化机制、知识产权税收、生活保障服务水平（包括出入境便利化、医保、子女教育、空气质量、房价、食品安全）等。如果这些方面不及时加以完善，势必影响海外高层次科技人才的积极性和创造性。因此，要实施更积极、更

开放、更有效的人才政策，就要着力营造拴心留人、创业圆梦的制度环境，鼓励创新、宽容失败的工作环境，以及尊重人才、见贤思齐的社会环境。对党委人才工作部门来讲，通过加强党委联系专家工作制度，充分发挥党的政治优势、组织优势和思想工作优势，把海外高层次人才集聚到改革发展事业中来。通过登门拜访、走访慰问、座谈联谊等形式，让识才爱才敬才用才在全社会蔚然成风。

六、建立人才优先发展保障机制

习近平总书记指出，聚天下英才而用之，关键是要坚持党管人才原则，遵循社会主义市场经济规律和人才成长规律。因此，应坚持发挥市场人力资源配置的决定性作用，处理好市场和政府的关系。要提高人才工作制度竞争力，必须跳出原有人才事业发展模式，发挥市场的决定性作用。与此同时，应遵循人才成长规律，以合理待遇激励人才，充分调动人才积极性，促进人才成长。

从根本上讲，不断提高党管人才工作的科学化水平，不断优化党管人才工作格局，不断促进党管人才优势的充分发挥，就是对人才优先发展最大的保障，也是对人才工作最有力的加强。

优化和完善党管人才工作格局，需要在充分总结近年来党管人才工作有益经验的基础上，遵循社会主义市场经济规律、人才成长规律和法治发展规律，从以下几方面着手进行：

（一）以科学思维把握发展现状，坚持分类指导

党管人才组织优势的有效发挥，关键在于通过把握前沿经济社会发展态势，紧扣发展需求，紧盯产业现状，紧贴地域特色，进行战略层面的科学思考和研究。根据不同地域的发展特点和发展阶段，有针对性地指导人才工作的开展，实现人才发展与经济社会发展的互动共赢。同时，针对各类人才的不同特点和成长规律，坚持分类指导，创新人才工作体制、机制和方法，使人才各得其所、各尽其能。

（二）以系统思维完善机制建设，强化资源整合

既要以系统的观点来看待人才工作与区域经济社会发展全局，把人才工作作为经济社会整体系统中的一个关键子系统来谋划、来推进，又要以系统的方法来整合人才工作各环节、各部门及其资源与力量，明确成员单位职责，

发挥人才工作系统的最大整体功效。

（三）以市场思维完善人才服务，发挥市场配置的决定性作用

充分发挥市场在人才资源配置中的决定性作用和更好发挥政府引领作用，是党的十八届三中全会对政府与市场关系的新定位。党管人才工作的开展，应当完善人才服务专业队伍和机构，发展人才服务业，促进完善人才培训市场、人才评价市场和人才流动市场。

（郑亨钰，福建人才研究会秘书长，福建人事人才研究所所长，高级经济师；林喜庆，莆田学院管理学院人力资源系主任、副教授；段晓川，福建人事人才研究所经济师。）

解放人才　发展人才　成就人才

赵　光　辉

习近平总书记指出，要构建具有全球竞争力的人才制度体系，聚天下英才而用之。这与中国所处的全球竞争环境相匹配，为勾画国家人才蓝图提出了中心思想。《关于深化人才发展体制机制改革的意见》（以下简称《意见》），全面回答了新形势下我国人才发展的一系列重大理论和实践问题，涵盖了引才、选才、育才、用才、聚才等各个方面，是国家人才蓝图的基本骨架，我们站在人才自身的视角，从这幅美好的人才蓝图的图景中，能够清晰感悟到解放人才、发展人才、成就人才的画外之意。

一、对人才本身而言，解放人才是人才发展体制机制改革的价值导向

体制是指有关组织形式的制度。机制是指系统内部各部分的相互关系。人才工作体制是指人才工作职能部门在机制设置、领导隶属关系和管理权限划分等方面的体系、制度、方法。人才工作机制是指人才工作系统的组织或部分之间相互作用的过程和方式。人才体制机制对人才发展都带有根本性。中国有13亿人口，10.69亿人力资源，人才资源总量1.14亿，科技人力资源总量达到4 200万人，研究开发人员总量也达到195万人，这5个数字，除“研究开发人员”中国居世界第二以外，其他4个数字都位居世界第一[①]。这说明，我国不缺人才，缺的是一个释放人才活力、转化人才智慧的体制机制。人才竞争，本质上是人才制度的竞争。例如，营造有利于高层次人才成长的良好体制机制和环境，形成一支在水平和结构上可以与发达国家一争高下、满足国家创新发展需求的高水平人才队伍，是全面建成小康社会和建设创新型国家战略目标的基础性工作。《意见》开宗明义，“最大限度激发人才

① http：//www.21cnhr.gov.cn/detail.jsp？viewID=7636&lmCode=A0701.

创新创造创业活力”“解放和增强人才活力”。马克思说，人是一切社会关系的总和。人才的活力，需要正确处理人才与人才、人才与社会、人才与国家的关系，基础就是解放人才。《意见》提出的目标：“全社会识才爱才敬才用才氛围更加浓厚，形成与社会主义市场经济体制相适应、人人皆可成才、人人尽展其才的政策法律体系和社会环境。”

《意见》是在继承马克思主义关于人的全面发展理论、汲取西方现代经济学人力资本理论、总结我国在人才发展创新实践基础上，形成的中国特色人才理论创新成果。人才是第一资源，是最活跃的先进生产力的核心理念。人才是人类社会发展中最具根本性的战略资源，更是经济社会发展最活跃的先进生产力。人才资源开发对科学发展具有基础性、战略性、决定性作用。

中国共产党人从中国共产党成立之日起，就明确以马克思主义为指导思想，其根本宗旨就是要从自然和社会双重维度，实现我国最广大人民群众的彻底解放。在推进马克思主义中国化，指导我国革命、建设和改革的过程中，中国共产党人创造性地运用和发展了马克思主义关于人的全面发展理论。中央领导集体以国情为依据，实践并发展了马克思主义关于人的全面发展理论。明确以人为本作为科学发展的核心，强调党的一切理论和工作都要把实现人民群众的愿望、满足人民的利益、促进人民群众的发展作为根本的出发点和落脚点。

建立社会主义市场经济体制，是一场具有划时代意义的伟大变革，推动着社会、政治、经济、科技、文化等各个领域的深刻变化，给人们的生活方式、精神状态、价值观念等各方面带来重大影响，使人的发展在市场经济条件下的显现具有了新的特征。经济的发展和人的发展是统一的，经济的发展必然会带来人的发展，而人的发展又反过来促进经济的发展。自从人的发展成为人的自觉目标以来，人类已经做出过三种选择：资本主义市场经济、社会主义计划经济、社会主义市场经济。前两种选择由于社会发展的片面化，不可避免地导致了人的发展的片面化。社会主义市场经济注重社会和人的全面发展，因此，它才有可能使人的发展走上正确道路。

社会主义市场经济，能够把社会主义制度的优越性与市场经济的活力有机地结合起来，使人对物的依赖关系向积极的方向发展。因此，它既坚持了人对物的依赖，即人通过物来实现和确证自己；同时又把这种依赖朝积极方向发展，即自觉地把物变成实现其内在本质力量的有效方式和有机条件，使人不再盲目地受物支配。在社会主义市场经济中，人依赖于物无非是为了使物更好地服务于人，使物与人的关系显示其意义，所以，人的发展成了社会主义市场经济发展的主导方向。

《意见》坚持人才优先发展的战略路径，确立人才发展在经济社会发展中的优先地位，确立人才优先发展的战略布局，推动人才优先发展具体化、政策化、项目化，切实做到人才资源优先开发、人才结构优先调整、人才投资优先保证、人才制度优先创新，把人才优先发展体现到推动经济社会发展的全过程和各领域，落实到地方和部门工作的各方面、各环节，以人才优先发展引领和支撑创新、协调、绿色、开放、共享的发展。

中国共产党提出，要进一步完善社会主义市场经济体制，坚持以人为本，树立全面协调、可持续的发展观，促进经济社会和人的全面发展。这说明走中国特色的社会主义道路，建立社会主义市场经济，不是以物为本，而是以人为本。建立社会主义市场经济的目的、归宿、落脚点是人，而不是物。以人为本是一种对人在社会历史发展中的主体作用与地位的肯定。它既强调人在社会历史发展中的主体地位和目的地位，又强调人在社会历史发展中的主体作用。它是一种价值取向，强调尊重人、解放人、依靠人、为了人和塑造人；它是一种思维方式，要求我们在分析、思考和解决一切问题时，要关注人的生活世界，要对人的生存和发展的命运确立起终极关怀。

习近平总书记提出，“要营造尊重人才、见贤思齐的社会环境，鼓励创新、容许失误的工作环境，待遇适当、无后顾之忧的生活环境，公开平等、竞争择优的制度环境，促使优秀人才脱颖而出①”。《意见》遵循人才发展规律，更加注重系统开发；既总揽人才发展全局，又统筹人才体制机制，抓住牵动全局的主要工作，着力推进、重点突破；统筹人才发展与经济社会发展，更加主动适应民族、国家和社会发展的需要，系统谋划人才结构适应产业结构和经济结构战略性调整，更好地发挥人才资源的战略性、基础性作用；统筹科教兴国、人才强国、可持续发展三大经济社会发展基本战略，凸显人才强国战略的引领性、决定性作用；统筹各类人才队伍建设，遵循系统培养的人才开发规律，突出高端人才的引领带动作用，形成以高层次人才和高技能人才为重点，各类人才队伍建设统筹推进、系统开发的总体布局。

二、对人才本身而言，发展人才是人才发展体制机制改革的目标所指

体制机制改革之所以艰巨，就是因为它涉及方方面面，牵一发而动全身。

---

① 摘自习近平同志在2010年全国人才会议上的讲话。

涉及人才培养机制、评价机制、选拔任用机制、流动机制、分配制度和激励机制、保险制度和福利制度、保障机制等微观管理，还必须遵循人才资源开发规律，坚持市场配置人才资源的取向，改善宏观调控。就人才个体而言，人才体制机制不仅仅包括工作制度，还包括生活条件，住房制度、医疗制度、就业制度、子女教育制度、社保制度等方面的实际问题，人才体制机制创新，这些因素都要全面考虑。就单位而言，仅引进外国人才和智力一项就涉及吸引海外高层次人才的特殊制度、技术移民制度、吸引外籍高层次人才来华工作制度、扩大国家公派出国留学和来华留学规模制度、国际人才市场制度，任何方面的问题解决不好都有可能影响全局。

在1977—2000年美国信息技术革命期间，中间产品对美国经济增长的平均贡献率为52%，固定投资为24%，劳动力投入为15%，全要素生产率（TFP，包括人力、物力、财力等资源开发利用的效率）为9%。[①] 而在中国，与“劳动力投入对中国经济增长发挥着决定性作用”的说法完全相反，劳动力增加对中国经济发展所起的作用甚微。1990—2014年，其他因素对中国经济增长的贡献率分别是：劳动力投入仅为6%，固定投资为65%，全要素生产率为29%。“劳动力投入对中国经济增长的贡献率远小于大多数经济体”[②]是中国经济的特征。《意见》直呼“把各方面优秀人才集聚到党和国家事业中来”“坚持聚天下英才而用之”，其基本前提是发展人才，中国经济的发展需要依靠劳动率的贡献，归根结底是依靠人才发展推动党和国家各项事业的全面发展。在改革人才管理体制方面，《意见》把理顺政府、市场、社会、用人主体关系，明确各自功能定位，作为改革重点着力加以推进。一是建立政府人才管理服务权力清单和责任清单，推动人才管理部门简政放权，消除对用人主体的过度干预。二是对反映强烈的编制、岗位和薪酬管理等体制问题提出改革举措，保障和落实用人主体自主权。三是健全市场化、社会化的人才管理服务体系，积极培育各类专业社会组织和人才中介服务机构有序承接政府转移的人才培养、评价、流动、激励等职能。四是加强人才管理法制建设，完善人才政策法规体系。这些都是为了解开人才发展的各种政策束缚，让人才发展符合规律。

“人才是第一资源”，是对人才在经济社会发展中的作用、特点和地位的

---

① ［英］罗思义．一盘大旗？中国新命运解析［M］．南京：江苏凤凰文艺出版社，2016．书中结论源于对戴尔·乔根森．何民成、凯文·斯德尔等对美国研究的结论。

② ［英］罗思义．一盘大旗？中国新命运解析［M］．南京：江苏凤凰文艺出版社，2016．书中结论源于北京航空航天大学教授任若恩和孙琳琳对中国与所有主要经济体的研究证实结论。

深刻揭示。迄今为止，人类经历了自然经济形态、农业经济形态、工业经济形态，并且在此基础上迈向知识经济形态。不同形态下的生产力发展取决于不同的资源需求。纵观人类历史的发展轨迹，一个明显的特点就是从依赖物质资本向人力资本转变。人才资本优先积累是后发展国家实现经济追赶的共同规律。《意见》对产业与人才互动提出了非常明确的政策：“统筹产业发展和人才培养开发规划，加强产业人才需求量，加快培育重点行业、重要领域、战略性新兴产业人才。注重人才创新意识和创新能力培养，探索建立以创新创业为导向的人才培养机制，完善产学研用结合的协同育人模式。”目前，我国“一带一路”战略、“长江经济带”战略、“京津冀”协同发展战略等，都需要多种人才，但是现实状况却是许多行业人才紧缺。特别是区域经济的跨越发展过程中，人才是区域经济发展的决定因素，人才的数量和质量直接决定区域经济发展的速率和成效。欠发达区域的经济要实现跨越发展，必须要满足区域经济实现跨越发展对急需紧缺人才的紧迫性需求。例如边疆地区、西部地区、“一带一路”沿线国需要开拓的地区，人才缺乏已经成为制约发展的巨大瓶颈。人才资源作为国家竞争力的核心要素，在经济社会发展中的基础性、战略性和决定性作用愈显突出。在新时期新阶段，西藏、新疆、云南、广西等西部地区，要抓住“一带一路”难得的历史性机遇，加快把能源、资源、地缘等潜在优势转化为促进发展的现实优势，必须依靠大批优秀人才来支撑和引领。《意见》对技能人才发展指明路径。大力培养支撑中国制造、中国创造的技术技能人才队伍，加快构建现代职业教育体系，深化技术技能人才培养体制改革，加强统筹协调，形成工作合力。创新技术技能人才教育培训模式，促进企业和职业院校成为技术技能人才培养的“双主体”，开展校企联合培养试点。研究制定技术技能人才激励办法，探索建立企业首席技师制度，试行年薪制和股权制、期权制。健全以职业农民为主体的农村实用人才培养机制。弘扬劳动光荣、技能宝贵、创造伟大的时代风尚，不断提高技术技能人才经济待遇和社会地位。

从某种意义上说，我们能否实现经济社会发展目标，完全取决于人才的能力和水平。在经济“新常态”下，“供给侧改革”“中国制造 2025”等重大决策的落实中，最具活力的是企业。只有培养和引进一大批优秀企业家，经济发展才会有持久活力。我们要以加快经济发展为目标，组织实施企业家培养计划，着力培育熟悉现代企业制度，能够引领企业在竞争中发展壮大的高素质的企业家队伍。同时，要培育一大批与之相适应的实用技术人才。根据转变经济发展方式和走新型工业化道路的需要，着力引进和培养实用技术人才。《意见》专门针对企业家发展提出方案。遵循企业家成长规律，拓宽培养渠道。建立有利于企业家参与创新决策、凝聚创新人才、整合创新资源的新机制。依法保护企业家财产权和创新收益，进一步营造尊重、关怀、宽容、支持企业家的社会文化环境。合理提高国有企业经营管理人才市场化选聘比例，畅通各类企业人才流动渠道。研究制定在国有企业建立职业经理人制度的指导意见。完善国有企业经营管理人才中长期激励措施。未来我国的经济发展，主要不是靠资源、靠资金、靠劳动力，而是靠知识、靠人才，人才发展将是新常态下我国经济社会发展的第一要素。我国将来的发展，将是人才发展，带动国家创新驱动进入新阶段、新境界，打破制约国家发展的各种约束，为加快发展转型提供强力的助推器。

人的存在及其发展，在本质上是一个人类实践的过程。离开了具体的、现实的实践活动，人既不可能存在，也不可能获得任何发展。因此，对于人的存在与发展而言，一定形式的感性的实践活动，既是其存在的基本方式，也是其在现实的存在中获得发展的唯一途径。只有在具体的、感性的实践活动中，人的存在的社会关系才能变成现实的规约人的本质生成的力量。这种力量，只有在人的具体的、感性的实践活动过程中，才能和人自身的主体规约力量发生关联，从而凝聚成人才发展的现实推动力。也只有在现实的、感性的实践活动中，规约人的主客观力量才能够实现彼此的互动而促使人生成新的内在品质，人才发展也才有可能转变为现实状态。人的存在及其发展与感性的实践活动之间具有的这一关系，决定了人的实践与活动的关系是其存在及发展的一切关系生成与建立的基础。

服务党和国家各项事业的全面发展，是人才发展的根本任务。要坚持围绕中心、服务大局，把促进经济社会和人的全面发展作为人才工作的根本出发点和落脚点，紧紧围绕经济社会发展中心任务制定战略规划，创新工作政策，做好培养、吸引、用好人才的工作，用服务党和国家事业全面发展的实际成效来检验人才工作成效。国家新的发展目标将成为我国人才发展新的春天。在传统农业向现代农业过渡的转型阶段，推进科学化生产、产业化经营、小城镇发展、新农村建设，迫切需要提高农民的素质，迫切需要农村实用人才发挥示范带动作用。因此，必须大力培养致富能力强、掌握多种实用技术、在农村和农业经济发展中起示范带动作用的实用型人才来满足农业的跨越发展。目前，我国要完成现代化发展、满足民生需求、构建小康社会，需要有一大批职业化、专家型的社会工作人才。例如，中等职业学校需要“双师型”教师，高中重点学科教学需要名师，卫生发展需要名医和具有医师资格的乡村医生，城市发展需要城乡规划、建设和管理方面的人才，建设法治社会需要法官、检察官、律师，等等。要坚持引进与培养相结合，建设一支高素质的教育、医疗、卫生、文化、体育、防灾减灾、计生、政法及社会保障和社会福利等专门人才队伍。

在人的存在与发展的感性的实践与活动中，由于人的实践与活动关系的集成，人的存在与发展的基本社会关系才能够得到有效的集合，并由此而形成推动人才发展的直接的现实驱动力。在人的感性的实践与活动对人的存在与发展的社会关系的现实集合中，一定形式的现实的实践与活动关系的形成，则成为社会关系促进人才发展机制生产的基础。只有在这一基础上，才有可能生成具体的社会关系与人才发展的互动机制系统，从而推动人的现实的发展。在基于一定形式的现实的实践与活动关系这一基础之上形成的人才发展的社会关系促进机制中，理想与目标关系的生成，成为促进人才发展的导向机制；竞争与合作关系的生成，成为促进人才发展中的主要动力机制；信息与虚拟关系的形成，成为促进人才发展的选择机制；而道德与法纪关系的生成，则成为规范人的存在与发展的主要保障机制。

最近，李克强总理深有感触地谈道，“大家普遍认为当你到传统的产业，或到传统的产业占主导地位的地方去看，可能有压抑，看到很多困难；但是到那些新的产业，或抓住新的工业革命机遇发展得迅猛的地方、企业去看，就会感到新经济所带来的不仅是曙光，而且是照耀大地的光芒。人类的智慧就在于能够抓住新的希望，包括第四次工业革命。中国政府大力倡导创新，不仅包括技术创新，也包括体制创新，给人才以更多的创新空间，并且宽容失败。我们正在推动大众创业、万众创新，努力把几乎所有人的潜能尽可能地发挥出来。在我们的现实社会当中，即便是一些天生智力有障碍的人，也可能在某些方面表现出天才，我们要珍惜每一个人的创造力”①。随着经济全球化进程加快，国际经济竞争更加激烈，“走出去”正在成为未来我国参与国际竞争的重要战略；社会对环境的要求越来越高，生态文明建设成为上至中央、下至地方的共同要求，必须转变经济发展方式、调整产业结构，努力建设环境友好型社会和资源节约型社会。现代科技激烈竞争，知识经济高速发展，自主创新能力已经成为国家竞争力的核心。世界科技发展的实践告诉我们：一个国家只有拥有强大的自主创新能力，才能在激烈的国际竞争中把

① 世界经济论坛2016年新领军者年会（第十届“夏季达沃斯论坛”）于6月26日至28日在天津举办。国务院总理李克强出席开幕式时表示，人类的智慧就在于能够抓住新的希望，中国政府大力倡导创新，不仅包括技术创新，也包括体制创新，给人才以更多的创新空间，并且宽容失败。

握先机、赢得主动。因此，我们必须努力建设一支具有创新精神、创新能力的人才队伍，让国家的发展具有更强的内在动力，让科教兴国战略具有更加坚实的基础。从大力推进我国现代化建设、全面建成小康社会的要求看，我国的人才工作还存在一些突出问题，人才的总量、结构和素质还不能适应经济社会发展的需要，特别是全面建成小康社会急需的高层次、高技能和复合型、创新型人才短缺。中国受过大学教育的人口比日本总人口还多4 000多万，研发工程师相当于美国的1/6，有3 500多万潜力巨大的科技人才，但领军人才不多，关键人才尚少，市场配置人才资源的格局急需调整，人才环境尚待优化，人才价值有待彰显。全球KTI产业（知识和技术密集产业）在2012年的增加值为19.6万亿美元，其中美国为6.23万亿美元，中国为1.7万亿美元，相当于美国的27%。而当时在“非KTI产业”，中国规模相当于美国的72%。如果中国KTI能达到同样比例，将对应2.79万亿美元的产业增长规模。美国总统奥巴马在国情咨文演讲中提出“激发国人的创新精神是我们制胜未来的基石”[①]。只有将人才集聚于国家发展的重点事业，才能解决创新人才成长中存在的突出问题，推动经济社会不断前进发展。[②]《意见》坚持把改革创新作为人才发展的根本动力，坚持解放思想、解放人才、解放科技生产力，不断破除束缚人才成长和发挥作用的思想观念和制度障碍，坚定不移地推进识人选人用人制度的改革，把成熟的改革经验上升为制度规范，把普遍有效的重要政策纳入国家法律法规。

值得国人骄傲的是，党和国家各项事业的发展，已经集聚了各方优秀人才，多个领域已经在世界处于领先地位。英国自然出版集团发布的2016年自然指数排行，美国位列第一（得分17 203.82），中国名列第二（得分6 478.34）。从造福人类的水稻育种技术到尖端的航天航空科技，从每个人都有切身体会的高速铁路技术到实验室里实现的人类单个卵细胞高精度基因组测序……中国科研力量正在各个领域取得单点突破，逐步实现从量变到质变。如北斗系统、2000预警机、超级计算机、雷达技术、3D打印、激光技术、微晶钢（超级钢）、脉冲强磁场实验装置、纳米技术、超轻气凝胶、量

① 奥巴马说：“没有人能够断定下一个龙头行业是什么，或者新的就业岗位会来自哪里——就像30年前，我们不会知道，这个叫因特网的家伙会带来经济革命。我们能做的——这也正是美国人民比别人好的地方，就是加强美国人民的创造力和想象力。记住！美国发明了汽车和电脑；美国拥有爱迪生和莱特兄弟；美国创造了谷歌和脸谱。在美国，创新不仅仅改变了我们的生活，更为重要的是，这是我们赖以谋生的方式。”

② 习近平总书记在2014年两院院士大会上说：1708年，清朝政府组织传教士们绘制中国地图，后用10年时间绘制了科学水平空前的《皇舆全览图》，走在了世界前列。但是，这样一个重要成果长期被作为密件收藏内府，社会上根本看不见，没有对经济社会发展起到什么作用。反倒是参加测绘的西方传教士把资料带回了西方整理发表，使西方在相当长一个时期内对我国地理的了解要超过中国人。

子存储器、全球首个人工生物角膜（成功完成临床试验）、风洞、量子物理学、微电子、盾构机、基因技术、云计算、催化剂、引力精密测量，等等。没有党和国家各项事业的突飞猛进，就很难“拉动”这些技术的全球地位，当然也很难实现这些领域的人才发展。

三、对人才本身而言，成就人才是人才发展体制机制改革的重大机遇

按照联合国和有关人口普查的统计，中国的国际人口比例大概只有0.04%。而从全球平均来看，国际人口在世界其他国家的比例是3%，发达国家是10%以上，发展中国家是1.6%，印度的比例也达到0.6%。实现中华民族伟大复兴是一项光荣而艰巨的事业，需要一代又一代中华儿女共同为之努力。事业成就人才，伟大的事业成就伟大的人才。在前进道路上，我们还面临许多困难和挑战。经过几代人的努力，我国人才队伍建设取得巨大成就，但人才队伍大而不强，领军人才、拔尖人才稀缺，人才创新创造活力不足，成为制约创新驱动发展的“瓶颈”。解决这些问题的关键是深化人才发展体制机制改革。《意见》指导思想明确“遵循社会主义市场经济规律和人才成长规律，破除束缚人才发展的思想观念和体制机制障碍”，其意在于，与中华民族屹立于世界之林、中华人民共和国傲居世界前列同步同频，中国人才将在世界人才版图上灿若星河、遥遥领先，在引领中国发展的同时，推进世界历史进程。

《意见》以成就人才为主线，意在通过深化改革，破除思想观念和体制机制障碍，构建科学规范、开放包容、运行高效的人才发展治理体系，形成具有国际竞争力的人才制度优势，让人才放开手脚创新创造，尽情展示聪明才智，使一切创新想法得到尊重、一切创新举措得到支持、一切创新才能得到发挥、一切创新成果得到肯定，为经济社会发展增添蓬勃活力和强大动力。把用好用活人才、提高人才效能作为人才工作的核心环节，在使用中培养、为使用而引进、以使用来激励，充分调动各类人才的积极性、主动性和创造性。要着力解决人才不适用、不够用、不能充分使用的问题，让各类人才各得其所、用当其时、才尽其用。人才优先发展，既推动了人才发展方式加快转变，又进而推动了经济发展方式加快转变。因此，在科学发展提升了战略地位的前提下，人才发展是必需的，只有利用好人才资源、优先发展人才，才能保证党和国家事业的全面发展。中国朝着建立真正具有国际竞争力的人才制度迈进了一大步，如果在北京工作年薪能达到50万、纳税达到10万，

在上海工作年薪60万、纳税12万，就可以申请中国的“绿卡”，不仅是华人华侨，还包括外国人、外国留学生。这项政策实际上对于广大海外华人华侨、留学生和广大国际人才等，都是实实在在的政策措施。人才发展赋予“中国梦”丰富内涵。任何一个能够引领民族发展进步的梦想都是美好的，任何美好的梦想都必然伴随时代的节拍、顺应现实条件的变化而变化。中华民族的复兴梦同样如此。在民族独立的梦想已经在艰苦卓绝的奋斗中得以实现之后，我们又在建设富强民主文明和谐的社会主义现代化国家，推动社会更加自由、平等、公正、法治。人才发展凝聚强大合力。邓小平说过，“我们共产党人的最高理想是实现共产主义，在不同历史阶段又有代表那个阶段最广大人民利益的奋斗纲领。因此我们才能够团结和动员最广大的人民群众，叫做万众一心”。民族复兴的伟大目标只有转化为一个个相互关联、具体实在的建设要求，才能鼓舞人心、凝聚力量，才能在人们的具体实干中变为现实。人才发展培育攻坚克难的斗志。精神能量的大小，不仅体现在其涵盖面和包容圈的大小，也体现在其韧性和强度的高低。没有梦想的民族是可悲的，对美好梦想没有坚定不移、矢志不渝精神状态的民族同样没有前途。中华民族富有以坚定的信念和坚韧的毅力追求梦想的精神基因。在推进民族复兴的新征程中，我们面临的发展机遇和风险挑战前所未有，我们需要面对多种长期的、复杂的、严峻的考验，需要准备进行具有许多新的历史特点的伟大斗争。面对风险挑战和危险考验，我们唯有不断增强道路自信、理论自信、制度自信，更加坚定坚毅，更加清醒自觉，进一步培育攻坚克难的顽强斗志，进一步深化改革开放，始终坚持和发展中国特色社会主义，才能迎来中华民族伟大复兴更加光辉灿烂的前景。

《意见》提出：“树立全球视野和战略眼光，充分开发利用国内国际人才资源，主动参与国际人才竞争，完善更加开放、更加灵活的人才培养、吸引和使用机制，不唯地域引进人才，不求所有开发人才，不拘一格用好人才，确保人才引得进、留得住、流得动、用得好。”这是人才发展的重要机遇。2010年中国可投资资产在1 000万元人民币以上的人群数量达50万人，共持有可投资资产15万亿元人民币。其中，接受调研的高净值人群中有近60%的人士表示，已经完成投资移民或有相关考虑。而个人资产超过1亿元人民币的企业主中，有27%已经完成移民，47%正在考虑移民。仅2010年一年，有超过6 000名中国人取得美国、加拿大、澳大利亚三国的投资绿卡。[①] 加拿大

① 招商银行联合贝恩资本发布的《2011私人财富报告》。

通过“联邦技术劳工计划”，每年允许最多 1 000 名在加拿大深造的外籍博士生申请加拿大的永久居民身份。英国出台“杰出人才签证”、德国出台“蓝卡制度”、以色列出台“卓越计划”、韩国出台“智力回归计划”、泰国出台“人才回流计划”、巴西出台“博士扎根计划”，国际间的人才转移和智力流动不断增强，国际性人才资源的争夺将日趋激烈，我国人才短缺现象和人才流失的局面将成为经济发展的主要制约因素。在全球化的进程中，国际化人才是现在最炙手可热的。全球化人才既指来自全球的跨文化人才，更指具有全球化理念的人才。人才从没有像今天这样炙手可热，尤其在激烈竞争的商业世界里，几乎每个渴望走出国门的企业家和 CEO 都在渴求全球化人才。《意见》提出了人人皆可成才的基本要求。坚持尊重劳动、尊重知识、尊重人才、尊重创造的重大方针，不唯学历、不唯职称、不唯资历、不唯身份，不拘一格选才、育才、用才，让每个人都有成才的机会，让每个有志成才的人都有发展的空间，让每个为国家和人民做出贡献的人都能得到社会尊重，推动人人皆可成才的科学理念转化为人人竞相成才的生动实践。成就人才，是一切政策竞争最核心的驱动力。

《意见》强调，人才投资是效益最大投资。我们要坚定不移地走人力资本优先积累的现代化发展之路。“当人工智能让机器也有观察力和逻辑力时，你要有先见之明，要有灵敏的心智，融合技术创新、杰出人才、社会包容的社会才是可持续发展的社会。”①《意见》突出青年人才发展问题，提出破除论资排辈、求全责备等陈旧观念，抓紧培养造就青年英才；建立健全对青年人才普惠性支持措施；加大教育、科技和其他各类人才工程项目对青年人才培养支持力度，在国家重大人才工程项目中设立青年专项；改革博士后制度，发挥高校、科研院所、企业在博士后研究人员招收培养中的主体作用，有条件的博士后科研工作站可独立招收博士后研究人员；拓宽国际视野，吸引国外优秀青年人才来华从事博士后研究。

成就人才，标志着我们党对共产党执政规律、社会主义建设规律和人类社会发展规律的认识有了新的深化发展。使人口优势转化为人力资源优势，通过实施人才强国战略，调动各方面的积极性，通过各种途径，大力开发人才资源，加快从人口大国向人才资源强国转变的进程，不断提升我国人力资本水平，大力构建人才资源强国，努力造就一支规模宏大、素质优良、结构合理、活力旺盛，既能满足我国经济社会发展需要，又能参与国际竞争的人

① 李嘉诚先生 2016 年在汕头大学毕业典礼上的讲话。

才大军，为实现21世纪我国经济社会发展的宏伟目标提供坚强有力的人才保证。截至2015年年底，国家“千人计划”已分11批引进5 208名海外高层次人才。获得中国“绿卡”的外国人才，已经从2014年的6 000名左右，增长到了7 356名。这说明中国已经成为一个十分有吸引力的国家。

总之，《意见》系统规定了人才发展体制机制改革的指导思想、基本原则和主要目标，人才管理体制改革、人才培养支持机制、人才评价机制、人才顺畅流动机制、人才创新创业激励机制、引才用才机制、人才优先发展保障机制以及对人才工作的领导等，总结了我们党95年来特别是改革开放以来人才发展的创新实践和理论探讨，是对马克思主义人才思想的继承和发展，与党的历代人才发展思想一脉相承，是我们党不断着眼于新实践新发展、不断进行探索和创新的结果，是党在人才发展上解放思想、理论创新的成果。

体制机制是经过长期的过程而形成的。解决我国人才发展和人才管理的突出问题，最根本的不是短期问题，而是长期问题。长期问题更多的是体制机制问题，而不是具体的政策问题。唯有进行体制机制改革创新，才能把我国人才资源的巨大潜力释放出来，把人才的规模优势转化为人才的质量优势，最终成为我国参与国际人才竞争的可持续的战略优势。每一项体制机制的改革创新，都有力地推动了人才工作的科学化进程，但是，影响和制约人才工作科学发展的难题还是不少，既有过去的老问题，又有新发展带来的新问题，这是一项长期而艰巨的任务，需要一个从局部探索到全面推进的过程，很难一步到位，不能一蹴而就、毕其功于一役。人才发展是开放的，实践没有止境，理论创新也没有止境。随着我国社会主义现代化建设的不断发展，建设人才强国实践的不断深入，人才发展的制度成果也将不断丰富。我们要不断总结基层的实践创造和探索，深入研究和回答实践中提出的新问题，充分吸收国际人才发展的先进思想理念和成功做法，不断发展和完善人才体制机制。我们只有牢牢把握时代脉搏，始终保持蓬勃朝气，不断推进人才工作理论创新、政策创新、制度创新、工作创新，人才发展才能保持旺盛活力，在坚持和发展中国特色社会主义事业中发挥更大作用。

《意见》的出台与实施，对于更好实施人才强国战略、全面促进小康社会建设、实现中华民族的伟大复兴，具有极其重要的理论和实践指导意义，必将形成用事业造就人才、用环境凝聚人才、用机制激励人才、用法制保障人才的良好环境，为人才事业发展增添蓬勃活力和强大动力；必将促进全社会解放思想、解放人才、解放科技生产力，为人才的成长、涌现、发展和成功创造更好的社会氛围，有力推动创新型国家和人才强国建设，由此协调推进“四个全面”战略布局，贯彻落实创新、协调、绿色、开放、共享的发展理念，实现“两个一百年”奋斗目标，加快实现中华民族的伟大复兴。

（赵光辉，中国社会科学院农村发展研究所博士后、研究员。）

促进市场经济和现代化的人才发展体制机制

姚裕群　莫海兵

一、对人才发展与体制机制改革的认识

（一）“发展”是一个重要的理念

20世纪70年代以来，不少国家的学者反思第二次世界大战后片面注重经济增长的道路，形成注重经济社会协调发展的思潮。联合国1982年发表的《新发展观》第一次正式提出，发展要以人为中心的“新发展观”。其思想是，经济发展要以人为中心、以人的发展为目的，市场是为人服务的，社会资源的分配应当以人为中心，要从“人的活动及能力”的角度来处理发展问题，实现人类社会经济、政治和文化的协调发展。

“发展是硬道理”，我国为了发展而搞改革开放，许多内容是与这一国际思潮契合的。改革开放以来，我国在经济发展方面获得了非常巨大的进步，成就举世瞩目，现在依然维持着比较良好的、可持续的势头。我国20世纪90年代以来塑造的市场经济体制已经20多年，加入世界贸易组织也有10多年，在诸多改革之后，近年又采取了注重社会发展、混合所有制改革、创新驱动等措施，进一步推动着现代化的进程。当然，我们也存在不少问题需要进一步改善，如发展速度、分配差距、法制建设、生态文明、社会建设、公共服务等方面。体制机制的进一步改革和塑造，是我们解决问题、促进事业进一步发展的动力与保证。

从另一角度看，“发展”是向“发达”状态前进的过程，也就是向现代化目标前进的过程。人才在各国、各地区以及各个产业、各种事业的发展过程中，起着极其重要的作用。

（二）“人才发展”一词的含义

中共中央《关于深化人才发展体制机制改革的意见》（以下简称《意见》）中提出，要改革人才发展体制机制，所运用的是“人才发展”的概念。这一概念作为总括式的用词，比以前的有关人才工作领域的概念词汇含义更广更深。它包含以下含义：

其一，“人才发展”比人才管理、人才体制、人才开发等词汇的外延更广，涵盖了培养、开发、配置、使用等各环节。

其二，“人才发展”是重视人才的，是以人才为本的思维，而且要落在人才个体身上。

其三，“人才发展”是动态的，有着进展、扩大、提高的特征。

其四，“人才发展”从微观角度看意味着个体人才的成长，从宏观角度看则是人才队伍的强盛。

（三）改革人才发展体制机制的意义

人才是推动经济社会发展非常重要的第一资源，人才资源的状况是一个国家和社会兴旺发达程度的反映，人才强国是我们进一步发展的战略选择。《意见》中阐述了推进人才体制改革的四方面内容和人才培养、人才评价、人才流动等六方面机制，这是聚焦国家战略、科学谋划改革、促进人才发展，凝聚天下英才、最大限度激发人才活力，从而进一步促进我国经济社会发展的指导思想和具体方向的重要文件。

通过深化人才发展体制机制的改革，我们的人才工作在重要领域和关键环节上能够实现很多突破和进展，保证和促进经济社会的发展，在人才领域可以取得以下成效：人才效益提高、人才推动发展、人才不断涌现、人才受到普惠。通过深化人才发展体制机制的改革，也有助于促进社会形成尊重知识、尊重人才的局面，也会使人才本身得到更好的塑造和发展。

二、市场经济体制机制下的几方关系

党的十三大提出了“有计划的商品经济”的总体思路，实际上是建立了市场经济体制的基本框架，其根本性的经济特征是“国家调控市场，市场引导企业”，这包含着三个主体。联合国国际劳工组织（ILO）所涉及的主体是劳动者、雇主与政府三方，其主要关系是劳动者与雇主之间的雇佣关系和政府作为第三方角色协调二者的关系。把上面两个范畴的内容结合，就形成四个主体、六对关系的市场经济体制机制的完整框架。

从人才的角度看，即国家、市场、用人单位、人才四方面的主体构成相互影响的关系（见图1）。

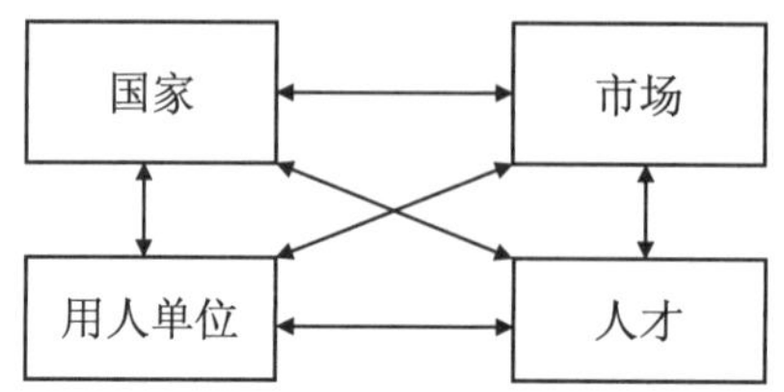

图1 市场经济体制下的几方关系

（一）国家调控市场

（1）国家对人才资源配置的基本原则、方向做出规定和指导，从根本上影响着人才资源市场的格局。值得注意的是，市场不仅仅是经济概念，人才资源市场更有其丰富的社会内容。

（2）国家对市场体制下人才资源的运作制定规则，如从业资格、雇佣制度（如订立合同）、最低工资标准、职业介绍管理规定、劳动安全卫生标准、雇佣工资指导线等。

（3）国家直接从事人才资源市场的运作，如人才中介服务机构培育与发展，人才供求的匹配和人才的就业服务、创业扶助等。

（二）市场引导企业

（1）企业作为经济单位，它的收益取决于市场。市场需求是企业取得收益的动力，市场需求的变化、竞争对手的状况、人才资源的择业标准和倾向，都构成企业的压力。企业的行为总目标，是在市场上寻求利益最大化。企业往往会考虑尽力节约各种成本，包括使用人才资源的成本。

（2）在健全的市场经济体制下，企业的用人行为往往是由市场直接引导的。企业自由选择各项生产要素包括人才资源要素，商品市场和各种要素市场的变化，都会影响企业的活动，影响企业对要素的选择。人才市场上人才个体的择业意愿、价格要求（即对工资薪酬的要求）和素质状况等，对企业的选择和使用人才也产生一定的影响。

（三）国家对企业

（1）从理论上讲，市场经济下国家与企业的关系是“国家调控市场、市场引导企业”，国家是不直接管理企业的。在理想的市场经济状态下，国家主要管经济政策、产业发展方向、宏观总供求、经济环境、发展战略，并直接管少量关键部门和企业。

（2）政府也会“管”一些企业与单位，如公共部门的单位。但在市场制度下，不是政府对企业进行全面控制，而是将人才资源的使用权交给企事业单位等用人主体，使它们成为真正的自身经营活动或工作任务的运作主体、人才资源配置主体和人才资源使用主体。

（四）国家对个人

（1）国家保证每一个社会成员的生存权，努力促进人力资源实现就业，主要通过调节社会的人力资源、人才资源要素供求，从事就业服务，促进企业雇佣等途径。发展教育事业是国家提高人才资源个体就业能力和综合素质的重要手段。

（2）国家通过法律和管理活动，达到社会平等和促进人才配置使用的目标。平等，意味着个人发展的障碍，不同的个人在身份上的歧视和“等级”性都不存在。国家通过劳动法及有关法律法规和行政管理工作，保障人才的合法权益，解决人才引进和使用中的任职、社会保障、户籍、子女教育等的平等问题。

（3）国家通过经济政策和社会政策的运用，特别是财税政策、工资薪酬政策与福利政策，鼓励企事业单位等用人主体多用人才、用好人才，调动和激励人才资源的工作动力、创新动力，尤其是自我创业动力。

（五）市场与个人

（1）健全的人才市场，是公开、平等、全面、高效的市场，它应当具有完善的人才配置服务功能和较高的人才供求匹配实现率。

（2）市场体制是竞争体制，它不仅给人以工作机会和发展机会，而且导致人的分化和优胜劣汰。人才资源市场体制机制鼓励人向上，导致人才的个体素质提高与观念提升，也鞭策素质低和不努力者上进。

（六）企业与个人

（1）作为用人主体的企事业用人单位与作为人才资源主体的个人之间，存在平等关系。首先，双方在市场相互选择的地位是平等的；其次，用人单位录用人才后，工作过程中双方具有平等的权利和义务；再次，用人单位与人才存在平等（但非等量）的经济关系，即多劳多得、劳动付出与工资薪酬交换；最后，双方之间具有法律关系，通过法律契约关系联结在一起，体现为劳动合同、人事合同等。

（2）人力资源个体对用人单位负责，承担应完成的工作，承诺有关的义务（如对企业商业秘密和知识产权的保护），并要有一定的职业道德。用人单位对人才个体负责，对所雇佣人员的工作条件、社会保障等方面负有一定的责任。

（3）用人单位的产业产权类型和组织文化，特别是用人理念，对人才合理配置和人才效能发挥都有很大影响。人才的素质层次和个性人格特征，对其工作态度和绩效贡献都有很大影响。

（4）用人单位的人才理念和人才战略，对高级技术专家、经营决策人才、关键技能人才的开发、培养、吸引和正确配置、有效使用，对组织的迅速发展和长期成长，都是至关重要的。对人才的争夺，成为诸多用人单位的战略性思维和自觉行为。

（5）在市场体制下，企事业单位等用人主体，对自己招纳任用的人才负有社会责任，不仅仅是在人才的工作条件、待遇福利、社会保险等方面的责任，而且要有人才为本、敬重人才的措施与氛围，充分发挥人才作用。用人单位应当努力成为最优雇主和人才的合作伙伴。人才除了要完成承担的工作任务外，还应当有事业心与主人翁精神，努力发挥聪明才智。总之，用人主体和人才都要促进人才与用人单位的双赢。

三、人才发展改革重心与政府的任务

（一）市场导向是人才发展体制机制改革的重心

这里首先阐述“市场”这一重要范畴，对此要有全面的认识。人们大量运用的“市场”一词，具有多方面的含义。其一，市场是指某种物品交换的地点、场所。由于交换物的类型和特性、交换的规模和区域、交换者们的习惯不尽相同，都会使得市场的形式与运作产生差异。其二，市场始终存在商品、物品或资源交换者双方的关系。“关系”在这里也有着多重含义：价值和效用的经济交换关系，一般来说这种交换关系应当是等价或者公平的；交换者主体之间的信用关系以及社会信誉；交换者主体之间的位势，这往往由供求关系和预期价值所决定。其三，市场从更深的层次看则是一种体制和机制，体制是管理制度的基本性质与模式，机制是运行的状态。

具体来说，人才市场体制反映的主要是管理权限的下放，还原给各人才使用主体，它是比计划体制、行政管理体制更具活力的体制。人才市场机制的灵魂，是一种对人才供求双方进行引导、促进人才资源要素实现优化配置和提高效益的运行方式，这种机制包括价格机制（工资的市场决定）、供求机制（供求之间的运动与结合）、竞争机制（供方、求方内部的竞争）。当这种市场体制机制运行时，大批（分散的）供方和求方的交易形成市场总体，从而主动地完成人才资源的配置和实现社会生产，市场还可以引导人才的供方和求方设定下一次交易目标，进行未来的自身提供。

实践证明，市场体制机制是人类历史上效率比较高、发展前景比较大，因而是比较优越的制度。从人才和人才发展的角度看待市场，不仅仅是人才市场的发展和健全问题，更多的是人才工作要在市场体制下运行，要顺应市场，要“突出市场导向”，即按照市场经济的规律办事，给用人主体以充分的用人自主权；同时，政府也要为用人主体的人才配置提供优质的公共服务，为用人主体的人才使用提供支持，促进人才培养（尤其是高等教育这一大规模生产部门）以市场的需求为导向，帮助人才实现市场就业与成长，以及完善市场体制所必需的人才诚信体系等。从中国政府的角度看，突出市场导向问题是要人才生产符合市场需求，能够聚集更多的英才，让人才使用主体（尤其是国有单位）的用人自主权到位和纠正人才管理中存在的行政化、“官本位”倾向。

（二）政府在人才发展与体制机制改革中的任务

在人才市场体制下，用人单位自主使用人才，人才自主择业，市场完成人才配置。国家的基本任务则是塑造人才市场体制，塑造有利于人才培养和合理使用的制度和社会环境，对用人单位、人才双方的行为及其关系进行调节。从目前深化改革的角度，政府则应当“充分发挥用人主体在人才培养、吸引和使用中的主导作用”，对国有单位的用人自主权给予全面落实。

《意见》指出，在政府简政放权的同时，“转变政府人才管理职能。……强化政府人才宏观管理、政策法规制定、公共服务、监督保障等职能”。具体来说，政府在人才发展方面的工作任务包括：调研宏观与微观人才发展状况；制定人才发展战略和中长期规划；进行制度设计以及立法；进行人才环境方面的塑造；推动人才发展的有关计划、项目、工程的实施；提供人才配置、人才使用有关的公共服务；运作和管理人才市场；从事人才发展方面的日常工作和管理；进行人才发展各方面工作的监督检查等。

政府在一定程度上也直接或间接参与配置人才资源和推动人才的使用。要进一步协同有关用人主体搞好这方面的工作，例如居于科研“国家队”地位的中国科学院和中国社会科学院、央企和大型地方国企、重要的行业研究机构和重要事业单位等，要在改革中发挥应有作用。

高等教育部门是新一代人才资源的生产部门，搞好青年人才的培养是人才队伍建设的重要战略任务。高等教育管理部门及各高校要深入贯彻《意见》“改进人才培养支持机制”的精神，“建立高校学科专业、类型、层次、区域布局动态调整机制”，并要进行大刀阔斧的深化改革，在专业设置与社会需要紧密结合、产学研用的结合、优质教育资源的共享、科研成果更好地转化为生产力方面，在推进自主办学与自主招生的办学体制、深化学校内部管理体制改革与教学改革、发挥高校教学科研人才的作用、强化大学生创新意识和创新能力的培养等诸多方面，进行大力创新和成功突破。

四、深化人才发展体制机制改革的几个要点

（一）立足顺应市场的基点

《意见》指出，“突出市场导向。充分发挥市场在人才资源配置中的决定性作用和更好发挥政府作用，加快转变政府人才管理职能，保障和落实用人主体自主权”，以便降低单位用人成本，促进用人单位多用人才、用好人才，给人才的个人权益以充分的保障。也就是要按市场规律培育配置使用人才，消除人才使用和人才管理中的各种制度障碍。《意见》指出，建立政府人才管理服务权力清单和责任清单，清理和规范人才工作中的行政审批问题，这一点与我国在上海等地建立自由贸易区，对经济管理实行“负面清单”、积极推动事业发展的做法是同样的思维。

“更好发挥政府作用”，还具体体现在政府搞好用人单位使用、管理人才和人才个人有关方面的服务上，政府要对人才进行全面的公共服务，对高级人才实行精准的一对一服务。

（二）提升人才主体的角色

我国早已制定了人才强国战略，现在进一步深化人才发展体制机制的改革，是更加重视人才，更加认定人才在经济社会发展和在各种事业中的重要地位和主体角色。

（1）人才是主人。各种用人单位都应当把人才看作是主人翁，而不应当把人才仅仅看作被“管”的对象甚至是被雇佣的角色。有社会责任感的用人单位不仅应把客户当作上帝，而且要把员工尤其是人才作为主人。

（2）人才是贤才。人才是各单位做好工作、成就事业的重要分子、中坚力量。政府部门、国企领导、私企老板，都应当见贤思齐，把人才奉为上宾，作为全力服务的对象。

（3）人才是动力。《意见》中“赋予创新领军人才更大人财物支配权、技术路线决定权”“为人才创新创业提供支持”等内容，体现的是让人才能够主动配置工作，发挥出“发动机”的功用，而不仅仅是组织中被动存在的齿轮、螺丝钉。

（三）创新人资结合的思想

从经济学的角度看，人才不仅是素质比较高的人力，而且是人力资本的所有者、知识产权的拥有者和财富价值的创造者。这种人资结合的体制，使得有资源配置权的人自己努力干事业，其结合可能取得辉煌的成就。《意见》中“创新人才与资本、技术的对接合作模式”“知识产权鉴定机制”“股权期权和其他激励机制”“赋予创新领军人才更大人财物支配权”“高层次人才协议工资制”等内容，反映的是拥有较多知识、信息的人力资本与用人单位、科技人才等的资金、经营能力、科技转化能力的有机结合。现实生活中的创业雇佣者、合伙制、员工持股、MBO 经理人购买等，正是人资结合、促进事业发展的体现。

（四）强化感召人心的环境

长期以来，我们的人才管理在吸引人才和保留人才方面，强调“待遇留人、事业留人、感情留人”，这反映了人才不只是追求物质利益，而且有着多种需求。马斯洛晚期的需求理论增加到八个层次，除了一般的生理需求、安全需求、归属需求、尊重需求和自我实现需求五大内容外，在原最高位置的自我实现需求与第二位尊重需求之间有“求知需求”“审美需求”，在自我实现需求的方面还有“自我超越需求”的内容。这三个需求在人才身上是非常强烈的，是大于一般的归属需求的。因此，除了有周公吐哺式的精神来“感情留人”，更需要支持人才的工作，给人才创造很好的工作条件和组织环境氛围，这就要通过“体制留人、机制留人、文化留人”的具体措施与环境塑造来感召人才，达到人才归心、“聚天下英才而用之”的效果。

《意见》在这方面提出了很多内容，诸如提高技能人才的待遇与社会地位，进一步营造尊重、关怀、宽容、支持企业家的社会文化环境，加大对创新人才的激励力度，营造尊重人才、见贤思齐的社会环境和鼓励创新、宽容失败的工作环境等。

（五）洞察人才发展的状况

《意见》指出，要创新人才评价机制，要“突出品德、能力和业绩评价”“坚持德才兼备，注重凭能力、实绩和贡献评价人才，克服唯学历、唯职称、唯论文等倾向"。对人才的正确评价，是对人才进行科学认识的具体表现和应用，它对人才工作的诸多方面都有引导作用。

《意见》中强调的"突出品德、能力和业绩评价"，体现了德才兼备的原则，体现了注重现实作用、讲求人才的业绩和实效的内容，是一种全面、合理的结构。

从提升对人才的科学认识和搞好人才宏观管理与微观使用的角度，还应当在人才评价考核和调研方面开展以下工作：设立对全国人才状况与使用的调查系统，全面深入把握人才的培育、开发、配置、使用状况；研究和建立人才状况及其使用状况的指标体系，用以对全国及部门、行业、地区的人才使用与发展工作进行引导、绩效评价和政策调整；研究和建立对人才成长的社会环境、组织环境和人才发展体制机制改革工作的评价指标体系，更好地评价、引导、促进人才发展各方面的工作。

（姚裕群，中国人民大学劳动关系学院教授、博士生导师，博士后合作导师。）

管理评价篇

基于胜任力的党政领导人才考核评价的探索思考

胡　月　星

中共中央印发的《关于深化人才发展体制机制改革的意见》（以下简称《意见》）中强调指出，创新人才评价机制，突出品德、能力和业绩评价。本文结合学习贯彻《意见》精神，依据胜任力基本理论，就党政领导人才胜任特征模型及其考核评价予以探讨，为完善党政领导人才考核指标内容体系、推进党政领导人才考核评价机制创新提供参考依据。

一、胜任力理论及其发展趋势

（一）胜任力理论的提出

1973 年，美国心理学家戴维·麦克利兰（David McClelland）首先提出了胜任力（Competence）的概念。麦克利兰认为，胜任力是与生活各方面结果联系着的绩效的组成部分。胜任力是一系列广泛的特性，只要是与成功有关的心理或行为特征都可以看作胜任力。麦克利兰教授认为，胜任特征模型通常用漂浮在水面上的一座冰山来描述。胜任特征可划分为六个层次：

（1）知识，是指对某一职业领域有用信息的组织和利用；

（2）技能，是指将事情做好的能力；

（3）社会角色，是指一个人在他人面前想表现出的形象；

（4）自我概念，是指对自己身份的认识或知觉；

（5）人格特质，是指一个人的身体特征及典型的行为方式；

（6）动机/需要，是指决定一个人外显行为的自然而稳定的思想。

其中，知识、技能属于表面的胜任特征，漂浮在水面上，很容易被发现；社会角色、自我概念、人格特质和动机/需要，属于深层次的胜任特征，隐藏在水面下，且越往水下越难发现。深层特征是决定人们的行为及表现的关键因素。胜任力这一理论的提出，在管理人才选拔考核中带来许多新的变化。在此之后，以胜任力来鉴别高绩效者和优秀领导干部的方法逐渐在西方人力资源管理领域流行起来。那些把优秀者和一般者区分开的核心胜任特征，在诸如招募、甄选和培训等人力资源管理活动中发挥着积极的作用。

（二）胜任力考核评价

胜任力模型在领导人才考核评价中的重要价值突出体现在以下几个方面：

（1）基于胜任特征的领导人才选拔测评系统。传统的人员选拔是根据工作的内容和任职者所需具备的知识、技能、能力，通过各种测量手段，对人的素质与工作的适合程度进行评价，以实现人职匹配这一人力资源管理要求。而在基于胜任力的人力资源管理中，在进行人员选拔测评时，依据的是该工作岗位的优异绩效，以及能取得此优异绩效的人所应具备的胜任特征和行为。

（2）基于胜任特征的领导能力考核评估方法。传统的党政人才考核评价大多停留在教育背景、知识水平、技能水平、思想道德素质和以往的资历考察上，但知识丰富、技术能力较强的人不一定就是高绩效领导者。目前党政部门对领导者素质的考核评估主要是采用以能力为基础的考核评价机制，重点对价值观（包括性格、态度、价值取向、行为方式等）、能力、个人特质和学识等进行评估。而对能力、特质和学识进行评估的最实际、最有效的方法之一是基于行为事件的胜任特征评价考核。

（3）基于胜任特征的领导激励约束机制。基于胜任特征评价方法，能够针对岗位要求，结合现有人员的素质状况，为领导者量身定做培训计划，帮助领导者弥补自身不足，有的放矢突出培训的重点，省去分析培训需求的烦琐步骤，杜绝不合理的培训开支，从而提高培训的效用，取得更好的培训效果，进一步开发领导人员的潜力，提高组织效益。

胜任力的概念提出后，受到西方企业界和学术界的极大关注，胜任力研究成为全球管理界注视的焦点。当前，世界许多国家都把建立国家管理人员核心能力框架、研究开发管理人员测评方法技术，作为参与国际人才竞争的重要手段。美国、澳大利亚等西方发达国家通过制定法律，建立国家高级公务员核心能力框架体系，完善选拔考评制度，来加强国家高级公务员能力建设。在人才选拔中，突出表现为强调公开、平等的原则；在评价方法上，以职位分析为突破口，以人职匹配为基本理念，以核心能力标准体系为基本依据，把人才培养、选拔和能力开发紧密结合起来。

（三）胜任特征模型开发应用的主要趋势

当前，胜任特征模型在领导人才考核评价中呈现出如下趋势：

（1）胜任特征模型核心要素逐渐延伸。胜任特征模型包含一个或多个维度，每个维度包括若干个胜任力，每个胜任力又包含描述性定义和行为描述。目前胜任特征模型主要有冰山模型和洋葱模型。冰山模型（Spencer & Spencer，1993）主张有五种类型的胜任力：动机、特质、自我概念特征、知识和技能。按照这个模型，“知识和技能”处于水面以上看得见的冰山，最容易改变；“动机和特质”潜藏于水面以下，不易触及，也最难改变或发展；“自我概念”特征介于二者之间。洋葱模型从另一个角度对冰山模型进行解释。洋葱模型在描述胜任特征时，由外层及内层，由表层向里层，层层深入，最表层的是基本的技巧和知识，里层核心内容是个体潜在的特征。1981 年，麦克伯公司的咨询顾问 Boyatzis 对 12 个组织中 41 个不同管理岗位的 2 000 名管理者进行调查研究，并提出了领导胜任力的通用模型。该通用模型包括 21 种胜任力：正确的自我评价、概念化、注重密切关系、注重结果、发展他人、判断力、有效的定位、逻辑性思考问题、团队管理、记忆力、客观性、态度积极、主动性、自信、自我控制、专业知识、责任感、毅力和适应能力、口头表达能力、善于使用群众的力量和善于运用可利用资源。在胜任力思路的指引下，人们对企业经营者、高层管理人员进行了大量的研究，也根据不同的背景构建了很多企业经营者管理胜任力模型。斯宾塞（Spencer，1993）认为职业经理人胜任力要素主要包括：影响力、成就欲、团队协作、分析思维、主动性、发展他人、自信、指挥、信息寻求、团队领导和概括性思维。韩国学者对韩国酒店经理胜任力进行了实证研究，主要采用小组讨论法收集项目编制问卷，效标为自评职业成功。通过因素分析，得到六个酒店经理胜任力要素：管理分析技术、适应环境变化和获得知识、管理员工、问题识别和沟通、操作技术和知识及创新。综合已有的研究成果发现，不同文化背景、不同行业、不同职位的胜任力模型是不同的。一般认为，能预测大部分行业工作成功的最常用胜任特征有 20 个，并被分为六大类：①成就特征：成就欲、主动性、关注秩序与质量；②助人/服务特征：人际洞察力、服务意识；③影响特征：个人影响力、权限意识、公关能力；④管理特征：指挥、协作、培养下属、团队领导；⑤认知特征：技术专长、判断推理能力、信息获取；⑥个人特征：自信、自我控制、灵活性、组织承诺。

（2）胜任特征模型开发是行业管理人才评价方法技术应用的主要内容。20 世纪 80 年代，英国以 MCI 为代表在政府支持下开始胜任力/胜任特征的研究和应用。80 年代后，胜任特征渐渐地成为一个时髦的管理概念，并在西方国家掀起了应用热潮，其他国家也开始胜任特征研究和应用的探索，建立了一系列胜任特征模型和测量量表。1970 年，美国管理协会（AMA）开始了第一次大型的胜任力研究项目。研究的关键是强调回答这样一个问题：什么样的胜任力是一个成功管理者所展示，而不成功的管理者所不能展示的？美国管理协会花了五年时间研究了 1 800 名管理者，第一次通过比较优秀和一般绩效者的表现，抽取出个人特质来定义工作胜任力。美国管理协会定义胜任力为：一般的知识、动机、特质、自我意向、社会角色、与工作有关的技能。研究结果辨别出优秀管理者工作成功的五个重要的胜任力：专业知识、心智成熟、企业家成熟度、人际间成熟度、在职成熟度。美国的胜任力研究成果除了在企业得到很大的应用和发展之外，在公共教育和政府行政中也发挥了重要作用。胜任特征模型在人力资源管理中被广泛应用，不仅改变了传统测评方法技术的使用方式，而且还进一步影响到职务分析、人员选拔、培训发展、个人职业生涯设计等工作环节，使人力资源管理进一步趋向整合。在国外，胜任特征模型广泛应用于（大企业）人员招聘、甄选，后备人员选拔，绩效管理，员工培训和发展等领域。一份对北美 1 000 家公司的调查显示：未将核心能力与企业经营战略挂钩的公司，其三年期股东总回报为 10%；将核心能力与企业经营战略挂钩的公司，其三年期股东总回报为 14%；使用将核心能力与企业经营战略挂钩的人力资本管理计划的公司，其三年期股东总回报为 30%。一般来讲，世界 500 强公司的股东回报每增加 1%，将使其市场价值增加 6 150 万美元。

（3）核心能力框架成为国家公职人员考核评价的重要依据。世界许多国家都把建立国家管理人员核心能力框架、研究开发管理人员测评方法技术，作为参与国际人才竞争的重要手段。美国、澳大利亚等西方发达国家通过制定法律，建立国家高级公务员核心能力框架体系，完善选拔考评制度，来加强国家高级公务员能力建设。在人才选拔中，突出表现为强调公开、平等的原则；在评价方法上，以职位分析为突破口，以人职匹配为基本理念，以核心能力标准体系为基本依据，把人才培养、选拔和能力开发紧密结合起来。美国联邦人事总署在对成功人士的能力素质进行调查研究的基础上，确定了选拔国家高级公务员的基本标准和条件。初级公务员能力，包括协调能力、冲突管理能力、团队建设能力、影响和谈判能力；中级公务员能力，包括创造性思维能力、计划测评能力、顾客服务能力、凝聚力、财务管理能力、技术管理能力；高级公务员能力，包括领导变革能力、领导他人能力、追求结果能力、业务才干能力、合作沟通能力。澳大利亚公务员与绩效管理委员会根据联邦公务员法，制定了国家高级公务员能力框架和指标要素体系。澳大利亚联邦政府公务员功绩保护委员会专门制定了本国高级公务员能力素质标准体系，用于指导全国公务员选拔培养工作。主要内容包括：①塑造战略思维。包括发展目标和方向感，战略聚焦，利用信息并抓住机会等。②追求结果。包括对组织能力要求和组织的反应力，掌握专业知识，驾驭和实施变革，保证完成并交付预期的结果等。③建立高效的工作关系。包括培养内部和外部的关系，促进合作并建立伙伴关系，尊重个体的差异和多样性，引导、指导和开发人力资源等。④成为正直诚实的模范。包括表现出公务员的职业特质，挑战风险并表现出个人勇气，对行为负责，具有迅速恢复精力和愉快心情的能力，具有自我认知和个人发展的能力。⑤有效交流的能力。包括具有倾听、理解并适应听众的能力，具有较强说服力的谈判能力。

二、党政领导人才通用胜任力模型的构建

（一）确立党政领导人才胜任特征的政策依据

在党政领导人才选拔评价机制创新历程中，探索科学合理的评价指标体系贯穿于人才选拔培养的全过程。2004 年 4 月，中共中央组织部颁发了《党政领导干部公开选拔和竞争上岗考试大纲》，其中规定的领导干部面试测评要素主要有：综合分析能力、语言表达能力、组织协调能力、人际沟通能力、决策能力、创新能力、应变能力、激励能力以及选拔职位需要的特殊能力和个性特征。其中特别强调，个性是个体有机结合的、相对稳定的心理特征，这些心理特征决定着特定的个人在不同情境下的独特行为方式，即领导干部的个性决定着领导干部的行为风格。特别是党的十八大以来，习近平总书记多次提出要加强党的执政能力建设，全面治党，从严治党，着力提高党的领导水平和执政水平，并要求各级党委和领导干部要提高科学判断形势的能力、驾驭市场经济的能力、应对复杂局面的能力、依法执政的能力和总揽全局的能力。2013 年 6 月 28 日至 29 日召开的全国组织工作会议上，习近平总书记提出“好干部”的五个标准：信念坚定、为民服务、勤政务实、敢于担当、清正廉洁。可以说，“好干部”标准既是选人用人的标准，也是衡量是否胜任岗位的主要指标。2014 年 1 月，中共中央组织部颁发了《党政领导干部选拔任用工作条例》，从操作层面解决党政领导干部选拔任用问题。该条例对于贯彻落实中央精神，解决干部工作中的突出问题，健全科学的干部选拔任

用机制，把信念坚定、为民服务、勤政务实、敢于担当、清正廉洁的好干部标准落实到党政领导人才考核评价工作中，具有重要指导意义。尤其是2016年3月中共中央印发的《意见》，系统总结了我国人才评价机制创新的成功探索和宝贵经验，提出突出品德、能力和业绩评价，改进人才评价考核方式，坚持德才兼备，注重凭能力、实绩和贡献评价人才，加快建立科学化、社会化、市场化的人才评价制度，为创新人才评价机制明确了发展方向。习近平总书记的讲话精神和党中央关于干部选拔考核一系列政策法规的颁布，为确立党政领导人才胜任力模型提供了政策法规依据。

（二）党政领导人才胜任特征模型调查结果显示

领导科学研究表明，领导胜任力是领导者在实际工作中履行职责所应具备的知识、观念、技能、能力、价值观、动机、个性、态度等关键特征的综合体。依据《意见》精神，结合国内外前期研究成果，我们就构建党政领导人才胜任特征模型进行了调查探索。

（1）样本调查情况。本次调查以910名党政领导人才为研究对象，共发放问卷910份，收回910份。其中有效问卷899份，有效率为98.79%。为了便于分析研究，设计了性别、民族、年龄、工作年限、文化程度、政治面貌、单位类别、专业职称、职务层次、工作类型、工作区域11项指标体系，展开比较研究，以求得调查研究的透彻和深入。其中，性别指数，男性占65.5%，女性占34.5%；民族，壮族占33.3%，汉族占57.8%，其他少数民族占8.9%；年龄区间，35岁以下者占23.0%，36~45岁者占38.3%，46~55岁者占33.6%，55岁以上者占5.1%；工作年限，10年以下者占19.7%，11~20年者占29.7%，21~30年者占37%，30年以上者占13.6%；文化程度，大专11.9%，本科60.7%，硕士21.1%，博士1.8%，其他4.4%。在有效的899名调查对象中，党员占84.4%，民主党派占1.7%，群众占13.9%；单位类型，属于党政机关者占77.4%，科研院所占5.9%，国有企业占4.3%，其他社会经济组织占12.3%；专业技术职称，高级占18.1%，中级占34.8%，初级占11.7%，无职称者占35.4%；职务层次，省级领导人员1.2%，市厅级领导人员6.6%，县处级领导人员37.6%，科级管理人员54.6%；调查对象所从事的工作类型，教科文卫22.4%，公检法司3.2%，企业社团3.4%，党委系统42.8%，金融财政2.3%，其他25.8%；调查对象的工作区域，属于省会占33.6%，市区36%，县区18.2%，乡镇12.1%。

（2）主要结果显示。在确立党政领导人才胜任特征维度上，品德、能力和业绩是基本内容。鉴于业绩评价指标多呈现出动态特征，受制于领导岗位、组织环境、政策法律制度、效果产出、实践能力等多种因素，为便于研究分析，将党政领导人才胜任特征确立为能力、品质、知识三大维度构成。

1）党政领导人才能力模型。调查表明，在28项能力要素中，合作共事能力（387，占6.15%）、政策领悟能力（463，占7.36%）、政治鉴别能力（464，占7.37%）、战略思维能力（377，占5.99%）、解决实际问题能力（350，占5.56%）、选人用人能力（337，占5.36%）、决策能力（436，占6.93%）7项能力要素居于前列，累计所占百分比44.72%（见图1和图2）。

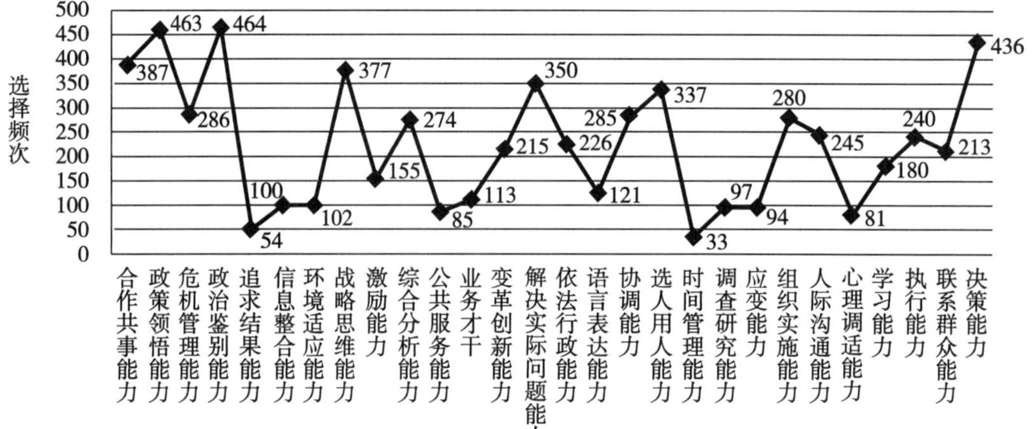

图1 能力要素提及频次分布折线图

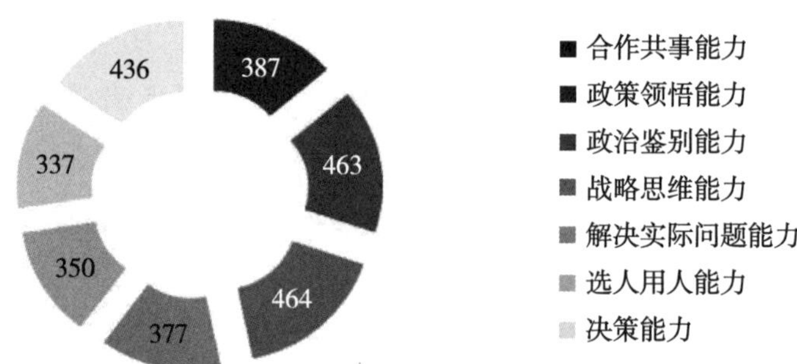

图2 核心能力要素分布图

2）党政领导人才品质模型。调查显示，在26项品质要素中，党政领导人才所选择的进取心（392，6.23%）、务实精神（608，9.66%）、诚信（334，5.31%）、廉洁（557，8.85%）、责任心（575，9.14%）、公道正派（453，7.20%）、大局意识（562，8.93%）名列前七位，累计所占百分比为55.32%（见图3和图4）。

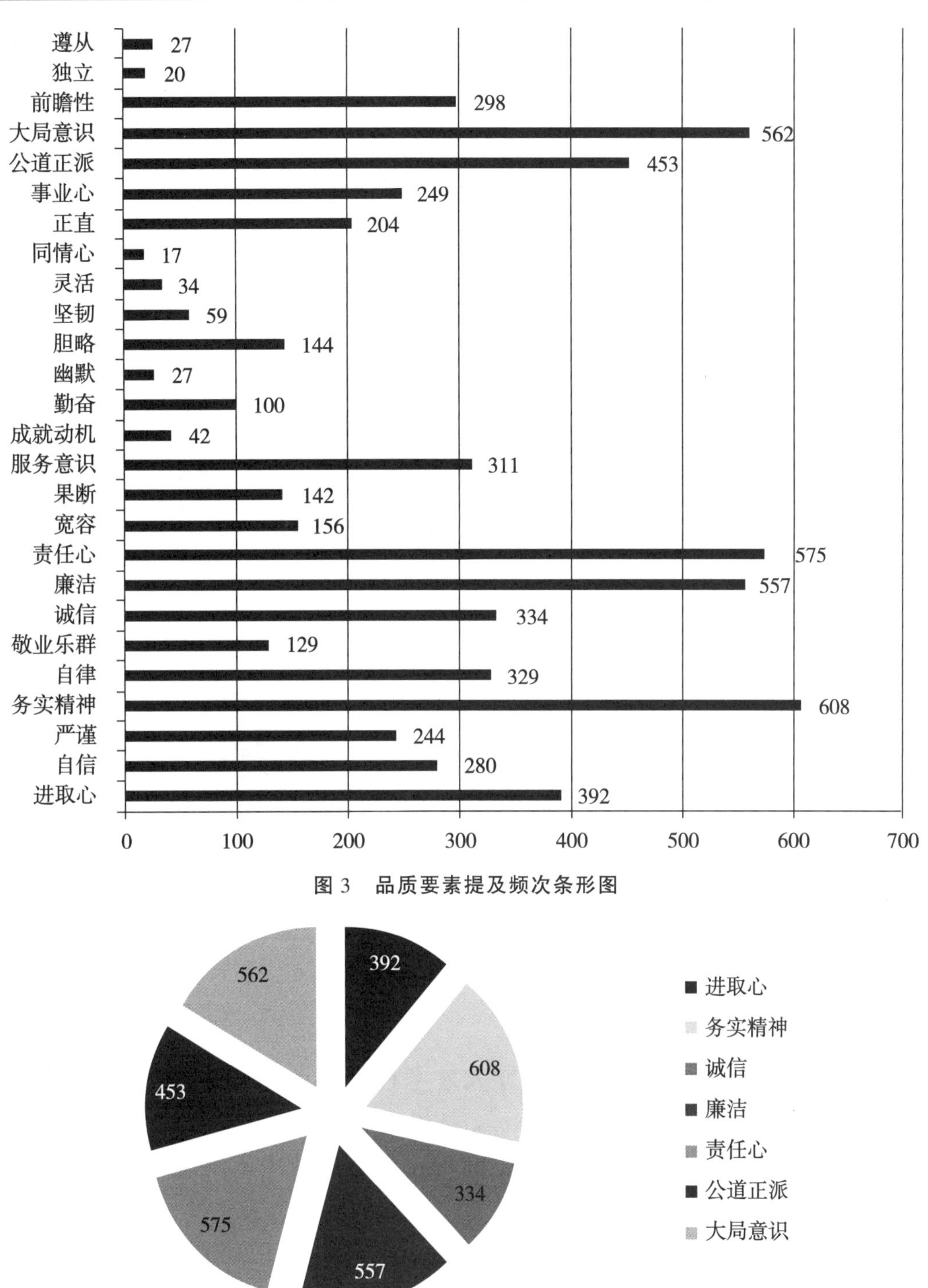

图 3　品质要素提及频次条形图

图 4　关键品质要素分布图

3）党政领导人才知识模型。研究表明，在文秘、业务管理、领导科学、国情国力、经济管理、党史党建、政策法规、公共管理、哲学、人文科学 10

项知识维度中，业务管理（597，13.28%）、领导科学（800，17.80%）、国情国力（452，10.06%）、政策法规（750，16.69%）和公共管理（509，11.32%）知识需求较强，学习重视程度较高，累计所占百分比达69.14%（见图5和图6）。

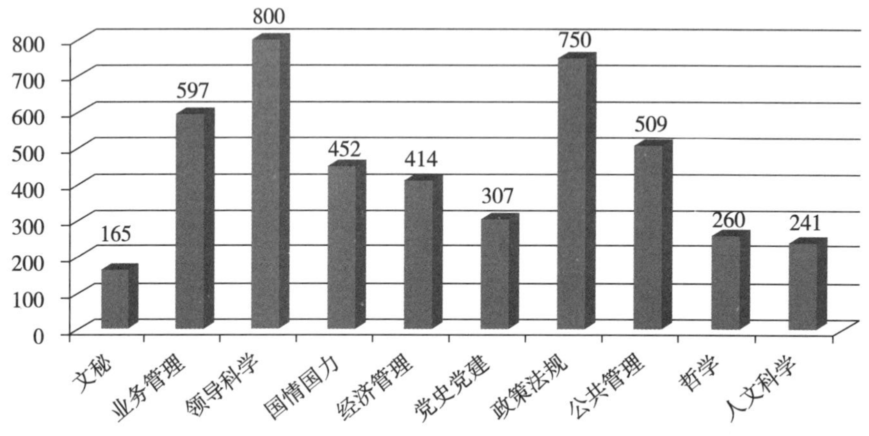

图5 知识要素提及频次分布柱状图

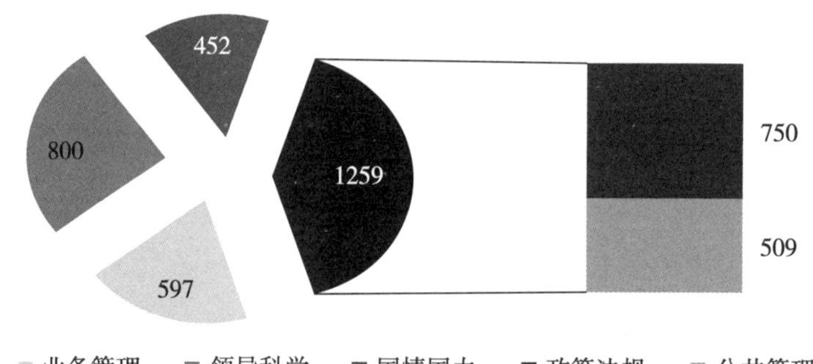

图6 必备知识要素分布图

三、基于胜任特征模型的领导人才考核评估的途径方法

胜任特征模型，实际上是根据党政机关和部门性质而制定的领导人才资源质量标准，它明确地界定了领导人才所必需的各项心理品质、行为特征等，帮助各级党政机关组织人事部门了解领导人才素质水平及改进重点。它是关于人力资源的标准、检验手段和保证体系，是科学而有效的人才评估体系建立的基础，为此，基于胜任特征模型的领导人才考核评估应主要从以下方面入手：

（一）以岗位胜任特征模型为前提

基于岗位的胜任特征模型，侧重点主要考虑以下几点：一是人才的价值观与组织文化的匹配性。包括了诸如价值观、职业道德、文化、未来发展等，是实现人与组织匹配的过程。二是人才素质与团队结构的融合度。包括了知识、性格、观念、学历等方面。这就需要分析团队的机构特点，以此为基础确定必要的素质需求，避免以后不必要的磨合成本，是实现人与团队匹配的过程。三是领导人才能力与岗位胜任能力的一致性。包括了专业知识、能力结构、职业倾向等，是实现人与岗位匹配的过程。这一阶段的测评是全面测评，运用到的测评方法比较全面，包括了人机对话测评、结构化或非结构化面谈，对一些重要的岗位，还可以用评价中心的方式。这一阶段是收集人才信息的基础阶段，为未来人才的培养和发展建立基本档案并提供实施参考。

（二）将胜任特征模型纳入绩效评估体系

将基于胜任特征模型评估结果纳入绩效评估系统，其着眼点在于：一是可以有针对性地解决所列出的前两个问题——确保了在完成任务和怎样去完成之间的平衡。胜任特征模型表明，一个组织关心的不仅是结果，而且还有取得这些结果的行为表现以及方式。胜任特征模型使得管理者和他的下属可以共同了解：什么行为表现与高绩效相关并且是非常重要的。这样，在评估中，下属对于组织对他们的期望就会有更少主观臆测与误解。二是将胜任特征转化为绩效目标。每一项胜任特征的描述都将被转化为可测量的绩效目标，并用书面形式记录。被记录下来的绩效目标有双重作用：一是为培训材料的设计提供额外指导；二是为设计旨在考核学习效果的测试提供基础。每个最终绩效目标都应该有相应的考核项目，绩效目标应该和绩效要求挂钩。

（三）采用评价中心技术

评价中心技术是胜任特征评价的主要方法。评价中心技术又称情景模拟测评技术，是将各种不同素质测评方法相互结合在一起的一种新型人才测评技术。它是一种程序而不是一种具体方法。其实质是把被测评者置于一个模拟的工作情景中，采用多种评价技术观察和评价其能力素质和心理素质。从内容看，主要包括无领导小组讨论、文件筐练习、角色扮演、管理游戏、个人演讲、案例分析等形式。由于评价中心技术综合了其他有关测评方法的长处，具有综合性、动态性、行为性、标准化、信息量大、形象逼真性等特点，因而是目前领导胜任特征测评中效度最高的先进工具。此外，评价中心技术还被广泛应用于领导胜任能力的开发与培养，发挥着诊断与开发两种功能：一是通过培训人员参加各种模拟活动，发现其能力优势和不足，为今后的继续培养和开发提供客观依据。在后备干部培养中，首先要通过评价中心测评以确定个人的优点与不足，再制定个人的发展规划。二是根据培训对象存在的不足，通过评价中心的模拟活动有针对性地训练该方面的技能。

（四）建立“五位一体”的综合考核评估指标体系

能力、品德、知识、业绩、态度行为“五位一体”综合指标，是考核评估的基本内容。“五位一体”的考核模型是以态度和行为为考评的基本点、能力和品德为考评的重点、知识为参考点、业绩为重要结合点的一种对人才进行全方位评估的思路。在“五位一体”考核模型构想中，行为是观察点，态度是最终的落脚点，毕竟态度左右了一个人的行为，而所有的行为都是内在的能力、品性、态度的一种外在体现，通过对人的各种外显行为的观察测评，可以推断人的内在素质，进而对业绩做出预测。在该模型中，能力的概念比较简明，是指技能，品德则是一个相对比较宽泛的概念，包括：价值观、社会角色、自我形象、个性、品质、内驱力、社会动机。能力和品德是“五位一体”领导干部考核模型的重点，品德和能力直接决定了一个人所能成就事业的大小。在考核测评中，知识之所以成为考核的一个参考点，是因为一方面知识在胜任特征模型中处于“冰山”的表面，领导干部的绩效是否显著突出，事业能否取得成功，难以用其知识水平的高低进行测度和区分。但是另一方面，知识又是领导胜任本岗位工作所必须具备的条件，毕竟知识的蕴藏量越大，在一定条件下爆发力越强；相反，知识储量不足，其狭隘性表现得则比较明显。业绩成为“五位一体”考核模型中重要的一项内容，是因为组织最终追求的是社会经济效益，对效益的追求逐级细化，表现为对业绩的要求，在人才测评中则表现为对领导业绩的评估。需要进一步说明的是，“五位一体”的领导干部考核模型，是基于领导职位对各级党政人才的要求提出的，这种要素是相对稳定、“对岗不对人”的，这种做法可以提高领导团队合作意识，有助于整个团队目标的实现。

（五）考核评估结果应用于领导人才资源配置

基于胜任特征模型的测评结果，最直接的应用就是领导人才资源配置。这种人才资源配置系统，依据的是相应岗位绩优者所具备的胜任行为与胜任特征。依据胜任特征模型有针对性地采用相应的测评工具对人才进行甄选，其与绩效的相关度为20%～60%。基于胜任特征的领导人才资源配置系统，可以通过以下两方面提高甄选的准确率。

第一，给出全面准确的领导岗位要求。许多领导人才资源的配置过程，常把焦点放在工作岗位要求的一个十分狭窄的方面，却没有考虑有效的绩效所需要的其他特征。胜任特征模型则给出了胜任领导岗位所需的个性特点，从而避免选拔考核过程中的偶然因素。将胜任特征模型纳入领导人才资源系统配置中，组织人事部门就可以识别和高绩效密切相关的胜任力素质，从而调整和变更那些缺乏关键技能、知识或者个性特点的候选人，或者是那些不具备发展潜力的候选人，把焦点放在那些具有更大潜力的候选人身上。

第二，控制在培训教育上的投入。对党政机关而言，绩效一般或较差的干部对组织的贡献难以衡量，对其培训等投入所获得的回报也没有事实依据。如果通过胜任力素质的考察将那些更符合组织要求的干部甄别出来，将组织资源用来开发那些具有成功潜力的干部，就可以实现人力资源投资的最优化。因此，采用经过验证的胜任特征模型来培训符合胜任特征的党政领导人才，有助于减少教育培养成本，提高培训教育效益。

《意见》的贯彻落实，将对领导人才考核评价水平的提高及其优化配置，起到十分积极、有效的促进作用。

（胡月星，国家行政学院中国领导科学研究中心副主任、教授、博士生导师。）

建立和完善人才诚信体系

王　建　新

中共中央《关于深化人才发展体制机制改革的意见》中，第一次提出了完善人才诚信体系，建立失信惩戒机制。认真学习、深刻领会这一思想原则和部署要求，对加快建设人才强国、最大限度激发人才创新创造创业活力，把各方面优秀人才聚集到党和国家事业中来，具有重大的现实战略意义和深远影响。

一、建立和完善我国人才诚信体系的重要性和紧迫性

人才诚信是社会发展的必然选择，在市场经济快速发展的新形势下，建立和完善人才诚信体系，意义重大。

（一）人才诚信体系是实施人才强国战略的根本保证

人才是强国之本。拥有怎样的人才资源，决定一个国家的未来。我们党历来重视人才工作，在领导革命、建设和改革过程中，党制定了一系列方针政策培养、吸纳人才，改变了我国革命、建设和改革期人才不足的局面。

在党的第十八次代表大会上，党中央提出："要坚持党管人才原则，把各方面优秀人才集聚到党和国家事业中来，加快确立人才优先发展战略布局，造就规模宏大、素质优良的人才队伍，推动我国由人才大国迈向人才强国。"把人才工作作为党的建设的八项主要任务，从原则、重要性、指导方针、战略布局、总体目标、机制建设等方面把握新形势，对人才工作赋予了新内涵、提出了新要求、进行了新部署，吹响了向"人才强国"迈进的新号角。

从十八大以来党和国家一系列的改革实践中，我们可以看到，国际竞争经济竞争，归根结底是人才的竞争，硬实力、软实力归根结底要靠人才的实力。自然资源和物质资源终归是有限的，唯有人力资源才是永不枯竭的战略

资源。人才优势，是最有潜力、最可依靠的优势，谁掌握了这个关键，谁就能持续发展、长盛不衰。因此，开发好、利用好人才第一资源，培养诚实守信，对党和国家无比忠诚、对技术精益求精，既能满足我国经济社会发展需要，又能参与国际竞争的人才大军，是当前和今后一个时期人才工作关键而紧迫的任务。

（二）人才诚信体系是实现“中国梦”的重要基石

（1）实现“中国梦”关键在人才。人才资本是现代经济增长和社会进步的第一资本和第一推动力。人才优先发展是实现现代化追赶战略的必由之路，从美国追赶英国，到日本追赶美国，再到韩国追赶欧洲，一个共同规律就是实施人力资本优先积累战略。当前，世界各国为摆脱金融危机，跳出经济泥沼，纷纷寻找新机，抢占经济发展、产业革命、科技创新的战略制高点，而实施新的人才强国战略成为首选目标。加快确立人才优先发展战略布局，充分开发利用国内国际人才资源，推进我国由人才大国迈向人才强国，实现中华民族伟大复兴的梦想，这是党中央站在全局高度做出的战略部署，具有重大而深远的意义。

（2）人才诚信缺失阻碍“中国梦”的实现。改革开放以来，特别是进入21世纪新阶段以来，随着社会的转型和市场经济的快速发展，我国的人才诚信存在一些问题，如培养目标、教育质量与社会需求在诚信方面均有较大差距；科技创新能力与水平在诚实守信、精益求精等方面均需有效提升。“中国梦”是国家强盛之梦、民族复兴之梦、人民幸福之梦。实现中华民族伟大复兴的“中国梦”，需要靠发展不断筑牢根基。这种根基就是人才的诚信及其体系建设。

（3）人才失信影响“中国梦”质量。人才失信会影响经济发展。由于信用缺失，使个人之间，企业之间，个人、企业和政府之间缺乏正常沟通交往的平台。在信用危机的市场环境中，守信成本相当高。有鉴于此，当前我国人才发展总体水平与世界先进水平相比还有较大差距，与我国经济社会发展需要相比还有很多不适应的地方，而在诚信及其体系建设方面差距更大。只有建立和不断完善人才诚信体系，人才选拔才能得以公平进行，人才的技术才能精益求精，人才的创新才会越来越好，国家强盛之梦、民族复兴之梦、人民幸福之梦的理想才会实现。

（三）人才诚信是践行社会主义核心价值体系的主要内容

（1）诚信是社会主义核心价值观的要素。诚信是社会主义核心价值观的重要组成部分。以爱国主义为核心的民族精神和以改革创新为核心的时代精神，以及社会主义荣辱观，构成社会主义核心价值体系的基本内容。“诚信”作为公民个人层面的社会主义核心价值观的内容之一，体现了公民个人在社会活动中的基本价值取向、行事为人准则，个人诚信是全社会共同建设社会主义核心价值体系的重要组成因素。人才作为人群中知识和技术的最高层部分，作为人才强国战略的关键因素，其诚信程度关系重大。

（2）人才诚信引领社会主义核心价值体系。在经济转轨、社会转型的当下，诚信作为社会主义核心价值体系的重要道德支撑，在推进科学发展，促进社会和谐中起到至关重要的作用。诚信是现代社会不可或缺的，孔子说“人而无信，不知其可也”。不诚信行为的存在和蔓延，不仅对社会经济、政治、文化生活造成极大损害，破坏正常社会秩序，而且也干扰了人们之间的正常交往，影响了社会主义核心价值体系的积极构建。人才作为先进生产力的代表，其诚信程度强弱、水平的高低，直接影响广大人民群众的诚信水平，引领他们的诚信方向。

（3）诚信是引领精神和行为的内在价值追求。新时代的社会主义核心价值观既体现了社会主义的本质追求又蕴含着中国传统文化的价值精髓；既有精神层面的指导意义又有落实在行动上的可行性，为我们培育形成社会主义核心价值观提供了方向。诚信是社会的润滑剂，是人生的护身符。无论对于政治、经济、文化建设，还是在社会交往中，诚信都具有无可替代的巨大社会价值。在现代社会，诚信品性和诚信行为不仅是个人立身行事的根本，也是社会公共秩序得以维持的基石。缺少诚信的保障，市场经济的资源配置优势就会迅速消失，社会主义核心价值体系构建的基石就难以稳固。

（四）人才诚信体系建设是社会信用体系建设的核心内容

（1）人才诚信体系是构建社会信用体系的优先方向。社会信用体系建设是一项系统工程，很难毕其功于一役，而必须长期着力、多管齐下，通过人才的引领作用凝聚合力来取得实效。人才的引领作用体现在：一方面，引进一个人才，创新一项技术，开发一个产业，开拓一片市场，形成一方优势；另一方面，一个人才诚信，示范一种诚信标杆，带动一个群体诚信、促进一个领域诚信，大量的诚信人才就会带动整个社会的诚信。建设社会信用体系，优先建设人才诚信体系，可以充分发挥人才的引领示范作用，使社会信用体系建设事半功倍。

（2）人才诚信体系是构建社会信用体系的重要部分。人才作为特殊的个人，不仅具备普通个人信用属性，还兼具人才特有的信用属性。对人才诚信体系的建设，一方面可以通过人才诚信建设，充分发挥人才的引领和示范作用，有效推进个人诚信体系的完善；另一方面，人才具有某一领域、某一行业、某一区域的社会影响力和号召力，尤其是企业管理人才，又影响着企业诚信体系的建设。另外，人才作为公众人物，又影响着公共信用体系。党政领导人才作为政务的掌舵人，其诚信与否往往代表着政府的信用形象，直接影响政府开展公共服务、行使公共权力的效果。人才信用体系建设是社会信用体系建设的重要组成部分，更是社会信用体系建设的重中之重。

（3）人才诚信体系是构建社会信用体系的有效途径。人才除了具有普通公民的信用属性以外，依据现行对人才的管理，人才还拥有其他普通公民不具备的特殊的信用信息。人才在进行社会和职务活动中都产生信用信息，目前已经存在的，并且已成体系，并被越来越广泛使用。建立社会信用统一的信用平台，可行的有效方式就是依托现有各类信用信息平台，尤其是利用好现有人才各类信用信息，将其作为社会信用信息平台的基础，通过整合完善现有的较为成熟的人才信用信息，总结采集、运行、分享等方面的经验，待时机成熟，搭建全口径、全社会的信用信息平台。构建社会信用体系，首先应把人才诚信体系建设好。

二、人才诚信的理论内涵与时代特征

（一）诚信的理论释义

“诚”即诚实、诚恳，主要指主体真诚的内在道德品质；“信”即信用、信任，主要指主体内诚的外化。“诚”更多地指“内诚于心”，“信”则侧重于“外信于人”。《现代汉语词典》对“诚信”的解释更为明了：诚信——诚实，守信用。一是指诚实，要求人与人交往时说真话，向别人传递真实信息，实事求是，不掩盖或歪曲事实真相；二是要讲信用，遵守诺言。这两层含义都说明诚信是为人处世的道德准则，是一个道德范畴。由此可见，古往今来，诚信已被看作是人必备的优良品格。一个人讲诚信，就代表他是一个讲文明的人。讲诚信的人，处处受欢迎；不讲诚信的人，人们会忽视他的存在。诚信是为人之道，是立身处世之本。

（二）人才诚信的特征与时代因素

在市场经济的时代背景下，诚信既是对人才的内在要求，又是人才的外在表现形式；既是人才研究的重要方面，又是诚信研究的重要组成部分。在构建民主法治、公平正义、诚信友爱、充满活力、安定有序、人与自然和谐相处的社会主义和谐社会的背景下，人才诚信代表着一种道德标准；在倡导富强、民主、文明、和谐，倡导自由、平等、公正、法治，倡导爱国、敬业、诚信、友善，积极培育和践行社会主义核心价值观的背景下，人才诚信代表着一种价值理念；在实施人才优先发展的战略布局，充分发挥人才的基础性、战略性作用，促进经济发展方式向依靠科技进步、劳动者素质提高、管理创新转变的背景下，人才诚信代表着一种社会责任、时代内涵。其具有以下特征：

（1）人才诚信具有先进性。人才是走在时代前列的先进代表，人才的先进性决定了人才诚信的先进性。先进性表现为诚信的标准较高，社会影响较大，推动诚信道德观念进步的力量较强。人才始终代表社会最先进生产力，始终代表最先进社会文化的前进方向，始终代表社会道德风尚和核心价值理念，人才通过引领最先进的社会诚信价值观，给社会注入最先进的正能量，推动社会诚信体系的进步。

（2）人才诚信具有时代性。时代性是指人才是一定历史时代的产物，人才的诚信也具有鲜明的时代特征。人才诚信的起源与发展在很大程度上取决于一个社会的文化、历史、道德和经济发展水平，而社会习俗和规范，尤其是意识形态一旦被人们内化，也会成为人才诚信的一个有机组成部分。社会环境造就人才，人才作用的发挥离不开所处的时代环境，任何人都不可避免地被打上时代的烙印。随着时代的发展、社会的进步，诚信被赋予的内涵的增加，人才的诚信也在动态变化着，这就要求人才的诚信引领时代、引领道德风尚。

（3）人才诚信具有增效性。对于人才个体，一旦树立了诚信的形象，并且这种形象是经得起推敲和检验的，被社会所认可，那么这种诚信的品质对于人才来讲就是一种增效的过程。人才在进行学术讲座、科学研究和从事各领域工作时，其认知度、信誉度和权威性都会随之提高，而参加招聘、竞争上岗、评优评奖也会为人才成长创造有利条件，为人才的专业技能提升奠定良好的道德基础。

三、人才诚信体系建设的要素构成、实现途径和重点方向

（一）人才诚信体系建设的要素构成

（1）人才诚信的社会信用要素构成。社会信用体系是一种以社会信用制

度为核心的维护经济活动、社会生活正常秩序和促进诚信的社会机制，是一项政府推动下全社会参与的社会系统工程。社会信用体系，是市场经济条件下，在一个国家或地区范围内，由一系列与信用相互联系、相互促进、相互影响的道德文化、法律法规、制度规范、组织形式、技术手段、运作工具和运作方式构成的综合系统。市场经济的发展，是以信用关系的日益透明和不断扩大为基础的，没有信用就没有良好的社会经济秩序，信用是现代市场经济的基石，是政府取信于民的基础。因此，社会信用要素，对人才诚信的形成与发展，起着基础性作用。

（2）人才诚信的经济信用要素构成。人才诚信的经济信用要素是指根据个人的收入与资产、已发生的借贷与偿还、信用透支、发生不良信用时所受处罚与诉讼情况等，由征信机构对个人的信用等级进行评估并随时记录、存档，以便信用的供给方决定是否对其提供授信和提供多少授信额度的制度。人才诚信首先是将其作为自然人，进行信用信息资料收集，从而成为人才诚信内容的组成部分。

（3）人才诚信的职业信用要素构成。人才诚信的重点要建立在个人职业信用要素的基点上。一个人的职业道德与操守如何，决定着这个人在本单位、本行业、本系统的地位与作用。人才的诚信职业素养是人才诚信体系的核心内容。人才身份与职业的特殊性决定了人才诚信的职业标准高于一般个人的诚信标准，人才诚信的职业要素和职业标准是个人诚信体系建设的组成部分，又是结合个人诚信体系建立的更为细化的指标，应当将现有的制度设计、指标考核、人才评价、人才培训及人才其他信用行为进行有机结合。

（二）人才诚信体系建设的实现途径

在2010年，中央提出我国要在2020年之前实现建设世界人才强国的目标。要实现上述目标，需要两大体系作支撑：一是人才的教育和培训体系，二是人才诚信体系。可见，人才诚信体系建设已成为我国社会和经济发展乃至实现建设世界人才强国“中国梦”的最重要问题。

（1）通过道德规范来构筑人才诚信。在传统社会，诚信属于道德问题，诚信原则也就自然而然地成为一条道德原则，是人立身做事的道德规范。道德主要反映了诚信的要求，用诚信的原则和道德理念来同化人的心理、意识和思想，要求各类人才立身以诚，行事以信。道德规范要求各类人才将诚信作为立身做事和自律的准则。然而，当前我国公民道德意识并不强烈，各类人才也难以做到诚信为人。因此，非常有必要采取措施积极培育各类人才的诚信意识，逐渐使诚信意识深入人心，内化为心中的道德习俗和道德义务，形成一种讲求诚信的文化氛围，奠定诚信社会的文化道德基础。

（2）通过完善的法律体系来构筑人才诚信。诚信既是道德规范，也是法律要求。法律体系主要反映在信用法律保障体系的建立和健全方面，即通过一系列信用管理立法，包括人才诚信立法，使各类人才能够在法律法规中看到自己的信用行为可能导致的后果，以及可能承担的比普通公民更严重的后果，并以此为基准做出趋利避害的行为选择。规范各类人才诚信的法律应该形成一个完整的体系，通过制定、修订人事管理、劳动保障管理、信用管理、科研管理、金融管理、社会管理等一系列法律、法规规定，从抓住普通公民个人的诚信管理入手，区分人才诚信管理的特殊性，以建立完善人才诚信的法律管理体系。

（3）通过完善的制度设计来构筑人才诚信。在不涉及国家秘密、商业秘密和个人隐私的前提下，应当将政府公开、高校公开、国有企业公开、人才行为公开等制度加以完善，方便公民对个人的监督；建立痕迹化管理制度，要对各类人才在从事与身份有关的活动时的各类记录加以保存，以便在人才流动、评价、晋升时有据可查；建立自主申报制度，各类人才在流动、评价、晋升、就职、卸任前都必须申报个人诚信情况；建立健全相应的制度，使流动、评价、晋升的诚信行为与其收入、升迁、福利保障等相结合，形成相应的激励和惩罚机制，真正形成对诚信行为的内控机制。

（4）通过有机整合组织机构来构筑人才诚信。政府应当依托现有的人力资源、公安、发改、科技、金融、高等院校、科研院所等部门和机构所掌握的各类人才诚信的信用信息，将其整合、建档，实现信息共享，便于各行政部门管理使用，便于各用人单位查询掌握。同时，依托现有的公益性人才管理服务机构的工作职能，加强对人才流动的关键环节的管理，将人才诚信情况作为享受公益性服务的必要条件。促进社会人才中介服务机构的发展，利用市场手段，引导人才中介服务机构填补人才诚信体系管理服务过程中的空白，完善人才诚信体系全方位建设。

（5）通过建立信息数据库来构筑人才诚信。包括公民个人诚信信息在内的各类人才诚信信息数据库，就是把各类人才在履行职责、行使公共权力和社会生活等方面的个人诚信和信誉信息汇集起来，进行整理储存，从而形成人才个人的一种信用资料，具体内容包括个人信用信息的收集、登记、评价、考核，以及信用信息资源的共享、信用数据库管理、信用等级认证等。

（三）人才诚信体系建设的重点方向

（1）人才诚信体系建设应以市场经济体系建设的客观要求为基础。市场经济的基石就是信用，信用体系是因市场交易行为而产生的，并伴随市场经济的发展逐步完善、成熟。人才诚信体系建设就是要按照市场经济产生与发展的脉络及规律，结合我国改革开放以来计划经济向市场经济转轨过程健康有序发展的客观要求而展开。因此，市场经济健康发展的客观要求，是人才诚信体系建设的基础。

（2）人才诚信体系建设应作为我国整个诚信体系的重要组成部分来设计。社会诚信体系是一种以社会诚信制度为核心的维护经济活动、社会生活正常秩序和促进诚信的社会机制，是一项政府推动下全社会参与的社会系统工程。人才作为社会的精英，其诚信的引领作用在社会诚信体系建设中起着重要的作用，人才诚信体系建设不仅是社会诚信体系建设的关键要素，更是构建社会诚信体系的引领方向。

（3）人才诚信体系建设应从改革完善人才诚信管理体制入手。新形势下的人才诚信体系建设，要体现“党管干部、党管人才”“德才兼备、以德为先”等基本方针，建立健全以各级党委组织部门牵头抓总、各级政府人力资源和社会保障部门综合负责、社会公共和市场服务机构具体操作的人才诚信体系建设和管理服务新格局，完善多层级人才诚信行政管理体系，构建各部门系统、行业人才诚信行政管理体系与社会机构人才诚信体系服务相结合相配套的全方位人才诚信管理服务体制，加强人才诚信行政管理、公益性管理等部门和机构的队伍建设，全面推动人才诚信体系的考核评估和结果使用。

四、人才诚信的考核评价指标体系

（一）人才诚信管理的考核评估

（1）人才诚信管理考核评估流程。人才诚信服务机构就其工作流程说，应由如下环节组成：政府综合部门的宏观规划流程—行业主管部门（根据本行业特点制定行业规划并向下部署）—行业协会（协助主管部门制定具体工作方案并将方案报备主管部门）—组织实施（包括宣传、培训、评估等具体工作）—建立以个人为终端的数字化和信息化的服务流程—建立统一数据库（包括储存和联网）—提供信用产品服务等。

（2）考核评估的主要内容。考核评估可从以下四个方面入手：①相关法律法规领域。根据现实情况和征信行为中的问题制定相应的地方性法规，对信息公开、征信范围、使用原则、消费者权益等重点领域出台相应规定。②服务建设领域。在公务员招聘、政府采购、项目招投标等方面使用个人征信产品。③信息建设领域考评。建立人才诚信体系应改革传统的人事档案制度，建立电子化的人才诚信档案。可以由组织人事主管部门牵头，联合公安、法院、银行、劳动、教育、科技等部门，建立联合征信平台和数据库。④机构性质的考评。考评要根据其性质合理划分公共服务与市场化服务，为市场化的个人征信模式搭建平台、预留空间。

（二）人才诚信管理评估的监管

对人才诚信管理评估的过程和结果要有监督体系，这样其评估才能有效，并且要根据其服务的情况有奖惩的结果。首先，要加强执法机关依法监督的力度，查处非法个人征信行为；其次，要由人事主管部门对征信机构开展定期或不定期的监督检查，寓服务于管理之中；再次，应鼓励组建个人征信行业协会，帮助政府履行监管职能并促进行业自律；最后，建立消费者监督投诉机制，通过热线和网络等渠道向监管部门反映问题，最终形成对征信机构的社会化监管体系。

（三）人才诚信评估结果的监管执行

对人才诚信评估结果必须有配套监管措施来保障，包括政府部门的监管、行业自律、社会监督和企业内控四大方面。政府部门的监管是监管体系的主体部分，包括人才诚信监管部门的系统和其他监管部门的系统两大块。人才诚信监管包括组织人事部门，其他监管部门系统还包括政府各个职能部门通过充分利用本部门行政监管方法，提高执法效能，并且逐步向全社会依法开放公共信息所构建起来的政府信用管理制度。这部分监管的主体是政府利用原有的市场监管手段，通过经济监管和行业监管部门，促进社会成员遵纪守法、诚信经营，监管对象也是各自原来的监管对象。引导行业协会、商会，采用建立完善行规、规约等方式，推进会员守信自律机制建设。行业协会、商会通过自我管理的方式来监督会员的信用行为，是政府监管的有益补充，是人才诚信监管体系的有机组成部分。社会监督机制在监管体系中覆盖面最广，监督触角延伸到社会的每个角落，是控制社会化失信惩罚机制的重要组成部分。企业内部也要通过完善制度，达到内控的效果。

五、建立和完善人才诚信体系的制度安排和保障措施

（一）制度安排

（1）以信息化发展为方向的制度安排。①构建人才诚信信息公共服务平

台。人才诚信信息征集机构要联合司法和立法及金融等部门，共同制定既符合国家有关法规及政策精神，又具有本地人才诚信工作特点的信息记录归集、失信惩戒与使用管理的政策法规，确保人才诚信管理服务机制充分发挥作用。②建立人才诚信信息共享制度。要打破行业之间诚信信息的“行业壁垒”，解决因为不能联网而形成的“信息孤岛”的现象，形成组织、发改、人社、财政、税务、交通、卫生、金融、公安、司法等职能部门齐抓共管、共同参与，最终形成信息共享局面，扩大人才诚信信息征集的范围和服务对象。③发挥行业协会作用。设立人才诚信档案信息库，从组织和信源质量上保证人才诚信档案的迅速全面建立。④推行信息采集及分享的会员制度。可以组成跨行业的诚信联盟或行业协会共同组成的人才诚信管理服务专业协会，会员单位有义务提供其专业技术人员的诚信信息，并有查询人才诚信档案相关信息的优先权，扩展人才诚信档案的服务项目及相关优惠待遇。

（2）以社会化发展为主线的制度安排。按照人才诚信体系建设的统一规划和总体要求，在诚信信息征集、诚信评估、政策实施等方面加强协调，互相支持，紧密配合，共同推进。对建立人才诚信档案的单位或个人广泛提供人才诚信报告和信用咨询服务，为人才资源开发、管理项目提供建议和咨询，提高人才诚信征集信息的利用价值。人才诚信档案和资料信息可作为用人单位在申请办理人才引进、人事事务及人员录用、晋升、晋级、流动时的相关依据。建立人才职业诚信评估体系。通过对人才的职业诚信培训和人才职业诚信信息的收集、整理及专业化、网络化的评估，为人才职业诚信系统的建设提供真实的、可靠的诚信信息资源。建立人才诚信专家培训评估队伍。组建人才诚信培训和评估专家委员会，进行人才诚信培训和评估工作。

（3）以法制化发展为保障的制度安排。人才诚信评价的法制化，首先是市场模式的法制化，强调并规范人才积极进取的行为和个人责任，同时要推行诚信业绩制和诚信绩效制；其次是参与模式的法制化、为鼓励和支持公众参与人才诚信征信及管理服务或决策，听取公众意见，了解公众需要，提供法制依据，注重人才诚信征信与管理服务行为的法制化；最后是治理模式的法制化，即强调人才诚信征集评价及评估报告的法律程序和有效行为及效力，以提高为公众服务的能力和公信力等。

（二）保障措施

（1）政府重视和支持。建立和完善人才诚信保障体系，必须取得政府支持。政府支持包括了法律法规的制定、组织机构管理的确认、标准及奖惩方案的制定、财力人力的支持。因为人才诚信体系建设本身就是政府的责任和义务，没有政府的大力支持和综合治理，也就没有人才诚信及其体系建设和相关机制的形成，各类人才诚信市场经济和社会的价值观就会崩溃。要真正做到标本兼治，一方面是政府重视和支持的程度，另一方面是组织人事和发改等部门的态度。同时，还涉及政府各部门与组织人事和发改等部门的对接，包括环节的理顺、分工的明确，并直接与其业绩考核挂钩。

（2）建立激励惩戒制度。对于诚信企业和个人给予统一的物质与精神奖励。制定诚信个人在职称评审、优秀及先进称号评定、职务晋升、奖金发放、公务员及事业单位招录用、人才引进、户籍政策等方面的激励措施。将失信企业与其法定代表人及相关责任人个人信用挂钩，取消政策优惠、剥夺荣誉称号，在人才引进、户籍迁移、公务员及事业单位招录用、个人申领及使用信用卡、个人房贷、社会救济等方面制定惩戒措施。

（3）完善电子商务诚信认证机制。引导电子商务企业健全客户信用管理和交易信用评估制度，建立统一的信用评价体系，推动电子商务企业信用信息跨区域共享和比对。实施电子商务交易实名交叉认证制度，推广信用服务在电子商务中的应用，建立完善产品质量、物流配送和电子支付等方面的信用服务和保障制度。推动电子商务与线下交易信用体系的互动发展。

（三）组织实施

地区和部门要制定组织实施方案，提出切实可行的、系统的人才诚信体系建设实施意见。同时，要建立健全人才诚信体系建设工作领导机构，切实做到组织落实、人员落实、管理服务落实。在实施过程中，要抓住重点逐步推行，注意把握重点、抓住热点，取得经验后逐步推广。人才诚信体系建设是整个社会信用体系建设的重要组成部分，应当按照国家加强社会信用体系建设的资金支持做法，由政府有关部门提供及时有效的、必要必需的资金保障，将所需费用及时纳入地方各级财政预算体系，确保人才诚信体系征信与管理服务平台、载体、网络和机构人员的资金支撑。

（王建新，中国人才研究会副会长，辽宁省政府参事。）

建立规范完善有效的人才发展统计体系

司　江　伟

《国家中长期人才发展规划纲要（2010—2020年）》提出“深入开展人才理论研究，积极探索人才资源开发规律。建立健全人才资源统计和定期发布制度”。中共中央《关于深化人才发展体制机制改革的意见》（以下简称《意见》）提出，“健全市场化、社会化的人才管理服务体系”，并强调“充分运用云计算和大数据等技术，为用人主体和人才提供高效便捷服务”，着眼于大数据时代人才管理的实际，通过建立规范、完善、有效的人才发展服务体系，为各级党委、政府和用人主体提供高效便捷的服务，具有较强的理论意义和现实意义。

从理论意义上讲，关于建立人才发展统计体系的研究在我国尚处于探索阶段，科学界定人才发展统计体系的内涵，系统探讨人才发展统计体系各部分的构成，有助于完善人才统计学的理论体系。从实践意义上讲，以中央关于人才资源统计工作的相关政策、制度为指导，以大量人才资源统计工作和成果为实例，探索完善人才发展统计体系的思路与措施，有效地指导人才资源统计工作，保证统计信息能够为党委、政府的人才工作提供有价值的参考，从而更好地推进“人才强国战略”的实施。

一、人才发展统计体系的界定

《中华人民共和国统计法》第二条规定：“统计的基本任务是对国民经济和社会发展情况进行统计调查、统计分析，提供统计资料和咨询意见，实施统计监督。”由此可见，人才资源统计工作的基本任务主要包括两个方面：一是对人才发展的状况进行统计监督，即对国家、部门、区域和组织内的人才工作运行状态及政策、规划的落实等情况进行统计监督；二是对人才队伍建设的状况进行统计，即对六支人才队伍建设在数量方面的发展变化进行统计和分析，为相关部门制定人才政策、编制人才规划、指导人才队伍科学发展提供信息和咨询服务。根据人才统计工作的职能，人才发展统计是对人才队伍的规模、素质、结构、效能等方面的发展变化情况所进行的数量描述。

按照国家人才统计指标的设置，人才资源统计可以分为人才发展统计、人才队伍建设统计、重点领域人才资源统计、人才发展监测与评价四个方面。所以，从狭义上讲，人才发展统计主要是指人才资源统计的第一个方面。从广义上讲，可以将人才发展统计等同于人才资源统计，这也是本文开展研究的角度。

人才发展统计体系是专门针对人才发展问题而构建起来的，是围绕党和政府人才工作的需要，获取、处理并提供人才统计数据的一整套工作制度和工作规范的总和。根据人才发展统计工作的流程，人才发展统计体系由人才发展统计调查体系、人才发展统计保障体系、人才发展统计服务体系三个方面组成，其构成如图 1 所示。

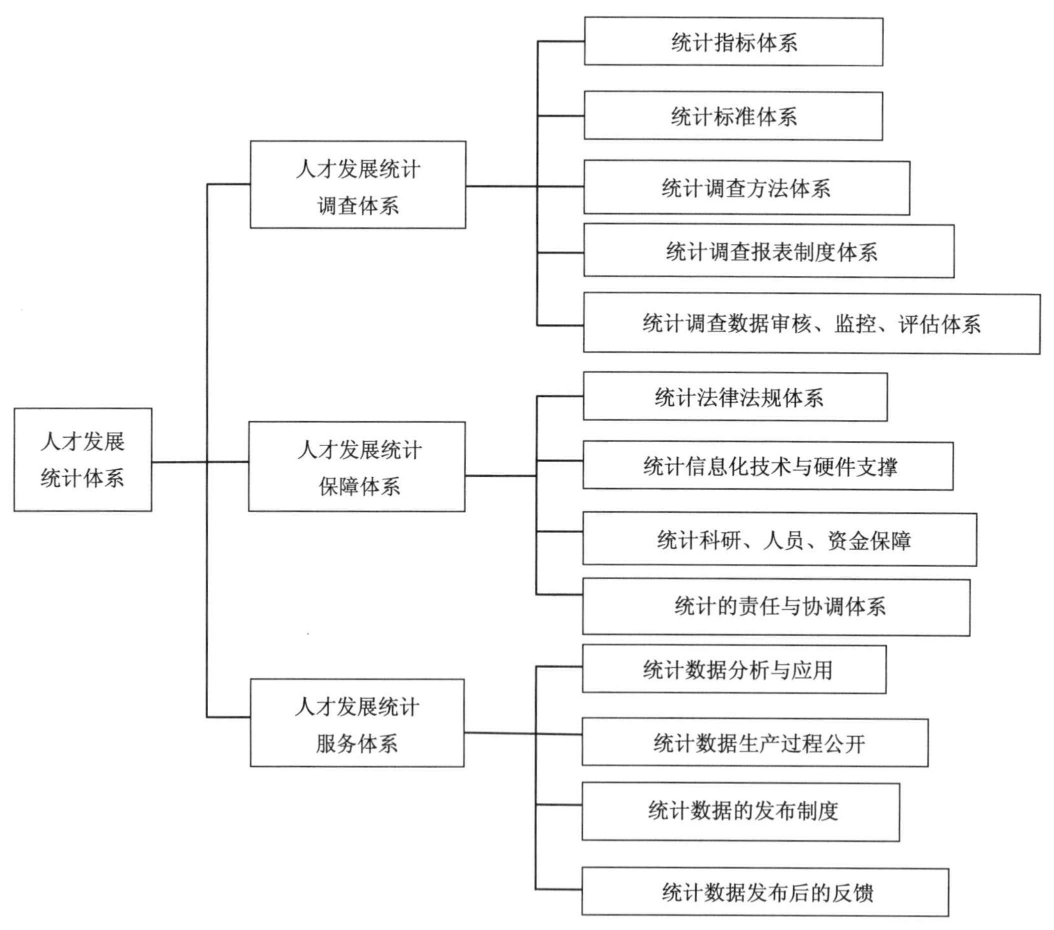

图 1　人才发展统计体系构成

在人才发展统计体系的构成中，调查体系是工具，保障体系是支撑，服务体系是目的；其中，调查体系既是基础，也是建立人才发展统计体系的关键所在。

二、关于人才发展统计体系的文献综述

关于人才统计问题的理论研究纯属中国特色，国外的相关研究成果很难对建立我国人才发展统计体系提供借鉴。近年来，国内学者对人才资源统计问题进行了多角度研究，其中有些内容涉及人才发展统计体系的建立。概括起来，主要集中在以下三个方面：

（一）人才发展统计调查体系的研究

（1）人才发展统计指标体系的研究。中共中央组织部等3部门于2010年下发的《关于进一步加强和改进人才资源统计工作的通知》，明确提出国家人才发展主要指标是反映人才发展整体水平和主要目标的综合性指标，包括人才资源总量，每万名劳动力中研发人员、高技能人才占技能劳动者比例，主要劳动年龄人口受过高等教育的比例，人力资本投资占国内生产总值比例，人才贡献率等6项。这是开展人才资源统计工作的基本依据。

（2）人才统计调查方法体系的研究。中国人事科学研究院余仲华研究员指出，有些人才统计调查项目可以“搭便车”，即与人口普查或抽样调查相结合。中共中央组织部等5部门于2004年下发的《关于做好全国人才资源统计调查工作的通知》中提出，人才资源统计采用全面调查和抽样调查相结合的方式。党政人才、专业技术人才和事业单位管理人才、企业经营管理人才三类人才，采用全面调查；技能人才、农村实用人才和非公有制领域人才统计，采取抽样调查方法进行统计试点。2010年开展的全国人才资源统计工作，根据指标的不同，分别采取全面统计、抽样调查、专题调查和数据测算等方法进行。

（二）人才发展统计服务体系的研究

（1）人才统计数据发布制度的研究。赵金文同志提出，建立人才统计信息发布长效机制。政府向公众及时连续发布人才统计数据信息，公众利用这些信息，借助人才市场有效调整人才结构分布，有目的地参与人才市场竞争，从而缓解人才供需之间的矛盾，最终达到市场要求的“人尽其才”的目的。

（2）人才统计分析的研究，主要集中在人才统计指数的研究。查奇芬同志指出，人才指数是指一个国家或地区人才的数量和质量变化的动态相对数，包括人才学历指数、人才职称指数、人才年龄指数、人才资源指数和人才产业指数五类，前三类称作人才潜能指数，这五类统称人才综合指数。侯丽江等同志设计了一套人才综合指数体系的编制方法，与徐国祥、檀向球同志的研究相比，不仅包括了人才素质指数、人才学历指数、人才职称指数、人才年龄指数、人才产业指数，还增加了人才能力指数。中关村人才协会在2013年的人才统计工作中，借鉴美国硅谷指数和中关村指数的编制思想和方法，结合中关村人才现状，形成包括人才聚集度指数、制度创新度指数、科技活跃度指数、产业成熟度指数等的中关村人才指数。

（三）人才发展统计保障体系的研究

（1）人才统计信息化技术支撑体系的研究。李名志、汪玲同志提出，统计部门负责为各部门人才资源统计调查提供技术服务。王兆林同志通过软件工作中的经验积累，指导全国人才资源统计信息管理系统（综合版）软件如何使用和操作。从2012年开始，贵州省首次开发了专门的人才资源网络直报平台系统，采取全口径全面调查方式对五支人才队伍进行统计。

（2）人才统计科研及人才培养的研究。余仲华研究员提出，要加强统计调查人员的培训，提高人才统计人员的素质。李明生同志指出，要坚持把统计人才队伍建设纳入人才建设总体规划，有计划、有步骤地培养和提高统计人才队伍素质，调整更新统计人才队伍结构，力求使统计人才队伍建设更加适应人才统计工作乃至整个经济社会发展的新形势。

纵观学者们的研究，关于人才统计体系的研究刚刚起步，专门针对建立人才发展统计体系方面的研究没有形成系统、完整的成果。

三、当前人才发展统计体系存在的主要问题

（一）统计调查体系中，人才普查环节的缺失，造成了人才统计基础数据存在较大的误差

这也是目前人才统计工作最大的问题所在。2010年，中央人才工作领导小组开展了全国范围内的全口径人才资源统计，其相关数据见表1。

表 1　　2010 年全国五支人才队伍统计及误差估计表

<table>
<tr><th colspan="2">类别</th><th>调查统计方法</th><th>统计数据（人）</th><th>误差估计</th></tr>
<tr><td colspan="2">党政人才</td><td>全面调查</td><td>7 009 988</td><td>很小</td></tr>
<tr><td rowspan="2">企业经营管理人才</td><td>公有制经济领域</td><td>全面调查</td><td>5 329 399</td><td>小</td></tr>
<tr><td>非公有制经济领域</td><td>抽样调查</td><td>24 468 643</td><td>大</td></tr>
<tr><td rowspan="2">专业技术人才</td><td>公有制经济领域</td><td>全面调查</td><td>32 315 497</td><td>小</td></tr>
<tr><td>非公有制经济领域</td><td>抽样调查</td><td>23 188 373</td><td>大</td></tr>
<tr><td rowspan="2">高技能人才</td><td>公有制经济领域</td><td rowspan="2">统计报表、抽样调查等</td><td rowspan="2">28 632 526</td><td rowspan="2">大</td></tr>
<tr><td>非公有制经济领域</td></tr>
<tr><td colspan="2">农村实用人才</td><td>抽样调查</td><td>10 486 360</td><td>大</td></tr>
<tr><td colspan="3">总量</td><td colspan="2">131 430 786 人</td></tr>
</table>

数据来源：《2010 中国人才资源统计报告》。

以上统计结果显示，2010 年全国人才资源总量达到 131 430 786 人，其中 86 775 902 人为抽样调查后推算得到的结果。也就是说，该统计结果人才资源总量中，有 66.02% 的数据来自抽样调查后推算得到的结果。从理论上说，人才抽样调查的前提是，有根据人才普查结果提供的样本框。人才普查环节的缺失，必然造成抽样调查样本的代表性差，得到数据的可信度自然大打折扣，其公信力自然受到质疑。

问卷调查和访谈显示：对非公有制经济领域人才队伍进行抽样调查时，比较普遍地存在企业不积极、不配合的状况。有的企业出于对人才信息保密的需要，逃避、推卸或者敷衍统计工作。对农村实用人才队伍进行抽样调查时，由于统计标准（口径）不清晰，缺乏可操作性，致使各地在统计过程中把握的尺度不一。同时，统计的责任主体不明确，致使各地对农村实用人才的数据采集和信息录入存在差异。

可见，在对非公有制经济领域三支人才队伍、农村实用人才队伍抽样调查中，存在较严重的漏报、虚报、瞒报现象。由此得到的数据不具有可比性、真实性与可加性，再由这些数据推算总体数据，必然造成了最终结果与实际状况存在较大的误差。

（二）统计保障体系中，人才管理职能的分割和交叉并存，造成了人才统计责任分工与信息共享体系的缺失

按目前人才管理的职能划分，各级党委、政府的每一个部门都是人才管理主体，都有责任和义务配合做好人才统计工作。但是，各级的多个部门和工作人员在认识上存在一定偏差，认为人才统计仅仅是组织、人社和统计部门的事，从而在人才统计工作中协调和配合不够，形成合力不足。同时，目前在人才统计的责任分工上也存在一定问题。如由各级统计局负责非公有制经济领域的人才统计很难落实，如果将此项责任分解到地方政府，并由工商、税务部门督察，统计工作更便于实施。再如，农村实用人才的统计由人力资源和社会保障部门牵头，统计和农业部门配合，显然不如直接由农业部门牵头、统计部门配合更为合理。

从人才信息的分类来看，有关人才的职业、就业、社保、户籍、学历、职业技术等级等重要信息，可以对人才统计数据的采集提供便利。但由于组织、人社、教育、公安、民政等部门分工不同，造成了各部门在人才信息采集、数据库建设方面各自为政、各有侧重，使得信息重复采集与遗漏采集的状况同时存在。再加上各部门之间的数据库无法对接和共享，造成了分割的人才信息无法生成真实配套衔接的统计数据。

（三）统计服务体系中，对统计数据的挖掘和应用不足，造成了人才统计结果对实际工作的指导不力

人才发展统计工作要为党委、政府人才工作的决策提供支持，不是为了统计而统计。由于人才统计数据公信力不足等方面的原因，目前各级、各地对人才统计数据的挖掘和应用普遍缺失，人才统计在人才工作中的信息、咨询、监督和预警职能远远没有得到发挥。中共中央组织部于 2012 年、2013 年 6 月先后发布了《2010 中国人才资源统计报告》《2011 中国人才资源统计报告》，其中后者仅仅发布了年度党政人才、公有制经济领域企业经营管理人才、专业技术人才队伍的数据。目前，从中央到地方，四级（全国、省级、地市级、县区级）和行业、部门人才统计信息定期发布制度尚未建立，人才统计信息的透明度和公信力远远不够，普遍没有开展人才统计数据的分析、对比。当然，人才发展统计体系还存在其他一些具体的问题（见表 2）。

表 2 **人才统计体系存在问题及完善思路**

项目		现存主要问题	改进的思路
人才发展统计调查体系	统计指标体系	—	根据本地、本行业的实际，可在国家指标体系下适当细化
	统计标准体系	农村实用人才统计标准不明确	制定明确的农村实用人才统计标准

续表

<table>
<tr><th colspan="2">项目</th><th>现存主要问题</th><th>改进的思路</th></tr>
<tr><td rowspan="3">人才发展统计调查体系</td><td>统计调查方法体系</td><td>人才普查缺失</td><td>建立人才普查与全口径人才统计相结合的制度</td></tr>
<tr><td>统计调查报表制度体系</td><td rowspan="2">不完善</td><td>进一步完善人才统计报表制度</td></tr>
<tr><td>统计调查数据审核、监控、评估体系</td><td>建立统计调查数据审核、监控、评估制度</td></tr>
<tr><td rowspan="4">人才发展统计保障体系</td><td>统计法律法规体系</td><td rowspan="4">不完善</td><td>出台《人才统计工作条例》</td></tr>
<tr><td>统计信息化技术、硬件支撑体系</td><td>加强信息平台、数据库及硬件建设，实现信息共享</td></tr>
<tr><td>统计科研、人员、资金保障体系</td><td>加强人才统计科研、队伍建设及经费投入</td></tr>
<tr><td>统计的责任与协调体系</td><td>建立人才统计责任分工机制</td></tr>
<tr><td rowspan="4">人才发展统计服务体系</td><td>统计数据分析与应用</td><td rowspan="4">不完善</td><td rowspan="4">建立人才统计数据的分析、应用、反馈、信息公开及发布制度</td></tr>
<tr><td>统计数据的发布制度</td></tr>
<tr><td>统计生产过程公开</td></tr>
<tr><td>统计数据公布后反馈</td></tr>
</table>

四、完善人才发展统计体系的目标与思路

（一）目标

坚持党管人才的原则，根据当前党委和政府加强人才工作的实际需要，建立起一套“全面、系统、科学、高效、可行”的人才发展统计体系。“全面”，是指要覆盖人才发展统计的全过程；“系统”，是指三个方面具有内部的协调性和外部的关联性；“科学”，是指符合人才工作规律和人才发展规律；“高效”，是指能迅速、准确地获取、处理、分析和应用人才统计信息；“可行”，是指在实际应用中便于操作。

（二）思路

着眼于大数据时代人才管理的实际，建立三个方面有机统一的人才发展统计体系，即：以开展人才普查为基础，建立起规范的人才发展统计调查体系；以建立人才统计的信息共享与责任分工机制为重点，建立完善的人才发展统计保障体系；以统计数据的挖掘和应用为核心，建立有效的人才发展统计服务体系。

五、完善人才发展统计体系的主要措施

（一）建立规范的人才发展统计调查体系

（1）人才统计指标体系的细化。关于进一步加强和改进人才资源统计工作的通知（组通字［2010］27号）明确了人才发展统计四个方面的指标体系。从目前情况来看，这些指标较为科学、全面地反映了人才发展的状况，暂时没有必要讨论这些指标的增减。各地、各行业应该以国家人才统计指标体系为依据，并可根据各自的实际，对国家人才统计指标体系予以细化。如2014年年初，山东省政府办公厅印发了“蜂业、烟叶、茶叶、桑蚕、中药材”5个特色产业的发展规划。在对本省农村实用人才进行统计时，可将这五个特色产业的统计指标纳入其中。

（2）明确农村实用人才统计标准。增强统计标准的可操作性，建立涵盖受教育程度、从业单位性质、从业领域、专业技术职称等级和技术等级、培训类型等方面的农村实用人才统计标准体系。

（3）建立人才普查与全口径人才统计相结合的制度。人才普查又称人才全面调查，是对六支人才队伍分别进行全面调查，然后对相关数据进行汇总。全口径人才统计，可以理解为对党政人才队伍、公有制经济领域三支人才队伍实行普查，而对非公有制经济领域三支人才队伍、农村实用人才队伍实行抽样调查，得到相关数据后再推算总体数据。人才普查是全口径人才统计的基础。本研究建议每五年开展一次人才普查，最好在制定“五年”规划前一年的年初开始启动，年底前力争结束，以此彻底摸清各类人才的家底，为制定国家、区域下一个“五年”规划以及人才队伍专项规划提供依据。同时，建议此后第三年再开展一次全口径人才统计。对开展人才普查比较困难的非公有制经济领域三支人才队伍、农村实用人才队伍，可分别采取建立网络直报平台和入户实名登记的方式进行。

（4）进一步完善人才统计报表制度。按照中央人才工作领导小组的相关部署，可吸收和借鉴国内一些省市开展人才统计工作的经验，建立一套更加科学、严谨的人才统计报表制度。各地级市、县（区）可根据自身区域经济发展、产业结构调整的需要，适当细化人才统计报表制度和指标体系，明确人才统计内容、工作方法、责任分工、推进时序等问题，为人才统计工作的顺利进行奠定基础。

（5）建立人才统计调查数据的审核、监控、评估制度。加强对人才统计

数据的审核，检查调查单位或填报单位是否齐全，检查填报单位是否按时报送了有关数据，检查所填报的资料是否准确可靠。加强对人才统计数据的监控，可通过座谈会、实地查看等方式，现场听取填报人员、审核人员、管理人员对数据填报、审核的意见和建议，也可以成立人才统计督察组，直接到数据填报单位和数据审核单位现场检查，检查上报数据的合法性、上报进度、审核进度，还可以随机抽取被调查单位，对相关数据进行核实。加强对人才统计数据的评估，由各级组织部门牵头组成人才统计数据评估组，对异常数据进行评估分析。人才统计数据汇总以后，应先由相关部门对所负责的统计数据进行评审，再由同级人才工作领导小组办公室组织专家学者对统计数据进行评估分析，形成评审意见，最后拿出比较真实、准确的统计数据。

（二）建立完善的人才发展统计保障体系

（1）在《中华人民共和国统计法》的基础上，出台《中华人民共和国人才统计条例》，作为国务院的法规先行，待时机成熟后再作为国家立法。通过法规建设，强化人才统计人员、人才统计机构的法律意识和责任意识，要对数字、事实和法律负责，做到不唯心、不唯上、只唯实，独立行使统计职权，避免行政干预，确保人才统计信息的可靠性、权威性、严肃性。

（2）加强信息平台、数据库及硬件建设。着眼于大数据技术提供的可能，建立先进的人才统计信息化技术支撑体系，形成国家、省、地市、县级的国家人才统计信息主干网络系统，建立起四级衔接的人才数据库。建设满足人才统计业务需求的软件平台和数据处理系统，使人才统计数据的采集、传输、加工、存储、公布实现计算机化和网络化，提高人才统计数据的生产效率，推动人才统计现代化。要减少行业统计与部门统计的交叉和重复，减轻基层的工作负担，提高统计工作效率。同时，要加强对基层人才统计工作办公条件的改善，提供必要的办公场所、计算机及网络支撑，保证人才统计工作的良好运行。

（3）加强人才统计科研、队伍建设及经费投入。加强人才统计理论研究，推进人才统计方法的改革，应使人才统计指标体系的设计及其计算、人才统计调查分析方法、人才统计资料的传递和运用，均符合准确、科学、简化、系统、高效的原则，体现我国人才发展和人才队伍建设的真实状况、发展规律。建立人才统计队伍的培训机制，加强对人才统计工作人员思想政治教育，提升其法律观念和职业道德水平，全面提高其综合素质。建立有效的人才吸引机制，吸引高层次、高素质的人才充实人才统计队伍。同时，各级财政应设立人才统计专项经费，保证对人才统计工作的投入，确保人才统计工作的顺利进行。

（4）建立人才统计责任分工机制。首先，应该在纵向上明确“省级人才发展主要指标”和“省级人才发展统计监测与评价指标”，由省直有关职能部门（单位）填报与监测；“地级市、县（市、区）人才发展统计监测与评价指标”和“人才队伍建设统计指标”由各级、各有关部门按照“分级负责”的原则填报，报上一级归口主管部门汇总，并提供给同级组织部门。其次，按照“依法统计、分级负责、部门把关、统计综合”和“谁出数、谁负责”的原则，以县（区、市）为单位开展人才资源统计与监测工作，并且按照“就地”统计的原则填报统计数据。最后，明确各部门在人才统计工作中的职责，各司其职、密切配合，形成工作合力，确保人才资源统计工作有序开展。各部门的职责见表3。

表3　人才统计中各部门责任分工

<table>
<tr><th>领导机构</th><th>指导与协调</th><th>人员培训与技术指导</th><th colspan="2">统计任务</th><th>责任部门</th><th>协助部门</th></tr>
<tr><td rowspan="5">人才工作领导小组</td><td rowspan="5">党委组织部门</td><td rowspan="5">人力资源和社会保障部门、统计部门</td><td colspan="2">党政人才统计</td><td>人力资源和社会保障部门</td><td>党委组织部门</td></tr>
<tr><td rowspan="2">企业经营管理人才、专业技术人才、技能人才统计</td><td>公有制经济领域</td><td>人力资源和社会保障部门</td><td>国资、教育、公安等部门</td></tr>
<tr><td>非公有制经济领域</td><td>统计部门</td><td>经信、工商、国税、地税、工商联等部门</td></tr>
<tr><td colspan="2">农村实用人才统计</td><td>农业部门</td><td>街道，乡、镇政府</td></tr>
<tr><td colspan="2">社会工作专业人才统计</td><td>民政部门</td><td>人力资源和社会保障部门</td></tr>
</table>

（三）建立有效的人才发展统计服务体系

（1）建立人才统计数据的分析与应用制度。由四级（全国、省级、地市级、县区级）和行业、部门的人才工作领导机构牵头，形成本级、行业、部门人才统计分析报告（蓝皮书），进行相关分析、回归分析和指数分析，提出具有针对性、可操作性的对策建议，为各级党委、政府和行业部门人才工作决策提供参考。

（2）建立人才统计数据发布制度。构建由统计公报以及网络、电视、广播、报刊等新闻媒体等多种渠道组成的人才统计信息传播网。建立四级（全国、省级、地市级、县区级）和行业人才统计信息定期发布制度，增强人才统计信息的透明度和公信力。

(3) 加强人才统计生产过程公开。在适当的场合公布人才统计工作的流程、方法，以及人才统计数据的调查方法、采集过程、计算过程，为公众提供人才统计数据生产流程的信息，使人才统计工作更加透明，帮助公众正确理解和使用人才统计数据，减少误读误用，使人才统计数据在推动人才工作以及理论研究方面发挥更大的作用。

(4) 关注人才统计数据发布后公众的反馈。人才统计信息能否满足社会需要，人才统计工作是否具有较高的公信力，最终都要由人才、人才工作部门和社会公众来评判。公众使用、评论人才统计数据，甚至提出批评意见，是推动人才统计工作的动力。人才统计部门应注重倾听社会的反映，积极吸收各方面好的建议，从而不断地完善人才发展统计体系。

认真学习、贯彻落实好《意见》，将对新时期的人才统计工作及人才发展统计体系的建立健全，起到很好的推动作用。

（司江伟，中国石油大学〔华东〕人才发展研究中心主任，马克思主义学院党委书记，管理学博士，教授。）

落实首都国际化城市战略定位关键在人才

朱 勇 国

一、《意见》出台的背景和意义

党和国家历来高度重视人才工作，在革命、建设、改革各个历史时期，制定和实施了一系列重大方针政策，为党和人民事业发展培养和集聚了宏大人才队伍。党的十八大以来，习近平总书记深刻把握国际国内发展基本走势，对人才事业发展和人才队伍建设做出了一系列重要指示，在不同场合、不同会议上反复强调人才的重要性，强调要建立集聚人才体制机制，聚天下英才而用之，同时也强调“创新是引领发展的第一动力。抓创新就是抓发展，谋创新就是谋未来。适应和引领我国经济发展新常态，关键是要依靠科技创新转换发展动力”。那么，谁来创新？那就是各个领域的人才。《关于深化人才发展体制机制改革的意见》（以下简称《意见》）的出台，是其理念落地的具体体现。制定《意见》，就是要通过深化改革，破除思想观念和体制机制障碍，构建科学规范、开放包容、运行高效的人才发展治理体系，形成具有国际竞争力的人才制度优势，让人才放开手脚创新创造，尽情展示聪明才智，使一切创新想法得到尊重、一切创新举措得到支持、一切创新才能得到发挥、一切创新成果得到肯定，为经济社会发展增添蓬勃活力和强大动力。

《意见》作为我国第一个针对人才发展体制机制改革的综合性文件，将人才队伍建设进一步上升到国家战略的高度，充分体现国家在人才顶层设计理念、机制和舆论支撑上的“大手笔”。《意见》着眼于人才是经济社会发展的第一资源的发展观，着力于破除束缚人才发展的思想观念和体制机制障碍，解放和增强人才活力，是一部极其重要的关于党的选人用人方针政策的文件。人才发展体制机制改革是我国全面深化改革的重要组成部分，是党的建设制度改革的重要内容。各地各部门应当从战略的高度抓好落实，吹响人才“集结号”，为实现伟大的中国梦提供强有力的人才支持。

深化人才发展体制机制的改革，既是中央的明确要求，也是人才事业发展的实际需要。经过几代人的努力，我国人才队伍建设取得巨大成就，特别是改革开放以来，我国人才队伍建设为全面建成小康社会发挥了重要作用，但人才队伍大而不强、创新不足，领军人才、拔尖人才稀缺，人才创新创造活力不足等问题依然突出，人才规模、质量、结构尚不能完全适应经济社会发展要求，成为制约创新驱动发展的“瓶颈”，而解决这些问题的关键就是深化人才发展体制机制改革。在改革中推进育才引才用才工作，加快造就规模宏大、结构优化、布局合理、素质优良的人才队伍，从而把各方面优秀人才集聚到党和国家事业中来，为全面建成小康社会贡献聪明才智。

深化人才发展体制机制改革，核心是激发人才队伍活力。当前，人才竞争已经成为综合国力竞争的核心。人才竞争不仅是人才能力的比拼，更是人才体制机制的较量。体制机制顺，则人才聚、事业兴；体制机制不顺，人才的作用难以发挥，集聚的人才也会流失。破除制约人才发展的体制机制障碍，就是要打破体制“内外”壁垒，扫除身份“差别”障碍，增强社会横向和纵向流动性，实现各方面人才的顺畅流动。只有充分发挥市场在人才资源配置中的决定性作用，更好发挥政府作用，充分发挥用人主体在育才、引才、用才等方面的主导作用，才能最大限度释放人才活力。同时，识才、引才要有全球视野和战略眼光，以“海纳百川”的胸怀开展人才工作，让各类人才引得进、留得住、流得动、用得好。

二、《意见》的内容和特点

《意见》明确了改革的指导思想、基本原则和主要目标，针对我国人才发展中的问题，从人才管理体制改革、人才优先保障机制、人才培养支持机制、人才评价机制、人才创新创业激励机制、人才顺畅流动机制、国际人才引进使用机制、对人才工作的领导 8 个方面提出了一系列改革措施，为形成具有国际竞争力的人才制度优势提供了重要遵循。该文件信息量巨大，政策内容丰富，改革力度惊人。人才发展体制机制改革系统性强、涉及面宽、政策性强，牵一发而动全身。《意见》坚持问题导向，重点针对当前人才发展体制机制存在的突出弊端提出改革举措，力求符合实际、务实管用。该文件具有以下四个特点：一是强调总体谋划。把人才发展体制机制改革放到协调推进“四个全面”战略布局中进行谋划，树立全球视野和战略眼光，注重统筹开发利用国内国际人才资源，突出为创新驱动发展提供人才和智力支撑。二是遵循“两个规律”。遵循社会主义市场经济规律和人才成长规律，充分发挥市场在人才资源配置中的决定性作用和更好发挥政府作用，推动人才管理部门简政放权，落实用人单位自主权。三是突出问题导向。针对束缚人才发展的体制机制障碍，找准突破口和切入点，打破条条框框限制，克服利益格局掣肘，提出改革的思路和办法。四是坚持积极稳妥。从我国国情和人才实际出发，注意策略方法，既抓住关键大胆突破，又注意统筹兼顾、协调推进。一些改革举措强调试点先行、由点及面、有序推开，鼓励支持基层探索创新。

（一）人才管理体制的改革

在改革人才管理体制方面，《意见》把理顺政府、市场、社会、用人主体关系，明确各自功能定位，作为改革重点着力加以推进。一是建立政府人才管理服务权力清单和责任清单，推动人才管理部门简政放权，消除对用人主体的过度干预。二是对反映强烈的编制、岗位和薪酬管理等体制问题提出改革举措，保障和落实用人主体自主权。三是健全市场化、社会化的人才管理服务体系，积极培育各类专业社会组织和人才中介服务机构有序承接政府转移的人才培养、评价、流动、激励等职能。四是加强人才管理法制建设，完善人才政策法规体系。

（二）人才工作机制的改革

在改革人才评价、流动、激励等机制方面，《意见》有针对性地提出6项改革任务。一是在人才培养方面，重点聚焦专业人才，尤其是实施创新驱动发展战略急需的战略科学家、科技创新人才、企业家和技能人才等，改进培养支持方式，注重创新能力培养。二是在人才评价方面，根据人才不同类别，分别实行学术评价、市场评价和社会评价，提高人才评价的针对性、科学性。三是在人才流动方面，打破体制壁垒，扫除身份障碍，促进党政机关、企事业单位人才和社会各方面人才顺畅流动，提高人才横向和纵向流动性。四是在人才激励方面，完善市场评价要素贡献并按贡献分配的机制，促进科技成果资本化、产业化，实施股权期权激励，让人才合理合法享有创新收益。五是在人才引进方面，实行更积极、更开放、更有效的人才政策，不唯地域、不求所有、不拘一格，广开进贤之路、广纳天下英才。六是在投入保障方面，综合运用经济、产业政策和财政、税收杠杆，加大人才开发投入力度，促进人才与经济社会发展深度融合。

（三）改革突出三个方面

（1）在人才评价机制的改革方面。第一，制定分类推进人才评价机制改革的指导意见，突出品德、能力和业绩评价。坚持德才兼备，注重凭能力、实绩和贡献评价人才，克服唯学历、唯职称、唯论文等倾向。不将论文等作为评价应用型人才的限制性条件。建立符合中小学教师、全科医生等岗位特点的人才评价机制。第二，发挥政府、市场、专业组织、用人单位等多元评价主体作用，改进人才评价考核方式，加快建立科学化、社会化、市场化的人才评价制度。注重引入国际同行评价。加强评审专家数据库建设，建立评价责任和信誉制度。适当延长基础研究人才评价考核周期。第三，制定深化职称制度改革意见，突出用人主体在职称评审中的主导作用，合理界定和下放职称评审权限，推动高校、科研院所和国有企业自主评审。对职称外语和计算机应用能力考试不做统一要求。清理减少准入类职业资格并严格管理，推进水平类职业资格评价市场化、社会化。放宽急需紧缺人才职业资格准入。

多年来，人才评和用的脱节被认为是职称制度中的一大弊端。这主要是由于政府管得太多，用人单位缺乏自主权，造成了“用的评不上，评的用不上”。《意见》明确提出“深化职称制度改革，提高评审科学化水平”，并强调要突出用人主体在职称评审中的主导作用，合理界定和下放职称评审权限。这个主导作用就是市场配置资源的决定性作用，也就是说，要让用人单位有评审权、聘用权。对于高校、科研院所和国有企业这些有条件的单位，政府要放心大胆地让他们自主评审，以调动用人单位的积极性。在评定方式上也可以更加灵活多样，用不同的尺子去衡量。

现实中，一些高端人才包括海归人才在被引进后还要“熬年头”才能逐级晋升职称，这极大地影响了他们为国效力的热情。《意见》提出的职称直聘，为高端人才开辟了一条凭专业能力快速晋升的“绿色通道”。《意见》将探索高层次人才、急需紧缺人才职称直聘办法提上日程，突破了资历条件和职称职数的限制，有助于解决从国外引才中遇到的新问题，适应了人才的跨国跨境流动。

一段时期以来，职称评定多集中在事业单位、科研院所，甚至被视为体制内人才的“专属”，而广大非公有制经济组织和社会组织人才却因“职称瓶颈”频频遭遇职业上升“天花板”，积极性和创造性严重受挫。对此，《意见》提出畅通非公有制经济组织和社会组织人才申报参加职称评审渠道。这说明职称评审覆盖范围正在从体制内走向全社会，有助于营造人人皆可成才的良好氛围。

此外，《意见》还提出对职称外语和计算机应用能力考试不做统一要求，解决了不少专业技术人才在发展过程中因外语、计算机等“硬杠杠”被卡住的问题，遵循了人才评价的规律和客观实际，减轻了专业技术人才的应考负担。

（2）在人才流动渠道畅通方面。人才流动是人才充分发挥作用的前提条件。《意见》就健全人才顺畅流动机制发布多条新规，提出了新理念和新办法。《意见》提出建立高层次、急需紧缺人才优先落户制度，为解决人才流动中最“头疼”的户籍问题打开了突破口；《意见》还提出，加快人事档案管理服务信息化建设，完善社会保险关系转移接续办法，为人才跨地区、跨行业、跨体制流动提供便利条件；《意见》提出的“研究制定吸引非公有制经济组织和社会组织优秀人才进入党政机关、国有企事业单位的政策措施”，将推动人才双向流动由地方试点到全面开花，流动机制更加合理。据统计，我国大部分人才集中在东部沿海等发达地区，西部地区 12 个省区市只占人才总量的 18.8%，边疆民族地区则不足 4%。为完善人才向艰苦边远地区和基层一线流动的渠道，《意见》提出了多项新规。“十三五”阶段是全面建成小康社会的决胜阶段，这种人才流向能够缓解我国地域发展不均衡的状况，有效帮助西部地区全面脱贫。

（3）在人才创新创业激励机制强化方面。第一，加强创新成果知识产权保护，通过完善知识产权保护制度，加快出台职务发明条例，研究制定创新成果保护办法。完善知识产权质押融资等金融服务机制，为人才创新创业提供支持。只有充分保障人才的知识成果产生相应的效益，才能更好地激发人才潜能，促进人才发展。在保护和激励创新中，知识产权保护，尤其是职务发明的产权收益问题是一个绕不开的话题，付出与回报不成比例的现状寒了不少职务发明人的心。此次《意见》提出，加快出台职务发明条例，将为合理划分单位和创新人才之间的权益，最大限度调动人才创新积极性，提供法律保障。第二，允许科技成果通过协议定价、在技术市场挂牌交易、拍卖等方式转让转化，加大创新人才激励力度。完善科研人员收入分配政策，依法赋予创新领军人才更大人财物支配权、技术路线决定权，实行以增加知识价值为导向的激励机制。研究制定国有企事业单位人才股权期权激励政策。探索高校、科研院所担任领导职务科技人才获得现金与股权激励管理办法。在对人才权益进行保护的同时，不能忽视知识产权风险的防控。人才引进使用中的知识产权鉴定机制的建立，既能减少人才引进和使用中的资源浪费，也有利于防控知识产权风险。第三，鼓励和支持人才创新创业，高校、科研院所科研人员经所在单位同意，可在科技型企业兼职并按规定获得报酬。允许高校、科研院所设立一定比例的流动岗位，吸引具有创新实践经验的企业家、科技人才兼职，鼓励和引导优秀人才向企业集聚，打造一批低成本、便利化、开放式的众创空间。

股权期权激励作为一种长期激励手段，让科研人员能够合理分享创新财富，而现实中不少地方也已开始试行并取得了良好效果。研究制定国有企事业单位人才股权期权激励政策，是针对我国激励机制的短板提出的改革举措。此外，《意见》还提出总结推广各类创新创业孵化模式，打造一批低成本、便利化、开放式的众创空间，这顺应了时代热潮，有利于构建更加完善的人才激励机制。

三、落实《意见》，深化首都人才发展体制机制改革

人才发展体制机制改革，是落实首都城市战略定位的必然选择。2014 年 2 月习近平总书记视察北京时，明确了北京“四个中心”的城市战略定位和建设国际一流和谐宜居之都的目标。落实好首都城市战略定位，就是要加快转变经济发展方式，构建“高精尖”经济结构，不断提高经济发展的质量效益；要加快疏解非首都功能，优化提升首都核心功能，积极落实京津冀协同发展战略，打造京津冀协同创新共同体。实现这些目标，需要我们率先深化体制机制改革、推进政策创新，大力提升人才对经济社会发展的贡献率，以广大人才的聪明才智引领创新，以创新成果带动产业结构调整升级，在更高水平上推动首都科学发展。围绕贯彻落实习近平总书记关于人才工作重要指示和《意见》精神，我们将立足新时期首都城市战略定位，找准人才发展体制机制改革的方向和着力点，不断优化首都引才育才用才的地方品质，加快形成具有国际竞争力的人才制度优势。

坚持首创精神。我们将充分发挥首都人才资源、创新要素富集优势，依托中关村国家级人才管理改革试验区等“先行先试”平台，围绕首都人才工作市场化、社会化发展方向和一体化、国际化发展的需要，因地制宜地提出符合首都实际的改革举措，不断加快改革创新步伐，始终走在改革的前沿，为全国人才发展体制机制改革探索路径。

（一）北京市深化人才发展体制机制改革的总体要求

坚持市场导向。发挥市场在人才资源配置中的决定性作用，促进人才链、创新链、产业链、资本链和市场需求有机衔接，聚焦人才“引、培、用”等

关键环节，最大限度激发和释放人才创新创造创业活力，使人才价值得到充分尊重和实现。

坚持区域协同。服务京津冀协同发展等国家重大战略，是首都人才工作的政治责任和历史使命。我们要主动担当、率先作为，不断强化三地人才智力合作，进一步增强首都人才对京津冀及周边区域的辐射带动作用；通过区域内合理分工、上下游联动，实现人才资源优化配置；通过围绕筹办冬奥会探索建设特色人才管理改革试验区，深化区域人才发展体制机制改革和政策创新。

坚持全球视野。为适应建设国际交往中心的需要，我们要牢固树立开放理念和国际视野，绘制海外高端人才分布地图，实施全球顶尖科学家及其创新团队引进计划，整合国际创新资源。深入推进外籍人才出入境管理改革，主动参与国际人才竞争与合作。

（二）北京市深化人才发展体制机制改革的主要目标

通过深化改革，到2020年，在首都人才发展体制机制的重要领域和关键环节上取得突破性进展，与首都作为全国政治中心、文化中心、国际交往中心、科技创新中心城市战略定位相适应的人才发展治理体系基本建立，京津冀人才一体化发展格局初步确立，各类人才的创新创造创业活力充分释放，人才对首都构建“高精尖”经济结构和开放型经济体系的贡献率明显提升，率先形成符合首都经济社会发展需要、“人人皆可成才、人人尽展其才”的制度环境和社会环境。

（三）推进首都人才管理体制改革

（1）制定地方性人才法规。研究制定北京市人才发展促进条例、北京市人力资源市场条例等法规，推动人才竞业避止、职务科技成果转化、终身教育等方面的地方性立法工作。强化人才法规与教育、科技、文化等立法的衔接。

（2）加快转变政府人才管理职能。推动人才管理部门简政放权，消除对用人主体的过度干预，建立北京市人才管理服务权力清单、责任清单，清理规范人才招聘、评价、流动等环节中的行政审批和收费事项。强化社会参与，支持有条件的社会组织承接部分政府人才工作职能。提高经济薄弱地区和基层一线人才保障水平，在职称评聘、薪酬待遇等方面给予特殊支持，使人才在政治上受重视、社会上受尊重、经济上得实惠。

（3）分类推进用人主体管理体制机制改革。发挥用人主体在人才培养、吸引和使用中的主导作用，全面保障和落实高校、科研院所、国有企业在岗位设置、人员配备、职务评聘、收入分配等方面的用人自主权。创新事业单位编制管理方式，对符合条件的公益二类事业单位实行备案制管理，探索不再纳入编制管理，完善相关配套政策措施。鼓励事业单位深化收入分配改革，根据工作人员实绩和贡献，建立自主决定的绩效工资分配机制。国有企事业单位引进或聘用经市级人才主管部门认定的海内外高层次人才，可根据国际薪酬标准采用年薪制、协议工资制等方式支付，人才薪酬不受单位工资总额限制。逐步建立科研院所国有资产出资人制度，设立相对独立、责任明确的出资机构，减少行政干预。鼓励国有创投企业经营管理人才出资参股国有创投基金，建立项目个人跟投机制。

（4）创新人才评价机制。注重凭能力、实绩和贡献评价人才，克服唯学历、唯职称、唯论文等倾向。不将论文等作为评价应用型人才的限制性条件。改进科研人才评价考核方式，基础研究人才以同行学术评价为主，应用研究和技术开发人才突出市场评价，哲学社会科学人才强调社会评价，根据岗位特点，突出能力、业绩导向分类制定评价标准。根据科技活动类别和学科特征，合理确定高校、科研院所从事基础研究的科研人才评价周期，适当延长优秀青年科技人才评价周期。注重引入国际同行评价、代表性成果评价等方式。引入专业性较强、信誉度较高的第三方机构参与人才评价。

（5）全面深化职称制度改革。制定深化职称制度改革的实施意见。完善符合首都经济社会发展特点的职称评价专业体系，开展新兴领域职称评审试点，根据人才需求在部分职称系列开设正高级职称，扩大中关村高端领军人才高级职称评审直通车适用范围。进一步推进职称评审社会化改革，鼓励支持更多的学会、行业协会、专业人才评价机构等社会组织承担职称评价的服务工作，完善“个人自主申报、社会统一评价、单位择优聘任”的职称评价机制。突出用人主体的主导作用，合理下放评审权限，推动高校、科研院所、国有企业自主评审，取消统一的职称外语和计算机应用能力考试，由用人主体根据研究领域和岗位特点确定评价依据。畅通非公有制经济组织和社会组织人才申报参加职称评审渠道。对有条件的高等职业院校下放专业技术职务评审权限，推行专业技术职务聘任制。探索中等职业学校、技校开设正高级职称。

（四）加快建立京津冀人才一体化发展体制机制

（1）强化人才一体化发展顶层设计。联合制定京津冀人才一体化发展规划纲要，推动重大人才工程实施和重要创新政策落地。健全完善京津冀人才工作部门联席议事机制。根据三地产业准入目录，动态调控和优化人才结构，逐步形成人才随产业有效集聚、合理流动的体制机制。建立规范、统一、灵活的京津冀人力资源市场，搭建人力资源信息共享和服务平台。

（2）协同推进区域人才管理改革。建立跨区域人才管理改革试验区，推动京津冀在人才职称互认、医师多点执业、博士后联合培养、外籍人才出入境等方面开展人才引进、培养、使用协作试点。建立京津冀干部人才挂职交流的常态化机制，健全区域内流动人才的待遇保障机制。鼓励人才异地创新创业，对于异地创业的北京生源高校毕业生给予社会保险补贴。探索建立京津冀专利导航产业发展协同运行和区域内知识产权维权机制。

（3）建立区域人才协同创新体制机制。建立京津冀高层次人才合作机制，支持组建跨区域产业技术创新联盟，联合开展技术攻关、标准创制。促进优质科技资源相互开放，推动众创空间、创业孵化基地等互联互通，建设区域性创业人才开发培养基地。加强人才科技成果转化服务体系建设，建立信息共享、标准统一的技术交易市场。依托滨海—中关村科技园区、曹妃甸协同发展示范区、京津两地未来科技城等重点创新区域，建立健全产业融合发展、人才协同创新的体制机制。

（4）构建开放式创新的体制机制。实施更加有利于总部企业、跨国公司地区总部、研发中心、国际组织及国际性智库等入驻的政策措施，辐射带动区域人才国际化发展。支持高校、科研院所、企业整合利用国内外创新资源，跨区域建设一批国际一流水平的开放实验室和产业技术创新中心等平台。强化北京举办重要外事外交、体育赛事的服务保障能力和人才支撑功能，落实《北京冬奥会和冬残奥会人才行动计划（2016—2022年）》，建立奥运人才联合培养机制。

（五）构建具有国际竞争力的人才开发机制

（1）实行更具竞争力的海外人才引进政策。适度放宽引进海外人才的条件，加强对海外人才在项目申请、成果推广、融资服务等方面的支持。探索外籍人才担任新型科研机构事业单位法定代表人、相关驻外机构负责人制度。实施“全球顶尖科学家及其创新团队引进计划”，建立人才与项目的对接机制。深入实施“北京高校高精尖创新中心建设计划”，依托高校引进一批战略科学家，形成国内外创新资源深度融合、前沿基础研究与应用技术创新紧密结合的体制机制。运用大数据、云计算等手段动态绘制“全球高端人才分布地图”，建立海外人才供需精准对接机制。发挥外事、侨务、外专、海外人才服务机构等渠道作用，建立海外联络机构协同运行机制。进一步完善引才配套政策，逐步建立与国际接轨的保障机制，切实解决引进人才在任职、社会保障、户籍、子女教育、住房等方面的问题。

（2）构建更加灵活的海外智力开发利用机制。加快建设中关村硅谷创新中心、芬华北京创新中心、中以技术合作转移中心等境外技术转移和人才开发平台，支持有条件的企业在境外设立研发中心、分支机构、孵化载体，积极开发利用海外人才智力资源。以共建合作园区、互设分基地、成立创业投资基金等多种方式，深化人才国际化创新合作。推进北京市科技计划（项目）对外开放，支持外籍高层次人才领衔或参与承担。在北京自然科学基金中增设“国际（地区）合作与交流项目”“海外及港澳台学者合作研究项目”和“境外青年学者研究项目”，柔性开发国际高端智力。

（3）优化国际化人才培养机制。支持在京高校、中小学、职业院校等与国外相关机构合作，开展联合办学、科学研究和人才培养等工作，并在引进外籍教师和国际教育资源等方面提供便利条件，市属高校、科研院所邀请外籍高端人才开展学术交流，可参考市场标准，探索使用外汇支付劳务费用。鼓励用人主体输送人才外出留学、访学，支持市属高校学生赴海外顶岗实习。支持有实力的研发机构、高层次人才及创新团队参与全球性重大科技领域的科技合作与创新对话。及时掌握国际组织岗位需求信息，积极做好国际组织人才培养和推送工作。实施导向明确的区别管理，健全科研人才因公临时出国（境）分类管理机制，建立更为便捷的审批模式。

（4）推进以外籍人才为重点的海外人才管理改革。落实公安部支持北京创新发展有关出入境的政策措施，在中关村人才管理改革试验区开展外籍人才出入境管理改革试点，出台外籍人才及团队出入境实施办法。建立健全外籍人才管理服务机制，加强政府监管，发挥用人主体、中介机构作用，探索制定外籍人才分类管理服务标准。完善外籍人才荣誉称号授予体系。探索建设国际人才社区，加强涉外服务软环境建设，促进多元包容文化形成。

（六）充分发挥市场在人才资源配置中的决定性作用

（1）建立市场导向的人才引进机制。制定实施北京市积分落户管理办法，研究设立创新创业指标，对获得一定规模创业投资的创业人才及其核心团队、投资资金达到一定规模且市场贡献突出的投资管理运营人才及其核心团队、高新技术企业以及文化创意领军企业骨干、创新创业中介服务人才及其核心团队等优先办理引进。对于社会贡献突出且确有用人需要的单位，建立人才引进的绿色通道。

（2）构建统一开放的人才市场体系。推进政府人才服务机构公共服务与经营性服务的分离改革，重点强化公共服务，培育和建设专业性、行业性人才市场。提高人才市场对外开放水平，实施更开放的市场准入制度。采取政府购买公共服务等方式，支持人才中介服务机构发展壮大。在中关村人才管理改革试验区，规划和建设国家级人力资源服务产业园。

（3）建立由经济社会发展需求决定的人才培养机制。以需求为导向，完善高校学科专业动态调整机制。推动高校打通一级学科或专业类别相近学科专业的基础课程，开设跨学校、跨院系、跨学科、跨专业交叉课程，培养复合型、创新型人才。支持高校实行弹性学制，放宽学生的修业年限，允许调整学业进程、保留学籍休学创新创业。加大校企人才联合培养力度，支持一批职业院校与企业合作办学，在专业建设、课程改革、技术研发、办学评价、招生就业等方面开展试点，推进专业设置与产业需求、课程内容与职业标准对接。职业院校招收企业职工参加非全日制学习，实行弹性学制教学，建立学分累积和转换制度。扩大博士后科研工作站独立招收规模，支持中小型科技企业设站，建立健全市、区两级财政经费投入机制。加强博士后国际交流，大力吸引海外博士来京从事博士后研究，加大博士后研究人员参加国际学术交流力度。

（七）着力构建符合创新驱动发展规律的创新创业机制

（1）完善央地人才协同创新机制。研究制定有利于中央单位人才在北京创新创业的支持措施、激励机制和服务办法，搭建科技联合攻关、产业协作共建、人才联合培养平台。推广北京生命科学研究所等机构的建设经验，在战略性新兴产业领域，打造一批央地共建的新型科研机构，试行与国际接轨的科研管理制度。创新科研组织模式，在部分有条件的央地科技创新合作机构，探索扩大科研课题选择与内部管理的自主权，建立科研人员创新项目聘期制，完善科研成果转化和产业化的支持机制。支持中关村人才管理改革试验区内中央单位落实科技人才兼职兼薪、股权激励等政策。深化院市合作机制，促进院士专家等高层次人才柔性流动。

（2）加强知识产权保护。建立和完善职务发明成果收益分配制度，形成知识产权归属和利益分享机制，提高骨干团队、主要发明人的受益比例，保障科技人员获得无形资产的增值收益。研究探索商业模式、文化创意等新形态创新成果的保护办法。建立人才引进中的知识产权鉴定机制，防控知识产权风险。支持开展知识产权质押融资，建立市场化风险补偿机制。依托北京知识产权法院，发挥司法保护的主导作用，推动建立知识产权司法保护与行政保障联动机制。建设知识产权智库，建立知识产权人才协同创新基地。

(3) 建立市场化的创新成果利益分配机制。赋予市属高校、科研院所科技成果使用、处置和收益管理自主权，除事关国防、国家安全、国家利益、重大社会公共利益外，行政主管部门不再审批或备案。探索和建立科技成果转移转化的市场定价机制，允许科技成果通过协议定价、在技术市场挂牌交易、拍卖等方式转让转化。合理划分创新团队、个人、单位间的科技成果转化收益分成，进一步提高成果转化收益归属研发团队的比例。促进技术类无形资产交易，探索建立市场化的国有技术类无形资产可协议转让制度，试点实施个人将科技成果、知识产权等无形资产入股和转让的支持政策。鼓励市属国有企业探索实施股权和分红激励，确定科技成果转化收益、分配方式等事项，转化收益用于人员激励的部分可在单位工资总额基数外据实列支。面向市属高校、科研院所以科技成果作价入股的企业，逐步放宽股权激励、股权出售等对企业设立年限和盈利水平的限制。对符合条件的企事业单位担任领导职务的专业技术人才，探索开展参与技术入股及分红激励试点。政府以股权投资方式支持转化的科技成果，在约定期满退出时，股权可优先回购给成果完成人。

(4) 支持科研人员在职创业或离岗创业。完善市属高校、科研院所等事业单位科研人员离岗创业的政策措施。高校、科研院所科研人员经所在单位同意，可在科技型企业兼职并按规定获取报酬。市属高校、科研院所的科研人员对接其他单位开展技术攻关、提供科技服务所得资金收入，可由所在单位和企业自主决定资金使用和分配，用于奖励人才的部分原则上不低于50%。在职或离岗创业的科研人员在参加所在单位职称评聘与岗位考核时，其发明专利转化应用情况可与论文指标要求同等对待，技术转让成交额可与纵向课题指标要求同等对待。

(5) 优化人才创新创业生态系统。发挥高校、科研院所、企业、投资机构、众创空间等载体的作用，促进形成人才、技术、资本等创新要素融合机制。健全产业技术政策和管理制度，营造公平竞争、开放透明的市场环境。支持人才开展技术创新、商业模式创新和管理创新，培育新兴业态，支持高层次人才开展跨界融合创新。总结推广中关村人才管理改革试验区创业孵化模式，发展市场化、专业化、集成化、网络化的众创空间。依托国家、市级人才管理改革试验区，因地制宜地优化人才发展生态环境，打造一批创新创业与宜居宜业功能相结合的创业社区。

(八) 完善有利于人才优先发展的财税金融保障机制

(1) 推进财政科技资金管理改革。调整优化全市各类人才工程（计划、项目)，建立跨部门统筹决策和联动管理机制，搭建统一规范的信息化平台。探索事前申报事后奖励制、科研成果购买制等科研项目管理方式。强化财政科技资金的分类支持，对基础前沿类科技计划强化稳定性、连续性支持，对市场需求明确的技术创新活动，通过风险补偿、后补助、创业投资引导等方式，发挥财政资金的杠杆作用，引导社会投入。强化项目（课题）承担单位在经费与使用中的法人主体责任。改革科研项目管理和科技资金管理办法，提高人力资源费用支出比例，科研项目承担单位可根据研发的实际需要，自行确定和合理调整政府资助科技经费的支出结构。对通过结题验收的政府科研项目，结余的科技经费由项目承担单位自主安排用于科研相关工作。严把立项、结项关，建立科学合理的评估、审计、监督制度。对哲学社会科学领域项目（课题)，建立充分体现人才智力贡献的经费管理机制。积极探索和扩大科研单位对横向课题经费使用的自主权。

（2）探索有利于人才发展的税收改革试点。对已入选国家和北京市重点人才工程（计划、项目）的高层次人才所在企业的国家和北京市重点实验室、工程技术中心等科研平台，提供进口科技研发设备或教学科研用品的税收支持政策。对高新技术企业和科技型中小企业转化科技成果给予个人的股权奖励，递延至取得股权分红或转让股权时按规定纳税。研究制定北京市高级人才奖励办法。

（3）优化有利于创新创业的科技金融体系。加大财政资金投入，引导产业资本、金融资本共同组成多种类型基金，重点服务种子期、初创期企业发展，形成对不同阶段创新创业人才及所在企业的金融支持体系。鼓励天使投资、风险投资、商业银行等机构开展股、债、贷相结合的融资产品与服务。支持创业板、新三板、本市区域性股权市场、机构间私募产品报价与服务系统等多层次资本市场发展，完善高层次人才及所在企业借助境内外多层次资本市场融资的政策机制。

（朱勇国，首都经济贸易大学人力资源管理系主任，教授、硕士生导师。)

全面深化改革时期
人才工作亟待破解的“五大”难题

姬 养 洲

中共中央印发的《关于深化人才发展体制机制改革的意见》（以下简称《意见》），是继2003年印发《进一步加强人才工作的决定》、2010年发布《国家中长期人才发展规划纲要（2010—2020年）》之后，对我国新时期、新常态下人才工作的创新发展，加快推进和更好实施人才强国战略、实现建成世界人才强国的目标，具有第三次里程碑式意义的人才工作纲领性文件。系统学习、深入领会《意见》的重大价值和精神实质，并把《意见》的部署和要求落到实处，已经成为各级党委、政府当前和今后一个时期极为重要的任务。我通过对《意见》的认真学习，初步认识到《意见》的出台，向各级党委政府的人才工作发出了“五大”强烈信号，指出了全面深化改革时期人才工作亟待破解的“五大”难题。

一、我国的全面深化改革已经进入“深水区”，破除人才发展体制机制深层次障碍，成为今后人才工作难啃的“骨头”

《意见》是我国第一个关于人才发展体制机制改革方面的综合性文件，是我国新时期全面深化改革的重要组成部分，表明了以习近平为总书记的党中央着力破除人才发展体制机制障碍的决心和新的更高要求。习近平总书记在有关会议上多次强调，我国的全面深化改革已经进入“深水区”，有不少难啃的“骨头”。人才发展体制机制存在的深层次障碍，就是新时期、新常态下我国全面深化改革过程中难啃的“骨头”之一。

（一）深层次障碍的表现形式

从2001年发布的我国“十五”经济与社会发展规划首次提出“实施人

才发展战略”，2002 年制发的《2002—2005 年全国人才队伍建设规划纲要》首次提出“实施人才强国战略”，至今已是第 15 个年头。15 年间，在上述规划乃至后来的第一次全国人才工作会议、第二次全国人才工作会议精神及相关文件的指导下，人才发展过程中的体制机制障碍，有许多已经得到初步破除和解决，也取得了令人瞩目的成就。但一些深层次的障碍仍然存在，主要表现在：

（1）人才管理体制不顺、权责不清问题，市场机制作用发挥不充分。一方面单位的用人自主权落实不到位，另一方面用人单位培养、引进和发展人才的主体意识不强。

（2）人才考核、评价、激励、保障等机制不科学、不完善、活力不足。

（3）人才引进及对外开放度不高，竞争优势不明显。

（4）人才流动渠道不顺畅、得不到有效利用和市场配置程度不高的问题依然存在。

破除人才发展体制机制存在的深层次障碍，是新时期、新常态下，对现有权力利益格局的重新调整，必须通过对《意见》的深入、全面贯彻落实，下大决心、大力气，甚至动大手术，予以破除和解决。

（二）制约东北老工业基地发展的首先是思想观念

（1）经济下滑与人才环境。要在“深水区”破除人才发展体制机制的深层次障碍，必须首先破除人才工作中传统思维方式和思想观念这一难啃的“骨头”。以辽宁为代表的东北老工业基地，近年来出现的经济增速的下滑。2015 年年初，国家一个调研组受国务院领导的委派，对东北地区经济下滑的原因进行了深入调研。他们得到的结论之一是：人才发展的政治、经济、工作、生活环境欠佳，人才流失。众所周知，在国家东北老工业基地第一轮振兴战略的指导下，辽宁等东北地区的经济也曾一度出现较高速度增长，人才工作也取得了一定效果，曾出现了人才“回归”效应。但在全面深化改革进入“深水区”和“啃硬骨头”的攻坚期，传统思维方式和陈旧思想观念问题，又一次显现出来，制约经济发展。

（2）权力观与“官本位”。辽宁等东北地区是我国的老工业基地，计划经济的“痕迹”和思想观念至今仍然存在。在辽宁乃至东北地区，一些高校和科研单位也存在较重的教育、科研、学术领域的行政化倾向，几乎所有利益的分配权，都掌握在校、院领导手中，使有水平、有能力的创新创造创业人才，要不去当“官”，要不只能到环境好的地方寻找“出路”和“生路”。

（3）等靠要与创新力。在辽宁乃至东北地区的一些行政机关及国有企事业单位，一些领导的“等、靠、要”思想仍然严重存在；重物轻人，重项目引进、轻人才培养引进，重政策制定、轻监督落实等问题，并没有从根本上改变，导致一些地方在人才优先战略的实施和推进中成果不突出。

（三）破除传统思想观念是首要问题

在落实《意见》的过程中，必须把彻底破除妨碍人才发展的一切传统思维方式和思想观念放在首要位置，作为深化人才发展体制机制政策的重中之重，真正把人才创新发展作为创新驱动战略实施的核心内容和辽宁乃至东北振兴的决定性因素，摆在各级党委、政府重要议事日程；把人才优先发展战略作为辽宁乃至东北振兴的第一战略，全力提高人才的经济收入和政治、社会地位，切实把习近平总书记“聚天下英才而用之”的重要思想和一系列重大部署与要求落到实处。

二、突出强调“市场导向”在破除人才发展体制机制深层次障碍的决定性作用，矛头直指简政放权和纠正“行政化”“官本位”倾向

（一）措施与路径

《意见》把运用市场机制和充分发挥市场在人才资源配置中的决定性作用等，作为破除人才发展体制机制障碍的导向和利器，其主要措施和路径：

（1）加快转变政府人才管理职能，保障和落实用人主体自主权，增强人才横向和纵向流动性。

（2）推动简政放权，消除对用人主体的过度干预，建立人才管理服务权力清单和责任清单，清理和规范人才招聘、评价、流动等环节的行政审批和收费事项。

（3）纠正人才管理中存在的行政化、“官本位”倾向、防止简单套用党政领导干部管理办法管理科研教学机构学术领导人员和专业人才。

（4）健全市场化、社会化人才管理服务体系，构建统一、开放的人才市场体系，完善人才供求、价格和竞争机制，大力发展专业化、行业性人才市场，鼓励发展高端人才猎头等专业化服务机构。

（5）放宽人才服务业准入限制，积极培育各类专业社会组织和人才中介服务机构有序承担政府转移的人才培养、评价、流动、激励等职能。

（6）加快建立科学化、社会化、市场化的人才评价制度，推进水平类专业资格评价市场化、社会化。

（7）提高国有企业经营管理人才市场化选聘比例，研究制定在国有企业建立职业经理人制度的指导意见。

（8）破除人才流动障碍，打破户籍、地域、身份、学历、人事关系等制约，促进人才资源合理流动，加快人事档案管理服务信息化建设，完善社会保障关系接续办法，为人才跨地区、跨行业、跨体制流动提供便利条件，等等。

上述这些措施和路径，重在充分发挥市场在人力资源配置中的决定性作用，矛头直指加快转变管理职能，简政放权和纠正人才工作中的行政化、“官本位”倾向。

（二）东北老工业基地的市场改革差距

现在，一些比较理性的东北人在问：辽宁乃至东北地区为什么出不了北京的“中关村”、武汉的“东湖自主创新示范区”、上海的“浦东新区”、深圳的“前海试验区”、厦门的“平潭试验区”等与国际接轨的创新区、试验区、示范区？一个很重要的原因，就是辽宁乃至东北地区的人才发展体制机制还远无法满足这些创新区、试验区、示范区等在人才发展体制机制上对人才开发、流动、使用、聚集、发展的需求。正是有了与国际接轨的人才发展体制机制的现代园区平台，才有了经济和社会跨越式的发展。据了解，深圳市早在2006年、北京市早在2007年、湖北省早在2009年就在上述园区实行了“人才特区”的体制机制，开始了人才发展体制机制与国际接轨的实践探索，并逐步取得辉煌的成就。而辽宁乃至东北，至今还没有“人才特区”。这样算起来，辽宁乃至东北与先进地区比，其差距已被拉大。现在，中共中央《意见》的颁发，给辽宁乃至东北带来了人才快速发展的新机遇，如果再不加大力度、奋起直追、迎头赶上的话，辽宁乃至东北与先进地区的人才发展的差距将会越拉越大。

三、把创新创业人才的发展作为一条主线，贯穿深化人才发展体制机制改革的始终，重在最大限度激发和释放人才创新创造创业活力

（一）激发人才创新创造创业活力是贯穿《意见》的主旋律

党的十八大以来，以习近平同志为总书记的党中央，制定并大力推进创新驱动发展战略。党中央在“十三五”规划建议中更是强调，“要深入实施创新驱动发展战略”。创新驱动发展战略，实质是人才创新驱动发展战略，

人才是创新的根基、核心和保证，而创业又是创新的升华与发展。没有创新创业人才，就不可能更好、更深入地实施创新驱动发展战略，更不可能实现到2020年建成世界人才强国的目标；同时，没有创新创业人才及激发他们创新创业的激情与活力的体制机制，深入实施创新驱动发展战略、建设世界人才强国，也是一句空话。所以，《意见》从第三部分到第八部分，每个机制的改革都是紧紧围绕创新创业人才的发展展开的。从“注重人才创新意识和创新能力的培养，探索建立以创新创业为导向的人才培养机制”“探索实行充分体现人才创新价值和特点的经费使用管理办法”“建立有利于企业家参与创新决策、凝聚创新人才、整合创新资源的新机制”，到“加强创新成果知识产权保护”“加大对创新人才激励力度”“鼓励人才创新创业”“建立创新人才维权援助机制”，再到“实行更积极、更开放、更有效的人才引进政策，更大力度地引进海外高层次创新创业人才”“加大对人才创新创业资金扶持力度”“创新人才与资本、技术对接合作模式”等，加速创新创业人才的发展与激发他们的活力，成为开发培养、招聘引进、使用评价、激励保障等机制的一个主线，其目的就是为完成党委、政府今后一个时期人才工作的重点任务，大力开发培养、招聘引进适应“深入实施创新驱动发展战略”需要的创新创业人才，最大限度激发和释放人才创新创造创业的活力。

（二）东北的市场主体与政府责任错位

让人才在实现自身价值的过程中充分发挥应有作用和效益的最大化，用人选才的企事业单位是受益主体；最大限度激发和释放人才的创新创造创业活力，用人选才的企事业单位更是责任主体，也是市场配置起决定性作用的最核心主体。而在辽宁乃至东北地区，很多时候政府往往成了主导者，对人才引进聚集和人才发展工作起主导作用，一些用人选才的企事业单位则表现出明显的被动性。本来是引进人才的受益主体，本来是最大限度激发和释放人才创新创造创业活力的责任主体，反而一个劲地向政府要人才、要资金、要政策、要支持。这种主次颠倒、本末倒置的状况必须彻底改变。在人才吸引聚集和发展过程中，既要加强政府的引导作用，更要充分发挥企事业单位的主体作用。要采取多元有效措施，鼓励和激励企事业单位吸引和聚集、发展人才，鼓励和激励企事业单位运用市场规律和自己的方式来吸引、聚集和发展人才。

（三）政府搭台与市场主体唱戏

从创新创业人才的特征看，他们要想实现自身的价值，进行高新技术研究、推广和科技创新成果项目转化，把潜在的生产力变成现实生产力，就需要有科技开发、科研攻关等高水平的实验室或工程技术中心，需要有高新技术成果转化基地，需要有实现他们事业目标的载体。

在《意见》贯彻落实过程中，着力打造实现人才自我价值的载体与平台，对辽宁乃至东北来说极为重要。

同时，在人才吸引、聚集和发展的过程中，更要充分发挥市场配置的决定性作用，采取“政府搭台、企业唱戏”“政府帮助寻找人才渠道和源地，企业洽谈”“政府出政策、企业建载体”等多种方式、方法，让市场规律在人才吸引、聚集、发展中的决定性作用得到应有发挥。实践充分证明：用人选才的企事业单位如果不能真正作为受益主体和责任主体，如果市场不能在人才、人力资源配置中起决定性作用，不仅吸引不了、留不住和聚不上急需、紧缺的优秀人才，就是引进的人才也留不住，留下来的人才也发挥不了应有的作用，人才的成长、发展更会失去了平台、载体。落实《意见》，必须充分发挥企事业单位的主体作用和市场配置的决定性作用。

四、深化人才发展体制机制改革的部署和要求，必须采取强有力的措施落实到位，注重实效

在我国全面建成小康社会进入决胜阶段、全面深化改革进入“深水区”之际，中共中央及时印发了《意见》，对怎样破除人才发展中的思想障碍、体制障碍、机制障碍，最大限度激发和释放人才创新创造创业活力，人才发展体制机制改革怎么改、改什么，都做出了明确的顶层设计和制度安排，同时明确提出了落实的措施和要求。一项改革的顶层设计、制度安排，关键在落实，根本在效果。《意见》从始到终，都把落实与效果放在突出的位置。

（一）主要目标

从主要目标看，就是“通过深化改革，到2020年，在人才发展体制机制的重要领域和关键环节上取得突破性进展”“确保人才引得进、留得住、流得动、用得好”“使人才各尽其能、各展所长、各得其所，让人才的价值得到充分尊重和实现”等，落实的目标十分明确。

（二）破除障碍举措

从破除障碍的举措看，就是“纠正人才管理中存在的‘行政化’、‘官本位’倾向，防止简单套用党政领导干部管理办法管理科研教学机构学术领导

人员和专业人才”“清理和规范人才招聘、评价流动等环节中的行政审批和收费事项”“梳理不合时宜的人才管理法律法规和政策性文件”“创新事业单位编制管理方式”“按照精简、合并、取消、下放要求，深入推进项目审批、人才评价、机构评估改革”“破除论资排辈、求全责备等陈旧观念，抓紧培养造就青年英才”“坚持德才兼备，注重凭能力、实绩和贡献评价人才，克服唯学历、唯职称、唯论文等倾向”“不将论文等作为评价应用型人才的限制性条件”“清理减少准入类职业资格并严格管理，放宽急需紧缺人才的限制性条件”“打破户籍、地域、身份、学历、人事关系等制约，促进人才资源合理流动”“畅通党政机关、企事业单位、社会等方面人才流动渠道”“解决引进人才任职、社会保障、户籍、子女教育等问题”“对外国人才来华签证、居留、放宽条件，简化程序，落实相关待遇”等，这些举措有力可行。

（三）落实措施

从落实措施上看，就是“建立人才管理服务权力清单和责任清单”“保障和落实用人主体自主权”“健全市场化、社会化人才管理服务体系”“完善人才诚信体系，建立失信惩戒机制”“完善外国人才来华工作、签证、居留和永久性居留管理的法律法规”“更大力度实施国家高层次人才特殊支持计划（国家‘万人计划’）”“完善符合人才创新规律的科研经费管理办法”“研究制定在国有企业建立职业经理人制度的指导意见”“研究制定技术技能人才激励办法，探索建立企业首席技师制度”“加快建立科学化、社会化、市场化的人才评价制度”“研究制定深化职称制度改革的意见”“研究制定吸引非公有制经济组织和社会组织优秀人才进入党政机关、国有企事业单位的政策措施”“研究制定鼓励和引导人才向艰苦边远地区和基层一线流动的意见”“加快出台职务发明条例”“研究制定国有企事业单位人才股权期权激励政策”“研究制定高校、科研院所等事业单位科研人员离岗创业的政策措施”“完善引才配套政策”“围绕实施国家‘十三五’规划，编制地区、行业系统以及重点领域人才发展规划”“统筹安排人才开发培养经费”“调整和规范人才工程项目财政性支出，提高资金使用效益”和“加强对人才工作的领导”“落实人才工作目标责任制”等。如果上述这些措施能够落实到位并取得预期效果，上述这些思想障碍和体制机制障碍就能够基本破除，并在重要领域和关键环节上取得突破性进展。那么，构建科学规范、开放包容、运行高效的人才发展治理体系，形成具有国际竞争力的人才制度优势，建设世界人才强国的目标就能如期实现。

（四）东北的落实路径

落实《意见》，对辽宁乃至东北来说，就是在深化人才发展体制机制改革过程中，全力构建全面解除创新创业人才后顾之忧的管理服务体系，在人才发展“软环境”，即生态环境的优化、改善和营造上，下大决心，下大力气。

（1）加快培养和完善规模化、专业化、高端化、市场化、个性化的人才、人力资源和社会保障服务体系，解除人才创新创业，尤其是从国外引进人才来华、来东北创新创业的后顾之忧。

（2）加快培养和构建规模大、能力强、效果好的科技成果转化服务体系，抓紧培育和发展垂直资源整合、跨界资源融合，集政、产、学、研、金、介、贸、媒、用等创新要素为一体的综合性科技成果转化服务体系，把潜在生产力变为现实生产力。

（3）建立健全人才创新创业综合服务体系，有效整合政府职能部门、公共服务和社会专业服务机构，一站式、全流程、专业化地解决人才创新创业过程中遇到的政策服务、公共服务、科技服务、融资服务、信息服务、市场服务等方面的困难和问题。

（4）健全和完善人才尤其是创新创业人才的生活服务体系，包括解决引进人才的阶段性居住、医疗绿色通道、交通工具等问题，提高人才创新创业效率和效益。

五、进一步确定人才工作在党的伟大事业和国家发展中的战略定位，加强党的领导是深化人才发展体制机制改革的根本保证

《意见》在总结改革开放，尤其是人才强国战略实施以来经验的基础上，对新时期、新常态下如何加强改进、创新党对人才工作的领导，做出了更为全面、更为具体的部署和要求。

（一）党管人才原则

党管人才是党对人才工作领导的一项最重要的基本原则。《意见》进一步强调并健全了这一原则，并把进一步加强和改进党对人才工作的领导、健全党管人才领导体制和工作格局、创新方式方法等，作为坚持党管人才原则的核心内容，其目的是为深化人才发展体制机制改革提供坚强的政治和组织保证。

（二）人才工作格局

完善党管人才工作格局，是加强党对人才工作统一领导的组织保证。《意见》对此做出了进一步明确，即“组织部门牵头抓总，有关部门各司其职、密切配合，社会力量发挥重要作用的人才工作新格局”。党管人才工作格局，还包括“进一步明确人才工作领导小组职责任务和工作规划，健全领导机构，增强工作力量，完善宏观指导、科学决策、统筹协调、督促落实机制”，使党管人才原则更加具有坚实的组织基础和工作载体。

（三）党管人才内容

党管人才，管什么？《意见》特别强调：党管人才，就是“管宏观、管政策、管协调、管服务”，通过顶层设计、制度安排、制定政策、创新机制、改善环境、提供服务，为人才提供更多发展机遇和更大发展空间。同时，第一次提出：理顺党委和政府人才工作职能职责，将行业、领域人才队伍建设列入相关职能部门“三定方案”，从而使“党管人才”更具有可操作性，也使党委人才工作职能部门和政府人才工作职能部门以及其他涉及人才工作的职能部门，更加明确自己的职责任务，更有利于有关部门各司其职、密切配合。

（四）落实党管人才举措

为了使党管人才落到实处并收到预期效果，《意见》从责任考核、评价评优、机构设置、人员配备到制度建设、环境营造等多方面都做出了全方位保障。《意见》特别提出“建立各级党政领导班子和领导干部人才工作目标责任制”“将考核结果作为领导班子评优、干部评价的重要依据”“将人才工作列为落实党建工作责任制和述职的重要内容”，特别注重“充分发挥党的思想政治优势、组织优势和密切联系群众优势”“建立党政领导干部直接联系人才机制”“完善专家决策咨询制度”“加强与专家的思想与工作联系”等，其目的就是把尽可能多的优秀人才团结凝聚到党和国家的伟大事业中来。

加强党对人才工作的统一领导和落实党管人才原则，是当前和今后一个时期最重要、紧迫的任务，就是要把《意见》的贯彻落实，作为关系党和国家实施与推进创新驱动战略、人才优先战略乃至经济社会发展的头等大事，摆在各级党委、政府的重要议事日程，集中时间和力量深入学习、广泛宣传《意见》的重大意义、指导思想、基本原则、政策重点和部署要求，深刻理解《意见》的重点内容和精神实质。在认真学习、深刻理解的基础上，各省、直辖市、自治区等都要制定符合本地实际的贯彻落实实施细则和具体措施，使之更具有针对性、可操作性；要建立人才工作目标责任制，进行任务分解和责任分工，把《意见》的部署和要求及其职责任务，分解到有关职能部门、行业系统及单位，确保《意见》的各项任务和要求落实到位；进一步明确各级党委和政府在深化人才发展体制机制改革中的责任与作用，破除人才发展中的各种“壁垒”和障碍，为各类人才创新创造创业和企事业单位用人选才营造良好的政治、经济、政策、工作、生活和法制环境。

（姬养洲，辽宁省人才研究会副理事长、研究员，国务院特殊津贴专家。）

开发培养篇

经济新常态发展战略视域下青年人才开发境遇及路径①

周　琪　安阳朝

中共中央印发的《关于深化人才发展体制机制改革的意见》（以下简称《意见》），把“促进青年优秀人才脱颖而出”作为重点内容，需要认真学习领悟。在我国经济发展新常态下，对青年人才的开发培养，至关重要。

经济新常态作为中国社会经济发展转型的战略，包含着生产方式内容、产业组织方式、生产要素相对优势、市场竞争特点、经济风险积累和化解、资源配置模式内容等，其表面是经济发展方式的变化，实质是社会生产力要素的结构转型。把青年人才开发置于经济新常态发展战略中，对青年人才素质、现状和开发方式进行审视，对提高青年人才开发的有效性，意义重大。

一、经济新常态视域下青年人才的三重维度

人才素质和能力的内核是创新，而按照人才开发的周期规律，青年人才处于人才成长的高峰期，因此，创新特质在青年人才开发中体现出叠加效应。在经济新常态发展战略中，青年人才的素质体现出三重维度。

（一）知识结构优化

在中国经济社会发展进程中，产业结构的变化是青年知识结构发展的动力。这在于，人是社会生产力发展的核心要素，它在生产力结构要素中居于主导地位。因此，中国产业结构的变化必然呈现在人的劳动方式中，而人的劳动方式发展程度制约产业结构变化的效果和速度。纵观中国经济社会发展

① 该论文是教育部哲学社会科学研究重大委托项目“改革开放以来文化视野下中国高校德育发展研究”（11JZW006）重庆市研究生教育教学改革研究项目（YJG152025）的成果；主持人：周琪。

历史，每一次产业结构变化都伴随着人的劳动方式的发展。因此，当我国经济生产方式由粗放式发展向集约式发展、由外生式发展向内生式发展转型之时，人的劳动方式从简单重复劳动向复杂创新劳动转型，劳动力素质和人才结构随之发生转型。一方面，社会产业结构规约就业结构，从而推动就业群体的素质和能力诉求发生变化。配第-克拉克定律认为，当第一产业产值占经济社会的总产值比重下降，而第二产业和第三产业占经济社会总产值的比重上升，三个产业之间的就业比重将呈现出正相关性（见图 1 和图 2）。这种产业结构引发的就业方式的变化将推动青年人才的知识结构调整，以适应就业素质和生产方式的变化。另一方面，人才素质知识结构优化推动产业结构升级。在产业升级过程中，技术和知识是核心，其与人相结合从而提高劳动效能和生产效率。因此，在经济新常态发展战略中，产业结构升级要求青年人才知识结构向对称性与动态性发展。对称性指的是三大产业结构的平衡发展引发的知识结构的对称性，理工科人才需要人文素养，而人文社会科学人才需要理性逻辑思维。一般而言，符合产业升级需要的理想的知识结构模式是蜘蛛网型，即宽口径厚基础，是“博”与“专”的双向结合，学科的广度和专业的深度融合。另一方面，第二、三产业的升级需要更高层次的研发型人才与技术型人才，青年人才的知识结构要随之调整，从一般性知识结构向创新型知识结构、从单一型知识结构向复合型知识结构转变。“互联网+”便是典型个案，其表面上是“互联网+各个传统行业”，其实质是蕴涵产业创新、跨界融合、开放型的经济发展方式，成为经济发展增效升级的动力。这一过程要求人才在知识结构、思维方式上具有创新、跨界、开放等特点。

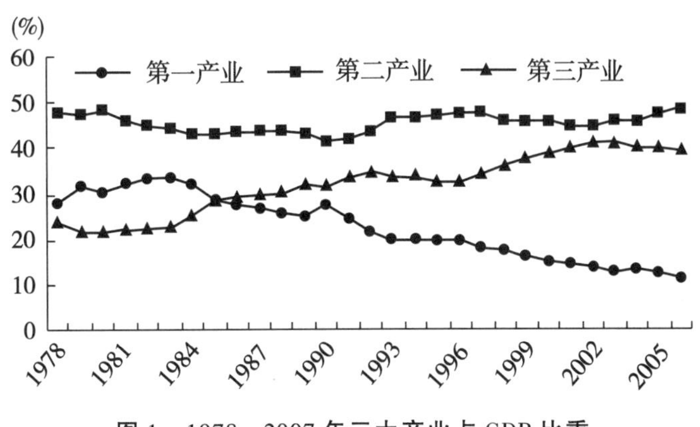

图 1　1978—2007 年三大产业占 GDP 比重

数据来源：国家统计局．中国统计年鉴 2006［M］．北京：中国统计出版社，2006.

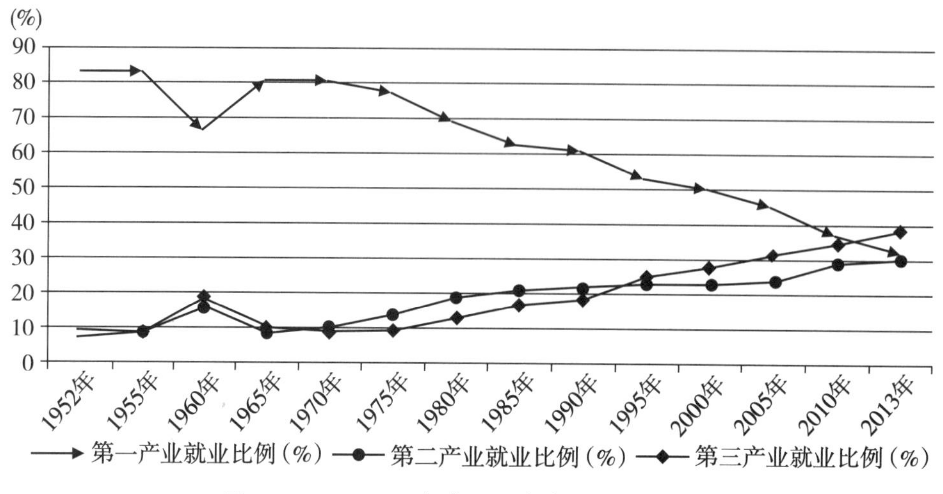

图 2 1952—2013 年全国三大产业及就业比重

数据来源：国家统计局．中国统计年鉴 2014［M］．北京：中国统计出版社，2014.

（二）创新能力聚焦

中国经济新常态发展战略聚焦于从要素驱动、投资驱动转向创新驱动，而创新驱动实质上是人才驱动，其关键是依靠科技创新，从大数据到“互联网+”再到新硬件时代，其实质是创新驱动。根据微笑曲线原理（见图 3），产业链中的上游的产品设计研发和下游的零售服务是附加值最高的，处于中间环节的产品制造附加值最低，而创新能使设计研发和零售服务的附加值呈几何增长，对经济社会发展产生拉动效应。以再生能源如风能、太阳能等为例，这些新型绿色能源对美国 2007 年的经济发展做出 200 亿美元贡献，其中，风能工业增长 45%，太阳能工业增加 314 兆发电量，比 2006 年提高 125%。由此可以看出，创新驱动要求青年人才聚焦于研发创新与应用创新，创客和极客便是这种创新能力和创新理念的典型表达。同时，以创新为核心的科技孵化器成为青年创新人才聚集地。美国硅谷是创新技术的全球聚集地，2007 年“生命科学”的创业投资 91 亿美元，创业公司 862 家，占全美创业投资的 31%。江苏的自主创新示范区，聚集近 2 万家高新技术企业，总收入达到 2. 5 万亿元，中关村创业大街上的“新咖啡馆”成为青年人才创业的孵化器，通过咖啡模式实现技术合作、创意交流、团队和投资人的组合。据统计，中关村有 246 家上市公司，天使投资人占全国的 60%，2014 年的天使投资案例占全国案例总数的 52. 8%。

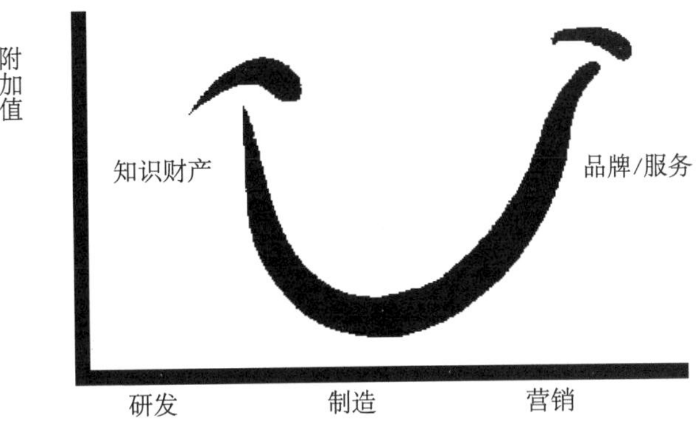

图 3 微笑曲线

（三）强化竞争合作与风险意识

经济新常态规约产业的优化升级，促使三大产业及其内部行业分工向日益细化的趋势发展，从而扩展与加深产业间、行业间的竞争与合作的广度与深度。而竞争与合作的目标统一指向共赢，这在于根据博弈论中的“囚徒困境”，单个产业、行业利益最大化并不与整体经济成效最大化等同，而双方合作会带来彼此利益的增值，最终双方会选择“纳什均衡”，寻求共赢以趋向于利益最优。而这一过程存在部分“新矛盾”“新问题”以及“一些潜在的风险”。因此，青年人才作为引领经济新常态的重要人才支撑，其竞争合作与风险意识的强化成为经济新常态发展逻辑的必然要求。竞争合作是指“在市场中不是只有竞争或者只有合作，不是合作与竞争交替出现，而是竞争与合作同时存在”。这需要个体树立在竞争与合作并存的过程中谋求共赢的观念，“互联网+”模式便鲜明地体现出竞争与合作相统一的协同创新意识。另一方面，风险意识是现代社会发展的风险性对青年人才素质的诉求。风险是由现代社会的不确定性、迅速变化和交往的密切所引发的客观现象。德国社会学家贝克在《风险社会》中，把现代社会描述为“不确定性和不可预测性”日益增多，各种社会要素都处于可能的危险和不安全中，如贫穷的风险、生态的风险、文明的风险等，例如，由一国的金融危机引发的全球化的金融危机便是这种风险的典型表现。因此，青年人才需要具备抗风险意识和能力，能够认识各种风险的性质，保持“平常心态”，并及时判断和处理风险，防止风险恶化。

二、经济新常态视域下青年人才开发面临的挑战

在经济新常态发展战略中，青年人才开发面临的挑战表现在，结构性矛

盾和创新能力不足，以及与经济发展的结构优化和动力转化形成的差距。

（一）青年人才结构性矛盾凸显

青年人才的结构性矛盾，主要体现在产业发展与青年人才的层次和类型之间的差异，无法为产业结构升级优化提供人才支持。

（1）产业结构升级与青年人才培养层次之间的矛盾。经济新常态使产业发展表现为速度变化、结构优化、动力转化三个维度。这要求劳动力供给要素的内涵从简单、重复性劳动能力向复杂、创新性劳动能力转化，其表现为支撑中国经济长期发展的“人口红利”逐渐消逝，而进入“刘易斯转折点”。这就推动青年人才培养层次转向“高、精、尖”，而目前我国高层次的青年人才的数量难以满足产业升级的需要。

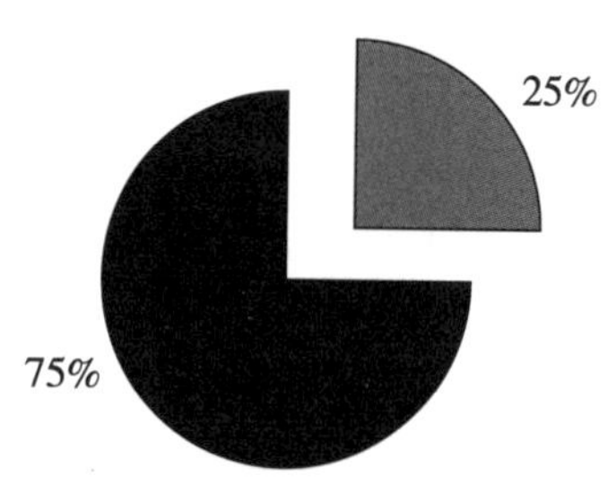

图 4　我国高校正高级青年教师在正高级专职教师总数中所占比重

数据来源：中国教育年鉴编辑部. 中国教育年鉴 2012［M］. 北京：人民教育出版社，2013.

（2）产业结构优化与青年人才培养类型之间的矛盾。改革开放 30 多年来，我国的经济增长主要依靠的是大量资源从农业部门转移到工业部门，从效率低的第一产业转移到效率高的第二产业，这是我国经济保持 7%～8%增长的主要动力。但在经济新常态发展战略中，需要逐步向以服务业为主的第三产业转移，从而需要对青年人才的培养类型进行调整，为产业结构优化提供人才支持。而产业结构优化与青年人才类型的矛盾成为我国经济新常态发展战略的困境，集中表现于第三产业人才需求与第三产业类型人才供给之间的矛盾。一方面，第三产业类型人才需求激增，需要大量护理、计算机编程、数控等现代工业和现代服务业的技能型人才。例如，国民经济信息化需要全国计算机应用专业人才每年将增加百万人左右，全国汽车维修行业每年需要新增进 30 万从业人员。另一方面，学校教育在第三产业相关人才培养方面比重下降，影响第三产业可持续发展的青年人才支持。例如，1999 年中国普通高校在校生总数为 5 607 200 人，其中第一产业、第二产业、第三产业培养人数的比重为 2. 54：36. 26：61. 19；2014 年中国普通高校在校生总数为 13 599 500

人，其中第一产业、第二产业、第三产业培养人数的比重为：1.91∶44.33∶53.75（见表1和图5）。

表1 1999年和2014年度中国普通高校分学科在校生数量表

类别		1999年			2014年		
产业名称	相关学科	人数（万人）	比例（%）	比例（%）	人数（万人）	比例（%）	比例（%）
第一产业	农学	14.24	2.54	2.54	25.98	1.91	1.91
第二产业	理学	42.1	7.51	36.26	107.6	7.91	44.33
	工学	161.22	28.75		495.33	36.42	
第三产业	管理学	152.25	27.15	61.19	275.04	20.22	53.75
	经济学	61.4	10.95		88.29	6.49	
	法学	17.45	3.11		53.54	3.94	
	教育学	16.71	2.98		51.73	3.8	
	医学	32.92	5.87		106.44	7.83	
	文学	56.37	10.05		148	10.88	
	历史学	5.57	0.99		7.08	0.52	
	哲学	0.49	0.09		0.92	0.07	
合计		560.72			1 359.95		

数据来源：国家统计局. 中国统计年鉴1999［M］. 北京：中国统计出版社，1999.
国家统计局. 中国统计年鉴2014［M］. 北京：中国统计出版社，2014.

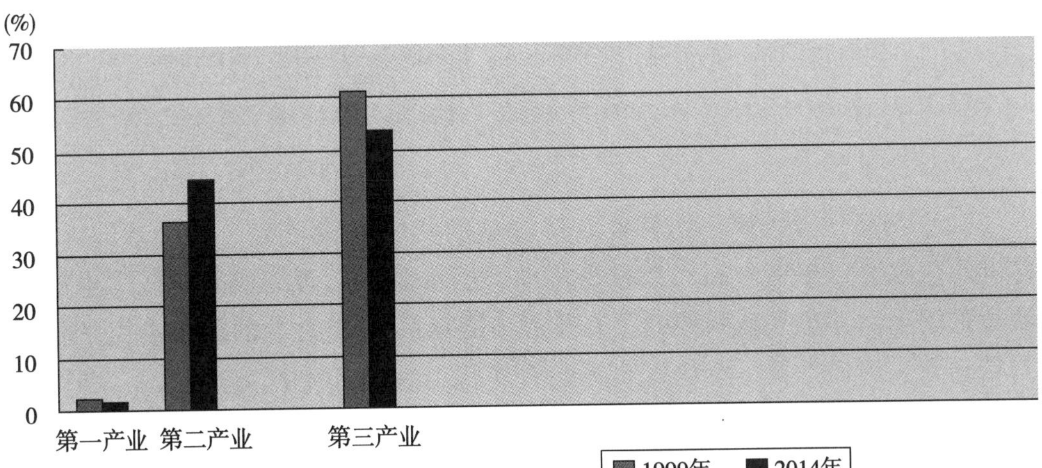

图5 1999年与2014年中国三大产业相关学科普通高校在校生对比

数据来源：国家统计局. 中国统计年鉴1999［M］. 北京：中国统计出版社，1999.
国家统计局. 中国统计年鉴2014［M］. 北京：中国统计出版社，2014.

（二）青年人才的创新能力无法满足产业结构优化的需求

我国经济新常态发展战略的关键词是“新”，其实质是经济发展速度变化、结构优化、动力转化，而人才的创新能力是实现这三大变化的核心要素，体现出从依赖物的投资向人的投资、从粗放式增长向集约式增长方式的转化。在这一转化过程中，创新力成为经济发展和综合国力竞争的瓶颈，根据亚太经合组织对全球价值链（GVC）的研究，我国出口包含的国内增加值比例只有67%，这使我国产业长期处于国际产业链的中端或低端，成为发达国家产品的加工厂。

（1）青年人才研发创新能力不足。青年人才研发创新能力缺乏表现在两方面：一是从创新人才总体规模上看，总量和人均创新产出水平较低。二是青年人才创新的规模和成果偏低。例如，2011 年全国高等学校人文、社会科学活动人员总数达 457 664 人，其中青年人才（34 岁以下）人数为 110 932 人，约占总人数的 24%（见图 6）；中关村每年生产专利约 3 500 项。

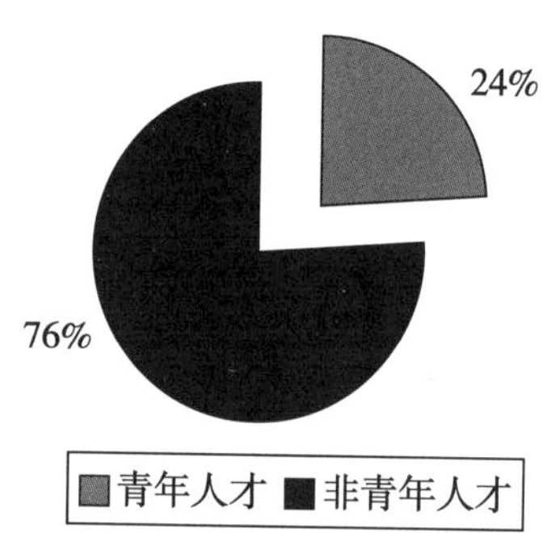

图 6　青年人才在全国高等学校人文、社会活动人员中所占数量比重

数据来源：教育部社会科学司. 2011 年全国高校社科统计资料汇编［M］. 北京：高等教育出版社，2012.

（2）创新效力较低。创新效力指的是创新成果转化为产业活动的效率，它并不仅仅是以申请专利的数量为标准，更重要的是研究成果向现实生产力转化的程度。邓小平所强调的“科学技术是第一生产力”的前提是科学技术与劳动力、劳动工具、劳动资料等结合转化为现实的生产力。我国专利申请 2014 年居世界第一，但专利转化率却居世界中游。据统计，发达国家 R&D 经费、成果转化经费和产业规模化经费的比例是 1 ∶ 10 ∶ 100，而中国的该项比例是 1 ∶ 1.1 ∶ 1.5。中国每年提供 2 万余项比较重大的科学技术成果和 5 000 多项专利，但科学技术向生产转化比例仅为 10%～15%，高等院校、科研院所的科技成果应用率不足 30%。因此，正如习近平所强调的，创新必须落实到创造新的增长点上，把创新变成实实在在的产业活动。而我国青年人才在创造新的增长点和创新转化效力上成为短板。

一般而言，根据青年人才的成长周期，青年人才主要聚集在高校和科研机构中，需要形成产、学、研的一体化，使创新成果与产业相衔接，才能提高创新转化效力。

三、经济新常态视域下青年人才开发路径

青年人才开发需要将其置于经济新常态发展战略中，根据青年成长规律和周期探索开发方式。

（一）实施青年人才领航计划

青年人才开发需要依据最佳创新成果期的年龄梯度予以分层次培养。韦伯尔分布表明，科学发现的最佳年龄区为25~45岁，峰值年龄为37岁，而人才的成长周期为7~10年，由此可知，青年人才成长的最佳年龄段为27~30岁。青年人才开发主要集中于三个年龄阶段：27岁之前、27~30岁、30岁之后。因此，应对处于27~30岁年龄段且潜力较大的青年人才进行重点开发，为其提供脱颖而出的社会承认的平台。在这一过程中，需要通过各种形式的青年人才领航计划发现和培养具有创新能力的青年人才。例如，德国设立“青年教授席位”，建立青年科学院，实施埃米诺特计划和哈森贝格计划等，实施青年科技人才开发。我国的青年拔尖人才计划就是旨在重点培养支持国内35岁以下的优秀青年人才，为培养和选拔专业能力优秀、综合素质全面的学术技术带头人提供绿色通道。这一人才计划已进入国家人才发展规划的12项重大人才工程。

（二）建设以青年人才创新效力为核心的产学研一体化平台

产学研一体化平台是提升青年人才创新效力的重要路径。这在于，产学研一体化的实质是创新动力与创新转化效率的结合。一是将产业发展需求转化为创新的动力。通过国家实施的重大高新技术研发计划、项目资助计划以及政府资助创办的各类高新技术研究中心，将科学研究、产业发展与人才培养相结合，提高青年人才创新效力。如南京工业大学承担陶瓷膜的国家重点科技攻关项目，不仅市场占有量扩大到全国2/3以上，而且学术带头人成为中国工程院最年轻的院士。二是推动研发新成果转化为经济贡献率。要在“研发向产业”转化中使青年人才创新效力得到最大限度发挥。例如，通过

建设高新技术企业研发中心、博士后科技创新基地、科技企业孵化器、留学人员创业园区等创新载体，为青年人才创新成果转化提供平台，由此引发“1+1>2”产业集群效应。“互联网+”战略就是旨在利用互联网平台把各行各业中的生产要素联结成扁平化的网络，为创新成果的自由流动和与生产要素的结合提供空间。

（三）拓展青年人才使用方式

青年人才使用主要聚焦评价和激励方式，以激发青年人才的创新动力。一是强化创新导向和效率导向，形成青年人才创新回报机制，完善知识、技术、管理等生产要素参与分配的实现形式。例如，中关村、无锡市人才特区实施股权激励、签证简化、金融支持等政策，激发青年人才把创新成果转化为生产力的具体要素。二是建立青年人才创新资助模式。重点资助青年领军型人才、海外留学归国青年人才在重点技术领域、重点研究开发项目、科技成果转化项目，加大对创新型人才申请发明专利的资助力度。例如，青年“创客”根据市场的需要选择创业项目，把创新思维和成果直接转化在产业活动中，成为驱动经济发展的生力军。

《意见》的出台与落实，必将对“青年优秀人才的开发培养，进而脱颖而出”，起到十分积极的促进作用。

（周琪，西南大学马克思主义学院教授、博士生导师，西南大学马克思主义理论研究中心副主任；安阳朝，西南大学马克思主义学院硕士研究生。）

关于大学生人才培养支持环境的优化

徐 明 李家华

中共中央于2016年3月出台的《关于深化人才发展体制机制改革的意见》(以下简称《意见》),对改进人才培养支持机制进行了重点论述。我国高等教育人才培养与支持机制,深受国家或地区经济发展水平以及劳动力市场结构的影响,换言之,经济发展水平对高等教育人才培养与支持机制起着基础性作用。大学生人才是高等教育系统与劳动力市场的联结点,而大学生人才劳动力是劳动力市场与经济生产系统不可或缺的联结点,三者之间构成了相互关联的联结形态,即大学生就业创业的生态系统。当经济蓬勃发展时,市场活跃且有旺盛的人才需求,尤其是在产业优化升级、扩大生产规模、提供优质服务等方面,都有对劳动力的需求,进而向劳动力市场传递出用人需求,包括人才结构、数量以及规格等。当劳动力市场把用人需求信息反馈给高等教育系统时,高等教育系统应根据市场需求以及经济发展趋势,在专业设置等方面进行相应的调整,以培养出适应市场环境需要的合格劳动者。在此过程中,劳动力市场扮演着联系用人单位和促进人才培养的角色。大学生在经过高等教育的系统培养之后,成为一名准劳动者,之后,需要经由劳动力市场谋得岗位。在此过程中,高等教育是否能培养出符合用人单位需求的劳动者,与当时、当地的经济社会发展状况和政府的政策紧密关联。一般说来,当地经济社会发展水平的高低和政府政策的力度大小,会影响人才需求的规模和层次的高低等。

一、大学生人才培养支持环境存在的问题与原因分析

(一)大学生人才的区域和城乡结构差异

我国大学生就业市场所暴露出来的供求矛盾,主要体现在区域和城乡两个方面。大学生更愿意到收入水平高、发展潜力大、宏观经济状况良好的发

达地区和城市工作，收入水平低、发展机会少、社会环境和制度障碍等，都成为大学生去中西部和农村就业的后顾之忧。

客观上讲，工业化和城市化的发展所需要的积累，来源于农业，形成了“以农养工”的分配制度。到目前，这种资源流动方式也没有扭转过来。另外，我国实施“走出去”的发展战略，在经济起步之初不可避免地将政策中心偏向了东部与外界接触更为便利和频繁的地区。长期偏向城市和东部地区的资源分配制度，使得农村、中西部地区的城市化、现代化进程较为缓慢，形成农村和西部地区经济上相对弱势的地位。在大学生就业方面，我们也就不难理解其严重的区域和城乡差异了。根据2013年对北京18所高校的调查，只有35.2%的大学毕业生愿意去农村工作，而不愿意去农村工作的大学生则高达64.4%，由此可见我国大学生人才培养与支持体现在区域和城乡结构上的差异。

（二）大学生人才的就业市场存在信息障碍

当前，我国大学生就业市场信息不畅达，比如电子商务及其衍生的数据抓取、数据分析、云计算等一系列高新技术产业发展前景巨大，但目前这方面的专业人才却相对缺乏。这一现状的产生源于高等教育系统与劳动力市场需求的不相匹配，这表明大学生就业市场存在的信息障碍未能给予大学生人才良好的支持，继而产生各种供求矛盾。具体表现在以下几个方面：

（1）就业领域的信息化建设不足。高等教育机构、市场、政府以及就业中介机构相互之间的信息沟通不顺畅，导致各方信息不能准确有效地传递给对方，从而出现了信息错位、信息迟滞等现象。没有一个高效运作的信息化平台使得各参与主体参与其中，也未能使各个参与主体及时更新、共享就业信息与政策措施以及行业动态。

（2）高等教育体制机制未能依照劳动力市场提供的需求信号来运作。就业需求是一种引致需求，需要把握需求导向，但在现行体制机制下，以需求为导向的高等教育尚未健全。如此一来，一方面高校难以获取市场信息，另一方面，高校也难以向市场传达自己的信息，进而产生了信息不对称，导致人才培养结构失衡的现象。

（3）针对大学生人才的社会化服务体系不完善。就业中介机构的质量参差不齐，民间组织的信息市场难以做到专业化，个性化的择业就业服务难以提供，高校与劳动力市场衔接不良等，使得劳动力市场反馈给高等教育系统的有效信息、有用信息有限，与高等教育系统的信息协调性不足且没有实现深度融合。

（三）大学生人才的专业与就业对口差异

大学生所学的专业是未来形成其专有性人力资本的基础，这在很大程度上决定着大学生未来的职业发展方向。根据2015年智联招聘的调查，专业对口率最高的是工学毕业生，以69.5%的比例占据第一位，其次是医学毕业生，专业对口率为64.5%，再次为管理学毕业生，专业对口率为61.9%。总体来说，我国面向大学生的就业市场存在着诸如专业对口等方面的匹配差异性，而专业对口与不对口，其相应的就业率、就业行业、就业地区以及薪资等方面都存在或大或小的差异。

大学生自身拥有的知识越精细、技能越专业，并且对所要从事的工作有明确的靶向性，就意味着其专业性越强。举例来讲，学法律的学生将来主要会去律师事务所、公司法务部门或涉及法律事务的相关机构工作，这样能够充分施展所学知识与技能，如果从事其他与法律无关的职业，那么其所学的法律专业的知识与技能就显然被浪费掉了，实在可惜。从招聘的角度来看，岗位的人才招聘一般都会有相关的专业要求，有些要求宽泛一些，而有些要求的相关性更强一些。无论是哪种情况，用人单位都希望招到的人能够满足要求，使其所学的专业知识和技能能够得到充分运用。某些特定的职业与岗位，比如说临床医生的岗位，就要求极高的专业素养，非医学专业的大学生将难以胜任，这体现出对高层次技术人才的高要求。如果所学专业能够与劳动力市场需求有良好的衔接，那么就能较为容易地找到工作，且能较容易地预判其职业发展前景。因此，在所学专业与对口就业方面，目前也未能实现大学生人才培养与支持的最优，某种程度上说，造成了人力资源的浪费。

（四）大学生人才的就业能力欠缺

劳动力需求是一种引致需求或者叫派生需求，这意味着人们对于某种服务或产品的需要引致用人单位的员工招聘行为。如果大学生的自身本领或者说是劳动能力与用人单位的发展需求相匹配，那么大学生通常能够顺利就业。大学生就业力是大学毕业生自身具有的能够初次获得工作、进而保持工作和接受外界因素影响胜任能力的总和，是大学生在校期间通过学习专业知识、提高实践技能、开发非智力因素，主动适应社会发展需求，达到个人就业目标，实现自身价值与社会价值的综合能力。

新的历史时期，用人单位对大学生人才的敬业精神、职业道德、思想道德觉悟和能力素质水平都提出了越来越高的要求，更看重人品和能力。不少单位已经开始对接收毕业生持宁缺毋滥的态度。因此，学生干部和学生党员以及那些在校期间有一定的综合素质、敬业精神、实践经历和实践能力的毕业生越来越受欢迎。据调查统计，有过实践经历的毕业生就业率高达97.83%，而没有实践经历的毕业生就业率仅是57.26%，这说明，有过实践经历的大学生人才是用人单位录用时十分看重的条件。但是，一方面，大学生对于自身的未来发展目标相对模糊，甚至有些学生认为只要完成了学业，至于干什么工作，那都是父母长辈的事，对于在校期间的实习实践得过且过，只要通过就好；另一方面，部分高校把培养学生的动手实践能力停留在口头上，在课程设置上重理论课程安排，而实践时间和实践课程存在明显不足，大多数学生实践经历匮乏、实践能力低下，远远不能适应实际工作岗位的需求，甚至还需用人单位提供较长时间的培训才能达到工作岗位的要求。调查显示，我国大学毕业生一般需要1~1.5年才能独立完成工作。

（五）大学生人才依法保护自身合法权益不够

当年轻一代达到法定年龄开始享有一些特定的合法权益时，其合法权益也就可能开始受到来自社会、自身缺乏法律意识等因素导致的损害。当应届大学毕业生人才踏入社会职场之时，其在就业方面的平等权利也可能受损，具体表现在以下两个方面：一是在社会实践、择业就业过程中，甚至是在创业历程中的相关权益受到损害；二是与校方之间存在利益冲突，使得自身权益受损。

从社会角度来看，关于大学生维权类的社团较少且不规范，难以发挥出应有的或较大的作用。大学生群体的权利维护发展较晚，相关立法的数量与规范性不足，需要在此方面予以强化。整个社会还没有营造出一种良好的氛围，使得不法分子利用大学毕业生尚未成熟的心理，对毕业生及其就业工作造成损害。

从大学生人才自身角度来看，一方面是大学生涉世未深，社会经验不足，对社会了解不够，对自己的保护意识不足；另一方面，大学生自身对于法律知识的储存量不足，且缺乏法律意识与法律思维。当问题与冲突发生时，不能及时地通过一定的有效手段与途径来解决，以维护其正当权益。从诸多方面看来，对大学生人才在自身依法保护合法权益方面的培养与支持尚有不足，这对其就业择业行为产生的影响不容小觑。

（六）大学生人才创业生态环境需要优化

大学生人才作为国家的希望，需要具备一定的创新能力，并能运用创新能力为企业、为社会、为国家的发展贡献力量。大学生作为我国新时期人才资源的重要力量，需要提高自己的创新能力，培养自身的创新精神。在“大众创业、万众创新”的时代背景下，体现大学生人才创新能力的途径就是创业，也可以说，大学生人才将自身的创新能力转化成创业能力，进而实现自我价值与社会价值。国家人力资源和社会保障部于 2014 年下发《关于实施大学生创业引领计划的通知》，从普及创业教育、提供工商登记和银行开户便利、提供多渠道资金支持、提供创业经营场所支持、加强创业公共服务等方面，提出了促进大学生创业的具体措施，为大学生创业提供了广阔的舞台。然而，受到多种因素的影响，我国大学生创业生态环境仍然存在一些问题，在此方面仍有很大的培养与支持空间。

（1）创业政策不健全，目前还没有形成一整套支持大学生人才创业的政策体系。一方面，政府出台的各项创业扶持政策，主要集中在大中型企业注册、税收和资金支持等方面，而针对大学生人才创业教育、培训和指导等方面的支持与政策则明显不足。另一方面，在实际操作中，许多资金扶持的创业政策，对大学生人才创业企业的规模和创业领域等具有一定的要求，能享受到这些优惠政策并不是一件容易的事情，再加上资金的支持力度不大，从而使很多大学生人才创业者失去了申请的积极性，结果导致这些政策的执行效果大打折扣。

（2）创业资金渠道不畅，束缚了大学生人才创业的积极性。创业资金缺乏是大学生人才创业的瓶颈问题。大学生人才创业资金中的大部分是来自于个人和家庭，其他渠道的融资则非常有限。由于大学生人才创业申请的信贷额度一般较小，创业项目多是规模小、风险大、还贷能力弱的微型企业，所以创业融资相当困难。大学生人才由于缺乏资金，创业的积极性在很大程度上被束缚了。

（3）整个社会的创业意识尚未形成。社会对于大学生人才更多的还是因循传统文化的轨迹，遵循好好学习、好好工作的传统习惯，因此，家庭和社会仍然固守“找个好工作”的传统就业理念，创业意识淡薄。

二、大学生人才培养与支持的环境优化思考与建议

面对上述诸多问题，需要合理引导政府、市场、高等教育系统、大学生人才等相关主体相互协同，采取必要措施通过对新时期我国大学生人才培养与支持机制与模式、人才就业创业环境等的优化，达成促进大学生人才顺利就业的目标。

（一）加大对中西部地区和农村的政策扶持，平衡就业差异

社会与经济发展的不平衡有诸多的表现，其中，城乡发展差异与中西部地区发展差异是重要的一个议题。发展的差异不仅源于地理位置等自然原因，也源自政策等社会因素。要想使大学生人才的就业支持有所改善，需要加大对中西部地区和农村的政策扶持，以此来平衡大学生人才的就业差异。

一方面要明确的是，随着工业化进程的推进，发展中西部地区和农村成为整个经济社会全面发展的努力目标和方向，把城市自改革开放以来所“生产”的“大蛋糕”，逐步与中西部地区和农村一起分享。分享不仅仅是指简简单单的资金支持，也意味着先进的管理经验与技术支持，完善中西部地区和农村基础设施，进而改善其就业的宏观环境，增强其就业的吸引力和拉动力。以就业环境的优化来改善就业现状，以就业现状的改善来促进就业环境的优化，以此形成一个良性循环的大学生人才就业生态圈。从各方面入手对大学生人才提供足够的支持，加速社会整体与个人的全方位发展。另一方面，建立起由中央、地方政府和高等教育系统共同组成的政策服务平台，并依托此平台为创业的大学生提供优惠的创业政策与丰富的创业资源。除此之外，利用现代传播媒介与技术，对就业创业优惠政策与措施进行宣传，公开相关资助信息，积极培养创业人才，努力扶持创业项目，以期中西部地区和农村的就业形势得以改善。

（二）调整运行机制，克服大学生人才的就业信息障碍

高等教育体制的改革，要把握需求导向。就业需求是一种引致需求，当前我国的大学生就业市场信息不畅达，存在各种供求矛盾，人才培养与市场需求不匹配。面对这些问题，需要调整运行机制，克服大学生人才就业的信息障碍。

（1）加快信息化建设的步伐，使劳动力市场更加完善，在增强人才市场适应性的同时，让劳动力市场信息进一步畅通与丰富。政府和就业中介机构，要将人才需求信息准确传递给高等教育系统；高等教育系统在人才培养过程中，要让各方利益相关者共同参与，加强与各参与主体的沟通。

（2）从劳动力市场提供的信号出发，以需求为导向，构建完善适应经济新常态的高等教育体制机制。在这样的运行体制下，高校在获取市场信息的同时，也向市场传达着自己的信息。这样就能实现劳动力市场与高等教育系统人才培养的信息交互，双方可以将过滤后的信息进行实时反馈，进而调整各自政策。

（3）为大学毕业生提供注重个性化、差异性的择业服务，充实社会化服务体系。毕业生择业信息与用人单位对人才的需求信息主要是由高校收集、存储、查询，通过建立毕业生就业网络化平台和搭建大学生人才创业舞台，实现毕业生能力与人才市场需求的吻合，让毕业生与用人单位见面，为他们提供更多的就业创业支持。

（三）创新人才培养模式，改革专业配置

高等教育系统改革的核心以及改革的重点、难点，是人才培养模式改革。

（1）不同层次与类型的高等教育，要将自身独特的办学特色发挥出来。

（2）建立以时代要求和大学生人才需求为导向的动态课程设置体系，根据社会的发展需要和学生的需求增设课程或削减课程，满足高校大学生人才的兴趣要求以及特殊目的。比如在“大众创业、万众创新”的时代背景中，鼓励引导大学生人才参与创业实践，设置相关的专业课程和组织社会实践活动。

（3）高校办学条件与质量的重要指标之一就是毕业生就业率的高低。毕业生就业率的高低一定程度上说明了社会认可度的高低，即劳动力市场来检验高校办学质量。以此来调动高校办学的积极性，提高教学质量，从而提高和增强大学生人才的竞争优势和综合素质。

（四）注重就业能力培养，满足市场需求

（1）以人为本。高校最重要的责任之一在于人才培养，其中需要考虑学生的就业、创业和社会需求问题。根据往届大学生的就业领域、需求、层次与趋向以及创业情况，实现培养方案的动态调整与专业设置和学科结构的科学规划。

（2）树立起培养“学习型人才”的目标。“学习型”人才在劳动力市场上更具适应性和创造性，因此，高校应从以往知识“传授型”的教学方式转变为培养“学习型”人才的模式，进而提高培养质量。

（3）传承培养高素质人才的教育文化。新的历史时期，培养与社会发展相适应的高素质人才是很多高校面临的重要难题，高校在培养高素质人才的过程中，除了教授专业知识外，还应培养大学生的道德情操、职业素养以及企业家精神，使他们早日具备企业所需要的基本工作能力和主人翁精神。

（五）加强法制建设与教育，建立拥有正能量的社会支持网络

建立和谐劳动关系，保护劳动者以及企业的合法利益与权利，加强劳动力市场相关立法和严格执法，维护市场规范有序运行。

（1）应重视公平正义、权益保护与责任划分，重视劳动力市场相关立法。

（2）重视仲裁执法、争议仲裁以及违规处罚，建立健全相关机制和管理办法。

（3）重视签订并履行劳动合同、缴纳劳动保险、兑现工资福利等环节，强化监督检查和处罚。

（4）高校要充分、适时地把握大学生的求职心理。大学生心理尚未完全发育成熟，具有十分明显的从众、攀比、自负、自卑心理，充满着矛盾和冲突，对此，应强化其心理素质，强化相应的教育。通过团队辅导的方式，帮助大学生群体分析自我、发现自我、完善自我，以期今后确定合适的、靶向性更强的就业创业目标。

（5）建立拥有正能量的社会支持网络。家庭、亲戚朋友和社区是每个人的支持力量和强有力的后盾。在就业创业的过程中，大学生往往缺乏经验，内心充满焦虑和不安，风风火火、急于成功、不甘寂寞、懒于付出、困难重重表现得十分明显，成为成长道路上的“拦路虎”。因此，要维持或拓宽大学生的社会支持网络，强化就业创业大学生与家人的沟通和交流，赢得家人的支持和鼓励，给毕业大学生以亲人的力量。同时，帮助就业创业大学生融入充满正能量的朋友圈，在朋友圈内获得资金、心理和抚平创伤的支持，给毕业大学生以友谊的力量。另外，社区要充分调动自己的资源帮助就业创业大学生解决眼前困难，给毕业大学生以社会的支持。

（六）优化创业生态，以创业促就业

优化创业生态环境需要政府、高校、创业投资机构等相关主体的共同努力，离不开相互之间的支持与配合。

（1）良好的创业生态环境是实现创新成果通过创业的方式转化成生产力的保障。政府在创业生态圈中发挥着公共服务的功能，政府的重要职能就是为人民提供公共服务。政府部门应鼓励和支持大学生人才发挥创新能力和积极创业，为创业人员提供优惠的政策，减少行政审批，提供免税服务，为大学生创业人才打造一个有机的创业环境。创业投资机构在创业生态圈中发挥着为创业大学生提供创业资金的重要作用。创业大学生刚刚毕业没有资金积累，缺少创业的前期资金，而创业投资机构成为他们寻找创业资金的最佳选择。创业投资机构要完善投资程序，做到科学客观评估创业项目，并为大学生创业项目提供充足的资金保障。

（2）优化创业生态环境有助于通过创业促进就业，进而保证大学生的持续就业。优化的创业生态环境可以提供给大学生更多的就业创业机会。创业大学生在创业的过程中需要合伙人和一定数量的员工，创业者为利用自己在学校的人力资本往往倾向于选择自己的师弟师妹到自己的公司工作，这样可以起到带动就业的作用。创业者特别是成功的创业者一般都与自己的母校和老师保持着长期的联系，创业者的成功事迹也往往成为老师和同学们茶余饭后的谈资，长此以往，逐渐成为一种长效的激励机制，促进毕业大学生选择好的岗位就业，选择好的项目创业。

（3）在“互联网+”的时代，新生代的大学生创业者可以借助互联网技术发展创业项目，实现自己的创业梦想。广阔的互联网平台可以将更多的大学生聚集在一起，使他们早日融入就业创业圈，讲述就业创业故事，传授就业创业技能，解决就业创业难题，提供就业创业资源，通过高素质的创业能力带动其他大学生就业能力的提升，从而实现创业促进就业的目标。在国家“创业促就业”的号召和政府建立的创业生态圈的促进下，高校和大学生要充分发挥创业的优势努力带动就业，在全国掀起创业浪潮，实现大学生人才的可持续发展。

通过对《意见》的深入学习，我们提出上述对大学生人才培养支持环境的优化建议，总体来说，希望政府、市场、高等教育系统、大学生等相关主体协同一致，不断优化大学生人才成长成才、就业创业的环境，调整经济结构，系统提升大学生的就业创业能力，更好地适应和对接劳动力市场及市场经济发展的需求。

（徐明，中国青年政治学院社工学院劳动社会保障系主任、副教授；李家华，中国青年政治学院原副校长、中国人才研究会青年人才专业委员会常务副会长，教授、博士生导师。）

关于改进人才培养支持机制的思考

薛　永　武

中共中央于2016年3月颁发了《关于深化人才发展体制机制改革的意见》(以下简称《意见》)，是我国第一个针对人才发展体制机制改革的综合性文件，也是我国经济新常态下加速实施人才强国战略重要的指导性文件。《意见》坚持问题导向，重点针对当前人才发展体制机制存在的突出弊端提出改革举措，围绕解放和增强人才活力，明确深化改革的指导思想、基本原则和主要目标，从管理体制、工作机制和组织领导等方面提出改革措施，通过聚天下英才而用之，逐步形成具有国际竞争力的人才制度优势。本文拟对《意见》中关于改进人才培养支持机制的思想，谈几点体会。

《意见》关于“改进人才培养支持机制”的部分，集中阐释了如下几点：一是创新人才教育培养模式；二是改进战略科学家和创新型科技人才培养支持方式；三是完善符合人才创新规律的科研经费管理办法；四是建立产教融合、校企合作的技术技能人才培养模式；五是促进青年优秀人才脱颖而出。

一、创新人才教育培养模式

创新人才教育培养模式，是改进人才培养支持机制的重要内容，也是人才队伍建设的前提。培养符合经济社会发展需要的优秀人才，是实施人才强国战略的重要保障。《意见》分别从高校人才培养、统筹产业发展和人才培养开发规划、完善产学研用结合的协同育人模式三个方面，集中阐明了创新人才培养模式的重要性。

(一)在创新高校人才培养模式方面，《意见》强调要“突出经济社会发展需求导向，建立高校学科专业、类型、层次和区域布局动态调整机制”

《意见》要求，高校人才培养要充分考虑经济社会发展对各类人才的动态需求，以市场对人才的需求配置为导向，具体设置高校人才培养目标，确定招生的专业、人数，建立高校学科专业、类型、层次和区域布局动态调整机制，确定适合人才培养的理念和具体模式，很有针对性。我国高校自1999年扩招以来出现了人才培养与社会需求严重脱节的现象，人才培养不能满足经济社会发展的需要。根据我国高校这些年在人才培养方面存在的问题，在确定经济社会发展对人才的需求时，要注意从总量和宏观上进行调控，即使对于社会急需的人才，高校也要根据师资和办学条件量力而行，避免一拥而上。如果不从办学实际和社会需要出发，盲目设置新专业，就无法保证人才培养质量；即使保证了人才培养质量，也会造成人才供给大于需求的人才浪费，如法律和会计专业近些年已经供大于求，应该及时进行调整。近三年来，基于政府对文化产业的高度重视，许多高校在缺乏师资和没有经过科学论证的前提下，贸然设置了文化产业管理专业，由于客观上无法保证该专业的人才培养质量，导致出现毕业生供大于求的新矛盾，应该引起政府的高度重视。

（二）要统筹产业发展和人才培养开发规划，加强产业人才需求预测，加快培育重点行业、重要领域、战略性新兴产业人才

为了实施人才战略，在统筹产业发展、制定人才培养开发规划时，要求对产业人才的需求进行预测。这种预测应该是动态的、科学的、系统的、整体的和长远的，既要考虑目前产业发展对人才的现实需求，也要对未来产业发展对人才的长远需求进行预测和规划，特别要注重对规划本身的动态调节，注意以变应变、与时俱进，善于把握产业发展对人才需求的发展走向。同时，根据我国经济发展过程中重点行业、重要领域和战略性新兴产业对人才的需求，高校应该加快培育的速度和提高人才培养的质量，以满足这些行业对特殊人才的现实需求和未来需求。

（三）注重人才创新意识和创新能力培养，探索建立以创新创业为导向的人才培养机制，完善产学研用相结合的协同育人模式

受应试教育的长期影响，我国教育在人才创新意识和创新能力培养方面普遍存在着不足，学生们虽然掌握了较多的基础知识，但创新与创业能力普遍不足。因此，学校教育应该进一步加强对人才创新意识和创新能力的培养，探索创新创业为导向的人才培养机制，不断完善产学研用相结合的协同育人模式，全面提高学生的综合素质与创新创业能力。为此，各类学校一方面应该把知识传授转化为对创新意识和创新能力的培养；另一方面，应该加大力度激发各类人才的想象力，因为丰富的想象力是提高创新意识、创新思维和创新能力的核心和关键。

在创新与创业的关系上，一方面，创新更具广泛性，能够对企业发展和社会进步产生积极的推动作用；另一方面，创新也是创业的灵魂和关键，创业只有依托创新，才能在市场竞争中独树一帜，赢得先机。因此，在鼓励和支持“大众创业、万众创新”时，特别应该注意把创业与创新和谐统一起来，避免低层次的重复创业，通过创新引领大众敢于创业、善于创业和科学创业。

二、改进战略科学家和创新型科技人才培养支持方式

在我国未来经济社会发展的历史进程中，伴随着供给侧改革对企业生产的新需求，我国特别需要建设两支强大的高层次人才队伍：一支是战略科学家队伍；一支是创新型科技人才队伍。

所谓战略科学家，是指能够从战略层面和宏观上，在把握我国经济发展和社会发展规律的基础上，对重大的经济和社会问题进行科学预测、规划和设计的高层次专家群体。所谓创新型科技人才队伍，是指在经济发展过程中，能够对具体的科学技术与产品研发进行创新的科技人才队伍。为此，一方面要加大实施国家高层次人才特殊支持计划（国家“万人计划”）的力度，完善支持政策、创新支持方式，进一步形成尊重人才的价值取向；另一方面，要构建科学、技术、工程专家协同创新机制，注重对各类科技人才支持中的协同培养与协同创新，加强创新团队的建设，避免顾此失彼，注意协同创新的有效性和系统性。

改进战略科学家和创新型科技人才培养支持方式，要善于利用和发挥信息平台的重要作用，建立统一的人才工程项目信息管理平台，推动人才工程项目与各类科研、基地计划相衔接。科研创新要注意“接地气”，促进人才与项目、科研、创新与基地建设计划的融合。培养战略科学家，应该培养具有宏观视野、战略思维和创新能力的高素质创新人才。针对各类人才工程和项目评审中存在的问题，《意见》要求按照精简、合并、取消、下放的要求，深入推进项目评审、人才评价、机构评估改革。为此，需要尽快健全项目评审、人才评价和机构评估的科学运行机制。

《意见》在高度重视科技型创新人才队伍培养，加大对新兴产业以及重点领域、企业亟须紧缺人才支持力度的同时，不仅强调要支持新型研发机构建设，还要求建立基础研究人才培养长期稳定支持机制，高度重视应用研究与基础研究的协调发展。在创新人才科研方面，《意见》倡导下放创新自主

权，鼓励自由创新，鼓励人才自主选择科研方向、组建科研团队，开展原创性基础研究和面向需求的应用研发。在应用研究与基础研究的协调发展方面，我们应该坚持人才培养和学术研究两个方面的宽基础，无论是文科、理科还是工科，在人才培养和科学创新过程中，都要夯实基础，而对于科研创新而言，只有强化基础研究，才能为应用研究创新奠定坚实的学理和创新基础，科学创新与人才培养才能够实现可持续发展和科学发展。

三、科研经费管理要符合人才创新规律

近些年来，我国各级政府为支持科学研究，投入大量科研经费，支持政府各类研究项目，但由于缺乏对科研经费的科学管理，实际上没有达到科研经费的预期目的，既浪费了资金，又束缚了科研人员的创新积极性。

为了完善符合人才创新规律的科研经费管理办法，《意见》要求改革完善科研项目招投标制度，健全竞争性经费和稳定支持经费相协调的投入机制，提高科研项目立项、评审、验收科学化水平。为了保障科研项目立项的质量，应该彻底杜绝“跑项目”和“跑工程”的现象与行为，通过健全项目评审制度，抓好立项质量，规范结项制度，严把结项关。在改革科研经费管理制度方面，由于多年来财务报销规定过于烦琐，普遍存在报账难的问题，客观上已经严重困扰了项目负责人的科研工作。因此，《意见》要求探索实行充分体现人才创新价值和特点的经费使用管理办法，下放科研项目部分经费预算调整审批权，推行有利于人才创新的经费审计方式。对于哲学社会科学研究，可以探索成果后期资助和事后奖励制。

为了充分调动广大教学和科研人员的积极性，李克强总理于2016年3月15日在北京召开的高等教育改革创新座谈会上强调，要健全教师评价制度，对教学、科研人员包括兼任行政职务的专家教授，实行符合智力劳动特点的政策，不能简单套用针对行政人员的规定和经费管理办法，充分体现尊重知识、尊重人才的要求，给教学和科研人员更多经费使用权，更多创新成果使用、处置和收益权，以更好调动广大知识分子的积极性。李克强的上述讲话对于我们理解《意见》中关于科研经费管理的精神，具有重要的指导意义。

四、优化企业家成长环境

在经济新常态下，为了建设一支能够适应市场经济的高素质企业家队伍，

必须优化企业家成长环境，遵循企业家成长规律，拓宽培养渠道。

《意见》要求，建立有利于企业家参与创新决策、凝聚创新人才、整合创新资源的新机制，依法保护企业家财产权和创新收益，进一步营造尊重、关怀、宽容、支持企业家的社会文化环境。《意见》所说的企业家，包括国有企业的企业家和民营企业的企业家。改革开放以来，面对市场经济的竞争，企业家的经济决策既要符合国家的政策，又要与市场经济相适应，既要注重经济效益，又要考虑社会效益，因此，只有不断优化企业家的成长环境，才能在市场经济的竞争中磨炼出一大批具有创新能力和道德操守的企业家队伍，才能推动经济的健康发展。这里的关键有两点：一是为企业提供良好的人文环境，保护其创新决策中的积极性；二是保护其合法的财产权和创新收益，既不能杀富济贫、搞平均主义的大锅饭，也不能无限度地拉大企业家与一般员工的收入差别，要注重与企业的效益挂钩，与企业团队成员合理分享创新成果。

由于国有企业的企业家队伍流动过程中存在着流出容易、流入难的机制问题，《意见》要求合理提高国有企业经营管理人才市场化选聘比例，畅通各类企业人才流动渠道。《意见》这一要求有利于为国有企业家队伍建设注入新的活力，为优秀的民营企业家进入国有企业提供了机制创新的可能性。在国有企业建立职业经理人制度，有利于促进企业家队伍的知识结构与能力结构与市场需求相匹配；通过完善国有企业经营管理人才的中长期激励措施，有利于维持国有企业经济可持续发展。

五、建立产教融合、校企合作的技术技能人才培养模式

随着我国传统企业的转型升级，无论是国有企业还是民营企业，客观上都需要大批高素质和高技能的技术技能人才。因此，《意见》要求大力培养支撑中国制造、中国创造的技术技能人才队伍，加快构建现代职业教育体系，深化技术技能人才培养体制改革，加强统筹协调，形成技术技能人才培养的合力。

创新技术技能人才教育培训模式，要确定企业和职业院校在技术技能人才培养中的“双主体”地位，克服过去由职业院校单纯培养技能人才的局限性，充分发挥企业在培养技术技能人才中的实践锻炼与孵化检验作用。通过校企联合培养，有利于促进人才的知识理论与技术操作的结合，有利于培养对象了解企业的实际技术与对技能的需求情况，有利于根据企业和市场的需要培养高素质的技术技能人才。

为了在全社会形成尊重技术技能人才的氛围和价值取向，弘扬劳动光荣、技能宝贵、创造伟大的时代风尚，应该不断提高技术技能人才的经济待遇和社会地位。《意见》要求研究制定技术技能人才激励办法，探索建立企业首席技师制度，试行年薪制和股权制、期权制。《意见》高度重视技术技能人才的培养，这在客观上将会对我国改革高校人才教育理念和教育模式产生重要影响。

《意见》还高度重视农村实用人才培养，要求健全以职业农民为主体的农村实用人才培养机制。2005 年，农业部在《关于实施农村实用人才培养“百万中专生计划”的意见》中，首次提出培养职业农民。2006 年年初，农业部进一步提出招收 10 万名具有初中以上文化程度，从事农业生产、经营、服务以及农村经济社会发展等领域的职业农民，把他们培养成有文化、懂技术、会经营的农村专业人才。2007 年，《中共中央　国务院关于积极发展现代农业扎实推进社会主义新农村建设的若干意见》首次正式提出，培养“有文化、懂技术、会经营”的新型农民。2007 年 10 月，新型农民的培养问题写进党的十七大报告。职业农民是将农业作为产业进行经营，并充分利用市场机制和规则来获取报酬，以期实现利润最大化的理性经济人，也是一种新型农民。职业农民的数量和素质，客观上将会直接影响到农业现代化和城乡一体化的历史进程，应该引起政府和全社会的高度重视。

六、促进青年优秀人才脱颖而出

《意见》强调青年英才的重要性，特别要求破除论资排辈、求全责备等陈旧观念，阐明了我国当前破除青年英才培养中陈旧观念的重要性和迫切性，并要求抓紧培养造就青年英才。

（一）要高度重视青年英才的培养

习近平在一系列讲话中，从党委和政府的责任、完善教育体系、人才机制、事业感召、环境凝聚、优质服务与合理待遇等方面，全面系统论述了培养青年科技人才的重要性。习近平高度重视青年拔尖人才的培养，对于我们理解《意见》的精神，对于培养青年英才具有重要的指导意义。2008 年，在中共中央组织部召开的青年科技创新创业人才座谈会上，习近平强调要大规模培养青年科技创新创业人才，提出“建设有利于人才成长的教育培养体系，形成完整的人才培养成长链，建立人才培养的协调机制，造就大批一线的青年科技人才；要大力度吸引青年科技创新创业人才，进一步创新政策、完善体制，坚持用宏伟事业感召人才，用良好环境凝聚人才，用优质服务吸引人才，用合理待遇激励人才，充分调动青年科技人才创新创业的积极性；要大气魄使用青年科技创新创业人才，破除论资排辈、求全责备等观念，放开视野选人才，不拘一格用人才，为青年科技人才大胆创新创业提供更多机会，使他们人尽其才、才尽其用”。2014 年 6 月 9 日，习近平在出席中国科学院第十七次院士大会、中国工程院第十二次院士大会时指出“注重培养一线创新人才和青年科技人才，更好发现和培养拔尖人才，更好维护院士群体的荣誉和尊严，更好激励科技工作者特别是青年才俊的积极性和创造性”，表现了他对培养青年科技创新人才的高度自觉，以及对人才培养、引进、使用等机制的高度重视。

（二）要加大青年英才培养力度

（1）建立健全对青年人才普惠性支持措施，加大教育、科技和其他各类人才工程项目对青年人才的培养支持力度，在国家重大人才工程项目中设立青年专项。《意见》要求制定对青年英才的普惠性支持措施，客观上为青年英才的发展创新提供了平台、资金和机会。

（2）改革博士后制度，发挥高校、科研院所、企业在博士后研究人员招收培养中的主体作用，有条件的博士后科研工作站可独立招收博士后研究人员。在培养博士后方面，我国还有很大的上升空间，政府应该加大扶持的力度，为培养博士后提供更宽松的环境和政策。

（3）拓宽国际视野，吸引国外优秀青年人才来华从事博士后研究。随着我国人才国际化程度的提高，吸引国外智力为我国经济发展服务应该成为我国实施人才战略的重要举措，因此，吸引国外优秀青年人才来华从事博士后研究，有利于吸引国外青年英才来我国工作。

《意见》以“聚天下英才而用之”为主线，把尊重社会主义市场经济规律与人才成长规律统一起来，突出了人才发展体制机制的改革主题，阐明人才管理体制改革、人才优先保障机制、人才培养支持机制、人才评价机制、人才创新创业激励机制、人才顺畅流动机制、国际人才引进使用机制、对人才工作的领导等重要主题，对于破除束缚人才发展的思想观念和体制机制障碍，解放和增强人才活力，形成具有国际竞争力的人才制度优势，具有重要的指导意义。

（薛永武，博士、中国海洋大学教授、博士生导师，山东省高校干部与人才研究基地主任。）

21世纪中国整合全球人才战略与观念的突破

刘 延 宁

通过深入学习中共中央发布的《关于深化人才发展体制机制改革的意见》（以下简称《意见》），我领悟到四项可行可操作的建设性布局措施。

（1）借鉴先进做法有序、有制度、有鉴别强化信任度地进入国家系统工程建设与国家课题研发的成功经验。

（2）遵循整合优势资源“1+1>2”的铁律，借势一流学者专家工匠型群体，发展综合战略型智囊团以及工匠型国家团队。

（3）充分布局广域、可持续的中华文化信仰体系，灵活引领国内外进入我国的中高低各层次人才队伍成为信仰者队伍，强化从文化体系生命力的高度，形成网络社会形态下“自人才、自学习、自调节、自凝聚”的整体理性忠诚度。

（4）从世纪重任角度出发，进行系统化的制度建设、法规布局。

在贯彻落实《意见》过程中，完成上述四个领域的布局措施，势在必行。

为更有效地在上述四个领域的布局中有大作为，取得大的突破，我在以下七个方面提出应对对策：

一、重点填补中国工业研发体系系统建设的半空白，共享国际一流人才创新聚集

及时借鉴发达国家行之有效的工业研究体制建设经验，及时自顶向下创建新型中国工业研发体系，以利及时支撑并形成中国在全球发展中的制高点。

（一）紧迫性

进入21世纪以来，全球各个国家在多元发展领域中竞争激烈，抢占先机。面临着还未充分工业化的中国现状，面临着党中央和国务院共同提出的大文化软实力与经济硬实力并举以增强国民社会经济的幸福指数、中国企业走出去的新要求，我国充分凝聚与整合“国内外中国留学生、华人华裔华侨的巨大的爱国力量，以及全球非华裔科学家工匠团队的群体智慧”，及时定位定准21世纪中国国家人才新战略核心以及符合国情发展的辅助布局，已势在必行。

（二）制度建设：优势、背景、局限性与可转化因素、对策建议

1. 优势

（1）党中央、国务院始终全力展开21世纪中国发展制高点的重大制度建设，作为纲举目张的中国战略之一。

（2）自国家“千人计划”队伍建设启动以来，给中国带来了具有21世纪国际化一流研发能力与具有世界前沿视野的中国血统科学家海外军团，具备了中国创建自己的新型工业研发体系布局的国际一流人才队伍。

2. 背景

（1）百年行之有效的国际规范，是将学院派基础研究与工业研发体系建设分成两套不同的管理体系和科研评价体系，推动了世界500强海外工业研发体系的发展，使其成为全球工业业界的排头兵，决定并提升了技术话语权和市场控价权所带来的高附加价值。

（2）中国现有大中型国有企业体制，仅仅满足于引进状态，相对比21世纪国际规范的国家工业研发体制，暂时“大而不强”，亟须优化21世纪的国际创新竞争能力。

3. 局限性与可转化因素

（1）因国有科研企业体制内的“官本位”、“行政化”，在吸引海外一流华裔华人华侨高端科研人才群体回国工作后，由于行政级别起点低，而缺乏科研决策权发言权，导致缺乏科研高级别的制度授权，他们被排斥在科研团队决策权、领导权之外，只有低级别执行权，从而难以留住一流人才。

（2）与此同时，我国亟须尽快将相关的核心高端技术，从国内外实验室向工业规模化转化。但是，20世纪90年代，国内的国有企业在职工群体买断工龄关停并转时，隐性中断与隐性废止8级技师制度与师徒制，1998年精简农业部机构时，客观上对于国内农业农村隐性废止“农业8大员制度”。

上述两种现象导致延续50年的中国工农业工匠团队机制被中断，造成目前除了航天航空、“二炮”及部分产业行业之外的行业，科研成果虽然能被高学位人员设计出来，却缺乏高技能工匠技师群体的优质制造。高级技师群体的后继乏人现状，亟须制度建设弥补，而不是恢复事业性单位。

4. 对策建议

（1）创建国际规范新型的中国工业研发体系布局（不是简单恢复原先事业性单位编制）。

（2）确定在国家科研评价体系中增进国际科研规范的“容忍失败机制”及建立有翔实的数据和实验记录、可检索的国家科技数据库。

（3）强化制度建设（避免各机构人员的学术腐败与技术固化所导致的科技创新的关系障碍弊端），真正形成中国在21世纪全球格局中的发展制高点。

（4）努力将本提案的主题请示报告，及时提请进入党和国家有关部门的工作议事日程。

（5）由有关部门牵头举行联席会议。

（6）适时向有关部门申报“中国国家工业研究院项目建设”的立项。

（7）每年举办1~2次国家工业研究院体系建设的高端研讨会，达成共识，辅助决策。

二、借鉴先进模式，制定我国产业升级、成果转化奖惩制度、国家专利战略等升华转型发展的可行可操作解决方案

（一）局限性

（1）世界500强中的中国企业竞争对手，以惯用手段“在中国申请”相同科研成果的专利，“以夷制夷”，以中国的制度化来围堵中国企业在中国销售主营产品，导致一些中国国企、民企倒闭破产。

（2）我国用政府财政资金完成的科研成果转化为经济成果的转化率一直不高。

（3）我国科研成果转化率不高，原因是：目前，仅规定“接受政府财政资金，承担国家科研项目的责任人与单位，必须在国内外重要刊物上发表科研成果”，对政府财政资金资助的科研成果转化成经济成果，没有提出更为明确的要求，导致一些国家重点科研项目的成果被束之高阁。

（4）我国上市企业与世界500强企业的关键区别有二：一是董事会成员往往不了解核心研发技术前景，缺乏世界一流的本领域科学家、技术应用家，

此时投资人群体不能前瞻决策其竞争格局和发展及时转型而导致不可持续。二是普遍缺少一个强大的研发团队和比例固定且充足的研发经费。

（5）招标中标存在一些腐败制约中国研发业发展。

（二）可转化因素与对策建议

（1）世界经济处于中低谷的现状，正为中国产业链升级提供了千载难逢的机遇和时空，有利于走入国际高端市场。

（2）借鉴美国政府通过多项法案规定，如果政府财政资金资助的科研成果不能最终转化为经济成果，则该科研项目主持人不再具备接受政府财政资金支付获得科研经费的资格。

（3）我国政府及时增减国家税法相关条目，具体制定《科研成果转化法》二级法的可行可操作细则。强行规定：国有企业每年必须有固定比例优先采纳使用国家重大科研项目成果，才能享受相应国家减税优惠政策。增加条目：政府对技术研发的企业实施政府补贴政策，对成果应用的企业实施政府减税政策。

（4）增加国家知识产权部门“制定国家产权战略”的职能，不仅仅只是原先的专业行政性事务性管理和审批职能，以利于具体及时指导21世纪中国产业高端发展转型中，企业运用知识产权战略、战术框架程序的谋略水准和成功率。

（5）中国与其做追赶产业升级先行者，不如将资金流向更高的产业水平升级。

（6）让那些陷入经营困境的上市公司退市，以整体升华企业质量和营利能力。

三、航天领域及时建设高端人才队伍实现可持续发展措施

进入21世纪以来，作为中国国家实力崛起的关键产业之一的航天领域，是国家百年战略中不可替代的国家威慑力量之一，具有不可替代的国家支柱支撑地位。

（一）局限性

（1）航天高端人才队伍的老龄化。

（2）高端人才群体缺乏主动进入国家航天领域的人生选择动力。

（3）资源紧张，空间有限。

(4) 时代原因。将会使中国航天领域今后极度缺乏提高“吸引与促进国内高端人才主动进入”航天关键岗位的人生选择环境。

(二) 可转化因素与对策建议

(1) 法律保障。

(2) 组织保障。

(3) 投资保障。

(4) 制度保障。

(5) 人才队伍建设保障。

(6) 航天高端退休基地建设保障。强有力吸引今后国内中青年高端人才群体主动进入航天事业。

为了强有力保障中国航天领域始终走在世界前列，为了持续提高国家高端人才群体进入国家航天领域的人生奉献主动性，应及时借鉴欧美航天领域的成功经验，对于中国航天领域高端人才队伍建设以及相应高龄高端领域退休基地建设，及时给予在国家法规保障国家投资和国家政府倾斜性政策的可持续。

四、中国“就业优先”战略的可行性措施

进入21世纪以来，欧美发达国家纷纷建立“就业优先”国策。党中央和国务院在“十三五”规划中明确提出“就业优先”战略之后，为避免“大而化之、笼而统之、一次性、临时性”的非科学、非专业思维方式下的不能落实和局限制约，下一步关键在于如何在已有笼统大思路的规划前提下，建立起可行、可操作的工作计划、跟踪体系、评估指标体系和绩效体系，以结果为激励导向的行政管理机制的大系统工程。

在我国转变经济发展方式的同时，迫切要求党和政府必须充分重视、及时转变与之相适应的国家发展管理方式，以有助于21世纪实现中国稳健发展的战略目标。

(一) 优势

(1) 党中央和国务院极为重视就业问题，并把就业优先战略作为重要的国家维稳战略。

(2) 21世纪初期15年以来，中国就业人口稳定在1 000万。

(二) 局限性

(1)“十二五”期间的“就业优先”战略，在体制建立之后，缺乏机制

细化可行措施，极度缺乏举办“多部委”联席会议的联合综合措施。

（2）各级领导层理工科专业较多，学习社会管理专业的不多，只关注硬设施建设和效率为本，对于软硬实力并举的、可获得民心的国家行政管理能力体系建设重视不够。

（3）缺乏具有现代完整性的、系统综合的就业体系建设和体制外的教育体系和职业培训体系建设。

（4）全国小学期间，尤其中学期间，缺乏国际惯例的职业理念培训。例如，德国的企业在职培训是从小学中学基础教育阶段就开始实施职业就业能力的前期教育。

（5）虽然建立有比较完备的体制内就业服务体系，但缺乏科学的、专业的制定规划、跟踪评估体系能力。

（6）现阶段，只注重花大钱用在硬件设施建设上，软件能力提升、必要的绩效跟踪评估体系建设缺乏，亟须及时完善可行、可操作的解决方案，以及实施措施滞后。

（7）老百姓群体使用国家各个级别的公共行政服务体系的效果很低，浪费了国家资金投入和国家宝贵财产。

（三）可转化因素

（1）引进世界500强的绩效评估体系建设。

（2）借鉴英国职业介绍所（类似中国职业服务中心）经验，每月、每年联系企业的用工统计，十分清楚企业用工需求的诉求。

（3）完善用工体系。不能仅仅只是停留在规划，而是要具体制定落实措施和操作细则。

（四）对策建议

（1）将本提案“2015年中国‘就业优先’战略的可行性措施建议”，及时列入有关部门的工作议事日程。

（2）适时举行联席会议。

（3）每年举办1~2次就业战略体系建设高端研讨会。

（4）适时制定中国就业战略建设资质与业绩考核体系等，保障国家就业体系战略实施的建设质量。

五、预警劳动关系危机以及国家对策

21世纪，全球各国在明确市场职能不能解决所有问题，且会存在失灵之后，中国及时制订国家劳动关系预警应急实施方案，避免社会动乱所造成的政权执政危机，以积极主动的措施，稳健掌控党群、政群之间的共识共赢，是我国“十三五”期间的战略对策之一。

（一）优势

党中央、国务院始终十分关注劳动关系在稳定国家政权、强化党群领导核心的关键政治优势。中华全国总工会有95年协调劳动关系的悠久历史，具有坚定信仰理念和联系群众、组织群众、教育群众、维护职工合法权益的丰富工作经验的组织优势，对21世纪中国特色的新型劳动关系建设工程的组织实施，具备可行、可操作优势。

（二）局限性

（1）21世纪初期，“体制外职工群体”存在“法盲、信仰空白、价值观空白、无政府主义”等问题。

（2）缺乏主动稳定和扩大党和国家的“基层党外、体制外”职工、群众阶层的群体基础，转变暂时颓势和不稳定潜在因素。

（3）相关的立法、司法、执法有效衔接不足。

（4）缺乏执法手段，执行力度不足。不能有效解决新形势下的新问题，例如农民工合法权益保护问题（薪酬保护、劳务派遣工“同工不同酬”）等。

（5）只有协商手段，缺乏国家法律法规可执行细则的刚性支持。

（6）劳动合同短期化趋势造成劳动关系不稳定，缺乏职业安全感。

（三）可转化因素

（1）顶层设计，强化相关的立法、司法、执法之间的有效衔接，具体细化制定可行、可操作的新型劳动关系法规与制度。

（2）经济手段、政策手段、协商手段、法治手段以及信仰价值观教育手段并举，主动稳定和扩大党和国家的“基层党外、体制外”职工群众阶层的群体基础。

（3）善于以群众喜闻乐见的劳资法规意识教育，作为企业文化建设不可替代的制度建设方式，灵活运用与保障原则并举，有效使用劳动法律、集体协商制度、职工代表大会、劳动争议调解处、劳动合同制度、集体合同制度、劳动法律监督、职工董事制度、职工监事制度、厂务公开制度等制度。

（4）进一步强化、细化和落实工资集体协商机制。

（5）及时增加并保障非公、农民工和外商参保企业的合法权益。

六、预警：21 世纪跨国别、跨地区的人才信仰争夺战，及时改变现在国内网络民间舆论的危机局面，夺回国内门户网络的舆论主权；及时构建“将大文化，作成信仰的惯性潜意识+生活方式”的可持续执政的“中国人才精神家园体系建设”

进入 21 世纪第二个十年，全球呈现出信息社会多种时代新形态的特点。面对世界各国尤其是欧美国家社会形态快速转型的大背景，我国及时提出中国预警 21 世纪人才信仰争夺战的严重性和必要性，将人才事业从静态甄别、选拔任命与战术布局的重大管理关键层次，与升华到“动态牵引”国家人才库发展龙头建设和全民信仰精神家园建设同步的战略高端层次并举，同时以顶层设计来构建“善于将大文化，作成信仰的惯性潜意识+生活方式”的可持续执政的“中国人才精神家园体系建设”。

（一）优势

（1）党中央与国务院始终十分关注治国人才团队的规模化接班重大问题，并具体布局 21 世纪中国特色社会主义建设伟大事业中的人才整体信仰可靠性建设。

（2）紧紧配合党中央和国务院的世纪战略，以国家级别专家学者智囊团的不可替代核心优势，创造性地开展 21 世纪人才队伍体系布局建设，充分具备了人才团队信仰体系建设的正能量和坚实的组织架构以及实施执行力。

（二）局限性、可转化因素

（1）世界上反华势力“以攻心为主动战略、以心战为布局战术”，阴谋争夺 21 世纪中国接班人才队伍的信仰导向。

（2）国内有关部门机构，应及时察觉并有效地持续预警，应及时出台对策性软硬措施，及时避免麻痹无觉且放任泛滥的危机局面。

（3）加强国内网络宣传阵地的把控，作为传媒和媒体的时代第一重要阵地来管理。

（三）具体步骤

需要两三代中国人努力的文化软实力的工程、框架、流程，发挥其突出吸引力与广泛影响力，可考虑设计以下 4 个层次：

（1）将我们的信仰，做成大传播。

（2）将传播，做成大文化。

（3）将大文化，做成中西文化可以互相阐释的哲学体系。

（4）将信仰，做成生活方式和惯性潜意识。

（四）对策建议

（1）在顶层设计上增设：中国人才队伍信仰导向的预警系统建设。

（2）作为党和国家长期国策，国内有关部门要及时察觉并有效地持续预警和研究这种隐蔽形式的软硬措施，警觉并及时转变之前放任自流泛滥局面。

（3）开展有效信仰教育的教育机制。

七、强化国际人才联席预警平台建设，整合长存共赢砝码，建立健全国际预警机制

及时解决“三门干部决策易失真”的缺陷问题和解决方案缺“实”问题，以保证党和国家的决策体系适应国情，并实现及时、准确、全局的正确性。以上所谈问题，也同样适用于所有国外留学回国的留学生群体如何达到“知己知彼、适合推进国情发展”的有效途径。

（刘延宁，中国人才研究会副秘书长，中国高科技产业化研究会副理事长。）

西藏人才发展体制机制改革研究

王　桂　胜

中共中央印发的《关于深化人才发展体制机制改革的意见》（以下简称《意见》），对我国的人才发展体制机制提出了许多重大改革意见，为我国人才资源的不断发展壮大提供了重要途径和科学指导。《意见》中主要提出的核心点有六个方面：一是进一步推进人才管理体制改革，完善政府人才管理职能；二是要改进人才培养支持机制，制定适合各类人才发展的支持方式；三是要创新人才评价机制，优化人才评价制度作用；四是要健全人才顺畅流动机制，促进人才双向流动，鼓励人才向艰苦边远地区和基层一线流动；五是要强化人才激励机制，突出创新创业导向；六是要构建具有国际国内竞争力的引才用才机制。可以说，这些改革举措全面夯实了我国人才发展的制度性基础，为我国各类人才的培养和长远发展创造了良好的环境。本文将就上述六个核心点谈谈学习贯彻《意见》对加快边疆民族地区人才发展的启示和促进作用。

一、深化边疆民族地区人才管理社会化、市场化体制改革

人才管理体制要适应人才发展和使用的需要，要适应社会发展变化的需要。人才资源是社会经济发展的第一资源，人才资源的使用和配置也是以市场机制为主要决定性机制。作为边疆民族地区的人才管理，也是要走市场化和社会化方向，必须要改变过去僵化单一的计划管理模式。社会化和市场化人才管理模式，是适应当前我国社会主义市场经济发展的主流和基础性人才管理方式，即使在西藏等边疆民族地区也不例外。

目前，国家人才发展战略提出党管人才，而党管人才主要体现在宏观人才管理上，即人才发展规模和人才发展结构的掌控以及重大人才工程的建设等；而在微观人才管理上，就要以市场为中心，市场机制就是一只看不见的

手，能够自动调节人才的培养、评价、流动和使用等方面。未来我国将构建统一、开放的人才市场体系，不断完善人才供求、价格和竞争机制，使市场机制在人才资源配置上起决定性作用。此外，还要进一步深化人才公共服务机构改革，大力发展专业性、行业性人才市场，鼓励发展高端人才猎头等专业化服务机构，放宽人才服务业准入限制。积极培育和规范各类专业社会组织和人才中介服务机构，有序承接政府转移的人才培养、评价、流动、激励等职能，充分发挥人才服务的社会化功能。结合我国信息技术的不断发展，“互联网+”功能的不断延伸，充分运用云计算和大数据等技术，为用人主体和人才提供高效便捷服务。在不同类别人才服务上，要进一步扩大社会组织人才公共服务覆盖面，促进人才服务的公平化和全面化。在人才管理上还要进一步完善人才诚信体系建设，建立失信惩戒机制。

二、制定适合边疆民族地区各类人才发展的培养支持机制

西藏的人才发展需要根据人才的结构状况，采取不同的培养支持机制，利用不同的培养方式才能实现人才发展目标。自治区自成立以来，职工和从业人员人数明显增长，人才素质不断提高。全区职工人数从 1965 年的 6.25 万人增加到 2014 年的 27.7 万人，增长了 3.4 倍，占全区人口比例为 8.7%。各级各类学校在校学生数从 1965 年的 7.05 万人增加到 2014 年的 60.79 万人，增长了 7.6 倍，占全区人口比例为 19.14%；其中，高等学校在校学生数从 1965 年的 2 251 人增加到 2014 年的 3.49 万人，增长 14.5 倍。全区各类专业技术人员从 1985 年的 2.35 万人增加到 2014 年的 6.97 万人，增长了近 2 倍，专业技术人员占全区职工人数比例为 25.16%，专技人员比重超过职工总数的 1/4。由上述数据可见，西藏自治区各类人才的规模得到了长足发展。

为在人才结构上进行比较分析，我们提取 2007 年国家人才结构分布统计数据，做出人才结构比例图（见图 1）。

在我国 2007 年各类人才结构中，专业技术人才所占比例最大，其次是企业经营管理人才和高技能人才，农村实用人才和党政人才所占比例最小。在我国制定的《国家中长期人才发展规划纲要（2010—2020 年）》中，关于人才发展的规模总量目标数据是，到 2020 年，国家人力资源总量达到 1.8 亿人。该规划中制定的各类人才发展目标结构比例（见图 2）。

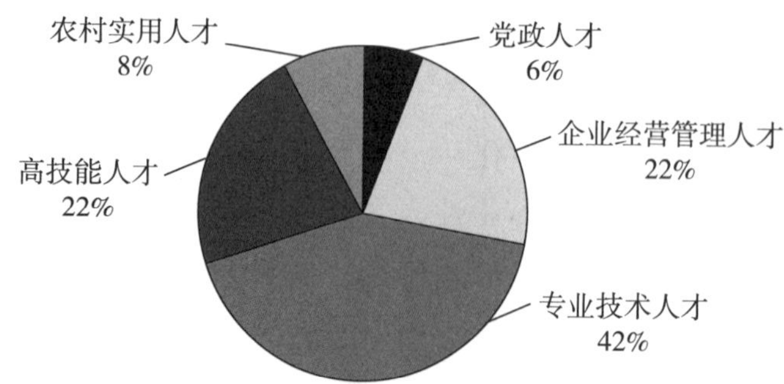

图1　2007年国家各类人才分布结构比例

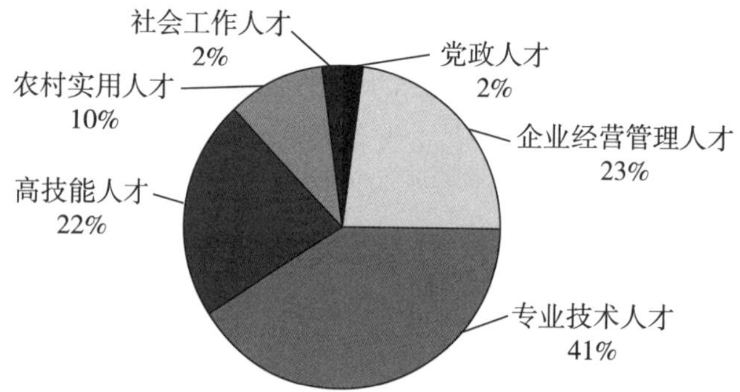

图2　2020年我国各类人才分布结构目标比例

由图2可见，经过10年发展，到2020年我国各类人才结构更趋合理。专业技术人才所占比例保持优先，企业经营管理人才和高技能人才比例与目前情况基本一致，党政人才比例大幅下降，农村实用人才比例有所上升，社会工作人才大力发展，与党政人才比例相同。

提取2009年西藏自治区人才结构分布统计数据，做出人才结构比例图（见图3）。

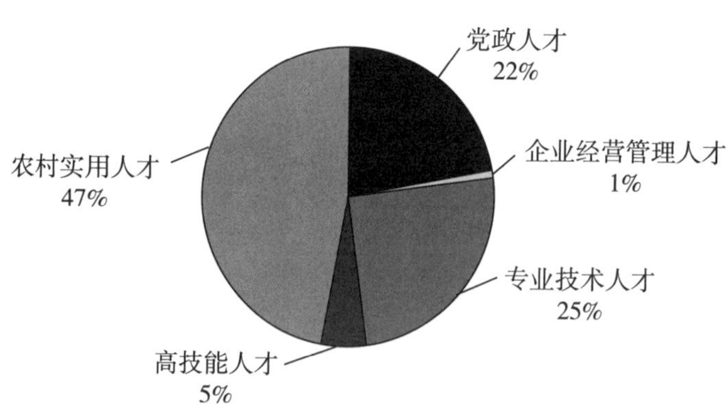

图3　2009年西藏自治区各类人才分布结构比例

根据西藏自治区2010年制定的人才发展规划，西藏自治区在2020年人才总量发展规模将达到42.5万人，同时各类人才发展目标比例（见图4）。

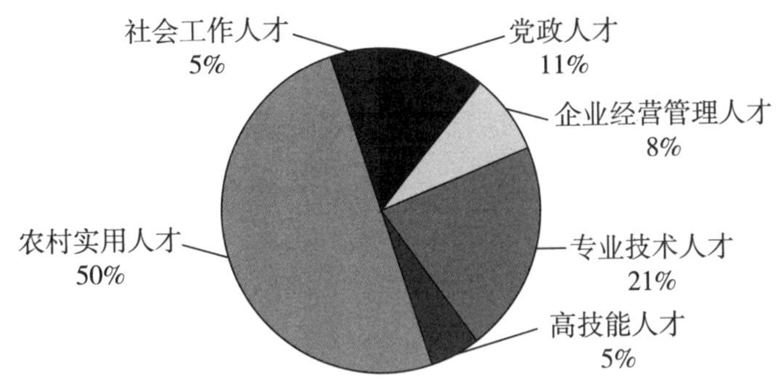

图4　2020年西藏自治区各类人才发展目标比例

西藏自治区人才发展规划中提出的各类人才分布目标比例，相对于2009年的人才分布比例，结构上更加合理。党政人才比例大幅下降，企业经营管理人才比例大幅上升，社会工作人才得到大力发展。不足之处是农村实用人才偏多，高技能人才偏少，企业经营管理人才比例还要继续提高，同时专业技术人才比例还要适度提高。与全区人才规划结构比例对比，拉萨市人才规划结构比例更为合理。拉萨市制定的人才发展规划表明，到2020年，拉萨市各类人才分布目标比例（见图5）。

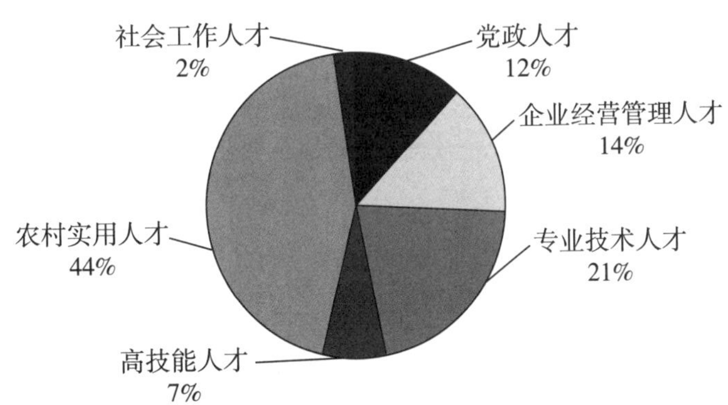

图5　2020年拉萨市各类人才分布目标比例

对比图4和图5可见，拉萨市人才分布结构更加合理，企业经营管理人才和高技能人才比例较高。当然，拉萨市作为首府城市，在人才发展上要发挥首位度作用，目标要与全国人才发展趋势保持一致，这样才能更加有力地推动拉萨市经济社会实现跨越式发展和长治久安。

要多渠道、多途径为建设社会主义新西藏，培养规模宏大、结构优化、布局合理、素质优良的人才队伍。利用各类学校培养人才，从幼儿教育、基础教育、高等教育各个环节抓起，提升教育水平，提高人才培养质量；利用各类阵地培养人才，通过短期技能培训班、职业教育等多种形式，培养满足社会需求的技能型人才和实用人才；利用内地资源培养人才，挑选政治坚定、品学兼优、发展潜力大的学生和行业拔尖人才到内地深造，为培养造就高层次创新型人才群体奠定基础；利用工作实践培养人才，组织和引导各类人才在社会实践中砥砺品质、锤炼作风，提高干事创业的本领，努力在实践中发现人才、培育人才、锻炼人才、使用人才、成就人才。要针对不同对象，继续在内地高校建立西藏干部教育培养基地，积极争取国家人才培养计划和项目向我区倾斜，采取送校培养、出国培训、自主选学等多种形式，以及充分利用对口支援、联合培养优势等，认真组织实施人才素质提升工程、农牧区急需人才培养工程、特色优势产业人才培养工程、青年英才培养计划和宣传文化系统“五个一批”人才培养工程。

三、创新边疆民族地区人才评价机制体系，优化评价效果

人才评价关系到人才的合理有效使用。要实现人尽其才，就必须建立一套科学的人才评价体系。科学的人才评价体系首要的前提就是，用人单位要有评审权、聘用权，即谁用人、谁评价。对于高校、科研院所和国有企业这些有条件的单位，政府要放心大胆地让他们自主评审，以调动用人单位的积极性。在评定方式上也可以更加灵活多样，用不同的尺子去衡量。当然，在人才评价上政府放权不是丢责，政府还要在职称评定中履行好自己的职责，要把握好基础标准，做好指导工作。

建立科学的西藏自治区人才评价体系尤为重要，直接关系到西藏自治区人才发展和引进工作。自治区党委和政府一直把人才作为关系西藏跨越式发展和长治久安的关键环节来抓，确立了人才优先发展的战略布局，始终坚持尊重劳动、尊重知识、尊重人才、尊重创造的方针，真正把人才工作放在心上、抓在手上，摆上重要议事日程，纳入经济社会发展总体规划，将人才考核纳入政府实绩考核同步奖惩，使人才工作更好地与经济社会发展要求相适应。

为建立西藏自治区科学的人才评价体系，就要发挥政府、市场、专业组织、用人单位等多元评价主体的作用，加快建立科学化、社会化、市场化的人才评价制度。科学人才评价体系强调对不同类别的人才应该采取不同的评价主体和评价方式，具体包括：基础研究人才以同行学术评价为主，应用研

究和技术开发人才突出市场评价，哲学社会科学人才强调社会评价。此外，适当引入国际同行评价也可以进一步提高人才评价的科学化程度。对于应用型人才评价，应根据其职业特点突出能力和业绩导向。对于边疆民族地区的人才评价，也应该考虑其地域特点和民族特点，从多方面、多视角加以考察评价。为提高人才评价的科学性、严谨性，必须引进现代信息技术，加强评审专家数据库建设，建立评价责任和信誉制度体系。另外，对于基础研究型人才的评价，要适当延长评价考核周期，对于这类人才的考核要给予一定的灵活性和弹性。

四、建立健全边疆民族地区与内地之间人才顺畅流动的有效机制

人才顺畅流动是人才充分发挥作用的前提条件。近年来，我国出台多项人才政策畅通人才流动渠道，如国家“千人计划”、外国人永久居留证等制度，但户籍、地域、身份、学历、人事关系等制约人才流动的障碍依然存在。此次《意见》提出建立高层次、急需紧缺人才优先落户制度，为解决人才流动中最“头疼”的户籍问题打开了突破口；《意见》还提出加快人事档案管理服务信息化建设，完善社会保险关系转移接续办法，为人才跨地区、跨行业、跨体制流动提供了便利条件。

据统计，我国大部分人才集中在东部沿海等发达地区，西部地区 12 个省区市只占人才总量的 18.8%，边疆民族地区则不足 4%。为完善人才向艰苦边远地区和基层一线流动的渠道，《意见》提出了多项新规。要创新研究制定鼓励和引导人才向艰苦边远地区和基层一线流动的意见政策，提高艰苦边远地区和基层一线人才保障水平，使他们在政治上受重视、社会上受尊重、经济上得实惠。重大人才工程项目适当向艰苦边远地区倾斜。边远贫困和民族地区县以下单位招录人才，可适当放宽条件、降低门槛。鼓励西部地区、东北地区、边远地区、民族地区、革命老区设立人才开发基金。完善东、中部地区对口支持西部地区人才开发机制。

西藏自治区要积极运用国家优惠政策，加强与内地人才的交流和双向流动。目前，西藏自治区之所以发展不足，主要受制于人才瓶颈。为促进各类人才向西藏地区流动，西藏自治区党委政府在破除人才流动障碍上更要积极进取、大胆开拓，做到不拘一格降人才。对人才队伍、人才结构与西藏跨越式发展和长治久安不相适应的实际，各级各部门要解放思想、敞开胸怀，千方百计筑巢引凤、吸引人才。要制定、完善和落实吸引人才的政策措施，以

最好的服务、最优的环境、最大的诚意，把西藏建设成为广大人才成长创业的沃土、安居乐业的家园，让各类人才纷纷涌向西藏，为建设团结、民主、富裕、文明、和谐的社会主义新西藏贡献力量。

五、进一步强化边疆民族地区人才激励机制，促进创新创业

人才激励机制的好坏，直接关系到人才作用的发挥，最终会影响到社会经济的发展水平。而要实现对人才的充分激励，只有充分保障人才的知识成果产生相应的效益，才能更好地激发人才潜能，也才能进一步促进人才发展。

在保护和激励人才的创新中，知识产权保护，尤其是职务发明的产权收益问题是一个绕不开的话题，付出与回报不成比例的现状使很多职务发明人望而却步。此次《意见》提出加快出台职务发明条例，将为合理划分单位和创新人才之间的权益、最大限度调动人才创新积极性提供法律保障。当然，在对人才权益进行保护的同时，不能忽视知识产权风险的防控。对此，《意见》提出建立人才引进使用中的知识产权鉴定机制。这一机制的建立既能减少人才引进和使用中的资源浪费，也有利于防控知识产权风险。知识产权保护的意识在边疆民族地区相对薄弱，是在西藏等边疆民族地区尤其要加以重视和培育的。尊重知识、尊重人才的观念是要在知识产权保护的具体实践中不断树立起来的。只有重视和规范好知识产权保护问题，才能永葆技术人才的创新热情。

《意见》中提倡实行以增加知识价值为导向的激励机制，建立并完善市场评价要素贡献并按贡献分配的机制。目前，在西藏自治区的分配体系中按要素贡献分配体系并不完善，吃大锅饭现象比比皆是。为此，要进一步研究制定在西藏国有企事业单位中引进人才股权期权激励政策，对不适宜实行股权期权激励的也可以采取其他激励措施。要不断探索出西藏自治区高校、科研院所担任领导职务科技人才获得现金与股权激励的管理办法。

股权期权激励作为一种长期激励手段，可以让科研人员能够合理分享创新财富，可以促进各类人才的创新研究。在实践中，国内不少地方也已开始试行并取得了良好效果。《意见》提出研究制定国有企事业单位人才股权期权激励政策，是针对我国人才激励机制的短板提出的改革措施，但是也要防止国有资产流失造成的国有企事业单位“空心化”等问题。因此，《意见》也同时规定了“对不适宜实行股权期权激励的采取其他激励措施”。

此外，针对近年来国家提倡创新驱动发展战略，《意见》还提出总结推

广各类创新创业孵化模式，打造一批低成本、便利化、开放式的众创空间，这顺应了当前国家重点推动的发展模式，有利于构建更加全面完善的人才激励机制。边疆民族地区由于历史和地理原因，无论是在社会经济发展，还是在科学技术以及创新创业方面，均与内地发达地区差距甚远。面对当前国家提出全面建成小康社会的历史契机，边疆民族地区要迎头赶上，借助于新思想、新理念、新技术和各项优惠政策，大力培养引进各类人才，采取各种有力措施鼓励其实现创新创业。为此，要实现三个“嫁接”，即“人才嫁接”“资金嫁接”和“项目嫁接”，其中项目是人才和资金的纽带。

西藏自治区要实现社会经济的跨越式发展，必须首先要实现人才资源的跨越式发展。为此，必须要进一步开拓思路、创新机制。根据西藏自治区社会经济发展的特点以及特殊的地理位置，在人才发展方面要坚持灵活性和保证提供适度的优惠政策，激励措施也应具有一定的特殊性，确保人才进得来、待得住，同时发挥人才的最大效率。

六、构建具有竞争力的边疆民族地区引才用才机制

西藏自治区作为我国边疆民族地区之一，是我国乃至世界最为独特的地理区域，地处青藏高原腹地，常年低压缺氧，紫外线辐射强烈，基本上不适宜于人类生存生活。在这片自然条件极为恶劣的高海拔偏远地区，要实现经济繁荣、社会发展谈何容易。但西藏地域辽阔，是我国的战略要地，不能不重视其发展，中央将其定位为“两屏、四地”。我党在发展战略中明确提出，到2020年全面建成小康社会，实现“两个一百年”目标。“四个全面”国家战略要求人不分南北、地不分东西，都要同时跨入小康社会。这个宏伟战略目标对于边疆民族地区来说既是机遇又是挑战，只有抓住这个契机，才能实现历史巨变。为实现西藏地区同步跨入小康社会，如何吸引和招揽更多优秀人才来西藏创新创业就是一个影响全局的关键问题。

目前，针对西藏自治区人才稀缺问题，中央极为重视，要政策给政策，要资金给资金。从最初的重点项目援藏，到全国有关省市对口支援西藏，以至于现在的干部援藏、智力援藏、产业援藏等多种形式、多种方式支持西藏发展，西藏地区与内地之间的交流可谓日益深化和全面化。关于人才流动问题，上文已有详叙，这里重点讨论一下如何有效引才。西藏自治区党委政府一直十分重视人才发展问题，先后多次出台了人才引进办法。2015年10月又出台了《西藏自治区高层次人才引进实施办法》，人才引进工作紧张有序

地开展着。西藏自治区各级组织人事部门也不断派出人才工作负责人到内地发达省市学习吸取人才引进工作经验。总体来看，人才工作虽然取得了一些成绩，但与目标相比还有很大差距。造成人才资源不能快速发展的原因，可以总结为以下几个方面：一是观念保守、思想落后，缺乏与时俱进的精神和工作态度，形成了铁板一块、不愿除旧布新的局面和氛围；二是人才引进工作力度不够，这与西藏自治区自身发展基础差有关，财力和底气不够，引才的吸引力就较差；三是人才引进工作准备不充分，人才引进工作力量欠缺，人才引进规划不精细，仅当成任务来完成，而不是全心全力地重视引才工作；四是人才引而不用或用得不够，对引进自治区的人才留不住，进来后不久又走了，进而影响到人才引进工作的全局。

针对上述人才引进工作中的问题，我们必须要有改革的紧迫感，痛下决心尽快改变人才不振的局面。全面梳理革新人才引进工作机制，使各方面优秀人才能够广涌博进。在具体人才引进工作上，此次《意见》提出支持地方、部门和用人单位设立引才项目，加强动态管理，实行柔性引才和灵活办法；同时强调鼓励社会力量参与人才引进，拓宽了人才引进工作范围；此外，要不断健全人才引进工作技术和服务平台。

除了积极引进人才外，西藏自治区人才发展的另一个重点是要坚持以用为本。无论是人才的培养还是人才的引进，其根本出发点和目的是用好人才、发挥好作用。以用为本要求对人才资源要能正确配置、合理使用，只有对引进人才充分信任、放手使用，支持他们深度参与各类国家计划项目，才能最大限度地发挥人才的效能。人才的培养要与市场对人才的需求紧密一致，否则就会产生人才结构不一致问题。因此，要结合西藏地区产业结构调整对人才的需求，有目的地引进和开发人才。为稳定和用好各类人才，针对西藏特殊的自然环境、历史环境和现实条件，我们要始终坚持用事业留人、用感情留人、用适当的待遇留人，积极营造拴心留人的良好环境，认真研究制定实施各种特殊的人才留用政策。

七、结语

西藏等边疆民族地区的人才发展对于实现边疆民族地区的跨越式发展和长治久安至关重要，不论是中央还是地方都要极为重视这个关键因素。为促进西藏等边疆民族地区的人才发展，就要结合当前“十三五”发展规划和西部大开发战略，进一步加强西部边疆民族地区人才工作；要制定和完善支持边疆民族地区发展的人才政策，吸引和留住各类人才到西部地区尤其是农村基层、艰苦边远地区工作；要完善边疆民族地区人才发展体制机制，创造良好的人才发展环境。西藏自治区作为西部条件最为艰苦的地区之一，在经济和社会发展相对落后的情况下，要履行同全国人民一同跨入小康社会的庄严承诺，必须紧密依靠中央和兄弟省市的大力支持，不仅需要资金的投入，还要在人才发展政策上给予支持和指导，在人才引进上需要内地省市的大力协助。只有西藏人才资源得到优先发展，才能顺利实现西藏地区跨越式发展和长治久安，这也正是科学人才观在西藏地区经济社会发展中运用的生动体现。

（王桂胜，拉萨市政府顾问，西藏党校副校长。）

引进流动篇

论解放和增强人才活力的理念和政策环境

叶　忠　海

中共中央印发的《关于深化人才发展体制机制改革的意见》（以下简称《意见》），首次在党和国家文件中提出带有战略性的重要命题——“解放和增强人才活力”。它既是人才工作改革的突破重点，又是人才工作的根本目的。本文就解放和增强人才活力的内涵、意义、理念和体制机制，分别做一概要的论述。

一、解放和增强人才活力的内涵和意义

何谓人才活力？简要来说，就是人才及其群体的主体能动性。解放和增强人才活力，即指解放和增强人才及其群体的主体能动性。其包括自主性、自觉能动性、创造性。自主性，是主体本质力量的表现和主体地位的确认，是主体发挥能动性、创造性的前提。自觉能动性，是主体与非主体的最基本区别。创造性，是主体能动性的最高表现。据此，解放和增强人才活力的最高体现，即解放和增强人才主体的创新创造创业活力。其表现为人才主体的创新创造创业意识激发，创新创造创业能力能动性发挥，创新创造创业价值得到充分实现。

《中共中央关于全面深化改革若干重大问题的决定》提出，“进一步解放思想、解放和发展社会生产力、解放和增强社会活力”。这“三个解放”是对人类社会发展动力的高度概括和规律性把握，既是全面深化改革的核心，又是全面深化改革的目的。人才是经济社会发展的第一资源，是解放思想的先行者，是发展社会生产力的引领者，是社会活力的集中体现者。就后者而言，社会由社会人及其组织构成，社会活力即社会人及其组织的主体能动性。可见，社会活力本质上讲就是社会人的活力，尤其是人才的活力。据此，人才活力是社会活力的核心，解放和增强社会活力，首先是解放和增强人才

活力。

综上所述，解放和增强人才活力，是“三个解放”的核心和关键。

二、解放和增强人才活力，重在坚持以人才为本位的理念

党的十八大以来的各种重大路线、方针、对策，闪耀着以人为本理念的光辉，将以人为本理念提高到前所未有的高度。中央提出“必须更加自觉地把以人为本作为深入贯彻落实科学发展观的核心立场”，作为“检验党一切执政活动的最高标准”，并提出“始终把人民放在心中的最高位置”“坚持以人民为中心的发展思想”等。据此，作为党的执政活动的人才工作领域，解放和增强人才活力，必须坚持以人才为本位的指导思想，贯彻于解放和增强人才活力诸领域和全过程。

（一）树立“人才是目的”的理念

一方面，人受社会性制约，表明人的客观性；另一方面，社会属人性的意义，表明社会发展是为了人的发展。尽管人的发展与社会发展是相互决定、互为条件的，然而从根本意义上说，人的全面而自由发展是人类社会历史发展的最终目的。归根结底，人才是社会可持续发展的目的而不是工具。这启示我们，人才开发及其体制机制改革，不仅应把推动社会的科学发展作为价值取向，而且应以促进人才的科学发展作为最终价值取向。具体而言，人才的潜能得以充分开发，人才的创造才能得以充分发挥，继而人才的社会价值才能得以充分实现，人才才能得以自由而全面发展。这些应作为人才科学开发及其体制机制改革的最终目的。正因为如此，这次中央颁布的是关于深化“人才发展”的体制机制改革的意见。

（二）树立“人才为主体”的理念

这不仅是由人才活力的内涵和属性决定的，也是辩证唯物主义基本原理所要求的。辩证唯物论表明，事物发展的根本原因，不在于外部，而在于内部，在于事物内部矛盾性。外部因素，只有通过事物内部因素才能起作用。同理，人才活力的解放和增强，人才内因是第一位的，最好的外部因素，也只有通过人才的评价、选择、控制、内化，才能成为人才活力激发的内动力。这就启示我们，要解放和增强人才活力，就要充分体现人才的主体性，人才是人才工作改革的主体，应发挥其在人才发展体制机制改革中的主体作用，不能仅仅将人才及其活力作为“被解放”“被激发”的对象和客体。再从人

的心理发展规律来看，人的心理发展过程，是人的需要、动机、行为、目标之间前后联系、按序推进、循环往复，螺旋式上升的过程。其中人的行为总是受人的动机支配，而人的动机又导因并受制于人的需要，人的需要是人的行为动力的心理源泉。这就启示我们，研究和满足人才主体性的需要，是从源头上来激发人才活力。为此，应自始至终将人才主体性需要作为人才开发及其体制机制改革的基本依据，将人才需要与社会需要辩证统一起来。人才开发及其体制机制改革应充分体现对人才发展的服务性。

（三）树立“人才作为尺度”的理念

人才是人才活力的载体，其活力与人才自身是分不开的。人才作为活力的载体，对其活力解放和增强的状况最有体验、最有发言权。这就启示我们，人才开发及其体制机制改革的质量和成效的评价，最基本的评价主体是广大人才。应积极组织人才参与评价活动，倾听广大人才的呼声、建议和意见，应以他们的知晓度、认同度、凝聚度、发展度、满意度，作为衡量人才开发及其体制机制改革成功与否的最基本尺度。

（四）树立“人才是过程”的理念

世界是过程的集合体，任何事物均是动态运动的，自然界是如此，人类社会也不例外，作为特殊事物的人才更是这样。人才既有非人才→准人才→潜人才→显人才→高级显人才纵向的成长和发展过程，又有人才类型转化的横向变化过程。这就启示我们，人才开发及其体制机制改革，不仅为人才某阶段某类型服务，而且要为不同类型人才终生发展服务。这就得遵循人才过程转化规律，了解和把握不同类型不同层次人才的成长和发展的特点和需要，以问题为导向，针对性开展人才开发活动，实施人才发展体制机制改革，力求做到阶段性和连续性的统一，形成人才科学开发服务体系。

三、解放和增强人才活力，重在优化人才发展的政策制度环境

人才活力的解放和增强，是内外诸因素相互作用的综合效应过程，不仅要考虑人才活力解放和增强的内在动力，还要考虑人才活力解放和增强的外部社会环境。尽管外部社会环境相对于内在因素而言，是第二位的，但它是必不可少的。外部社会环境，包括社会政治环境、社会经济环境、社会文化环境、社会生态环境等，其中社会政策制度环境直接关系到人才活力的解放和增强。这次中共中央印发的《意见》是新中国成立以来在中央层面上关于

人才体制机制改革的首个综合性文件，是中央关于全面深化改革系列文件中的重要组成部分。《意见》的针对性、现实性突出，战略性、前瞻性极为明显，着眼于破除束缚人才发展的思想观念和体制机制障碍，形成具有国际竞争的人才制度优势。它的出台，大大优化了人才发展的政策环境，将强有力地推进人才活力的解放和增强，正如《意见》所阐述的那样："形成与社会主义市场经济体制相适应、人人皆可成才、人人尽展其才的政策法律体系和社会环境。"

（一）优化人才的育人体制机制

《国家中长期人才发展规划纲要（2010—2020年）》（以下简称《人才纲要》）"创新人才工作机制"部分，首先提出了"人才培养开发机制"的创新，《意见》将"改进人才培养支持机制"专门列为一部分加以阐述。要优化人才的育人体制机制，有下列基本问题需要加以明确：

（1）正确定位人才培养目标。这是人才的育人体制机制改革创新的依据。基于人才的育人体制机制的改革创新，其根本目的是为了更好地培养社会所需要的人才，因而人才培养目标从根本上规定着人才的育人体制机制。换句话说，人才的育人体制机制改革创新，受制于人才培养目标。据此，要科学而有效地改革创新人才的育人体制机制，就要正确定位人才培养目标。关于人才培养目标定位问题，《人才纲要》明确指出：未来10年乃至更长时期我国"突出培养创新型人才，注重培养应用型人才"；《人才纲要》还将"突出培养造就创新型科技人才"，作为国家人才队伍建设主要任务中的首要任务。2016年5月30日习总书记在全国科技创新大会、两院院士大会、中国科协第九次全国代表大会上做了"为建设世界科技强国而奋斗"的战略性重要讲话，再次强调"我国要建设世界科技强国，关键是要建设一支规模宏大、结构合理、素质优良的创新人才队伍，激发各类人才的创新活力和潜力"。

（2）建立和完善"两大合作"培养人才新体制。这是人才的育人机制创新之首要。一是建立和完善"产学研合作"培养人才新体制。《人才纲要》将建立产学研合作培养人才新体制作为人才发展十大重大政策之一；《意见》进一步提出，"完善产学研用结合的协同育人模式""发挥高校、科研院所、企业在博士后研究人员招收培养中的主体作用"。为此，必须首先树立多元培养主体的理念，克服忽视企业在培养创新型人才中作用的倾向。高校、科研院所、企业均是培养人才的主体。企业是社会创新的主体，是创新型人才特别是创新型科技人才成长的载体和平台。二是建立和完善"中外合作"培养人才新体制。人才要创新，必须要了解和掌握世界在本领域发展的前沿和动向，而国际交流合作正是有效的途径。对此，《人才纲要》在具体阐明“突出培养造就创新型科技人才”时明确提出，建立“国内培养与国际交流合作相衔接的开放式培养体系”。《意见》将“扩大人才开放”提升到人才发展体制机制改革基本原则的高度。

（3）创新人才培养模式。这是人才培育机制创新的核心。模式，通俗地说是途径、方式和方法的总称。要培养创新型人才和应用型人才，就得实施如下模式：一是合力培养模式。这是指通过多元培养主体合力培养人才的模式。《人才纲要》明确提出，通过高校、企业合作，“共建科技创新平台，开展合作教育，共同实施重大项目等方式，培养高层次人才和创新团队”。《意见》也明确提出，“建立产教融合、校企合作的技术技能人才培养模式”“促进企业和职业院校成为技术技能人才培养的双主体”。二是实践培养模式。这是指让受教育者在实践行动中磨炼成长的培养人才模式。该模式是人才成长规律所要求的，也是集聚和培养人才有效经验的运用。对此，《人才纲要》多次反复强调，要“加强实践培养”“实行人才+项目”的培养模式。三是探究培养模式。这是指以发现和探索问题为核心的人才培养模式。该模式是创新型人才本质属性所要求的，也是创新型人才成长理论的具体运用。《人才纲要》提出，“探索并推行创新型教育方式方法”。《意见》提出，“探索建立以创新创业为导向的人才培养机制”“注重人才创新意识和创新能力培养”。四是开放培养模式。这主要是指面向世界的中外合作培养人才模式。该模式不仅是培养高层次人才的内在需要，也是培养国际化人才的急迫需要。《人才纲要》不仅提出国内培养与国际交流合作相衔接的培养模式，而且还具体提出，“开发国（境）外优质教育培训资源”“支持高校、科研院所与海外高水平教育科研机构建立联合研发基地”等举措。《意见》也提出，“树立全球视野和战略眼光，充分开发利用国内国际人才资源”培养开发人才。不仅如此，《意见》还提出“拓宽国际视野，吸引国外优秀青年人才来华从事博士后研究”。五是特殊培养模式。这是指对拔尖学生、特殊人才所进行的特殊培养模式。该模式是创新型、应用型人才成长规律特殊性所要求，也是因材施教原则的具体运用。对此，《人才纲要》明确提出，“建立高等学校拔尖学生重点培养制度，实行特殊人才特殊培养”。

（二）优化人才的用人体制机制

科学发展以人为本，人才发展以用为本。以用为本，为人才创造实践提供舞台和机会，而创造实践是人才成长和发展的根本途径和价值实现的必由之路。可见，优化人才的用人体制机制，对于解放和增强人才活力，促进人才发展具有关键性的积极作用。对此，除当务之急要保障和落实用人主体自主权外，还要着力研究和解决下列问题：

（1）建立和完善科学的选用人才机制。根据人才成长和发展规律，制定科学的选用人才制度。该制度包括实施“最佳期用人方略”，做到“用当其时”；实施“能质能级对应用人方略”，做到“用当其位”；实施“优势定位用人方略”，做到“用当其才”；实施“不拘一格用人方略”，使各类人才脱颖而出。

（2）创新人才评价机制。根据人才培养开发目标与评价指标一致性准则，积极探索以有利于创新型人才涌现为导向的人才评价体系，建立以“创新素质—创造实践—创新成果”为主线的人才评价指标体系，将品德、能力和业绩评价渗透于其中。基于各类人才在社会中所扮演的社会角色、承担的社会职责以及人们对其社会期望的不同，坚持德才兼备，科学把握各类人才要求的特殊性。据此，要分类制定人才评价的标准和机制。《意见》明确提出，“制定分类推进人才评价机制改革的指导意见”“加快建立科学化、社会化、市场化的人才评价制度”，发挥政府、市场、专业组织、用人单位、专家学者等多元评价主体作用。

（3）强化人才激励机制。从心理学视角而言，激励是指根据人的需要，科学运用一定的外部刺激手段，激发人的动机，朝着期望的目标积极行动的心理过程。激励是以人的需要为依据。由于人的需要多样性，决定了激励的具体方式手段的多元性。从激励的内容来划分，可分为精神激励、物质激励和综合激励。当前要着力解决如下问题：一是知识产权保护问题。在科研成果署名上要清除“官本位”，真正按实际贡献大小加以排序。建立以发明者命名新产品的占有制度。对此，《意见》提出“完善知识产权保护制度，加快出台职务发明条例”。二是分配问题。根据人才评价激励与价值相适规律，应建立和完善与人才自主创新成果价值相对应的分配机制，进一步完善知识、技术、管理、技能等生产要素按贡献参与分配的办法。《意见》明确提出“实行以增加知识价值为导向的激励制度。完善市场评价要素贡献并按贡献分配的机制。研究制定国有企事业单位人才股权期权激励政策”。三是实施多种心理激励手段综合运用和有效结合。其中包括目标激励、参与激励、尊重激励、信任激励、关怀激励、奖惩激励等。着力解决该问题，实际也是新的时代背景下继承和发扬党的思想政治工作的优良传统。

（三）优化人才的育人与用人一体化体制机制

发掘人才的潜能是一项复杂的系统工程。该工程由人才的预测规划、教育培训、考核评价、选用配置、使用激励等基本环节构成，诸环节环环紧扣、紧密联系、彼此制约，恰如一条人才开发链。其中，教育培训—育人、配置使用—用人是该系统工程中两个不可分割的重要方面。育人是用人的基础和前提，用人是育人的目的和动力，两者辩证统一于人才潜能动态开发过程之中。要解放和增强人才活力，必须建立和优化育人与用人一体化体制机制。

（1）从宏观视角来看，要建立和完善经济社会发展与人才发展的协调机制。要统筹制定经济社会发展规划与人才发展规划，促进两者深度融合。正如《意见》提出“统筹产业发展和人才培养开发规划”“建立高校学科专业、类型、层次和区域布局动态调节机制”。一则，可提高人才发展对经济社会发展的“适应促进度”；二则，可提高人才开发优化效应，使人才能英雄有用武之地，做到人尽其才、才尽其用。

（2）从微观视角来看，在一个单位内建立和完善育人与用人一体化体制机制。除思想上取得共识外，在组织上应科学设置和调整组织机构，设置人才资源开发部门，把教育、人事、劳资等工作统一其内，由专人统领上述三方面工作，做到“三位一体”。在政策上，应建立和完善育人与用人一体化的政策配套，教育培训制度与劳动人事工资制度相互配套、同单位经营管理制度配套等。

（四）优化人才流动体制机制

人才流动，是基于经济社会发展不平衡，人才要与生产资料有效结合，实现人才价值的必然要求。要解放和增强人才活力，除打破户籍、地域、身份、学历、人事关系等制约因素，为人才跨地区、跨行业、跨体制流动提供便利条件外，在优化人才流动体制机制方面还要着力考虑如下问题：

（1）建立和完善与经济社会发展战略相配套的人才流动机制。笔者研究表明，人才分布所遵循的基本法则是经济分布的法则。经济发展的地域过程决定着人才开发的空间布局和人才流动。这是一条不以任何个人意志为转移的规律。据此，人才流动机制的建立和完善，应依据经济社会发展战略，并与经济社会发展战略相配套。对此，《人才纲要》提出，“建立完善与西部大开发、东北地区等老工业基地振兴、中部地区崛起、东部地区率先发展战略相配套的区域人才交流合作机制”。当前，就应制定与“一带一路”建设、京津冀协同发展、长江经济带建设和振兴东北等地区老工业基地发展战略相配套的人才流动机制。

（2）建立和完善与人才流动规律相匹配的科学有效的人才流动引进机制。研究表明，人才压力流动定向规律，反映市场机制与人才流动之间内在的必然联系。在市场机制作用下，作为市场主体的人才总体必然会引起空间位移，由人才劳动力供大于求的“人才高压区”流向人才劳动力供小于求的“人才低压区”。我们应遵循人才流动规律，制定切实有效的人才流动引进机制，将人才输出着力点放在“人才高压区”，人才输入着力点放在“人才低压区”。

总之，要进一步解放思想，深刻领会解放和增强人才活力的基本内涵和战略意义，对照基本内涵，反思和分析在人才开发工作实践中，人才活力的解放和增强的状况如何？有哪些进展？有哪些不足和问题？原因是什么？在思想理念和体制机制方面对于解放和增强人才活力有没有障碍？在反思的基础上，以问题为导向，提出进一步解放和增强人才活力的思路和举措，使人才活力得到真正解放和增强，为加快建设人才强国，实现“两个一百年”奋斗目标贡献应尽的一份力量。

（叶忠海，中国人才研究会顾问，华东师范大学人才发展研究中心名誉主任。）

建立具有全球竞争力的体制机制

王 辉 耀

在2016年的两会结束后，中共中央出台了重要文件《关于深化人才发展体制机制改革的意见》（以下简称《意见》），以党的视角指导和布局人才工作。在“十三五”开局之年，《意见》的出台显示了人才工作在“十三五”时期中的优先地位。

进入“十三五”时期，我国面临的国内外形势有了新的变化。对内，我国GDP增速放缓，转型压力增大，需要发展科技创新，带动以加工贸易出口为主动力的经济结构；对外，我国海外直接投资首次超过来华直接投资，面临更加激烈的国际人才竞争局势，“十三五”时期的人才战略，需要着眼于全球视野，以人才培养为主线，辅助以人才集聚、人才引进等措施。

《意见》中专门有一部分“构建具有国际竞争力的引才用才机制”。对国际人才问题多处着墨。通过认真学习《意见》，我认为，面对新形势新要求，我国国际人才制度正在进行重大调整，优势正在逐步建立。对此，我有如下几点体会：

一、学习《意见》的几点认识

（一）《意见》的出台顺应了国内外人才集聚的新背景

我国的外籍人才从比例上来看还是偏低的。根据国际移民组织《世界移民报告2015》的数据，中国的国际人口比例大概只有0.04%，几乎为世界最低水平。北京的外国人口比例仅有0.5%，几乎也为世界主要城市的最低水平。根据经济合作与发展组织（OECD）的统计，发达国家的留学生占高等教育总在校生人数的比例在8%左右（OECD平均水平），我国仅为0.5%。

我国逐渐成为国际人才的向往之地，外国人才集聚的态势在逐年加强。来中国追逐“中国梦”已成为国际人才流动的新趋势，放宽永久居留申请条件、落实永久居留证待遇、提升外国人服务和管理水平，不仅让已进入中国的外国人才在华安心工作、生活，而且将吸引更多的人才流入中国，留在中国，为中国的发展贡献力量。

（二）《意见》将成为参与全球人才竞争的纲领性文件

截至2014年，我国海外移民数量超过900万，华侨华人达到6 000万人，但外籍人员在华仅有84.85万人。中国的外籍人才比例偏低。从全球平均水平来看，国际人口在全世界其他国家的比例是3%，发达国家是10%以上，发展中国家是1.6%，同为人口大国的印度的比例也达到0.6%。在迪拜，外国人口比例高达83%，布鲁塞尔、多伦多、悉尼、伦敦和纽约的国际人口都在35%以上。我国北京的外国人口比例仅有0.04%，几乎为世界主要城市的最低水平。

随着改革开放步伐的加快，我国的外国留学生比例也接近世界最低水平。根据OECD的统计，发达国家的留学生占高等教育总在校生人数的比例，在8%左右（OECD平均水平）。澳大利亚高达18%，英国、瑞士、新西兰和奥地利等都在10%以上，日本和韩国也为4%，我国仅为0.3%。

国际移民为发达国家带来丰厚的“移民红利”。外国出生的人口获得的美国创新专利已占1/3；美国的诺贝尔奖获得者的1/4是移民；在美国的七大顶级癌症研究中心中，42%的研究人员出生于外国；在教育领域，2011年，美国大学电子工程专业的全日制在校研究生中国际学生占71%，美国计算机科学专业的国际学生占65%；在美国科学与工程领域拥有博士学位的就业者中，外国人比例从1993年的23%增至2010年的42%；移民创建了美国1/4的高科技公司。

我国也到了开发利用移民红利的时候了。通过《意见》定下的开放的国际人才制度基调，吸引外国人才制度改革将是人才制度改革最快的部分。

（三）完善了建设国际竞争力人才制度优势的顶层设计

过去的一年，我国人才制度改革力度非常大。重要的改革有如下几个：2015年3月23日，《中共中央、国务院关于深化体制机制改革加快实施创新驱动发展战略的若干意见》指出，要探索建立技术移民制度，吸引海外高层次人才。2015年6月9日，公安部扩大了申请在华永久居留外国人工作单位范围。2015年9月15日，中央全面深化改革领导小组第十六次会议审议通过了《关于加强外国人永久居留服务管理的意见》。

同时，一些新的、极具创新性的政策，已经开始在全国试点。如上海在

2015年5月出台的、北京在2016年1月出台的人才新政20条，有很多制度已经与国际接轨了，很有国际竞争力。目前，在上海年薪60万以上、在北京年薪50万以上即可被认定为人才；外籍博士毕业在京工作连续4年，就可以获得绿卡；外国留学生毕业后允许在北京、上海就业、创业；甚至外国毕业的外籍学生都可以来北京实习。我国也开始通过签证绿卡向外国人发放“福利”。

2016年印发的《意见》，从中央层面再次提出外国人才便利化政策改革，如“完善海外人才引进方式”“扩大来华留学规模，优化外国留学生结构，提高政府奖学金资助标准，出台学位研究生毕业后在华工作的相关政策”。并且在人才管理制度立法中进一步强调：“完善外国人才来华工作、签证、居留和永久居留管理的法律法规。”预计2016年至2017年，对外国人才放松出入境和居留的限制将在全国推开。

（四）新增培养国际组织人才、建立国际人才组织的改革“亮点”

《意见》特别提到，“完善国际组织人才培养推送机制”。这是中央文件首次提及国际组织人才问题。根据世行的数据，截至2015年10月底，世行的全球受薪员工中有447名中国公民，仅占所有员工的2.8%。而在IMF，中国人在全球员工中的比例仅为6%。我国面临严重的国际组织人才不足的问题。2015年10月12日，习近平总书记在主持中央政治局第二十七次集体学习会议上指出，中国希望在全球治理体制的变革中做出积极的贡献，要“高度重视全球治理方面的人才培养”。习近平总书记在2014年12月5日中央政治局集体学习时还指出，“在国际规则制定中发出更多中国声音、注入更多中国元素，维护和拓展我国发展利益”，这些都说明我国政府对国际组织人才的培养与发挥作用已经十分重视。

《意见》作为中央文件，首次提出“创立国际人才合作组织，促进人才国际交流与合作”。我曾多次呼吁中国抓住人才流动治理的主动权，加强参与全球治理，发起建立世界人才组织（人才“WTO”）。过去30多年，我国在消除货物贸易流动的壁垒上已经取得了很大的成就，关税大幅降低，中国不仅没有因为开放丧失自己的产业，反而使国内各大产业竞争力有了明显提高。入世后，中国GDP增长了将近5倍，对外直接投资增长了十多倍。如果说加入世界贸易组织降低关税是消除货物流动壁垒，这种壁垒的消失给中国带来了10年的高速发展期。未来，可以通过消除人才流动壁垒，促进人才流动，引进人才资源，促进由人口红利向人才红利的转型，从而实现我国经济的平稳甚至再次快速发展。

作为世界第二大经济体、世界上人口最多的国家以及最具潜力的劳动力市场，人才流动和国际人才竞争对我国的经济和社会产生了深刻的影响。因此，我国应充分利用现有资源与能力，提早考虑成立有关的多边合作机制或者为建立专门的合作机制奠定基础，发起建立世界人才组织（World Talents Organization，WTO），建立国际人才有序流动、高效协调的管理机制，从而把握制定国际人才流动秩序的主动权和话语权。

可见，建立国际性人才组织已经纳入中国人才战略体系。这一问题值得深入考虑、研究。

（五）人才管理服务“市场化、社会化”，加快落实简政放权，优化国际人才发展环境

市场化和社会化的人才管理体系，可以让我国人才制度更加与国际接轨。《意见》中十分务实地指明了未来人才市场化的途径和措施——发展高端人才猎头、培育各类专业社会组织、建立“人才诚信体系”。可见中央对人才市场化已有了明确的推进方向。《意见》纳入了不少试点地区的创新性措施，开始在全国推行。

目前，我国对国际猎头还存在必须与本土机构合资成立、不能控股等政策限制。这一点，北京中关村和上海浦东均已放开限制（允许外资控股70%），效果良好。另外，随着我国外国人才增多，国际化的猎头公司在中国发展的前景巨大。

《意见》提到，社会组织和人才中介承接政府转移的人才培养、评价、流动等职能。2016年全国人民代表大会闭幕后，李克强总理答记者问，连续第四年强调“简政放权”。“职业资格”是简政放权的重要领域，也是目前为止进度最快的领域。

二、国际竞争力引才用才的几点建议

《意见》的出台，为我国人才体制机制改革做出了总体部署，是我国未来几年内人才制度建设和改革的纲领性文件。在下一步的政策细则出台过程中，我个人有以下几点想法和建议，供大家参考：

（一）研究出台技术移民法、投资移民法，将北京、上海经验总结提升、推广

截至2015年，我国引进海外高层次人才的规定多属于政策性文件，法律层次低，权威性不够。应该结合国际惯例和我国实际，将我国目前人才战略和人才计划法制化。探索出台“技术移民法”“投资移民法”，把引进国际人才相关工作法制化。目前，北京和上海的人才新政中，包括降低绿卡门槛、允许外国留学生创新创业、建立积分制外国人才引进体系等，都是非常具有创新性的政策，将来可以将他们的经验向全国推广，特别是可以率先推广建立技术移民积分体制。

2016 年 2 月，中共中央办公厅、国务院办公厅印发的《关于加强外国人永久居留服务管理的意见》首次提出实施积极的投资移民政策，结合经济发展的阶段性和地域性特征，丰富评估要素，灵活调整投资年限、数额、方式等申请标准，大力吸引外国人来华投资。改革开放以来，中国经历了吸引跨国公司来华投资的高潮。随着全球经济一体化不断深入，互联网创新公司不断涌现，中国也需要从过去主要吸引跨国公司来华投资，扩大到开放外国人来华投资移民的政策，以顺应全球化对资金和人才竞争的新需要。

（二）拓宽对海外高层次人才的吸引渠道

《意见》指出，要“完善海外人才引进方式。实行更积极、更开放、更有效的人才引进政策，更大力度实施海外高层次人才引进计划（‘国家千人计划’）”。建议：扩大“千人计划”的适用对象范围。例如，放宽年龄范围——目前计划主要针对 55 岁以下的高层次人才，国内还没有针对 55 岁以上的高层次“海归”的专门计划。建议设立针对 50~65 岁的资深“海归”专家的专项引才计划，充分发挥资深“海归”在产业发展、学科建设等方面的带头领军作用。这些人才多数是 20 世纪 80 年代出国的学术精英。特别是其中年龄在 55~75 岁的人才，跟 75 岁以上的海外人才相比，他们还算“年富力强”。并且，他们大多已经退休，有充足的时间，子女已经进入大学，不需要照顾，并且有着丰厚的养老金。如果回国，可以说没有什么“后顾之忧”。很多海外高层次人才都希望回国养老，如果此时出台计划，引进他们回国，能够满足他们回国养老的需求。

在国际上，吸引访问学者，也是吸引外国人才的主要方式。与吸引留学生相比，访问学者一般较为资深、学术层次高，可以带来成熟的研究方法和成果。部分访问学者也可以收费，形成教育服务产业的一部分收入。我国访问学者数量在来华留学生里依然占极少数。建议：在加大吸引来华留学生的同时，吸引高层次访问学者。例如实施“国际学者访问中国计划”等，并给予外国访问学者费用资助、出入境、居留等方面的便利；扩大吸引社科类访问学者、允许民间机构设立博士后工作站等。

（三）继续降低海外华人华侨申请绿卡门槛

针对《意见》提出的“对外国人才来华签证、居留，放宽条件、简化程序、落实相关待遇”等措施，建议特别对海外华人予以照顾。目前，北京人才20条新政中，已对海外华人华侨申请绿卡给出了优惠政策，允许获得博士以上学位的外籍华人申请绿卡。建议：在全国范围内进一步降低海外华人申请绿卡、长期居留的门槛：允许华人获得硕士以上学位可获得长期工作居留许可、华人获得名校硕士以上学位可获得申请绿卡资格；考虑实施“华裔卡”或“海外公民证”。

（四）加大对外国留学生的吸收力度，允许外国留学生在华实习、就业

现行《外国留学生管理办法》，在入学、毕业、实习和就业等方面对外国留学生的管理把控过严，其中限制外国留学生就业和实习。建议修订《外国留学生管理办法》中的相应条款，提高对外国学生的奖学金额度，增加外语授课课程，也可以很好地吸引外国优秀青年人才。

（五）放宽对留学人才、海外人才进入体制内以及参政议政的限制

《意见》中“健全人才顺畅流动机制”部分提到，“畅通党政机关、企事业单位、社会各方面人才流动渠道”。人才在体制内外的渠道，不仅要在国内范围放开，国际范围也要放开，让更多海外人才进入体制内发挥作用。

建议取消不必要的行政门槛，让不管海内、还是海外的所有优秀人才都能顺利进入体制内为国家所用。我国已有万钢、陈竺两位“海归部长”，但这种可担任正职的“开放”，还应在科、教、文、卫领域扩大。尤其在需要进行国际竞争的领域、经常涉外的政府岗位以及大型国企高管职位，必须提高人才机制的国际化程度，甚至主动向那些对本土与国际情况都熟悉的人才倾斜。对于外籍人才，只要国内急缺的领域，就应该通过任期制大胆聘用。建议：开放海外硕士、博士回国挂职锻炼的渠道，使其快速熟悉中国的政府环境与管理机制，把在国外学习的先进的管理方式引入政府部门，提升政府部门的国际化水平。

（六）建立多种渠道向国际组织输送人才

针对《意见》提出的“完善国际组织人才培养推送机制”，建议：我国与国际组织建立人才交流实习制度；向国际组织熟悉中国事务的领导人推荐国际化的华裔人才；鼓励海外留学生去国际组织实习就业，建立官方推介渠道；鼓励国内人才到国际组织担任顾问专家，关注中国议题，提出中国建议；政府部门专设机构，负责国际组织人才培养的行政问题，给予专项资金支持；

吸引更多国际组织来华建立分支机构，就地培养人才。建立多种形式和渠道向国际组织输送人才。

（七）建议成立国家移民局管理相关机构

《意见》中还提出“整合人才引进管理服务资源，优化机构与职能配置”，在全国两会前夕，中共中央办公厅、国务院办公厅印发的《关于加强外国人永久居留服务管理的意见》，特别提到“进一步完善国家移民管理机构设置和职责配置”。说明我国已经有设立移民相关机构的考虑。在发达国家和地区，外籍人才办理证件都是由一个政府部门受理，如美国公民与移民服务局（USCIS），澳大利亚移民和公民部、日本厚生劳动省、韩国就业和劳工部、中国香港特别行政区劳工处、中国台湾地区“行政院劳工委员会”。建议：我国尽快建立移民管理相关机构，可以承担统一管理外国人签证、居留、移民等事务，统一审批绿卡和入籍申请，办理社保、档案等事务；充当国际人才信息库、设立和管理海外国家猎头、承担国际人才研究等工作，承担移民融入管理工作。

（八）发起成立世界人才组织

根据《意见》提出的“创立国际人才合作组织，促进人才国际交流与合作”。建议：中国发起成立世界人才组织（人才“WTO”）。世界人才组织的功能可以包括：对世界人才流动进行调查研究；建立世界人才库；出台国际性条约、消除人才发展消极因素和流动壁垒；制定相关规则，协调成员国之间的人才流动矛盾；为国际人才流动提供统一的、可操作的人才评价体系，推动文凭、技能和福利的互相认证；为各国政府、国际组织和非政府组织的成员举办人才相关法规政策的培训班，提高其对人才的国际管理水平等。

（九）加入世界移民组织

我国主动构建国际人才治理秩序的同时，也应积极加入现有的国际人才治理体系。国际移民组织（International Organization of Migration，IOM）是世界上最大的处理国际移民事务的政府间组织，成立于1951年，截至2016年6月，有165个成员国和10个观察员国。我国目前还不是IOM的成员，仅是观察员国。IOM在此次欧洲难民潮中起到了很大的作用。联合国因此考虑将IOM纳入联合国，成为联合国专门组织。建议：我国尽快成为IOM成员，参与日后的国际移民管理的规则制定。同时，我国应多加入类似全球移民与发展论坛（GFMD）这样的组织，积累移民管理经验。

“十三五”规划中提出，我国要实行“人才优先发展”战略。人才战略的外向化将是未来我国“人才优先发展”战略不可动摇的方向之一。未来我国资本走出去、企业走出去，不可避免地要开发利用更多国际人才。因此，国际人才引才用才机制创新也是我国经济转型的基础。《意见》为我国国际人才战略制定了清晰的发展思路，是我国未来五年乃至十年国际人才制度完善的最重要的参考。6月30日，总部设在日内瓦的国际移民组织举行特别理事会，通过决议批准中国、所罗门群岛和图瓦卢的加入申请。这也意味着，中国正式成为国际移民组织的成员国。

（王辉耀，国务院参事，中国人才研究会副会长，欧美同学会·中国留学人员联谊会副会长，中国与全球化智库（CCG）主任。）

深化体制机制改革
优化海外引才用才环境

吴 贵 明

一、深刻领会《关于深化人才发展体制机制改革的意见》对海外人才引才用才工作的部署

（一）充分认识《关于深化人才发展体制机制改革的意见》对聚天下英才的重视

党的十八大提出，大力实施创新驱动发展战略，《国家创新驱动发展战略纲要》强调，要“坚持双轮驱动、构建一个体系、推动六大转变”，走出一条从人才强、科技强到产业强、经济强、国家强的发展新路径，建成世界科技创新强国。“创新驱动实质上是人才驱动。”① 人才资源是党和国家最宝贵的财富，它关乎党和国家事业的发展。2016 年 3 月 21 日，中共中央印发了《关于深化人才发展体制机制改革的意见》（以下简称《意见》）。《意见》着眼于破除束缚人才发展的思想观念和体制机制障碍，明确了深化改革的指导思想、基本原则和主要目标，遵循社会主义市场经济规律和人才成长规律，从管理体制和培养、评价、流动、激励、引才、用才、到发展保障以及组织领导八个方面提出了一系列改革措施，对深化人才发展体制机制改革，加快建设人才强国做出全面部署，是当前和今后一个时期全国人才工作的重要指导性文件。

党的十八大以来，习近平总书记深刻把握国际国内发展基本走势，对人才事业发展和人才队伍建设做出一系列重要指示，他曾指出：“我国科技队

① 习近平. 在参加十二届全国人大四次会议上海代表团的审议时的讲话，2016-3-5.

伍规模是世界上最大的，这是我们必须引以为豪的。但是，我们在科技队伍上也面对着严峻挑战，就是创新型科技人才结构性不足矛盾突出，世界级科技大师缺乏，领军人才、尖子人才不足，工程技术人才培养同生产和创新实践脱节。”①“要充分发挥好现有人才作用，同时敞开大门，招四方之才，招国际上的人才，聚天下英才而用之。”“要以更加开放的视野引进和集聚人才，加快集聚一批站在行业科技前沿、具有国际视野的领军人才。”②

《意见》作为我国第一个关于人才发展体制机制改革的综合性文件，坚持问题导向，在“构建具有国际竞争力的引才用才机制”方面设专章并提出具体的、明确的要求。这既是中央新时期的战略决策，也是人才事业发展实际需要，体现了“聚天下英才而用之”的重大意义与迫切需要。

（二）全面把握《意见》对海外人才引才用才的顶层设计

《意见》高度重视对海外人才的引进和使用，对构建具有国际竞争力的引才用才机制进行了“123456”的顶层设计，即一个指导思想、两个规律把握、三个方面要求、四个努力方向、五种方式方法、六个具体突破。

（1）一个指导思想。海外人才引才用才的指导思想，必然是遵循《意见》总的指导思想：高举中国特色社会主义伟大旗帜，全面贯彻党的十八大和十八届三中、四中、五中全会精神，以邓小平理论、“三个代表”重要思想、科学发展观为指导，深入贯彻习近平总书记系列重要讲话精神，坚持聚天下英才而用之，牢固树立科学人才观，深入实施人才优先发展战略，遵循社会主义市场经济规律和人才成长规律，破除束缚人才发展的思想观念和体制机制障碍，解放和增强人才活力，构建科学规范、开放包容、运行高效的人才发展治理体系，形成具有国际竞争力的人才制度优势。

（2）两个规律把握。《意见》对构建海外人才引才用才机制提出把握两个规律：一是社会主义市场经济规律，二是人才成长规律。

（3）三个方面要求。《意见》对构建海外人才引才用才机制提出三个方面要求：一是完善海外人才引进方式，二是健全工作和服务平台，三是扩大人才对外交流。

（4）四个努力方向。《意见》对构建海外人才引才用才机制提出四个努力方向：一是柔性汇聚全球人才资源，特别是国家急需紧缺的特殊人才；二是从事业发展、社会保障、身份融入、家庭生活等方面完善引才配套政策；

---

① 习近平．在中国科学院第十七次院士大会、中国工程院第十二次院士大会上的讲话，2014-6-9.

② 习近平．在广东考察工作时的讲话，2012-12-7~2012-12-11.

三是创造条件与海外人才深度交流；四是维护国家人才安全。

（5）五种方式方法。《意见》对构建海外人才引才用才机制提出五个方式方法：一是柔性管理。“敞开大门，不拘一格，柔性汇聚全球人才资源”。二是精准管理。精准引进国家急需紧缺的特殊人才、优化外国留学生结构。三是分类管理。“对国家急需紧缺的特殊人才，开辟专门渠道，实行特殊政策”。四是动态管理。对项目、人才都开展动态管理。五是生态管理。一方面全社会参与引才用才，既要有国家“千人计划”，也要有地方、部门和用人单位的引才项目，还要有社会力量参与，合力引智；另一方面，从海外人才工作和生活的全方位考虑，多方协同完善引才配套政策。

（6）六个具体突破。《意见》对构建海外人才引才用才机制提出六个具体突破：一是实施海外高层次人才国家层面的引进计划和地方、部门、用人单位的引才项目；二是做好来华留学生和学位研究生毕业后在华工作的制度安排；三是以项目带动引才用才，有条件地开放国家科技项目；四是政策创新方便海外人才流动；五是创立国际人才合作与交流组织；六是在海外设立办学机构、研发机构。

《意见》把人才发展体制机制改革放到协调推进“四个全面”战略布局中进行谋划，树立全球视野和战略眼光，针对构建具有国际竞争力引才用才机制的障碍，从我国国情和国际人才流动实际出发，注意策略方法，既抓住关键大胆突破，又注意统筹兼顾、协调推进、有序展开。这必将为创新驱动发展、为实现“两个一百年”奋斗目标，提供有力人才和智力支撑。但再好的顶层设计也需要落到实处细处，认真贯彻执行，否则无异于一纸空文。

二、海外人才引进和使用的形势分析

贯彻执行《意见》，构建具有国际竞争力的引才用才机制，就必须用全球视野，分析中国海外人才引进与使用中面临的机遇与挑战，有效创新海外人才引进和使用长效机制。

（一）海外人才引进和使用的机遇分析

（1）国际形势和战略转变带来的国际机会。一是金融危机带来的引才机遇。始于 2008 年的国际金融危机对世界经济造成的重创至今尚未复苏，许多世界一流机构裁员持续不断，众多人才成为国际人力资源市场的供给。同时，就业率的降低提高了发达国家的移民门槛，这为我国吸引全球人才提供了机遇。二是国际“向东看”、东亚战略提供的引才机遇。国际关系和形势的变化，决定了各国的发展战略变化。美国国际关系的重心正从大西洋转向太平洋；俄罗斯开始全面构建面向东亚的战略布局；非洲发展共同体“向东看”，着眼于学习中国的技术和经验，创造政策环境，复制以工业化带动发展的亚洲崛起模式。在“向东看”、东亚战略下，必定有大量的可利用资源向东亚地区转移，这为我国海外人才引才用才提供了良好的战略机遇。

（2）中国崛起带来的国内机会。一是中国社会经济发展导致的引才机遇。海外有丰富的中国留学人才及华人华侨，他们与祖国血脉相承、休戚相关，中国崛起的前景与发展机会，以及共同的语言和文化传统，都深深吸引着海外游子的心。他们希望有机会通过各种方式为国服务。二是在华跨国企业或机构日益增多导致的引才机遇。中国政局稳定、经济发展迅速、市场前景广阔，吸引了众多国际知名跨国公司来华投资或设立机构。在华跨国公司或机构汇聚了海外人才来华工作，为我国海外人才引才用才提供了难得的机遇与平台。

（3）“互联网+”及国际猎头发展带来的工作便利。随着“互联网+”的蓬勃兴起，人才服务业态、模式、内容都在不断变革、更新与丰富，网络招聘、视频面试等已成为现代招聘的重要渠道，极大解决了传统招聘模式在海外人才招聘工作中遇到的渠道、成本、甄选等方面的困难，促使海外人才引才工作快速发展。同时，国际猎头的发展，也推动了海外人才的引进。

（二）海外人才引进和使用的挑战分析

（1）全球化使人才竞争加剧。国力的竞争最终体现在人才的竞争，全球化的发展不断拓宽发达国家网罗人才的地域范围，中国目前正处在人才被争夺的中心。如被美国高校研究生院录取的中国留学生人数居世界各国留学生之首，中国逐渐成为美国最大的高科技人才供应国。我国人才，特别是学有专长、术有专攻的高、精、尖专家学者流失产生的“羊群效应”“示范效应”，对海外人才引用带来了极大挑战。

（2）引进海外人才存在引才风险。一是高成本风险。海外人才的引进大都需要相对较高的人力、物力、财力，高投入能否发挥预期的效果，是引才主体必须考虑的用人风险和经济风险。国内各大城市对海外人才的争夺，推高了引进成本，也加大了引才风险。二是海外引进人才水土不服。全球引进配置的海外人才，其文化背景、思维方式、价值观、语言表达习惯等都可能与本土存在差异。海外人才引进后面临的文化差异，可能影响其价值发挥。这是一个现实又重要的挑战。三是海外人才引进对本土人才积极性的影响。本土人才与海外人才之间可能存在矛盾：一方面是引进的海外人才与本土人才之间的矛盾；另一方面是新引进的海外人才与曾经引进的海外人才之间的矛盾。如果新引进的海外人才在待遇、受重视程度、获取资源的机会等方面都高于原有引进的海外人才与本土人才，极有可能使已有人才产生失落感和不公平感，甚至导致人才的流失。这样不仅造成了投入的浪费，也影响了人才队伍的稳定和价值的发挥。

（3）有利于吸引海外人才的机制尚未完善。一是尽管我国加快了人才国际化的进程，但还没有嵌入全球人才流动网络，人才流动机制尚未完善。引进海外高科技人才偏重于海外留学人员，难以吸引影响世界潮流发展的一流人才、战略科学家、跨国企业家及其群体，还不足以以才聚才、吸引更多国际人才纷至沓来。二是在知识产权保护，海外人才的居留时间，对海外人才的上门服务、出入境等便利便捷服务，海外专家的薪酬支付、个人所得税等方面，都无法跟国际保持相应水平并便利对接，这些都影响海外人才的吸引与保留。三是国际化人才的猎头公司或国际化的人力资源专业服务中介机构的数量还极其有限，完善的、专业化、网络化的海外人才信息服务平台还没有完全形成。信息不通、渠道不畅以及缺乏完整、共享、及时更新的海外专家数据库，致使许多用人单位难以提高引才工作的效率和质量。

此外，海外人才的生活、创业成本较高，公共服务水平相对滞后、市场发育不够成熟、重大战略性科学技术和工程技术项目偏少等，也给海外人才引进和使用增加了难度。

三、创新海外人才引用机制

大力引进和使用海外人才已上升为国家战略。早在2006年全国科学技术大会上，中央领导就提出“要加大引进人才、引进智力工作的力度，尤其要积极引进海外高层次人才，吸引广大出国留学人员回国创业”。2008年，中央人才协调小组下发的《关于实施海外高层次人才引进计划的意见》，国家“千人计划”工程付诸实施。2010年，中共中央、国务院印发《国家中长期人才发展规划纲要（2010—2020年）》提出了我国人才发展的总体目标。

同时，海外引才政策也逐步向体系化发展。国家从2000年发布的《关于鼓励海外高层次留学人才回国工作的意见》到2008年的“千人计划”工程，再到2011年《关于支持留学人员回国创业的意见》《留学人员回国工作“十二五”规划》等政策，在支持海外人才回国工作、创业、生活等方面都制定了相应的政策，形成了较体系化的海外人才引用政策优势。

但要贯彻落实好《意见》，形成具有国际竞争力的人才制度优势，还需从国家战略与发展需求出发，从海外人才人本与发展需求出发，遵循规律，借鉴国际经验，运用先进方法手段，想方设法创新海外人才引才用才机制。

（一）遵循国际人才流动规律，创新海外人才引用机制

习近平总书记强调："要遵循国际人才流动规律，更好发挥企业、高校、科研机构等用人单位的主体作用，使外国人才的专长和中国发展的需要紧密契合，为外国专家施展才能、实现事业梦想提供更加广阔的舞台。""让有志于来华发展的外国人才来得了、待得住、用得好、流得动。"[①] 国际人才流动的一般规律和新趋势主要表现为六个方面。

（1）国际人才流动本质上是人力资本的流动。人力资本和物质资本一样，只有在市场领域内广泛和充分的流动，才能产生经济价值和效率，发挥出自身的效能作用。人力资本的国际流动直接表现为蕴含一定人力资本的劳动者的流动、转移和迁徙；同时它深层次影响着其他经济资源的配置过程。

（2）国际人力资本流动的动因是复杂多元的。国际人力资本流动现象的理论解释，大致有新古典经济学理论、新制度经济学理论、劳动力市场分割理论三种。国际化、高端化人才的流动更多则是源于制度环境，其中制度因素既包括全球经济的系统性制度，也包括各国国内的制度体系。科学人才寻求资金和晋升机会时，也很看重科研体系是否灵活、有活力和竞争力。以日本和意大利为例，这些国家都很富裕但吸引的外国人才并不多，主要原因在于他们的制度相对比较僵化。在众多制度中，产权制度是一个国家最为根本的经济制度。如果一国拥有对人力资本的产权能够进行清晰界定和有力保护的相应产权制度，则会对人力资本产生更大的吸引力，吸引外部人力资本流向本国。

（3）人力资本现在的流动是伴随项目而动。起初的人力资本流动是伴随着雇佣和商业活动的拓展而逐渐发展起来的，但现在，据《自然》杂志对全球 2 300 位读者进行的调查和与专家的交流，认为科学领域已成为全球性的市场，全球范围内科学人才流动的大趋势是跟随研究经费迁移，虽然这种模式也会受到文化的影响。2012 年 12 月《自然·生物技术》（Nature Biotechnology）上一份"全球科学"（GlobSci）涉及 4 个领域（生物学、化学、地球与环境科学、材料学）内 16 个国家 17 000 位研究者的调查报告显示，对移民者来说，更好的职业前景和杰出的研究团队两个因素最重要，接下来是生

① 习近平. 在同外国专家座谈时的讲话，2014-5-22.

活质量和孩子上学、配偶工作等个人原因。无独有偶，美国学者约翰·吉普森和戴维·麦克肯兹在为世界银行提供的报告中也提到，吸引人才主要有三个条件，首先是有没有更好的从事科研和发展的机会；其次是有没有与这一领域的世界级领先者共事的机会；最后才是对家庭和收入的考虑。

（4）不同年龄与职业发展阶段对迁移的态度倾向性不同。“全球科学”调查显示，科学研究人员所处的职业阶段影响科学家的流动。其作者对调查数据做了挖掘，发现博士后中外籍人员比例远高于教授，比如美国有61%的博士后来自海外，但是助理教授、副教授和教授中只有35%的外籍人员。《自然》对读者进行迁移意向和经历调查时也发现了相似的情况，拿到博士学位不到2年的受访者中只有10%的人对移居国外“不感兴趣”，而拿到博士学位16年以上的人中有40%做此选择。

（5）互联网使国际人才流动更加柔性。在全球化的大趋势下，互联网让远距离合作变得更加容易，科技人才居住在一个国家但同时在两三个国家工作的情况越来越普遍。利物浦大学的阿克斯对欧洲玛丽·居里奖学金获得者进行的调查发现，“科研人员迁移是从一个国家永久地移居到另一个国家，这样的观念太过时了”。

（6）国际人才流动存在马太效应。最初的国际人才流动也许并不成气候，但它有着示范和吸引关注力的效用。有影响力人才流动的影响作用则更大。一旦有了前期成功的国际人才流动示范，便会有跟随者，同时也有助于其周边的犹豫者产生安全感，于是形成良性循环，汇集越来越多的人才。

在创新海外人才引进和使用机制时，必须遵循国际人才流动规律与趋势，分析海外人才流动的动因，突破“为我所有”的桎梏，建立健全公平、公开、对标国际的制度，重视吸引国外有潜力的优秀青年人才，构建海外人才梯度，以主动的策略、多元的方式和充沛的资源，吸引、改变海外人才流动的方向。

（二）树立柔性管理理念，创新海外人才引用机制

聚集人才的最终目的是获取人才红利，是获得人才的知识、经验、技能等在本地的释放。因此，聚集人才的根本是人力资本的流入。人力资本的流动既可以表现为人力资本载体的自然人的迁移，也可以表现为人力资本转化的知识、技术、专利、项目、方法等的扩散与传播。我们可以称前者为人力资本显性流动，称后者为人力资本隐性流动。

移民政策和留学生政策的突破，主要解决的是自然人迁移门槛与迁移成本降低的问题，解决思路的出发点与落脚点是人力资本显性流动。随着互联

网技术的不断发展，“不为我所有，但为我所用”的人力资源柔性管理成为国际人才流动的潮流和趋势。

（1）从人力资本隐性流动角度，创新海外人才引进机制。在移民政策、留学生政策突破及加大引进海外人才力度的同时，也不妨从促进人力资本隐性流动理念出发，拓宽具有竞争力的国际人才集聚政策制定的思路。比如，促进技术在我国企业或在我国的跨国公司实现转化；建设国际一流高等院校和一流学科，或开放非国家机密的重点项目，以项目整合创新人才资源，吸引海外科学家合作或优秀博士进站。人力资本显性流入必然实现人力资本隐性流入，而人力资本隐性流入也必然牵引人力资本显性流入。

（2）从全球人才枢纽建设角度，创新海外人才使用机制。国际人才聚集是基于构建人才高地的思路，即高层次人才流动集聚后形成人才高地。但如今，研究科学人才流动的学者指出，比起“人才流入”和“人才流失”，他们更喜欢“人才流通”的说法。因此，应形成“全球人才枢纽”概念，即在国际人才自由流动、科学技术及其转化平台优良、知识技术传播畅通的基础上建构起来的国际人才网络中，因强大的影响力、聚焦力、辐射力形成的对国际人才流动配置、集聚、辐射等具有中心功能、关键作用、重要影响的核心节点，继而在更远的未来，形成枢纽中心与国际国内的紧密度、依赖度和嵌入度更高的国际人才生态循环系统。全球人才枢纽可以凭借核心节点地位，在全球人才网络中既聚集、又辐射，保证海外人才显性与隐性人力资本都得到流动，“变人才所有权为使用权”，实现全球人才资源的共享。

（三）发挥市场主体地位，创新海外人才引用机制

（1）赋予用人单位择才用才自主权。《意见》明确，给予用人单位应有的权限，保障和落实用人主体自主权。充分发挥用人主体在人才培养、吸引和使用中的主导作用，全面落实国有企业、高校、科研院所等企事业单位和社会组织的用人自主权。这必然包括海外人才引进和使用的自主权。

我国可以借鉴国外雇主担保制度，制定并出台高位阶的《移民法》，真正将引才用才的决定权还原给用人单位。雇主担保制度在美国等许多国家的技术移民制度中自始至终扮演着至关重要的角色。美国早在1924年的《移民与国籍法案》中，就规定了技术移民类别和雇主代替移民进行申请的相关内容。进入21世纪后，澳大利亚、新西兰等国也开始逐渐引入雇主担保制度，发挥雇主在移民挑选过程中的作用。通过采用雇主担保制度，引进雇主认为最具有价值的技术移民，这使引进技术移民的方式更加主动、更有针对性。同时，雇主只有达到国家对雇主提出的关于聘用技术移民以及管理海外

工人能力的要求和标准后，才能取得担保资格。各国的雇主担保制度都对雇主的权利和义务做出了明确规定，具有强制力和约束性。雇主除了被要求履行担保责任之外，还被要求遵守有关就业及移民的法律，这有利于确保雇主能够合规地引进技术移民，也有利于同时保护技术移民和国内技术人才的就业权利和条件。各国对违反相关规定的雇主，也明确规定实施惩罚，同时也加强对不法行为的监察，防止雇主滥用担保权利，有力地确保了该制度的有效实施。

还可参照美国 EB1、新加坡 PEP 做法，建立杰出外国人才优先审批制度，用人单位所需要的杰出外国人才的引进，可不受职业清单约束，同时根据国家有关规定，享有提高入境与居留便利、暂免征收个人所得税、个性化的福利待遇等其他优惠待遇。

（2）政策制度的制定对标国际规则。海外人才的引进和使用，要积极融入全球人才交流网络，因而必须对标国际规则来制定海外引才用才的政策制度。一是借鉴国外先进经验，建立灵活畅通的人才交流管理体制，落实与国际接轨的专业资格互认模式。二是在人才评价方面，根据人才不同类别，分别实行学术评价、市场评价和社会评价，提高人才评价的国际通用性。三是在人才激励方面，完善市场评价贡献要素并按贡献分配的机制，促进科技成果资本化、产业化，实施股权期权激励，让人才合理合法享有创新收益，同时探索高层次人才协议工资制等分配办法。四是改善制度环境，特别是人才知识产权制度，习近平总书记早就明确提出，要“完善知识产权运用和保护机制”①“切实保护知识产权，保障外国人才合法权益”②，吸引和保障国际人才的流通。

（四）运用大数据手段，创新海外人才引用机制

（1）运用大数据，基于引才需求科学规划海外人才配置。在选聘海外人才时，应当运用大数据，面向世界科技前沿、面向国家重大需求、面向国民经济主战场，充分论证，做好技术预见，明确我国创新发展的主攻方向，紧扣发展，坚持以需求为导向，科学规划海外人才配置，精准引进。从单纯引进海外人才转变为引进战略科学家、创新型科技人才、新兴学科和重点产业方面的外籍专家，最大限度地服务于国家的发展实际和战略总体规划；着重吸引科技成果转化所需要的精通科研、法律和商业的复合型专业人才，特别

① 习近平. 在上海考察时的讲话，2014-5-23~2014-5-24.

② 习近平. 在同外国专家座谈时的讲话，2014-5-22.

是要在中国科研院所、高校、企业中加强引进对知识产权质量和价值具有管控能力的人才，有效地开发大量创新成果的商业价值。

（2）运用大数据，基于引才资源科学绘制海外人才地图。充分利用数据云和互联网技术，建立海外人才的信息管理系统，建立和完善全球海外人才动态信息库，编制动态全球人才地图，总体把握海外人才资源，有针对性地开放人才资源，有目的性地与海外优秀人才接触、合作与交流。

（3）运用大数据，基于引才价值合理规避海外人才风险。当今国际人才市场鱼龙混杂，应该运用大数据评价、跟踪、标识海外人才，依据人才价值建立海外人才梯度。以需要、适用为佳，不单纯追求引才数量，避免引进国内大量人才都已具备的普通技能、战略价值较低的一般人员，规避引才风险。

（五）建立国际人才试验区，创新海外人才引用机制

（1）把握“先行先试”，建立国际人才试验区。2010 年，国家颁布实施《国家中长期人才发展规划纲要（2010—2020 年）》提出，鼓励地方建立与国际接轨的人才管理体制改革“试验区”。国际人才特区的精髓在于地方的自主创新，特点在于政策和体制机制的先行先试。国际人才特区，是地方进行海外人才管理创新的窗口，上海张江高科技园区国际人才特区、江苏省人才特区等，都在积极开展政策突破与试水。在国际人才特区内，对科技领军人才、高端科技人才的居住证、居转户、直接进户等人才引进政策，可采取更宽松、灵活的办法；在国际人才特区内创办科技型企业的领军人才、高端科技人才，各级政府要运用政府中小型企业发展基金、创业投资引导基金、高技术成果转化资金，加大扶持力度，对有特殊需求的优秀人才，采取个案处理等特殊办法予以解决。同时，鼓励和支持企业及社会组织建立人才发展基金，保障领军人才、高端人才创业发展的需求。国际人才特区探索成功的特殊政策、创新的体制机制，应发挥其引领带动和示范辐射作用，成为可复制的经验，让高端人才服务由“特”到“不特”。

（2）依托网络系统，建立国际人才试验区。高科技研究开发项目绝大多数都具有耗资大、规模大、研究对象复杂化、综合化等特点，多学科、多领域、多专业的分工协作、联合攻关都是创新创业的客观要求。对硅谷有专门研究的马丁·凯瑞将硅谷的“人—境系统”因素归结为创业文化、专利保护、金融服务、中介组织以及政府作用，这些方面需要构成一种相互依赖、相互支撑的社会网络系统。建立国际人才试验区，可以学习新加坡的玮壹科技园经验，集学习、娱乐、生活于一体，建设公共交流平台，实现工作环境、学习环境和娱乐环境的有机融合，创造激发人才的灵感理想社区，让学习群体、企业群体、社区居民和高端人才等创新要素在国际人才特区逐渐聚集，成员之间通过工作、学习、娱乐、生活频繁接触，让各个要素互动形成有机体，丰富特区的社会网络，建立信任机制，激发园区创造力。

（六）营造良好生态，创新海外人才引用机制

（1）推动人才工作法治化，保障海外人才的引进和使用。当前，我国海外人才的引用，还是以政府主导为主，偏重追求数量的规模效应，存在地区间、部门间政策的分割。《意见》改革的方向，是要把人才开发运用的主体放到企事业单位，把用好用活人才的权力赋予市场主体，最大限度地约束和减少行政干预。这就需要完善人才工作的法治化，以法确立人才、用人单位的主体地位，明确他们的权利与义务，保障他们的合法权益。人才工作有了法律依据，人才工作就会不仅仅是由政府推动，而是由全社会依法推进。

人才工作的法治化，就是运用法治思维和法治方式，不断优化人才集聚机制、培养机制、流动机制、评价机制、激励机制等，减少部门文件、通知、行政规章替代法律法规以及政策碎片化、同质化的现象，按照人才成长的规律从立法到执法、司法，保障人才的合法权益，从而保障从用政府行政权力转向按照市场发展的规律推进人才工作。

实现了从依靠政策投入等传统的引才方式转向营造更加开放的、法治的人才环境，营造一个能发挥海外人才价值、安全公平的法治环境，海外人才想来中国创新创业，就可以不找政府找法律。同时，通过法制建设，有利于统筹相关部门的职能，制约因部门利益出现的政策割裂、执行随意的问题。

（2）完善人才服务体系，助推海外人才的引用。美国之所以成为世界上最强的人才大国，其中一个重要原因是人才自由流动的市场机制，而全世界最有实力的人才中介公司及猎头公司近80%集中在美国，支持其人才的自由流动。与美国相比，我国人才市场服务体系建设任重道远。

首先，健全市场化、社会化的人才管理服务体系，《意见》已给出明确路径："构建统一、开放的人才市场体系，完善人才供求、价格和竞争机制。深化人才公共服务机构改革。大力发展专业性、行业性人才市场，鼓励发展高端人才猎头等专业化服务机构，放宽人才服务业准入限制。积极培育各类专业社会组织和人才中介服务机构，有序承接政府转移的人才培养、评价、流动、激励等职能。充分运用云计算和大数据等技术，为用人主体和人才提供高效便捷服务。扩大社会组织人才公共服务覆盖面。完善人才诚信体系，建立失信惩戒机制。"

其次，积极引进国际知名人才服务机构，充分利用其资源、渠道，学习其管理、技术，培育带动国内人才服务质量和水平的国际化，缩短我国建设市场化、社会化、数据化、专业化、国际化人才服务体系的进程。

最后，针对海外高科技人才，发展市场化、专业化的研究开发、技术转移、检验检测认证、知识产权、科技咨询、科技金融、科技保险、科学技术普及等专业科技服务和综合科技服务，加快发展技术交易、经纪、投融资服务、技术评估等一批专业化科技中介服务机构，打造具有国际竞争力的科技服务业集群，为创新驱动形成具有国际竞争力的人才优势而服务。

（3）形成开放包容文化，支撑海外人才引用。首先，营造宽松的人才发展软环境。形成简单的人际关系、尊重个性的氛围以及追求公正、诚实、正直的价值观。敞开胸怀，努力促进国际化成员组成的高等院校、科研机构和企业的集聚，搭建科技、文化交流平台，鼓励更加开放的多元文化碰撞、交流、融合，提升城市文化多样性和包容度，使我国真正成为适宜各类人才创新创业、生活居住的国度。

其次，营造良好的人才交流环境。积极开拓网络、移动互联媒体等新兴数字化传媒的便捷通道；为海外人才免费培训汉语；提高本土人才的跨文化交流沟通能力；培训本土人才与市民既具备对文化差异的敏感，又具备对文化差异的包容。

最后，营造便利的人才生活环境。完善提供“一站式”生活支援服务以及文化交流、社会整合等方面的服务；探索建立海外医疗保险结算平台，加大境外保险机构与我国保险中介机构、医疗机构、医保经办机构间的对接机制；探索建立高端人才的高端医疗保险；开办国际中小学和外籍妇女活动中心；公共场所设置规范的外语标识和标记等，从个人和家庭两方面，营造便利的生活环境，实现海外人才的安家乐业。

（吴贵明，上海科技管理干部学院科技政策研究所研究员，博士后。）

汇聚用好全球人才资源

王　培　君

中共中央印发的《关于深化人才发展体制机制改革的意见》（以下简称《意见》），着眼于破除束缚人才发展的思想观念和体制机制障碍，进一步解放和增强人才活力，推动形成具有国际竞争力的人才制度优势，以聚天下英才而用之。全面贯彻《意见》改革精神，以更大视野、更开放思想、更灵活方法，在全球范围内布局、汇聚、配置人才，切实把各方面优秀人才集聚到党和国家事业中来，具有重大理论价值和现实意义。

一、与时俱进推动人才发展

马克思主义唯物史观认为，科学技术是推动经济发展和社会进步的生产力，人是生产力中最活跃的因素。人才是人力资源中的先进部分，是科技创新的主要承担者，人才对经济社会发展的创造性贡献，决定了人才是最活跃的先进生产力。

（一）新中国成立以来人才思想的演进

党和国家历来十分重视人才，把人才作为推进事业发展的关键因素。毛泽东同志早就强调，要培养大批领导干部、科技人才和青年接班人，认为这三方面人才关系社会主义事业发展大局，并认为“革命力量的组织和革命事业的建设，离开革命的知识分子的参加，是不能成功的”。邓小平同志认为：“在广泛的群众基础上，才能不断涌现出杰出人才。也只有有了成批的杰出人才，才能带动我们整个中华民族科学文化水平的提高”，并提出要“尊重知识，尊重人才”。跨入21世纪后，江泽民同志指出：“在社会的各种资源中，人才是最宝贵最重要的资源。各级党委和政府一定要不断促进和积极扶持各类优秀科技人才的脱颖而出，并十分珍惜和用好人才”，并在党的十六大报告中首次提出“尊重劳动、尊重知识、尊重人才、尊重创造”。2002年6月，党中央颁布《2002—2005年全国人才队伍建设纲要》，明确提出实施人才强国战略。2003年12月，胡锦涛同志在全国人才工作会议上提出了科学人才观，并指出“要牢固树立人才资源是第一资源的观念，人才是先进生产力和先进文化的重要创造者和传播者。人才资源是第一资源，人才优势是最大优势，人才开发是经济社会发展的重要推动力量”。

党的十八大报告则进一步提出，加快确立人才优先发展战略布局。人才优先发展是世界进入人力资本时代的必然要求，也是我们党和政府对人才资源的重要价值和作用的深刻理解与清醒把握，必须更加牢固地树立人才是科学发展第一资源战略思想和人才优先发展理念，确立人才在经济社会发展整体布局中的优先发展地位，以人才优先发展促进经济社会又好又快发展。工作实践中，全国各地人才高地、人才特区建设风起云涌，各地竞相推出优惠政策，各展神通吸纳人才。人才优先开发、人才优先投资，人才成为我国可持续发展、实现“中国梦”的红利。中共中央印发《意见》，是继2003年出台《关于进一步加强人才工作的决定》、2010年制定《国家中长期人才发展规划纲要（2010—2020年）》之后，又一具有标志性意义的重大举措，是对新形势下人才发展体制机制改革的顶层设计，内含一系列重要的制度创新和政策创新，是分量很重、“含金量”很高的文件。

（二）改革创新是人才发展的根本动力

人才是生产力发展中最活跃、最具革命性的因素，随着全国各地人才优先发展理念的树立和世界各国相继把人才工作上升为国家战略，人才工作面临着更高层面、更大范围、更加激烈的竞争。总体上看，我国是一个人才资源大国，但人才发展总体水平与世界先进水平相比还有较大差距，与经济社会发展需要相比还有一些不适应的地方，影响制约人才发展的条条框框依然存在，党管人才的方式、方法和实现途径还需要不断完善。解决这些问题，需要深入研究把握人才工作规律，不断创新人才发展新理念，探索符合发展实际的人才工作机制，落实人才发展新举措。新形势下，中央审时度势提出“坚持把改革创新作为人才发展的根本动力”的重要理念，《意见》就是这一改革思想的产物。

随着经济社会的快速发展，人才工作面临的新事物层出不穷，尤其在一些社会关注的热点、难点问题上，产生了许多新情况、新问题、新矛盾，一些体制性、制度性障碍制约了“人”这一生产力中最活跃因素的活力，影响了经济社会的持续快速协调发展。在这种情况下，传统的工作方式已经无法突破体制机制的壁垒，只有用创新的精神和思路，大胆破除那些阻碍生产力发展的不合时宜的观念、体制和做法，才能使人才工作始终有新思路、不断有新突破，才能使生产力最大程度地释放出来。

人才发展的关键在体制机制，体制机制的活力来自改革创新。我们要坚持把改革创新作为人才发展的根本动力，进一步解放思想，开阔眼界、开阔思路、开阔胸襟，通过体制机制的根本变革，把人才这个最活跃的先进生产力解放出来。我们要以改革创新精神，破解人才发展中的思想观念束缚和体制机制障碍，构建与社会主义市场经济体制相适应、有利于中国特色社会主义事业科学发展的人才发展体制机制。重点围绕用好用活人才、提高人才效能，从人才培养开发、评价发现、选拔任用、流动配置、激励保障等方面，形成统分结合、上下联动、协调高效、整体推进的人才工作运行机制；建立健全政府宏观管理、市场有效配置、用人主体自主用人、人才自主择业的人才管理体制；把成熟的改革经验上升为制度规范，把普遍有效的重要政策纳入国家法律法规，形成有利于人才发展的法制环境；着力解决制约人才工作发展、制约人才发挥作用的突出矛盾和问题，使各类人才脱颖而出，为中国特色社会主义事业发展增添蓬勃活力和强大动力。

（三）《意见》是关于我国未来人才发展的顶层设计

党的十八大以来，习近平总书记反复强调，要重视第一资源，指出“‘两个一百年’奋斗目标的实现、中华民族伟大复兴‘中国梦’的实现，归根到底靠人才、靠教育。源源不断的人才资源是我国在激烈的国际竞争中的重要潜在力量和后发优势”“人才资源是第一资源，要做到求贤若渴，爱才如命，惜才如金，唯才是用”。中华民族历来具有尚贤爱才的优良传统，现在我们比历史上任何时期都更需要广开进贤之路、广纳天下英才。习近平强调“要树立强烈的人才意识，寻觅人才求贤若渴，发现人才如获至宝，举荐人才不拘一格，使用人才各尽其能”。

我国是一个人力资源大国，也是一个智力资源大国，我国13亿人蕴藏的智慧资源是最可宝贵的。知识就是力量，人才就是未来。经过几代人努力，我国人才队伍建设取得巨大成就，但人才队伍大而不强，领军人才、拔尖人才稀缺，人才创新创造活力不足，成为制约创新驱动发展的“瓶颈”。解决这些问题的关键是深化人才发展体制机制改革。习近平总书记深刻把握国际国内发展基本走势，对人才事业发展和人才队伍建设做出一系列重要指示，反复强调要建立集聚人才体制机制，聚天下英才而用之。人才发展体制机制改革作为我国全面深化改革的重要组成部分、党的建设制度改革的重要内容，被中央改革办列入重点督办项目。《意见》的制定出台，是贯彻落实习近平人才思想，深入实施人才优先发展战略，加快我国人才事业发展的重大举措。它的颁布实施，必将有力推进人才强国建设，把各方面优秀人才集聚到党和国家事业中来，为创新发展、协调发展、绿色发展、开放发展、共享发展提供强大人才支撑。

二、用好全球人才资源

中华民族的复兴是全球范围、国际对比，是人类文明的进步和发展，离不开全球人才资源支撑。贯彻《意见》精神，就要坚持开放发展，树立全球视野和战略眼光，实施更开放的人才引进政策，把从 13 亿人中挑选人才放大为从 70 亿人中挑选人才，在全球范围内寻找人才、寻找全球一流人才，并在全球范围内配置人才。

（一）用人视野的国际化

中国经济经过改革开放 30 多年的快速发展至今，依靠投资驱动、规模扩张、出口导向的发展模式空间已越来越小，必须走自主创新道路，加快从要素驱动发展为主向创新驱动发展转变，发挥科技创新的支撑引领作用。创新驱动实质上是人才驱动。习近平总书记指出，“我国要走创新发展之路，必须高度重视创新人才的聚集，择天下之英才而用之”。“天下”不唯中国地域，而是全球范围。择天下英才而用，首先就是要放眼全球，在全球范围内搜寻、发现、网罗人才。对此，习近平总书记更是从改革开放角度指明其利害关系，“一个国家对外开放，必须首先推进人的对外开放，特别是人才的对外开放。如果人思想禁锢、心胸封闭，那就不可能有真正的对外开放”。“要实行更加开放的人才政策，不唯地域引进人才，不求所有开发人才，不拘一格用好人才。”

但随着新一轮科技革命和产业变革的孕育兴起，国际人才竞争日趋激烈，许多国家纷纷通过立法修法、调整政策、放宽国籍和移民门槛、提供巨额经费支持等，加大吸引留置优秀人才力度。美国把人才列为比美元、军事更重要的国家核心战略，推出《竞争力法案》，发布国家创新战略，通过实施移民新政等举措，抢占人才竞争的制高点；欧盟公布“2020 年的欧洲战略”，把未来经济发展重点放在以知识和创新为主的智能经济上；日本修订《科学技术基本计划》，大力培育人才竞争优势；韩国启动“智力回归 500 人计划”，旨在到 2017 年吸引包括全球顶尖科学家在内的 500 名海外高层次人才到韩国工作。面对国际人才竞争的严峻形势，党中央适时推出《意见》，深化人才发展体制机制改革，是构筑人才制度优势、赢得国际竞争主动的战略之举。

人才工作视野定位为全球范围，就要实行更积极、更开放、更有效的人才引进政策，更大力度实施海外高层次人才引进计划（国家“千人计划”），敞开大门，不拘一格，不求所有但求所用，突出用智用才，柔性汇聚全球人才资源。完善海外人才引进方式，构建起立体多元、层次清晰的管理办法。对国家急需紧缺的特殊人才，开辟专门渠道，实行特殊政策，实现精准引进。完善外国人才来华工作管理办法，改革出入境管理、永久居留、入籍等制度。支持地方、部门和用人单位设立引才项目，加强动态管理。鼓励社会力量参与人才引进。开展国际招标，购买国际一流智力成果和智力服务。

（二）人才管理的国际化

正确方法是做好工作的重要保证，用好人才的正确工作方法就是尊重人才规律。人才成长有规律、人才流动有规律，人才发展遵循规律则事半功倍、违背科学则事倍功半。习近平总书记多次强调，要尊重人才成长规律，2014年5月批示“择天下英才而用之，关键是要坚持党管人才原则，遵循社会主义市场经济规律和人才成长规律”。2014年6月，习近平总书记指出“按照人才成长规律改进人才培养机制，‘顺木之天，以致其性’，避免急功近利、拔苗助长”。关于国际人才流动，习近平总书记则强调，“要遵循国际人才流动规律，为来华外国专家在出入境机制、融入机制以及工作平台环境等方面提供完善便利的政策和服务。要更好地发挥用人单位的主体作用，所提供的平台要更能使外国专家实现个人事业，使外国人才的专长和中国发展的需求紧密契合，为外国专家施展才能、实现事业梦想提供更加广阔的舞台”。认识规律、尊重规律、按规律办事，就要求从实际出发，建立完善与国际通行做法接轨的人才管理体制机制，不断提高人才工作科学化水平。

人才价值在创新，创新无定法，对人才创新活动过程的管理要遵循规律。更大力度实施国家高层次人才特殊支持计划（国家“万人计划”），完善支持政策，创新支持方式。建立基础研究人才培养长期稳定支持机制，鼓励人才自主选择科研方向、组建科研团队。改革基础研究、科研经费投入、成果转化、知识产权保护等管理办法，建立与国际接轨且有效管用的创新管理机制，使得人才无论是国内还是国外，都能够遵循科研规律办事，全身心投入科学研究。遵循企业家成长规律，建立有利于企业家创新决策、获取创新收益机制，进一步营造尊重、关怀、宽容、支持企业家的社会文化环境。遵循人才成长成才规律，建立健全对青年人才普惠性支持措施，加大教育、科技和其他各类人才工程项目，对青年人才培养支持力度，在国家重大人才工程项目中设立青年专项。

构建与国际接轨的人才管理服务体系。习近平总书记指出“要用好用活人才，建立更为灵活的人才管理机制，打通人才流动、使用、发挥作用中的体制机制障碍，最大限度支持和帮助科技人员创新创业”。对外国专家“要继续完善外国人才引进体制机制，切实保护知识产权，保障外国人才合法权益，对做出突出贡献的外国人才给予表彰奖励，让有志于来华发展的外国人才来得了、留得住、用得好、流得动”。实际工作中，要建立统一的人才信息管理平台，推动人才工程项目与各类科研、基地计划相衔接，深入推进项目评审、人才评价、机构评估改革。改革人才评价机制，坚持德才兼备，注重凭能力、实绩和贡献评价人才，克服唯学历、唯职称、唯论文等倾向。发挥政府、市场、专业组织、用人单位等多元评价主体作用，加快建立科学化、社会化、市场化的人才评价制度，适当延长基础研究人才评价考核周期。深化职称制度改革，突出用人主体的主导作用，取消职称外语和计算机应用能力考试，推进水平类职业资格评价市场化、社会化。打破户籍、地域、身份、学历、人事关系等制约，促进人才资源合理流动、有效配置。畅通党政机关、企事业单位、社会各方面人才流动渠道。构建统一、开放的人才市场体系，大力发展专业性、行业性人才市场，鼓励发展高端人才猎头等专业化服务机构，积极培育各类专业社会组织和人才中介服务机构。

（三）人才使用的国际化

全球化是包括人才在内的各种资源要素在世界范围内流动、配置，经济一体化进程的不断深入、跨国公司的快速扩张，弱化了人才的地区界限、国别概念，在全球范围内争夺人才、配置人才，成为世界一流企业的共同选择和制胜法宝。顺应世界发展趋势，人才国际化就不能仅仅局限于960万平方公里国土范围之内，人才作用发挥也不局限于在本土，人才并非一定要进入中国才是为中国服务。随着中国走向世界，人才可以在世界任何地方为中国发展事业做贡献。要鼓励支持人才更广泛地参加国际学术交流与合作，支持有条件的高校、科研院所、企业在海外建立办学机构、研发机构，吸引使用当地优秀人才。扩大人才对外交流，完善国际组织人才培养推送机制，创立国际人才合作组织。

以国家“一带一路”战略为例。“一带一路”是中国顺应世界多极化、经济全球化潮流，坚持对外开放基本国策，构建全方位开放新格局，推动沿线各国开展更大范围、更高水平、更高层次的区域合作。因此，国际化是“一带一路”人才发展最大、最突出的特点，无论是人才来源、人才结构，还是人才工作平台、人才工作成果都将是国际化的。正是由于国际化特色突出，“一带一路”人才发展对象将不仅局限于国内，应该依靠本土人才、吸纳沿线国人才、吸引国际一流人才通力合作。长期以来，中国对外开放更多强调学习国外先进技术和管理经验，在吸纳境外人才资源上还存在明显不足，除了派出留学生学成归来参加经济社会建设外，在直接吸纳其他国家人才资源方面，还与发达国家存在较大差距。“一带一路”尽管是中国倡议提出的，但由于战略本身的开放性和包容性，战略实施需要汇聚天下英才，特别是一大批来自沿线国家以及世界各地人才的共同参与。

为国家重大战略服务，为经济社会发展服务，这是人才工作的活力所在。“一带一路”战略的人才国际化需求，将推动有关人才政策的突破和完善。我国目前人才国际化程度还不高，千人计划主要吸纳的是出国留学人员、华裔，针对非华裔专家的“外专千人计划”入选人数还很有限。“一带一路”战略的实施，为人才国际化提供了难得契机，一是在“一带一路”建设发展中，在对外开放走出去中，培养中国本土化人才的国际视野、国际工作能力，使之逐步成为国际化人才；二是依托“一带一路”宏大事业，积极吸纳沿线国人才、国际优秀人才，在项目合作和请进来中，充分实现国际人才价值；三是完善向国际组织派员选任机制，支持和推荐优秀人才到国际组织任职，建立多领域、各级别人才梯队。这些新任务需要系列人才政策予以保证，这将会倒逼进出国门、居住、人事关系、聘用、业绩考核、跨文化合作等方面有关人才综合改革深入进行，为今后建成国际人才高地积累宝贵经验和政策基础。

（四）人才培养的国际化

“中国梦”的提出，为造就更多更优秀的人才提供了一个更加清晰具体的愿景目标和事业平台，习近平总书记明确阐述了人才与“中国梦”之间的内在联系和辩证关系，“要把人才工作抓好，让人才事业兴旺起来，国家发展靠人才，民族振兴靠人才”“全面建成小康社会，推进社会主义现代化，实现中华民族伟大复兴，是光荣而伟大的事业，是光明和灿烂的前景。一切有志于这项伟大事业的人们都可以大有作为。在亿万中国人民前行的伟大征程上，广大留学人员创新正当其时、圆梦适得其势。广大留学人员要把爱国之情、强国之志、报国之行统一起来，把自己的梦想融入人民实现中国梦的壮阔奋斗之中，把自己的名字写在中华民族伟大复兴的光辉史册之上”。我们比历史上任何时期都更接近实现中华民族伟大复兴的宏伟目标，我们也比历史上任何时期都更加渴求人才。没有一支宏大的高素质人才队伍，全面建成小康社会的奋斗目标和中华民族伟大复兴的“中国梦”就难以顺利实现。

中华民族的复兴不是一朝之功，美丽中国的建设更是千秋伟业，战略蓝图的实现需要长期建设发展过程，需要一代又一代中国人的接续努力，需要一代又一代优秀人才的持续创新贡献。人才发展首先是用好现有人才，还要下力气抓好人才培养工作，提前做好人才储备。当前我国还属于发展中国家，科技文化管理等很多方面还需要向发达国家学习，应从三个方面大力加强人才培养的国际化：一是培养本国人，继续选派优秀学生赴海外学习，学习国际先进文化知识与技能。二是培养外国人，扩大外国留学生来华留学规模，优化外国留学生结构，提高政府奖学金资助标准，出台学位研究生毕业后在华工作的相关政策。三是影响外国人，加强孔子学院建设，传播中华文明，影响并改变更多外国人对中华文化的观念看法，吸引更多外国优秀人才来到中国发展，参与并支持中国建设。

三、让人才自由发展

人才价值在创新，创新发展贵自由。落实用人主体自主权，打破阻碍人才创新创造能力发挥的体制机制桎梏，打造宽松自由环境，让人才自由发展，才能更好地集聚天下英才，涌现更多更好的创新成果。

（一）用人主体自主用人

中国是一个大国，实现“中国梦”是一项伟大事业，党的十八大确定的各项目标任务的实现需要更多各行各业各级各类人才。《国家中长期人才发展规划纲要（2010—2020 年）》提出，统筹推进党政人才队伍、企业经营管理人才队伍、专业技术人才队伍、高技能人才队伍、农村实用人才队伍、社会工作人才队伍等各类人才队伍建设。世界上没有两片完全相同的树叶，也没有两个完全相同的人才。人才呈现出多样性特点，人无完人，人各有专。用好人才关键是要知人善任，善于发现人才的长处和闪光点，专才专用，用当其才、用当其时。人的需求包括很多层次，若想用好人才，就必须科学合理激励，满足人才的现实需求。人才多类、人才多样、人才多需，面对丰富多彩、千差万别的人才工作现实，套用刚性笼统机制去实施管理，人才工作成效一定不会理想。用人主体直接和人才打交道，识人用人知人，发挥用人主体用人自主权才是做好人才工作的基础。

创新创造是异常艰难的智力劳动，只有人才全身心投入、长时间沉潜探索，才有可能取得突破。尊重科技人才创新自主权，摒弃“管理”思维，让人才在学术天地自由成长，是对创新规律的最大尊重。当前，我国人才管理的行政色彩比较浓厚，市场的决定性作用还没有得到有效发挥。转变政府人才管理职能，落实用人主体自主权，进一步理顺政府、市场、社会、用人主体关系，根据政社分开、政事分开和管办分离要求，把该放的权力放掉，把市场能做的事情交给市场，消除政府对用人主体的过度干预。为用人主体松绑，充分发挥用人主体在人才培养、吸引和使用中的主导作用，全面落实国有企业、高校、科研院所等企事业单位和社会组织的用人自主权，才能更大释放人才活力。

（二）人才来去自由

随着中国改革开放更加深入，发展进程加快，越来越融为世界的一部分。企业逐步走出国门成为国际化企业，公民出国出境与日俱增，选择出国留学的学生数量不断攀升。中国在世界上的朋友圈越来越大，到中国来谈生意、看一看的人越来越多，有意到中国创新创业的国际人才也呈现上升趋势。但在出入境管理上，具有永久居留权限的“中国绿卡”申请门槛过高，而一般的居留签证又存在手续复杂、期限太短等问题，这对国际化人才尤其是海外华裔高层次人才到国内创业创新极为不利。《意见》提出对外国人才来华签证、居留，放宽条件、简化程序、落实相关待遇，无疑将为人才来去自由创造便利条件。

人才流动有其自身规律，当代国际人才的流动不再简单地由经济欠发达国家流向发达国家，除了生存和经济因素外，教育、发展、环境、文化认同等驱动因素更加显现出来，打破了以往人才单向流动趋势，催生了人才从发达国家向母国回流甚至环流。习近平总书记就留学工作指出，“党和国家将按照支持留学、鼓励回国、来去自由、发挥作用的方针，把做好留学人员工作作为实施科教兴国战略和人才强国战略的重要任务，以更大力度推进‘千人计划’‘万人计划’，千方百计创造条件，使留学人员回到祖国有用武之地，留在国外有报国之门”。来去自由尽显开阔胸襟。人才引进之后，还要对其充分信任、放手使用，支持他们深度参与国家计划项目、开展科研攻关。对有关国家科技项目，选择由外籍科学家领衔。完善引才配套政策，解决引进人才任职、社会保障、户籍、子女教育等问题，并在个税缴纳、薪酬激励、创业创新扶持、技术产权交易等方面出台与人才贡献相匹配的管理办法。

（三）营造宽松文化环境

人是社会之人，人居于文化环境之中。环境好，则人才聚、事业兴；环境不好，则人才散、事业衰。因此，习近平总书记提出，“要最大限度调动科技人才创新积极性，尊重科技人才创新自主权，大力营造勇于创新、鼓励成功、宽容失败的社会氛围。”“要大气魄使用青年科技创新创业人才，破除论资排辈、求全责备等观念，放开视野选人才，不拘一格用人才，为青年科技人才大胆创新创业提供更多机会，使他们人尽其才、才尽其用。”“要健全工作机制，增强服务意识，加强教育引导，搭建创新平台，善于发现人才、团结人才、使用人才，为留学人员回国工作、为国服务创造良好环境，促使优秀人才脱颖而出。”并且，“要在全社会积极营造鼓励大胆创新、勇于创新、包容创新的良好氛围，既要重视成功，更要宽容失败，完善好人才评价指挥棒作用，为人才发挥作用、施展才华提供更加广阔的天地”。

中国是一个具有5 000年文明史的传统大国，人们在生活、工作中，还不同程度地受到传统思想文化的影响，“木秀于林风必摧之”的嫉贤妒能心理、“不患寡而患不均”的平均主义思想、“武大郎开店”的狭隘意识时有表现；束缚人才健康成长、妨碍人才发挥作用的体制机制还不同程度地存在，人才评价标准单一、人才流动身份固化、人才激励缺乏相融性等问题亟待解决。树立强烈人才意识，必须弘扬尚贤爱才优良传统，破除思想和体制机制障碍，与一切妒才、压才、贬才、轻才的现象坚决做斗争，努力营造识才用才的工作环境、引才聚才的政策环境、留才厚才的生活环境、爱才敬才的文化环境，以及法律法规体系健全、与国际规则接轨的法治环境。

（王培君，南京林业大学副校长，中国人才研究会理事，人才学专业委员会副理事长。）

为各类人才在流动中增值提供良好生态环境

孟 庆 伟

2016年3月，中共中央印发了《关于深化人才发展体制机制改革的意见》（以下简称《意见》），这是从人才对经济发展和社会进步推动作用的规律出发，紧密结合我国实际，提出的具有战略性的指导意见。《意见》明确提出了坚持党管人才、服务发展大局、突出市场导向、体现分类施策、扩大人才开放的五大基本原则，客观分析了在人才培养、人才评价、人才流动、人才创新创业、人才引用机制、人才优先发展保障机制和人才工作的领导方面现存的问题及下一步的工作政策，为我国“十三五”期间经济发展和社会进步提出了明确的人才工作方针。

下面我从三方面谈谈学习贯彻《意见》的体会和感受。

一、我国人才流动流出的七大效应

社会实践告诉我们：中国的经济发展史也是人才发展史。人才发展中的速度和质量在一定程度上决定着经济发展的速度和质量。因此说，人才资源是社会发展的第一资源。

（一）淡化“国家干部”概念的启发效应

20世纪80年代初期，我国各类人才统一在“国家干部”称谓下管理和配置，笼统的称谓和高度集中的管理造成了管理效能的低下，人才队伍严重缺乏活力。随着市场经济的逐步深入，社会经济组织开始出现了多元化发展，各类不同的人才开始按专业、学科、行业、职业细化，在人与事的市场化配置中，人的作用、自主性、创造性、可开发性第一次在体制外自由合理地双向配置，极大地调动了各类人才的内驱力和主观能动性。在我国经济发展中按社会分工和职业分类取代了传统的“国家干部”统称。专业技术人员的技术职称开始与经济工作对接，人们的思想和观念开始从“国家干部”概念逐步向与人兴趣爱好职业发展相一致的技术职称发展。到20世纪80年代中期，中国人才流动破冰，从事经济活动的人开始分类、分层、分管，在中国的人事管理上出现了人力资源的新属性和概念。[①]

（二）人力资源向人力资本的引领作用

20世纪80年代初，沈阳在全国率先成立了第一家人才市场，创造性地尝试了人才按自己的意愿、兴趣和爱好选择工作，用人单位在更大的范围内，根据生产需要和发展需求选择员工。人才交流大会成了人们越来越熟悉的名词，就业找市场不找市长的理念越来越被人们所接受。人们在逐渐熟悉并了解了人才市场的基本功能和服务范围的基础上，开始从市场的需求排行中了解热门职业、热门岗位以及热门专业。人才市场的无形之手在几年时间内改变了人们的求职需求，提高了人们的职业选择能力，更新了人们的择业观念，提升了人们对职业的认识，扩大了人们职业视野。人才市场又是一面镜子，可以折射出经济发展与人才配置的关系，反映出供求平衡态势，提供用人单位与人才双选的参考值，从市场的功能和本质上讲，价格、供求关系及竞争三要素激励，焕发了用人单位和人才两方的积极性，持续性地发挥了人才市场推动区域经济发展，科学合理配置各类不同人才的重要作用。据不完全统计，“十二五”结束后，我国人才服务机构已成为较强的职业业态，多种形式的服务产品已层出不穷，适应市场需求的和经济发展趋势的服务方式在不断创新。“人才市场”已收入词典，人才服务业已列入国家职业大典。

（三）“星期天工程师”创造了人才的柔性流动效应

20世纪90年代初期，长三角的小微企业在新环境下快速发展，人才短缺、技术短缺成了核心问题。一方面，大量专业技术人才在体制内处于半工作状态；另一方面，体制外经济组织求贤若渴。一些上海人利用周日到小公司上班。据相关媒体报道，当时，上海周边长途汽车站每逢周日人满为患，而坐车的不是农民，都是知识分子、工程技术人员，人们把这种利用周日外出打工现象称为“星期天工程师”，又把这种人才的流动称为柔性流动，专业技术人才群体的创造性和贡献得到了空前的释放，创造性地解决了科技人才不动编制、不调动工作的智力流动。有专家研究，长三角的经济发展原动力在“星期天工程师”。这种现象唤醒了无数技术人才，开发了各类新兴企

① 浅谈国家干部概念. 国家经济日报，1988-03-08.

业的用人方式，在中国人才流动史上可以称为不显山不露水的人才智力、技术、知识的市场化配置。一些城市相继下发了文件，持续鼓励这种做法，“星期天工程师”很快地由“地下”转到了“地上”。数以万计的工程技术人才的价值开始通过市场转变成价格。

（四）人才价值通过市场转换成价格的示范效应

“研究原子弹的不如卖茶叶蛋的，缝肚子的不如缝裤子的。”在计划经济时代，受体制机制约束，人才的价值与价格相背离。20 世纪 90 年代后期，人才服务业的快速发展适应了人才与用人单位两个主体的动态需求，各地人才服务机构分别提出了薪资服务产品，人才服务的产品模块也随之清晰。人才测评、猎头服务越来越被人们接受，理念化、技术化的服务开始进入企业管理，选人由粗放型开始向理智、客观、科学方面转化，企业用人开始由重学历、学位转向重能力、重经历、重潜能。沈阳人才市场 1988 年、1989 年、2000 年连续三年策划推出了“高级人才报价竞聘会”，这是对市场价格机制的一次探索，寻求在市场平台上运用市场手段解决人才的价值与价格背离的问题，凸显社会对人才的尊重，对能力、技术、知识转化创新的社会认可。沈阳的“高级人才报价竞聘会”引起了国内外的关注，央视的财经频道、科教频道连续跟踪报道了多次，国外媒体对中国人才市场的高级人才配置方法也作了题为“中国高级人才价值得到了市场转化”的报导。人才市场的实践告诉我们，市场的无形手在改变人们的思想观念变化中起到的作用是巨大的。“高级人才报价竞聘会”后，我们在总结时发现，其市场典型激励作用大于一般的课堂教育和家长的说教。人才资源向人才资本的转化是方向性的坐标，人才只有不断提高提升自身价值才能在市场竞争中站住脚，并不间断地向前发展。

（五）单位人向社会人转化的溢出效应

20 世纪 90 年代，“生是企业人，死是企业鬼”的理念较为普遍。企业办社会，人的依赖性强。人才市场的出现打破了传统的僵局，人们开始意识到，过于传统的封闭观念极大地限制了人的创新性和思考力，单位人的概念开始模糊。社会统筹、养老保险的普及，开始打破了人的传统职业归宿。职业变迁、人才流动越来越被人们所接受。人是经济发展中的核心要素，人们开始从社会与市场的视角重新思考自己的定位，这样一个转化带来的是整个社会职业人的思想解放，是中国的职业发展史上带有一定标志性的历史节点，这些给职业人的中国化奠定了良好的思想基础。

（六）对企业忠诚转向对职业忠诚的普及效应

计划经济时期受体制机制制约，人的职业选择是由组织决定的，人力资本投资多数是政府负责。因此，分配也是统包的。随着市场化的普及，特别是人才市场的利用率不断提升，人们逐步开始认识到职业的属性、职业的定位、职业的发展、职业的标准以及职业的能力建设，特别是在人才市场反映出来的职业需求排行及薪酬定价，不断地刺激人们的认识，人才群体开始将注意力和忠诚度加以调整。20 世纪 90 年代初期，职业生涯、职业发展、职业能力标准、职业胜任力模型开始被人们接受。一种全新的职业理念如春风吹开了中国职场大门。据不完全统计，20 世纪 90 年代中期，占半数以上的职业人开始重新规划自己的职业生涯，"跳槽"现象开始出现，猎头行业开始浮出水面。职场的发展规律证明：人只有对职业忠诚才会把工作当学问去研究，当事业去奋斗，当艺术去追求，当娱乐去享受。才会创造出"工匠精神"，才会出现高品质的中国制造和中国创造的世界品牌，这些职业理念的演变过程，不能不说人才市场功不可没。人才市场，既有纯物理作用的人才交流转换，同时还具备教育人、改造人、激励人、鼓舞人、启发人的作用。

（七）人力资本投资由国家转为个人的放大效应

人力资本专家西奥多·舒尔茨（美），20 世纪 50 年代就提出："对人的投资回报大于对物的投资回报。"人才市场反映出的各种信号证明，在自然人身上所做的资本投资是市场环境下最理性的投资，其回报效果的持续性和长期性都大于所有的投资。人才市场的岗位薪资、职业薪资、行业需求都在随时指导着人们的人力资本投资方向。社会上因需而动的各种职业能力培训班、培训学校，大学里的专业设置、招生人数都在动态中不断调整，人们开始从经济学的角度分析市场的变化，剖析职业的寿命与含金量，度量职业与个人的内在联系及变化，计算家庭支出中多大比例用于人力资本的投资。这些认识逐渐为社会所共识，越来越多的人开始深度研究自身投资的可行性、方向性和预期回报。这种社会认知的变化与变革追根溯源都离不开人才市场的贡献率，人才市场的作用已远远超出其自身功能，其所带来和带出的多元化效应，在不断放大和发展。

人事部原部长张柏林在一次工作会议上讲，每个年度有上百万大学生通过市场配置，这是人才市场在稳定社会、促进就业方面的重大贡献。

二、体制机制制约下的阶段性七大问题

《意见》指出："着眼于破除束缚人才发展的思想观念和体制机制障碍，解放和增强人才活力，形成具有国际竞争力的人才制度优势，聚天下英才而用之。""发现不了问题就是最大的问题"，认真学习贯彻《意见》要从发现问题、认识问题、分析问题、解决问题入手，在发现、分析、解决问题中螺旋上升、发展、进步。

（一）供求双方能力结构失衡

创造人才顺畅流动要具备三个必要条件：第一是用人单位的岗位空缺，第二是人才胜任力与岗位匹配，第三是信息渠道畅通。近期，沈阳地区人才服务业相关数据反映，线上和线下人才交流存在较为突出的问题是：用人单位的岗位说明书能力要求与要找工作的流动群体职业能力结构失衡。学习这个专业的人员从事这个专业的工作，适应能力和岗位要求有较大的差距。造成这种现象的主要原因有三：第一，高校专业课程相对老化，大学生的专业知识转化成职业能力的转化力偏低。第二，产业升级，行业变革，企业产品更新以及移动互联网冲击，经济组织的岗位要求与市场流动人才的能力要求不匹配。第三，知识经济时代知识生产率替代了传统的劳动生产率，智能化和机器人的普及替代传统简单劳动，新岗位能力要求与市场人才资源供给出现的阶段性矛盾。

（二）部分流动群体职业再生能力弱化

职业能力的再生是互联网时代对每个职业人的基本要求。专家分析，20世纪50年代，人类科技知识更新一次需要50年，而21世纪初则需要5年左右，预计21世纪30年代只需要70~80天。现阶段，在人才交流中反映出的突出问题是：互联网时代对传统的行业、职业具有一定颠覆性，随着大数据、智能化、机器人、云计算的普及，所有职业人都面临一个重要问题——职业再生能力。

职业再生能力是指从业人员对职业深化和职业转变所需能力的再创造。"职业再生能力"应包含两个方面：一是个人职业发展中所需的再生能力，二是职业转行时应提前预备的职业再生能力。人力资源专家告诉我们：职业生涯实践中的"职业再生能力"将是永恒的主题，像一条红线贯穿职业生涯的始终。从业人员应了解"职业再生能力"的内涵并加以实践。

职业危机信号的自测。职场竞争中的成功案例和失败教训都告诉我们，要经常评测自己的职业危机信号。当发现不了自身从业中的弱势及缺陷时，就会成为职业淘汰者。成功的职业人士善于发现不足和差距，及时迅速加以调整和补充，以适应职业对自己的动态要求。评测职业危机的10个内容：①接受新任务时，缺少应对措施，经常出现较为被动的局面；②面对新工作环境，没有足够的勇气来面对，缺少自信心；③处理较为复杂的问题，抓不住主次矛盾；④与人沟通一时找不到最适合的表述语言，与合作者及同事相互间缺少信任；⑤做事缺少耐力，经常有头无尾，不能善始善终；⑥工作中长时间发现不了问题，也提不出改变现状及创新性的建议；⑦时常感到自身知识、技术含量不足，用自己掌握的技能完成职业工作时，力不从心；⑧与直接领导沟通较难，时常出现领导与自己的思路不一致，做的工作越多反而领导越不理解；⑨与直接用户接触中，用户的意见很难在自己职业的实践中调整完善，进而满足不了用户的需要；⑩时常有落伍的感觉，同事、同行讲的话和讨论的问题，有时出现概念性、理念性、理论性及操作性的认识差距。

市场调查证明：流动人员的职业再生能力较慢是较为普遍的问题；岗位胜任力标准与从业人员职业能力不能同步提升。

（三）选人用人评价体系不完善

人才测评是国家治理、社会管理、组织运营的重要工具，也是促进人才合理配置顺畅科学流动的必备条件。我国经济组织大部分处在成长期阶段，无论是组织架构、还是人力资源管理，都在学习实践提升时期。由于人才交流中缺少必要的选人用人科学测试、评价标准和应用工具，盲目粗放选人是企业的常见现象，造成的结果是，流动者与岗位、企业文化融合太浅，频繁调整岗位以及人才流失率较大，企业选人用人成本偏高。

（四）“三预”机制不健全

人力资本投资浪费较大，人才浪费是最大的浪费。美国15年淘汰了8 000个职业，产生了6 000个新职业，我国近5年每年淘汰的职业和新生职业是新中国成立60年的总和。在互联网快速发展年代，人们对所从事职业的寿命是不可预测的。因此，国家应建立职业的预警、预报、预测机制，定期向社会发布职业阶段性的变化与变革，告诉人们学什么，了解什么，储备什么，掌握什么，职业教育应是当今社会永恒的主题。不然职业人的职业能力永远不能与快速发展的科技进步、智能化网络同频共振。出现的问题是：人在流动中不能增值，反而贬值。

（五）自由职业者成长环境较差

自由职业者是指非组织内的从业人员，完全依靠自己的兴趣爱好以及专业特长创造性地捕捉社会需求和市场潜在需要，运用自身职业能力为社会组织或个人提供服务的从业者。专家分析：一个地区、一个国家从事经济活动的人口中，自由职业者占的比重决定其创新力和创造力的持续发展。美国自由职业者达到 3 000 万人，其中，律师、自由撰稿人、技术顾问、会计师、艺术家、美术人、策划人、色彩分析师等，都在经济发展和社会进步中起着重要的推动作用。我国深圳、上海、北京，自由职业者的比重也很高，占被调查总人数的 34%，有半数以上的人表示愿意将来从事自由职业。调查分析发现，人才的顺畅流动在很大程度上体现了人的职业兴趣化、工作自由化、做事娱乐化、职业终身化。目前，我国的大众创业、万众创新，就是要让从事经济活动人口的创业激情得到释放，创业梦想得到实现，这样一种社会状态的持续发展，必然会推动中国创造的原动力不断增强。目前，自由职业的发展还存在三方面障碍：第一，思想观念保守，自由职业缺少社会的共同认知；第二，自由职业的社会需求服务不够，从业人员缺少足够的勇气和魄力，自由职业者没有形成群体；第三，自由职业教育不够，传统意义的工作，还习惯于体制内，稳定的工作场所，早九晚五的作息时间。这些都在一定程度上影响了人才的结构性流动和整体性开发。

（六）职业教育全民化发展不平衡

职业教育是人人教育，是贯穿人一生的终身教育。人才流动基本规律告诉我们，从业者产生流动动机的重要因素之一，是自身职业能力的不断提升与所在组织持续发展的差距。个人发展得快，企业发展得慢，员工炒老板；企业发展得快，员工发展得慢，老板炒员工。流动是职业人在职场需要研究的永恒主题。目前，据各大人才市场公布的数据分析，人才的流量、流速、流向的后面，普遍存在一个隐性问题，人才流动中的配比成功率和流动后从业时间统计问题。流动人员的群体中，20～30 岁占 70%，30～40 岁占 25%。特别是九零后进入职场，离职率高于八零后，流动的频率加快。现象产生的原因是多元的，但主要矛盾是快速发展的经济组织和科技进步与新入职人员从业能力之间的差距。

调查中发现，20～30 岁从业人员参加工作后，利用业余时间个人投资提升职业能力的占 25%左右，多数从业者大学毕业后参加各种能力培训偏少。同时，社会培训机构的培训能力以及研究水平也与经济发展有一定差距，全民化的职业教育风气没有形成，政府与经济组织对职业教育的重视程度也不够，缺少在人力资源提升上的投入。这些问题从深层次上影响着人才的高质量流动和配置。

（七）缺少人才顺畅流动的生态环境构建

人才在流动中的重要指标是流得动，用得好，作用大。顺畅流动不是想走就能走，而是能够在新的平台发挥作用。融得进，合作好，持续力长，这就需要内外多因素的共同发挥作用，人才流动就一个区域而言，在人员流动的结构上应与该地区的经济发展与社会持续进步一致，在以人为本的生态环境构建上，从多维需求视角为各类不同人才创造政治、经济、法治、人文、生活的外部环境，更要构建适合各类人才健康成长的内部环境。就目前我国人才流动的整体结构看，还存在一些突出问题：一是经济欠发达地区人才缺乏问题没有较好解决；二是人才的需求与供给缺少必要宏观调控，人才浪费、专业对口率偏低的问题还有待解决；三是引得进、留不住、用不好的盲目引进问题还时有发生；四是引进人才水土不服的现象还存在；五是人才政策落实的不到位；六是“叶公好龙”现象在个别地区时有发生；七是人才进入新环境后的跟踪服务不到位。人才生态环境的构建是个长期的系统工程，是地区的战略性规划的重要内容。由于缺少对长期的、持续的人才生态环境的建设，人才的顺畅流动只能是阶段性的工作计划。

三、互联网大数据背景下的人才流动七大趋势

人才的流动是受社会环境、信息发展、技术进步等诸多外界因素影响的，当今社会互联网和大数据、云计算以及智能化的高新技术的融合，产业、行业、企业、职业也都随之而变，带有颠覆性的变革深度，影响着人们的生活方式和生产方式。在这种社会形态下，人才的流动也出现了革命性的变化。

（一）共享经济的出现，高级人才流动中“合伙人”将成为各种资源跨界组合的新模式

共享经济是通过互联网作为媒介，人们公平享有社会资源，各自以不同方式付出和受益，共同获得经济红利的一种新的商业模式。在共享经济的社会中，人们的流动不再是以单纯的技术、技能和知识为载体衡量人才的价值，而是在一种全新的思维模式下的创新商业模式的交换。人才在流动中增值的方法手段和标准都有了全新的定义。在共享经济中智力众筹是对共享经济人

力资源共享的最佳诠释，通过这种模式能让更多的人在共享时间、技能、经验、智慧，乃至人背后资源的同时，跨过找人难和找事难的这道坎儿，打破人才流动的瓶颈，让人才的活力和创新力得到充分的释放。

共享经济的出现，改变了人才交流传统的供求模式，把过去人与岗匹配，人与能力要求一致，人与企业文化相近的选人用人方式和人才流动方法做了较大的变革。交流的目的是以资源的互补、智慧的互助、技术的互通、时间与空间的互换为主导，让人才从原本雇佣、全职的制度中解放出来，让自己和他人的智慧、能力、技术、时间诸多元素加以共享，创造出全新的价值。

共享经济的发展，会使社会的生产方式、运行模式、经济形态发生变化，人们不但可以整合职业相关的资源形成共享创造新价值，还可以将个人的业余爱好，附加值的技能、技巧和技术通过互联网平台做精细化的靶向整合，极大程度地挖掘人的潜在能力，让人们的副业以及在本职工作中不能显山露水的才华、才干得到共享，进而转化成具有商业属性的价值，人尽其才，才尽其用得到完美的体现，人的潜在能力得以开发，各类人才的余热和余量都可以通过共享加以实现，人才浪费将退出历史舞台。

共享经济的出现，将给体制内和体制外的人才需求与供给创造更大的交流平台，体制内科技人才的创新力、创造力会得到全新释放。

（二）云组织的出现，人才流动的概念将重新定义

云组织是互联网时代的一种企业组织和合作形态，是在虚拟企业和企业联盟的理念基础上延伸、发展、演变而来的。云组织里的人力资源被上传到所有需求者能接触到的“云端”和“云台”上，能够随需求被调用，利用效率提高至最大化，任何需求都能得到“云”的回应。也称为无边界组织或虚拟企业。云组织与传统组织形式比较，更开放、协作、共赢、整合。在互联网时代，用户需求千人千面，无限极致，快速迭代，所有的经济组织都需要高效盘活内部各种资源。云组织是将组织变成了平台，让组织内部员工和准备参与组织的员工，都成为为自己打工的创客，随任务和订单的用户需求自由组合、连接、快速配置调用。云组织的老板应具备全新的平台领导力，人力资源部门的六大模块也随之转变为以打造、维护、运营平台为主导的职能定位。

云组织的出现，可以将过去人才流动难、资源整合难、偏远艰苦地区选人难的问题，在互联网的云组织中加以解决，把过去由于地理、空间、环境等造成人才流动难的问题，在更大、更广的平台上提出解决方案，让更多的人根据自己的偏好和兴趣以及个人的价值观念进行选择，政府只在政策上做

发布，运用现代智能手段加以激励和管理。

云组织的运营也对诚信提出了更具体的考验，对交流、交易双方的诚信度提出了更高的要求，有助于对社会诚信的深度推进。

（三）均衡经济发展和产业布局的结构性调整，一二三线城市的人才互动会加快，人才服务的城市联盟、区域互动将成为新的服务业态

目前，人才服务业的跨地区联盟和互动还没有形成，其主要原因是：一二三线城市人才的流向还是趋于三二一的流向。随着经济发展的均衡化和产业布局结构性的调整，国家在地区和产业上的政策助推，城市间的信息获得、技术获取、文化互通及获得信息的方法智能化、网络化，城市间的差距在快速缩小，各类人才在流向上开始做适度的调整。“十三五”期间，我国的各类人才将随着国家的经济战略调整，“一带一路”的建设和支持贫困地区发展规划的实施，人才顺畅流动与国家的经济发展将深度融合。

（四）人才发展的良性生态环境为各类人才顺畅流动创造了良好的外部条件

人才在流动中是由简单到复杂、由单一需求到多元需求的。过去引才条件有房、高薪就会获取众多人才，现在中高端人才在选择流动的方向时，考虑长远发展，考察生态环境成为首选。人才的外部生态环境主要包括六大方面：

（1）政治政策和经济环境。包括稳定的政策，如良好的投资、创业政策环境，人才、资金等要素顺畅的流动条件，政府对相应产业的支持态度，充裕的风险资金等。人才的自我实现是依托于研究或创业，研究或创业所需要的客观环境，即人才对政治、政策和环境的需求。

（2）行业环境和工作环境。包括行业的发展前途，行业在全国乃至世界的地位，是否与自己的兴趣爱好和对未来的规划一致，工作岗位是否能为自己提供施展才华的条件和机会，是否受到领导和同事的信任和尊重，是否有提升的机会，是否具有有利于自己的竞争环境。

（3）再学习的环境。包括文化环境，学术研究的氛围，专业资料是否充裕。在当今社会，知识更新迅速，各种人才为了适应工作的需要和自身知识体系的更新换代，再学习已经是工作的一个重要组成部分，优越的再学习环境，也是吸引人才、留住人才的一个重要因素。

（4）信息交流环境。包括行业、专业间的学术交流和技术交流，不同地域之间的经济信息、市场信息的交流，与国际先进技术、科研成果的交流，其他大众信息的交流。建设大容量、高效率的信息交流设施，如高速宽带网、提高政府管理和居民生活信息化水平、方便的图文媒体信息传播渠道等。

（5）就业机会。就业问题不再是简单地找工作，就人才而言，适当次数的工作流动是非常必要的，发达国家的人才流动率远远高于发展中国家，美国经济学家摩尔根据多年的研究指出，要适应社会化大生产的需要，人才流动率在10%~15%为适宜，美国每个专业人才一生要换十二次工作，日本人要换八次，而我国不足一次。就业机会包括高效的人才中介服务，畅通的人才流动政策和大量的新增就业岗位，大量充裕的就业机会和自由的人才流动政策是构成人才生态环境的一个重要因素。

（6）较高的生活质量。包括在现有收入水平下可以提供较高的生活水平，便利的生活条件如住房、交通、通信，较舒适的生活感受如一个城市的生活习惯、语言、风俗习惯和人文环境等。以上六个方面的因素构成了人才生态环境的核心内容。

人才的内部生态环境：①有个人喜欢兼擅长干的职位内容；②提供或比较容易找到良师益友；③基础专业训练与多次尝试空间的并存；④规范条件下的鼓励与尊重行业文化；⑤成长型业务与学习型气氛；⑥对个人偏好与特长的善用；⑦得到工作中与工作外的社会交际机会；⑧优秀品牌、阳光型领导与合理的绩效考核体系。

由此可见，各地区在吸引各类人才时，着手构建适合各类人才持续发展成长的人才生态环境是非常必要的。

（五）职业再生能力促进人才的合理配置，人才在流动中增值将达成共识

《意见》中明确提出："突出市场导向，充分发挥市场在人才配置中的决定性作用和更好的发挥政府作用。"让人才各尽其能、各展其长、各得其所，让人才价值得到充分尊重和实现。政府的宏观调控和市场的需求导向作用下，人才在动态的快速发展的互联网时代，清醒地意识到，只有提高自身职业能力，适应社会的发展，自身的价值才会得到提升和认可。据专家分析，农耕时代，学什么专业干什么工作，知识能用一辈子；工业经济时代，学习什么专业干什么职业，知识能用三十年；互联网时代，学习什么专业从事什么职业，知识只能用三到五年。知识的更新与淘汰已成为现实。因此，在当今社会，不是比谁学的多，而是看谁转化的快。职业人在提升自己职业能力时要学会鉴别知识、抛弃知识、转化知识、更新知识、创造知识，让自己的职业能力不断得到提升和发展。

（六）供给侧结构改革对创新创业者会产生快速流动

供给侧改革需要的是一整套的新制度和政策供给，在最低限度上纠正过去的供给过度，尤其是错误的供给，弥补供给不足，从而找到新的供给，刺激需求，实现可持续的经济增长。供给侧改革在人才流动上就是鼓励支持各类人才创新创业，提倡大众创新、万众创业，把职业人的创业激情和创新热情，聚集到中国创造上来，形成高效的制度供给和开放的市场空间，激发人才和组织两个主体创新、创业、创造的潜能，构建、塑造和深化我国经济增长长期稳定的新动力。

从供给侧改革看，经济结构的调整带来的是产业、行业、企业、职业、岗位上的一系列变化，应该清醒地看到，“十三五”时期国民经济发展需要的是大量的创新创造型人才，按这样一个逻辑推理，有一定发明创造能力，具有独立思考、善于整合资源、能够无中生有的创新型人才会成为社会稀缺资源。社会中的另一个群体，“自由职业”将快速放大成为人才交流大军中的热门职业。

（七）人才流动中的“三预”机制将越来越被人们所接受

长期以来，人才在流动中存在一定的盲目性、跟风性，造成了人才的浪费。这种隐性的浪费要大于物资的浪费。对职业发展、职业变革、职业淘汰、职业寿命可否进行分析预测，在以市场需求为导向的社会，职业的预警、预报、预测（三预）就浮出了水面。人们在对自己进行人力资本投资时，要像看股票 K 线图一样进行冷静地分析后投资和选择，这样在一定程度上能减少盲目的人力资本投资和浪费。当人们在市场需求指导下有计划、有目的地进行自身职业能力的持续提升，这对人才顺畅流动的质量无疑是一个最大的利好，对促进人才的有效开发合理配置会具有战略性、整体性的深远意义。

我们学习、领会、贯彻《意见》不能停止在宣传上，每个人才工作者应肩负起结合本地、本土的实际，创造性地加以落实，把《意见》中的思想变成现实，把要求变成行动，把方针变成实施计划落地，扎扎实实地做，认认真真地干，让人才成为经济发展的第一资源。

（孟庆伟，沈阳农业大学职业能力研究所所长，沈阳大学客座教授，国务院特殊津贴专家。）

制度保障篇

形成具有国际竞争力的人才制度优势

王 通 讯

中共中央最近印发的《关于深化人才发展体制机制改革的意见》（以下简称《意见》），是继《中共中央　国务院关于进一步加强人才工作的决定》《国家中长期人才发展规划纲要（2010—2020年）》之后，又一个关于人才工作的重要文件。文件必将进一步破除束缚人才发展的思想观念和体制机制障碍，解放和增强人才活力，构建科学规范、开放包容、运行高效的人才发展治理体系，形成具有国际竞争力的人才制度优势。

一、人才制度的定义与功能

（一）制度的内涵

研究人才制度需要先从制度本身讲起。

研究制度经济学的西方学者康芒斯说："我们可以把制度解释为集体行为控制个体行为。集体行为的种类和范围很广，从无组织的习俗到许多有组织的所谓'运行中的机构'，例如家庭、公司、控股公司、同业协会、工会、联邦储备银行以及国家。大家所共有的原则或多或少是个体行动受集体行动的控制。"

关于集体行动是如何控制个体行动的，他认为："为个人决定这些彼此有关的和交互的经济关系的业务规则，有时候叫作行为的规则……它们指出个人能做不能做，必须这样做或必须不这样做，可以做或不可以做的事，由集体行动使其实现。"

人力资源学者舒尔茨说："我将制度定义为一种行为的规则，这些规则涉及社会、政治及经济行为。"

诺思认为："制度是一种规范个人行为的规则。"

可以看出，制度有广义、狭义之分。广义的制度是国家范围或区域范围内实行的，狭义的制度是一个组织之内或较小区域范围之内实行的。它们之间具有一定的一致性和关联性。

综合来看，所谓制度，就是社会不同范围内大家认可并遵守的约束、限制人们行为的规则。

国内有学者认为，制度是指“人们在行为中所共同遵守的办事规程或行为准则”（李拓，2012）。还有人认为，“制度就是社会的游戏规则”“是人们的社会活动赖以进行的依托和相对稳定的秩序和规范框架”。

（二）制度的特点

（1）制度都是无形的。制度是看不见、摸不着的，但是它时刻存在，好像地球引力对于我们每一个人的引力作用一般。与人们一生关系最大的制度有三个：教育制度、人事制度、社会保障制度。这三个制度将人们包围一辈子，无法摆脱。无形的制度如果形成文字、文件，那么就容易保管和查找使用了。所以，作为国家，需要不断地将各种重要的规章制度文字化、档案化。任何一个社会组织也应该做到这一点。这叫无形制度有形化。

（2）制度都是有生命周期的。①形成阶段：制度的初始阶段。有许多不成熟、不完善的地方需要改进。②成熟阶段。也称为效能阶段。比较能够适应社会现状；有效性强，是制度发展的黄金阶段。③形式阶段。制度的有效性减弱。开始走向形式主义。应该有的功能不能正常发挥，这时，就需要进行调整和改革了。④消亡阶段。也叫制度的萎缩阶段。这一阶段制度的概念系统不明确，规范体系不健全，群体系统不协调，制度完全不能发挥其功能，需要尽快以新制度代替旧制度。

（3）制度是体系化的。制度设计出来，不是放在那里让人看的，而是要贯彻执行落实的。因此，它必然要体系化，从中央到省市，再到市县，再到基层。最后，覆盖一切相关人群。例如，专业技术人员的职称评定制度，各级人民代表大会制度等，这是从纵向来看的。从横向看，制度与制度之间，并不是互不相干的，而是相互联系的。例如，职称制度与工资制度相互联系，职称制度与退休制度相互联系，职称制度与干部任用制度相互联系等。任何一个国家的各种制度，实际上是一张庞大的相互交接的网，人们就生活在它的笼罩之下。

（4）制度可能涉及多个领域。一项制度的建立，可能会涉及整个社会不同的领域。不同领域的不同制度之间需要相互协调与配合。例如，我国要建立的反腐制度，就是一个明显的实例。有效的反腐制度应该包括官员家庭财产申报制度、金融实名制度、遗产税与赠与税制度、公民信用保障号码制度、反腐败国际合作制度五项主要内容。这其中，官员家庭财产申报制度是核心内容。

（5）制度是一种稀缺资源。相对于物力、财力资源，相对于人们对好制度的需求，制度资源是一种稀缺性资源。具体来说，有以下原因：①制度是一种公共资源，创立者没有专利获得，没有专利保护。也就是说，由于受到利益制约，所以稀缺性强。②制度比技术具有更强的专用性。在一个国家能够推行的制度，在另外一个国家可能就不行。这可能与社会发展阶段有关。也就是说，会受到社会意识形态、价值观的制约，专用性太强，这也是制度稀缺的一个原因。③制度创新可能会带来一定的风险。有时风险巨大，甚至牺牲性命。也就是说，受到风险制约。我国当前制度供给严重不足。

（三）制度的功能

学者们认为，制度具有以下功能：

（1）约束、规范人们行为的功能。

（2）合理合法的功能。

（3）导向和激励功能。

（4）减少交易费用的功能（康芒斯认为，人与自然的关系属于生产，人与人的关系属于交易）。

（5）形成有效合作的功能。

（6）顺畅组织运作的功能。

（7）捍卫个人自由的功能。

（8）传递历史文化的功能。

（四）什么叫人才制度

人才制度，是指与人才以及人才发展方面有关的规定。包括人才培养、人才引进、人才流动、人才选拔、人才使用、人才待遇、人才评价、人才权益保护等方面。人才制度是一个可以单独研究制定的体系。在我国，由于人才是一个很宽泛的概念，所以人才制度所涉及的方面较广。以上所讲的制度均有涉及。

对于每类人才来说，又有不同的制度规定。在各类人才制度中，专业技术类人才制度最为典型，也是我们要论述与研究的重点。这些都是应该加以特别注意的。

（五）制度与体制、机制的关系

（1）体制，首先是“实体”之义。例如国家机关、事业单位、企业等。

还包括这个实体之内的各组成部分、权限划分、相互关系以及运作模式。

（2）机制，是任何有机体功能、职能得以发挥的内在原理。一个有机体内，往往有多种机制（如指挥、沟通、反馈、协调、合作）共同发挥作用，方能维持正常状态。显然，体制是机制存在的基础。离开体制，机制无法存在。机制则是实体发挥功能的作用原理，是动力所在。任何制度内，都蕴含着各种不同的看不到的机制。

（3）制度，能够使体制、机制明确化、法定化。所谓制度建设，就是通过设计与改革，让制度内蕴含或新赋予的机制发挥出更大的正面作用。

人才制度建设，就是通过人才体制、机制的改革、创新焕发出新的生机与活力。

二、人才制度的产生与发展

（一）人才制度是怎样产生的

人才制度涉及的内容很多，这里从最基本的分配制度说起。

（1）分配制度是最聪明的人想出、设计出来的。易中天教授讲过一个从土匪变成企业家的故事。民国初年，四川广汉地区有一条川陕大道，土匪出没，商人、行人安全无法保证。惹不起躲得起，人们不再走那条路了。这么一来，土匪靠抢掠的生活无法维持了。各路土匪决定开会协商找到解决问题的办法，经过争吵决定分段承包，形成制度：一是价格不变，二是不能重复收费，三是必须提供保护。谁违反制度，严惩不贷。这么一来，土匪用利人的办法利己，收入有了保障。这些人就变成了以后的企业家。这个号召土匪开会的聪明人，显然起到重大的制度提供作用。文明是对野蛮的否定。文明的标志是利人又利己的制度出现了。大多数人，只是制度的消费者，对制度产生与演化不起或很少起作用。少数人中的少数人，也即君子，对制度产生起到创立、开启作用。

在给定的制度条件下，最大限度地追逐利益，不管制度好不好，是小人；君子会追问：这个制度好不好？好，便心安理得地谋利；不好，就要改革。事实上绝大多数制度企业家是君子。30 年来推动各领域制度变迁的人士，都具有君子品格。因为在制度外行动，是需要付出成本与代价的。

（2）分配制度是参与人群在实践中不断博弈的结果。关于一锅粥怎么分着喝的制度产生过程。困难时期有锅粥，10 个人分着喝，应该怎么办？方案 1：领导指定一个人，让他来分，结果他沾光没够，大家有意见。方案 2：选出一个办事公道的人，让他掌勺，结果开始时可以，慢慢的不行了。方案3：大家轮流掌勺，结果谁掌勺，只有掌勺那天吃得饱。方案4：加强监督，保障公平，结果大家都很累。方案5：推举一人分粥，但是，分粥的人必须最后才能端走那碗粥。结果，方案5得到通过。事实上，这个方案确实最佳。显然，这个最佳方案是不断博弈、反复试验的结果。

哈耶克同意以上观点。他认为，制度是自发生成和演化的结果。制度选择是内生于个体互动过程的社会选择（公共选择）。在给定的环境（约束条件）下，制度的选择是比较各种备选方案的交易费用。用博弈论的术语讲，制度是参与者在连续博弈中策略互动形成的博弈均衡。从这样一个角度看，制度是积累的经验性的知识资产。我认为，两者都有道理。两种情况往往交叉发生，相互促进。

制度的两种产生方式

自然进化说	精英设计说
是当事人不断参与博弈的结果	是利益集团代表人物设计出来的
强调法治	强调人治
能够达到最优化	难以达到最优化
以哈耶克为代表	以制度创新学派为代表

（二）人才制度是在不断进化的

人类历史上，一种制度一旦产生，它就开始不断进化、发展，这是不以人的意志为转移的客观规律。而且，从大的总的趋势看，总是朝着有利于人类社会进步的方向迈进。例如，关于人才选拔制度，在中国就先后经历了原始的民主荐举制、世卿世禄制、九品中正制、科举考试制。越来越民主、越来越科学、越来越有利于把优秀人才选拔出来，举荐上去。再如，企业制度，从产生到现代，也是越来越有利于企业的创立和发展的。由于任何一种制度都处在不断发展变化的过程中，所以世界上没有至善至美的制度。我们讲的好制度也是相对而言的。

（三）制度进化中存在“路径依赖”

人类社会中的各种制度，包括人才制度，在进化过程中的一个明显特点就是存在“路径依赖”现象。既然一切新的制度皆脱胎于旧的制度，那么，它就不可避免地保留有旧的痕迹、旧的路径。世界各国火车轨道的宽度，就是依赖于过去马车轨道的宽度。例如，民国时期的职称评定需要看著作、论文，现在仍然需要看。因为那是一个教授或者研究员实际水平高低的一项比较明显的容易衡量的标志。但是，到了今天，不仅看这些，还要看你在国家或国际上重点学术期刊上发表了多少论文。虽说这一条能不能算“评价标准”尚存争议，但是这一条确实是在继承以往的基础上比过去发展了。旧的路径不一定全对，也不一定全不对。这要看情况加以改进、取舍。制度进化过程中，全新的东西有，但是不多。既有进化，也有变异，跟自然界一样。

三、好制度的标准是什么

（一）学者论“好制度的标准”

阿兰·斯密德认为，好制度有四条标准：第一，效率；第二，自由；第三，民主与全体一致性；第四，交易成本最小化。新制度经济学看重第一条、第四条两条。阿马蒂亚·森看重第二条。公共选择学派看重第三条。对第一条的解释：好制度必然是有效率、效率高的。对第二条的解释：不要限制了人们的自由。对第三条的解释：“全体一致性”指的是个体的行为准则与立法者所选择的准则是同一个方向，那么，社会博弈比较容易进行，达到一致，最有可能实现人民幸福。对第四条的解释：交易费用是制度存在的唯一原因。如果交易费用为零，那么制度就可有可无。交易成本为正，那么就需要找到成本较低的那一个。

案例一：创办一个企业的交易成本？

发达国家平均要通过 6 个关口

发展中国家平均通过 11 个关口

发达国家平均要耗费 27 个工作日

发展中国家平均耗费 59 个工作日

发达国家平均花费人均年收入的 8%

发展中国家平均花费人均年收入的 122%

如果将美国创业难度定为 1，那么，韩国为 1.5，日本为 2，中国为 5。

问题：出现了“发展悖论”，越是不发达，越是难发达，越穷越卡，越卡越穷。

案例二：世界各国税收制度的成本支出

——每征收 100 元税收需要支出的费用

美国——0.58%

新加坡——0.95%

澳大利亚——1.07%

日本——1.13%

英国——1.76%

中国（平均）——5%~8%

中国（有的县市）——50%

原因分析：机构庞大。美国按片区（十几个），中国按省市（三十几个）；国外一个系统，中国分设国税、地税两个系统；中国的税收制度下，机构、设备、车辆、人员倍增。（参见《中国经济导报》，2013-02-26）

（二）政治家论“好制度的标准”

邓小平认为，好制度应该是“在经济上赶上经济发达的资本主义国家，在政治上创造比资本主义国家的民主更高更切实的民主，造就比这些国家更多更优秀的人才”。1980年8月16日，在中共中央政治局扩大会议上，邓小平对党和国家领导制度提出上述三条标准，他说，“党和国家的各种制度究竟好不好，完善不完善，必须用是否有利于实现这三条来检验。”

以“人才选拔制度”为例说明：什么是选拔局长的好制度？第一，这个选拔制度必须是有效率的，不能旷日持久，影响生产建设。第二，这个选拔制度，必须保证每个有投票权的公民的自由选择权。第三，这个选拔制度能够体现民主意愿，而且上下认为的好局长的标准是一致的。第四，这个选拔制度是节省开支的，不能浪费纳税人的金钱。

（三）微观领域的好制度标准

有学者对微观领域的制度进行研究，认为在一个组织内部，好制度通常具有5个特点：

（1）法理性。合乎现行法规、政策。

（2）可行性。能够得到大家认可，行得通。

（3）具体性。不是总讲原则，而是好操作。

（4）针对性。能够解决问题，产生实效。

（5）普适性。对任何人都一样。

（四）好制度都是体现法治原则的

讲一个关于“瘦羊博士甄宇分羊”的故事。东汉光武帝建武年间，甄宇被征拜为太学博士。每年岁终，皇帝都要下诏给每一位博士发一只活羊。羊有大小肥瘦，怎么做才算公平呢？有人说杀羊分肉，有人说抓阄才对。甄宇认为，这些方法都不好。怎么办？他不声不响牵了一只最瘦的羊离开了。众博士不再争执。后人以诗称赞说：“多少长安苦吟客，瘦羊博士最风流。”

但是，甄宇靠自己发扬风格，真的解决分配公平问题了吗？没有。甄宇是洁身自好。公平分配应该通过制度来解决。

甄宇个人道德高尚，值得肯定。但是，他没有从制度上解决问题。估计，换一个领导，分羊的方法又会变化，这种方法不稳定，不可靠。洁身自好是君子的策略；但敢于实行制度创新，才是最可贵的革新者。

归根结底，人是靠不住的，因为他会变。而制度则带有根本性、长期性和稳定性。我们主张，上至国家，下到企业事业单位，在提倡良好道德风尚的同时，都要把制度建设重视起来，包括各项人才制度。反过来，我们来看以下几个坏制度，这些坏制度都是鼓励浪费的。

（1）财政预算的确定依据不对。依据上年度预算额和机构规模而非绩效来制定预算。实际上，是鼓励“能够证明开支合理性的人”，而非节约的人。导致“编预算时越多越好，花预算时大手大脚”。

（2）科研人才评价标准不对。科研人员明明知道课题花不了几百万、几千万的钱，但在申报课题时必须要把经费做多。为什么？因为科研单位评价人才是按照拉来多少经费为标准和导向的。有的单位规定没有达到多少，要降低岗位等级。

（3）干部考核的考核要素不对。有的干部并不想出国，但是上级规定必须与境外签订多少合同协议，才能达到考核合格标准，被逼的再忙也得出国。

四、世界人才好制度

我从历史与现实中选择了几个好的人才制度，大家可以讨论好不好。

（一）选拔大量底层人才的“中国科举制度”

中国对世界贡献最大的社会科学创新是什么？答案恐怕就是科举选材了。中国在经历了原始社会最初的举贤与能后，先后出现过四种选材方式：世卿世禄、察举征辟、九品中正、科举考试。时间从隋文帝开始，一直延续到清朝末年。民国时期，有中国代表团到欧洲访问，称赞英国的文官制度如何如何。英国人说，文官制度的核心考试选材，是从你们中国学来的。科举考试，结束了三公九卿、郡国长官和“中正官”凭主观印象选官的历史，不凭出身，不凭关系，不凭财富，只凭真才实学，体现了公平竞争的合理性。

中国的科举制度始创于隋，确立于唐，大力发展于宋，一直延续到清，共计 1 300 多年（1905 年终止）。总共培养了 10 万多名进士，360 多名状元。这些人上升到社会高层，实现了精英治国，维护了两千多年的封建统治。

现在的大学升学制度，继承的也是科举制度的精华。

（二）有效培养拔尖人才的“英国导师制度”

导师制发源于英国 14 世纪的牛津大学。当时，由于学生岁数偏小，导师除负责学业之外，还负责学生身心健康发展。到了 18 世纪，逐渐形成制度。导师主要负责学生的学业与教育。具体内容是：学生入校后，可以自由选择导师，导师也自由选择学生。导师每个学期每周与学生见面一次，并与每个学生共同制订个性化的教学计划，要求学生在规定时间内完成他提供的阅读书目，写出论文，并就论文内容进行辩论、挖掘，进行深度学术交流，包括相互辩驳、相互启迪。导师可以住在学校，也可能住在校外，这都不妨碍在茶馆、咖啡厅、河边、草地进行畅谈，特别是思想碰撞。由于当时教授多抽烟，故有人说，学生是被导师的吞云吐雾“熏”出来的。

导师制，是英国大学“自由式管理”的产物。学生能够在全校选学课程，选择导师，修满学分，即可毕业。

（三）变“移民”为“移才”的美国移民制度

美国自从设立移民制度以来，内容与功能不断变化。今天的美国移民制度研究变成了移才制度。这是美国实行“人才争夺战”的一个重要武器。2011 年 11 月美国众议院通过一项吸引高学历移民法案。法案规定，四年后完全取消职业移民国家配额上限，目的是大量吸引中国和印度高技术人才。奥巴马在第二任期内将向国际理工科人才和在美创业者实行移民倾斜政策。2013 年 4 月，美国参议会公布了 30 年来最大规模的移民改革法案。最亮关注点是：增加创业签证；将 H-1B 签证从 65 000 个提高到 110 000 个，增加配额全部给在美获得科学、技术、工程、数学学位硕士以上学生；取消对杰出人才的限额；增加 25 000 个科学技术工程数学领域高学历人才签证。该法案还推出了“积分制绿卡制度”。

（四）以重大工程为依托的杰出人才培育制度

常令中国人引以为豪的是航天事业，创造这一奇迹的中国航天科技集团创造了依托重大工程有效培养人才的制度。就是以重大工程为平台，选择有发展前途的青年人才，放到不同单位项目进行锻炼提高。这种育才模式需要老一辈人才的引领，也需要年轻人才的继承接续。还需要刻苦攻关，不断创新。

这种制度发源于第二次世界大战时期的美国曼哈顿工程。在这方面，中国航天做出了榜样。最为可贵的是，集团400多名正副总指挥和总设计师中，45岁以下的近60%，平均年龄为44岁。载人航天工程交会对接任务正副主任设计师平均年龄为38岁。月球探测工程设计师队伍中35岁以下的占70%。这个模式不仅有效，而且后继有人。

（五）有效保留人才的“员工持股制度”

发源于美国，是员工所有权的一种实现形式。为了吸引、留住、激励员工，通过员工持股，使员工享有剩余索取权、未来收益权、经营决策参与权，从而增加对员工的凝聚力。分两种类型。一种叫“杠杆化”的，另一种叫“非杠杆化”的。杠杆化主要是通过信贷杠杆而实现；非杠杆化，是通过公司每年贡献一定数额的股票或购买股票的资金而实现（一般为参与者工资总额的25%）。员工不需要做任何支出。企业员工持股基金会持有员工股票，并定期向员工通报股票数额及价值。员工退休或离开公司时，根据一定的年限要求，能够取得相应的股票或现金。人们认为，这种制度最早是由贝斯特创立的，所以又叫贝斯特主义。员工有了股票，就一身二任，既是企业员工，又是企业主人。

（六）区别对待的中科院“人才聘用制度”

下面是中国科学院按照人才类型实行的人员聘用原则和聘用方式。领军人才，稳定，无固定期限或长期聘用；学术技术带头人，稳定，无固定期限或长期聘用；高层次工程技术人才，稳定，长期聘用稳定支持；高水平支持人才，稳定，长期聘用稳定支持；一般科技骨干，适当流动，有限次聘用+合理出口；青年科技人才，鼓励竞争，短期聘用+职业发展；技术产品研发人才，灵活多样，联合聘用+成果共享机制；成果转移转化人才，灵活多样，联合聘用+成果共享机制。

（七）为天才之火加油的“专利制度”

专利制度，最早发源于威尼斯。是国际上通行的利用法律和经济手段确认发明人对其发明享有专有权，以保护和促进发明的制度。专利的本意包括两个含义，一是“垄断”，二是“公开”。非经专利人同意，其他人不得制造和销售专利产品，或使用专利方法；如他人要使用某项专利，就要取得专利占有人的许可并付给一定报酬，承担一定的义务。如他人侵权，则要受到法律的追究。专利是市场经济的产物，在满足发明人才自身利益的同时，推动了社会人才创新与发展。我们国家的专利制度已经实行多年，但是保护质量有待提高。

（八）促进思想碰撞的“学术交流制度”

1871年，麦克斯韦在英国卡文迪什实验室确定了广泛进行内外学术交流、合作与具有批判精神的建室方针。从汤姆森时期开始，每两周召开一次物理学会的学术报告和讨论会。每天下午喝午后茶时召开自由漫谈会。每年元旦前召开一次聚餐会。从而使那里的学术气氛非常活跃，智慧的火花在思想的自由交流中迸发。这种活动形式成为制度，延续至今并扩大到剑桥大学和国内外。到了卢瑟福时期，自由讨论变得更加活跃。一方面，形成了“在悠闲中治学”的风格，另一方面，导致了大量的新思路和新发现。

（九）平稳分流人才的职业培训制度

据欧盟统计局提供的数据，当前欧盟所有成员国中，奥地利的失业率最低，为4.9%。这项成绩的取得，主要依靠的是德式职业培训制度。该国国民教育阶段为6~10岁，这之后，分流两途：一为低专学校（读3到5年），一为文理中学（读8年）。低专学校有双轨制职业学校和中等职业、高等职业学校，读这种学校的学生既有不想上大学的学生，也有不能上大学的学生，将来到社会就业。文理中学毕业后，有的去读大学，有的直接就业。奥地利大约有40%的学生选择低专学校。由于这种学校80%的时间在企业参加实践，侧重的是职业素质与职业技能的准备，所以对职业选择不会带来负面影响。在某些特定行业，反而更有优势。

在芬兰，过去受过高中教育的学生有两种选择，或升大学深造为学术型人才，或升职业技术学校成为技能人才。与我国不同的是，两条道路可以无缝对接。研究型大学的学生也可以到技能型学院学习，获得技能培训，技能型学生也可到研究型大学继续深造。这是值得学习的。20世纪90年代，芬兰高等教育制度改革，设立了200多所理工学院（亦称应用科技大学），培养各类专业人才，成为与研究型大学互为补充的大学。

上述做法，都是值得我国借鉴的。

（十）世界首创的德国社会保障制度

1883年，德国铁血宰相俾斯麦在德国首创社会保障体系。借众人之力，解决了人们的后顾之忧，也包括人才的困境。当时的制度设计主要是保障贫弱阶层的。现在，这项制度向调节贫富差距、体现社会公平、保障类型多样、实现全民保障发展。问题是，福利支出资金太大，埋藏社会隐患。

五、建设中国人才好制度

建设具有国际竞争力的人才好制度，是我国需要长期坚持的一件大事。具体来说，需要做好以下几项工作：

（一）破除对制度建设的迷信

提起制度建设，人们可能就会感到十分为难。因为似乎无法下手。其实，制度由规定组成。只要对规定进行分解就可以找到下手的思路。我个人认为，凡规定，均由三个要件组成：标准、程序、规则。只要对其中任何一个要件进行变革，都将引起机制、制度的变化。这是一个总的思路。

（二）要深入实践，勇于思考

制度的实行，是一个不断重复的过程。天天如此，月月如此，年年如此，以至于“习以为常”，感觉不到制度错在哪里。有心人则要思考：年年如此，便就对吗？要深入实践，对现有制度勇于思考。

（三）“顶层设计”重要，但不能迷信

当前，一个比较时髦的词是“顶层设计”。考察历史，确实有这种事情，也确实有非常成功的案例。但是，对其不能迷信。所谓的聪明人的顶层设计，一定是来源于千百万人们的实践的，不可能凭空实现。就以我们国家改革开放初期，要选择的目标，也是通过长期“摸着石头过河”，才确定下来的。顶层设计其实也是一个不断探索、反复对比、改善的过程。而且时机不到，再好的设计，也难以确定下来。

顶层设计，不是来自顶层的设计，来自中央的设计，而是指要进行系统化的设计。

（四）制度建设重在切合实际

2013 年 7 月 22 日《华商报》报道，人力资源与社会保障部社保研究所发布《社会保险法》实施情况报告称，国内部分企业员工放弃社保，以此换来更多的直接收入。这是一种无奈的理性选择。原因是：①社保运作属地化严重，他们工作不稳定，很少有人能享受到制度规定的养老金；②各地社保标准不统一，不能跨地接续，转保等于放弃，最多拿回自缴部分，企业缴的大头拿不走；③社会通货膨胀严重，与社保相比，当下实际收入更迫切。

权衡结果：弃保换工资更合适。这折射出，不太符合社会实际。也说明，社会成员间的博弈，能够推进制度建设。

（五）不宜以人性善的假设为前提

人性既善又恶。但是设计制度，不能把人性善作为假设，否则，设计出来的制度，只能管住善良的好人，管不住性恶的坏人或品质不太好的人。前些年，就是闹非典型肺炎以后，北京市公安局有人想改革车牌号，本是好意，想来一个人性化：任意三个英文字母，加上任意三个阿拉伯字母。随意组合。没有想到，很快出现 BTV001，WTO001，SEX001。人们不知道他要干什么？实际上是要从中牟利。主管部门只好终止此举，但现在大街上还可以看到这样的车牌子。

（六）积极借鉴全世界各国的文明成果

人类社会的发展，总是以新的好制度，逐步代替旧的不够好的制度。这是一条历史的发展规律。因此，不论哪个国家，哪种社会制度，只要属于好的制度，我们都应该加以借鉴，为我所用。一是要反对简单的排外主义，二是要反对不顾国情，不顾实际，简单生硬地照搬照用。我们国家的公务员制度，就是这样设计并加以改革创新的。

（七）要以经济与人的发展为宗旨

社会的发展，大致可以划分为两个方面：一是经济的发展，一是人本身的发展。我们讲的制度，就是针对人的。那么，什么样的制度是好的，什么样的制度是不好的呢？

唯一的检验标准就是对人本身的发展，是促进还是阻碍？是使人得到更多更大的幸福，还是使人痛苦，使人不自由。“人望幸福树望春”这是一条颠扑不破的规律。黑格尔说：社会、政府存在的价值就是使一切人的一切能力在一切方面和一切方向上都得到发展。

（八）要把两个积极性结合起来

两个积极性指的是“来自上面的积极性”与“来自下面的积极性”。上面，要指导下面勇于在人才制度建设方面进行探索，不要害怕犯错误；下面，要积极响应号召真抓实干，勇闯新路。在这个过程中，上面的官僚主义、不了解情况和下面的形式主义、虚与应付都是要不得的。毛主席说，两个积极性比一个积极性好。上面对下面人才工作实际经验的理论化、条理化总结非常重要。

制度供给的主体应该是多元的，包括政府、中介组织、企业事业单位、个人。我国政府供给的情况居多，而且力量强大。应该逐步改变这种状况。

（九）重点在于体制机制创新

建设人才好制度，在于体制机制创新。体制创新必然涉及实体内部的变化。例如，西安交大新成立了一个科技与教育研究院。院内成立“学术特区”——前沿科学技术研究院。前沿院内实行扁平化管理，青年学者与学生建立独立的研究小组。方向接近的小组可以成立一个实验室。这样的体制性改革，削弱了行政化的弊端，突出了学术业务领导，“官本位”在一定程度上被弱化了。

体制创新就要改变原有实体的内部关系。华中师范大学为了扩大学院一级办学自主权，2013 年学校在把握总体办学方向的前提下，将人财物资源调配权下放到学院一级，60%的办学经费落实到了学院。党委书记说：原来的管理体制下，行政管理各处室权力太大，一边是“捆着草”，一边是“饿死牛”，整个学校运转不灵。现在分家后，既保证了学校发展，又释放了学院一级的活力，全校 27 个学院（中心）都精打细算过日子，管理中心下移，决策自主，办学质量提高。

协同创新能够消解体制坚冰。西安交大 2013 年打破原有组织体系，成立了若干创新中心：高端制造装备协同创新中心、太空信息工程协同创新中心、煤的新型高效气化与规模利用协同创新中心等 6 个中心。中心属于学校二级单位，可以自主设岗、自主聘任、自主考核、自主定酬。只有一部分人是专职，大部分是来自企业、高校的兼职人员。人才在这里流动而不调动。在考核方面实行绩效考核，鼓励教师走进企业，以实际能力论英雄。

机制创新就是要改变原有规定。《中国教育报》2013 年 7 月 25 日报道，西安交大在其学术特区内，对原来大家都“端着铁饭碗”的用人制度进行改革，实行了一种新型聘用制度——“终身职轨道制”。教师 3 或 5 年为一聘期，直至成为本领域的国际知名学者转为终身职位。若某一聘期内业绩不达标，无法晋升，或在规定年龄内无法达到终身职位的标准，则聘用结束。

以上，是我学习《意见》并结合实际情况，对如何深化人才体制机制改革的一些看法。我们国家很大，情况又千差万别，从当地实际情况出发，无疑是很重要的。

（王通讯，中国人事科学研究院原院长，中国人才研究会学术委员会主任。）

人才优先发展保障机制建设思考

吴 德 贵

“治国经邦，人才为急。”科学发展，人才为先。人才资源是第一资源，是战略资源，是一切资源中最重要的资源。实行人才优先发展，是尊重知识、尊重人才的现实表现，是兴国强国的必由之路。2014 年 6 月 9 日，习近平总书记在中国科学院第十七次院士大会、中国工程院第十二次院士大会上指出：“要把人才资源开发放在科技创新最优先的位置，改革人才培养、引进、使用等机制，努力造就一批世界水平的科学家、科技领军人才、工程师和高水平创新团队，注重培养一线创新人才和青年科技人才。”他还强调：“人才是衡量一个国家综合国力的重要指标。没有一支宏大的高素质人才队伍，全面建成小康社会的奋斗目标和中华民族伟大复兴的‘中国梦’就难以顺利实现。”为了深入贯彻十八大以来党中央一系列决策部署和习近平总书记系列重要讲话精神，更好地实施人才优先发展战略，加快建设人才强国，最大限度地激发人才创新创造创业活力，如期实现全面建成小康社会的奋斗目标，2016 年 3 月 21 日，中共中央印发了《关于深化人才发展体制机制改革的意见》（以下简称《意见》），《意见》从九个方面对深化人才发展体制机制改革提出了 30 条政策性要求。《意见》的颁布实施，对于促进我国人才事业更加科学的发展，具有重要而深远的战略意义。《意见》第八个部分提出，“建立人才优先发展保障机制，促进人才发展与经济社会发展深度融合”。本文拟围绕如何构建人才优先发展保障机制进行探讨，谈点个人思考与建议，同大家交流。

一、人才优先发展思想理念的形成

人才优先发展理念，不是空想臆造出来的，它是伴随着人类社会发展与文明逐步形成的，既有历史必然性，也有现实针对性。从国际规律看，人才优先发展具有历史的必然性。纵观世界各国发展路径，大致分为两种，一种是选择物力资本投入优先的发展路径，尽最大的可能投资于人；另一种是选择物力资本投入优先的发展路径，社会财富大量投资于物。发达国家大多选择了人力资本投入优先的发展路径，而欠发达国家基本上选择的是物力资本投入优先的发展路径。实践证明，选择人力资本投入优先的发展路径，是明智的，是科学，是具有远见卓识的。那么，什么叫人力资本投入优先？什么叫物力资本投入优先？国际通行标准是 7∶1，即物力资本投入是人力资本投入的 7 倍以内（含 7 倍）为人力资本投入优先，7 倍以上则为物力资本投入优先。诺贝尔奖得主海克曼先生 20 世纪 90 年代中期曾经给出一组数据：美国是 3.15∶1，韩国是 8∶1，中国是 12∶1。现在的情况虽然有了一些变化，但基本结构还是这样。人才优先的根本要求是人力资本优先投资、优先积累，持续加大人力资本投资力度，不断增大人力资本存量，努力提高人力资本投资效率，尽快把发展路径调整到人力资本积累优先路径上来。人才优先发展历史必然性还有一个重要的理论依据，就是美国哈佛大学著名教授、全球第一战略权威、商业管理界公认的“竞争战略之父”迈克尔·波特提出的发展驱动力理论。他指出：“一个国家或地区经济发展大致要经历三个不同的阶段，人均 GDP 1 000 美元以下主要靠要素驱动，这是第一个阶段；人均 GDP 在 1 000~10 000 美元区间主要靠投资驱动，这是第二阶段；人均 GDP 达到 10 000 美元以上则主要靠创新驱动，这是第三阶段。”中国的人均 GDP 2015 年是 7 924 美元，预计“十三五”末能达到 1.2 万美元，此时选择创新驱动是适时的、明智的。正如习近平总书记指出的那样：“创新驱动的实质是人才驱动。”就是超前培养造就具有创新精神和创新能力的人才催生新经济的成长。从国内情况看，人才优先发展具有现实的针对性。笔者认为，党中央做出人才优先发展的决策部署，是针对我国人才事业发展滞后性提出来的，是有很强现实针对性的。根据笔者的研究发现，在新中国成立后很长的一个时期里，我国人才事业发展存在着严重的滞后性，其表现在六个方面。

（一）人才资本积累滞后

具体表现在四个方面：一是人力资本存量不足，中国是 163 万亿人民币。二是国民教育经费投入不足，占 GDP 的比例偏低。中国 2003 年人均 GDP 1 000 美元，投资教育经费占 GDP 的 3.4%。三是研发投入不足。“十三五”规划提出，到 2020 年研发投入要达到 GDP 的 2.5%。四是职工继续教育的投入不足。30 多年前确定的占工资总额 3.5%的比例一直没有调整。

（二）人才培养开发滞后

我国人才培养总体滞后。突出表现在两个方面：第一，高层次创新型人才严重匮乏。制定《国家中长期人才发展规划纲要》时科技部提供的数字是全国仅有1万人，确定的目标是2020年达到4万人。第二，高技能人才严重短缺，供不应求，培养生成能力弱。

（三）民族创造力开发滞后

表现在六个方面：一是创业型人才严重短缺，创业难以带动就业。二是我国的大学生能够适应外企要求的人不足一成。三是全民族的创新创造能力培养开发不足。四是本土的中国人自然科学诺贝尔奖刚刚实现零的突破。五是科技对经济增长的贡献率还不高。六是原创性科技成果占比还很低。

（四）人才资源结构调整滞后

问题有两个方面：一是人才培养和人才需求脱节。二是人才资源结构性矛盾依然突出。这里需要特别指出的是人才资源产业结构亟待调整优化，要下大力为现代服务业的发展提供智力支持和人才支撑。在新经济时代，第三产业的发展水平已成为衡量一个国家和地区经济发达程度的重要标志。

（五）人才制度改革滞后

影响优秀人才脱颖而出的体制机制障碍还没有完全革除。

（六）人才发展理论创新滞后

人才学学科地位与人才事业的发展不相适应。以上问题足以证明我国人才发展与经济社会发展之间确实存在滞后性，实施人才优先发展战略势在必行。

二、人才优先发展战略地位确立

人才优先发展战略是在我国人才事业漫长的发展过程中逐步形成的，它是人才事业发展实践的产物。新中国成立60多年来，人才发展大致经历了三个不同的阶段：

第一个阶段可称为“滞后阶段”，即人才发展滞后于经济社会发展。从新中国诞生到20世纪末，在长达50年的时间里，我国人才发展与经济社会发展是不同步的，是错位发展的，表现为人才发展严重滞后。由于当时经济基础薄弱，人们更多关注的是物力资本的投入，“见物不见人”的现象极其普遍，人力资本投入、人才资源开发提不上日程。这种滞后性在上面已经做了较充分的分析论证。

第二个阶段可称为“同步阶段”，即人才发展与经济社会发展是同时谋划、同步推进、同频共振。时间是2001年到2010年的十年。其重要标志是2001年3月颁布实施的《国民经济和社会发展第十个五年规划》首次设专章部署人才事业，其中第三篇第十二章“实施人才战略，壮大人才队伍”，共698个字，从两个方面对“十五”期间人才发展做出了安排，后来的“十一五”和“十二五”规划也都是参照以往专章安排的。

第三个阶段可称为“优先阶段”，即人才发展优先于经济社会发展。起始时间是2010年。其重要标志有两个：一个是2010年5月25—26日在北京召开的第二次全国人才工作会议，党中央首次提出人才优先发展战略；另一个是2010年6月6日颁布实施的《国家中长期人才发展规划纲要（2010—2020年）》，首次确立人才发展的24字方针“服务发展、人才优先、以用为本、创新机制、高端引领、整体开发”，“人才优先”被列为第二条，位次是很靠前的。2015年10月召开的十八届五中全会审议通过的“十三五”规划建议中，为了保证编制和实施好“十三五”规划，提出了十四个二级战略，包括“互利共赢的开放战略”“网络强国战略”“创新驱动战略”“国家大数据战略”“自由贸易区战略”“军民融合发展战略”“就业优先战略”“人才优先发展战略”“国家安全战略”“优进优出战略”“区域发展总体战略”“食品安全战略”“藏粮于地藏粮于技战略”“西部大开发战略”。在十四个二级战略中，只有人才和就业两个战略冠之以“优先”二字，充分表明党中央对人才和就业问题的重视程度。本质上讲，这两个优先发展的战略都与人才相关。2016年3月召开的两会审议通过的《国民经济和社会发展第十三个五年规划纲要》第二篇第九章专章从“建设规模宏大的人才队伍”“促进人才优化配置”和“营造良好的人才发展环境”三个方面对实施人才优先发展战略进行了部署安排。至此，人才优先发展战略在我国就算正式确立了。

我国人才发展从滞后到同步，再从同步到优先，三个阶段两次飞跃，这是我们党关于人才发展思想和理论的两次重大飞跃。

三、人才优先发展基本内涵简释

人才优先发展不是空洞的理论，不能作为一般性口号去喊，必须明晰它的基本内涵。根据笔者研究发现，截至目前，无论是人才理论工作者还是实际工作者，无论是党政机关还是企事业单位，无论是国有机构还是民营组织，对人才优先发展的内涵基本形成共识了，普遍认为，其主要涵盖四个方面：

（一）优先创新人才制度

邓小平同志曾讲过，制度问题更带有根本性、全局性、长期性和稳定性。从现在起到2020年，中国人才制度创新的主要任务是加快推进法制化进程，努力做到用事业造就人才，用环境凝聚人才，用机制激励人才，用法制保障人才。要结合新时期人才工作的新任务和新要求，创新政策，健全法规，完善人才资源开发体系，为促进我国人才事业科学持续发展提供制度保障。

（二）优先开发人才资源

加大人才资源开发力度，有效盘活人才存量，继续扩大人才增量，抓紧培养和引进未来经济和社会发展重点领域的亟须紧缺人才，依靠人才资源的强大引导力和推动力实现经济社会科学发展。

（三）优先优化人才结构

根据未来经济结构战略性调整和产业结构优化升级的要求，超前进行人才资源结构调整，提前做好相关人才储备，实现人才结构与经济社会结构相适应相匹配。

（四）优先积累人才资本

人才优先的根本途径是确立人力资本优先投资、优先积累的原则，加大人力资本投资力度，提高人力资本投资效率，迅速增加人力资本积累，尽快把发展路径调整到人力资本积累优先路径上来。

四、人才优先发展保障机制构建

人才优先发展，理念已经形成，地位已经确立，内涵已经明晰，战略已经实施。但这还不够，这只是人才优先发展的第一步。人才优先发展，既是个理论问题，更是个实践问题。人才优先发展能不能落到实处、取得实效？能不能充分发挥人才资源对于经济社会发展的引领与驱动作用？更重要的是必须加快构建一套有利于人才优先发展的促进保障机制。笔者认为，人才优先发展保障机制至少应该涵盖四个具体的机制：一是理念引领保障机制，二是多元投入保障机制，三是环境集聚保障机制，四是组织领导保障机制。下面做个简要的分析和探讨。

（一）理念引领保障机制

理念，任何时候都起先导作用。技术领先先一步，理念领先步步先。理念对于实践的指导作用任何时候都是举足轻重的。当前，全党全国人民都在学习党的十八届五中全会精神，全面实施“十三五”规划，要做的事情千头万绪，其中最要紧的事情就是深刻认识五大发展理念科学内涵，自觉地把五大发展理念贯穿到领导工作各方面、改革发展各环节、现代化建设全过程。五大发展理念，不仅适用于经济社会发展，同样也适用于人才事业的发展。只有认真落实好五大发展理念，才能切实保障人才事业优先发展。以创新理念引领人才事业，必须注重解决好两个问题：一是加大创新型人才培养开发力度，大幅度增加创新型人才供给，满足经济和社会创新发展的需要。二是要着力开发人才资源的创新能力，通过人才资源创新能力的提升，以创业带动就业，进而促成大众创业、万众创新社会局面的形成。2014 年 8 月 18 日，习近平主持召开中央财经领导小组第七次会议，强调加快实施创新驱动发展战略，加快推动经济发展方式转变。习近平指出：“创新驱动实质上是人才驱动。为了加快形成一支规模宏大、富有创新精神、敢于承担风险的创新型人才队伍，要重点在用好、吸引、培养上下功夫。要用好科学家、科技人员、企业家，激发他们的创新激情。要学会招商引资、招人聚才并举，择天下英才而用之，广泛吸引各类创新人才特别是最缺的人才。”以协调理念引领人才事业发展，必须注重解决好两个协调、发挥好两个作用。第一个协调是，人才资源自身协调发展，六支队伍的建设要统筹兼顾；第二个协调是，人才资源发展同经济社会发展相协调。第一个作用是，发挥好人才资源对于经济社会发展的推动作用；第二个作用是，发挥好人才资源对于经济社会发展的引领作用。从发展趋势看，第二个作用越来越重要，越来越紧迫。瞄准世界科技前沿和产业高端，下大力气培养出能推动科技进步和产业升级的大师级人才。以绿色理念引领人才事业发展，必须注重解决好两个方面的问题，一是环保专业人才培养供给问题，以适应国家生态文明建设之亟须。《国家中长期人才发展规划纲要（2010—2020 年）》提出大力开发 17 类国民经济和社会发展重点领域亟须紧缺专门人才，其中就包括生态环保人才。二是广泛宣传切实强化各级各类人才特别是各级领导人才绿色发展理念，并且把它变成行动上的自觉。以开放理念引领人才事业发展，必须注重解决好国内国际两个市场贯通和本土人才与外来人才融合。据权威机构发布的信息，2015 年，中国出国留学生 51 万人，同年学成回国 41 万人，呈现出改革开放以来留学生回国的最高潮。有研究指出，当一个国家或一个地区，人均 GDP 超过 4 000 美元的时候，人才回流潮就必然会到来。我国 2015 年人均 GDP 已接近 8 000 美元，大量学子回归是必然现象。以共享理念引领人才事业发展，必须注重解决知识共享、人才共用问题，广泛吸纳各路英才服务于中华民族伟大复兴的宏伟大业。2014 年 5 月 4 日，习近平总书记在北大考察时指出："发挥好各类人才的智慧，聚天下英才而用之。"

（二）多元投入保障机制

投入决定产出。没有投入就没有产出。这是经济学的基本原理。经济社会发展需要投入，人才事业发展同样也需要投入。实施人才优先发展战略的第二个保障机制，就是要确立人力资本优先投入、优先积累的发展路径。诺贝尔得主舒尔茨先生曾经对人力资本给出明确的定义，涵盖营养保健费、基础教育费、继续教育费和迁徙费用。两百年来，世界上曾经出现过三次成功的经济追赶，第一次是美国对英国的追赶。第二次是日本对美国的追赶。第三次是韩国对西欧的追赶。三次成功经济追赶的背后，则是人力资本的优先追赶。发达国家与发展中国家的区别，表现为经济实力和科技水平，其实质则是国民受教育程度以及综合素养。习近平总书记在谈到衡量贫困家庭标准时讲到"四个看"，一看房，二看粮，三看劳力强不强，四看有没有读书郎。曾经有国内学者研究计算，一个孩子从出生开始到大学毕业，大约需要家庭投入 48 万元人民币，这是 15 年前的算法，现在 48 万元肯定是不够的，尤其是城市里。江苏昆山的做法具有普遍意义，值得学习借鉴。在构建人才优先发展投入机制时，要广泛动员社会各方面的力量，包括政府、企事业单位、民营机构以及所有热心于人才事业的志士仁人，形成一种多元化的人力资本投资机制。

（三）环境集聚保障机制

良禽择木而栖，良臣择主而事。环境好，人才聚，事业兴；环境劣，人才散，事业衰。环境包括：硬环境与软环境，宏观环境与微观环境，物质环境与人文环境，工作环境与生活环境。环境是吸引力，环境是凝聚力，环境是竞争力，环境是生产力。新兴工业化国家的经验告诉我们，人才大量回归有三个重要的环境因素：一是人均 GDP 达到 4 000 美元以上，二是产业技术资本密集达到 60%以上，三是第三产业的贡献率达到 64%以上。十年前笔者曾写过一篇文章，主张中国人才环境建设要坚持软着陆，就是首先着眼于软环境的打造，包括体制环境、法制环境、制度环境、政策环境、人文环境、人际环境等。因为，硬环境的打造需要一个较长的过程，不可能一蹴而就。首先致力于软环境打造，应该是发展中国家和欠发达地区的明智选择。

（四）组织领导保障机制

在实施人才优先发展战略问题上，组织领导是关键。要坚持党管人才原则不动摇。党委要统一领导，组织部门要牵头抓总，相关职能部门要协同配合，全社会要齐抓共管，集合多方面的力量保障人才优先发展落到实处。要坚持头头抓、抓头头，一级抓一级，一级带一级。各级各类组织的主要负责同志必须把精力聚焦在人才优先发展上，亲自抓第一资源和第一生产力。要实行人才优先发展目标责任制，明确各级各类组织及其主要负责人抓人才工作的目标任务和职责要求，要把人才优先发展落实情况纳入考核组织机构及其领导人指标体系，列入领导干部年度述职重要内容，考核结果作为领导班子评优、干部任用的重要依据。要实行严格的奖励惩戒制度，大力表彰推动人才优先发展成效显著的单位和个人，对抓人才工作不力的单位及个人要采取组织措施。各级各类组织包括党政机关、企事业单位的负责人，都必须在思想上牢牢确立人才优先发展的战略地位，在行动上十分自觉地把人才工作放在优先考虑的位置。

（吴德贵，中国人才研究会副会长、研究员。）

建立人才优先发展保障机制的思考

胡 跃 福

中共中央印发的《关于深化人才发展体制机制改革的意见》（以下简称《意见》）第八部分，对“建立人才优先发展保障机制”做出全面部署，通过认真学习，我有如下粗浅思考。

一、建立人才优先发展保障机制的重大意义

从2001年国家“十五”规划首次提出“实施人才战略”，到2002年《2002—2005年全国人才队伍建设规划纲要》首次提出“实施人才强国战略”，2010年《国家中长期人才发展规划纲要（2010—2020年）》首次提出“人才优先的发展方针”，再到2015年十八届五中全会提出“深入实施人才优先发展战略”，2016年《意见》强调“建立人才优先发展保障机制”，党和国家关于人才发展的思想不断完善、丰富和发展，思路更加清晰、更加明确。进入21世纪以来，“人才在经济社会发展中的决定性作用”得到广泛承认，“人才资源是第一资源”的理念已成为全社会的共识。但不可否认的是，尽管党和国家高度重视人才发展，也出台了一系列的政策措施，全社会人才优先发展的理念还是没有完全确立，人才优先发展的战略布局还没有完全形成。

历史已经表明，人才优先发展是后发经济体实现赶超的必然选择。新加坡在20世纪50年代独立以后，在“人才资源可以弥补自然资源的缺乏”这一极具前瞻性和危机意识的人才思想指引之下，奉行“人才立国”的理念，把人才发展放在经济社会发展的重要位置，大力开发人力资源，很快就在国际人才竞争中取得了相对优势，使新加坡在短短的三四十年时间里就进入了发达国家的行列。韩国在1970年到1995年间，高中入学率从不足30%提高到90%以上，大学入学率由不足10%提高到50%以上，培养了一大批的人

才，因而在经济上很快实现了对西欧国家的追赶。

我国的发展实践也同样证明了这一点。近40年来，我国经济社会发展取得了举世瞩目的成就，原因固然是多方面的，但恢复高考制度、为改革开放培养选拔了大批人才功不可没。“文化大革命”结束之初，人才储备几近耗竭，各行各业的发展急需要大批人才的支持。邓小平同志高瞻远瞩，在百废待兴中瞄准了“人才发展”这一关键环节，提出“要下决心恢复从高中毕业生中直接招考学生，不要再搞群众推荐”，并认为“从高中毕业生中直接招生，我看可能是早出人才、早出成果的一个好办法”。在邓小平同志的大力倡导下，1977年冬天570万人走进了高考考场，停摆了10年的高考制度就此恢复。40年后，我们再来反思这一历史性的事件，可以清晰地发现，正是高考制度的恢复，以考试方式招录人才，彻底打破以世袭、血统、出身等方式选拔人才的陋习，为各类人才的竞相涌现开辟了平等竞争、公平公正的通道，迅速填补了“文化大革命”期间造成的巨大的人才断层，并为改革开放近40年来的稳定快速发展提供了源源不断的人才支持。很难想象，如果当时没有紧抓人才发展这一关键环节，没有高考制度的恢复，我国的改革开放该如何展开，我国经济社会的发展该如何演进。可以说，高考制度的恢复，不仅是国家和一代人命运的拐点，更是我国人才发展的拐点。

当前，我国改革开放进入了深水区，对人才发展提出了新的更高的要求，人才发展面临一个新的拐点，迫切需要人才发展重新进入优先的轨道。党和国家对此有深刻的认识，明确提出了人才优先发展战略，但在人才发展与经济社会其他领域发展的比较中，“见物不见人”的倾向没有得到根本改变，一定程度上仍存在“重资源价值、轻人才本身”的现象，比如，一些地方舍得花力气跑项目、跑资金，却忽视聚人才、引智力；有的地方热衷于搞投资巨大的“形象工程”、面子工程，教育经费、人才培养经费开支却捉襟见肘；有的企业有钱盖豪华的宾馆，职工培训经费却寥寥无几；有的部门舍得花重金引进一流设备，却舍不得花钱引进一流人才；有的部门热衷于建设工程项目立项，对人才工程立项却不屑一顾。在科研经费的分配中，也存在“见物不见人”的现象，在重大科研和建设项目投资中，大量经费用于购置设备、添加硬件，用于培养引进人才的经费却很少。2012年全国科研经费支出高达10 240亿元，比2011年增长17.9%，占国内生产总值的1.97%，但在这块巨大“蛋糕”的分配中，人员费则仅按15%的固定比例分配。这一方面使得科研机构难以招到合适的科研人员，另一方面使得相当部分的科研人员往往面临住房、待遇、子女教育等众多现实问题，极易引发科技人员流失。尽管这两年一些地方在探索提高科研经费中的劳务费比例，但在顶层设计上还缺乏规范，短时间内还难以成为趋势。

实施人才优先发展战略，推动人才优先发展的理念已成为全社会的共识，但推动人才优先发展从理念走向实践，当前还有很多工作要做，其中最重要的是继续深化改革，加大政策和制度创新力度，建立人才优先发展保障机制，唯其如此，人才优先发展的战略布局才能够真正确立。

二、建立人才优先发展保障机制的基本内涵

（一）人才优先发展

人才优先发展，是经济社会发展的一项战略决策。建立人才优先发展保障机制，首先要弄清楚要保障的是什么，即“人才优先发展”的内涵是什么，应该如何理解“人才优先发展”，“人才优先发展”究竟体现在哪些方面。

我认为，人才优先发展是指人才事业优先于其他行业、事业和现有经济发展水平而超前、提前发展，是相对于人才事业后发和并行发展而言的。由于人才成长周期、培养周期比较长，站在服务经济社会发展的角度，各级政府和全社会必须高度重视人才事业，将人才事业置于社会经济发展战略之中优先予以规划，为人才发展创造机会，提供条件，使人才发展超前于其他行业、其他事业的发展。这种超前性一方面体现在人才发展的速度相对于社会经济发展而言超前发展，另一方面体现在人才发展的目标、思路、手段适应现代化的发展趋势，通过更新那些不适应社会进步的观念和制度而超前发展。

从人才事业内部关系来看，人才优先发展的内涵随着社会的进步与时代的变迁而不断丰富发展。农业经济时代、工业经济时代、知识经济时代、信息经济时代，人才工作的定位、内涵、任务都不一样，人才优先发展的内涵也就不可能一致。具体到当前，虽然《国家中长期人才发展规划纲要（2010—2020年）》就已经明确提出了人才优先的方针，并且将其归纳为人才资源优先开发、人才结构优先调整、人才投入优先保证、人才制度优先创新四个方面，但在新常态下，人才优先发展要与新常态紧密结合起来，在优先发展哪些人才、优先发展人才的哪些能力素质、优先积累哪些人力资本等方面做出变革。

（二）人才优先发展保障机制

顾名思义，人才优先发展保障机制，保障的是人才事业相对于经济社会发展其他行业、其他事业、其他领域甚至经济社会发展本身的优先地位，因此，建立人才优先发展保障机制，要跳出人才事业的范畴，把人才发展置于整个经济社会发展的大局，在更高的起点、更广的视野中去考量、去比较、去谋划，以完善的制度设计切实保证经济社会发展规划优先安排人才发展，财政资金优先保障人才投入，公共资源优先满足人才事业和人才资源开发需要。实现这一目的，要从组织保障、投入保障、制度保障等方面入手，形成保障人才优先发展的领导体制、决策机制和制度规范。

三、建立人才优先发展保障机制的基本要求

（一）面向实际

《国家中长期人才发展规划纲要（2010—2020年）》指出，服务发展是当前和今后一个时期人才发展的首要指导方针。建立人才优先发展保障机制，要跳出就人才发展论人才发展的窠臼，使人才优先发展服从于“服务发展”这一目的，更好地面向实际，实现人才发展与经济社会发展的深度融合，为引领和支撑经济社会发展提供坚实的人才智力支持。目前，我国工程师数量全球第一，SCI收录论文全球第一，国际专利数量全球第一，但自主创新能力依然孱弱，远远赶不上发达国家的水平，在全球产业布局中仍然处于价值链的低端，一个重要的原因即在于人才发展与经济社会发展结合不紧，人才培养结构与产业结构不适应，人才创新成果转化率不高，人才创新项目转化为现实生产力的不多。当前，人才工作要深刻把握新常态下经济社会发展的特征和规律，着力围绕供给侧结构性改革调整人才发展方向，围绕“去产能、去库存、去杠杆、降成本、补短板”调整人才结构；加快研究制定“一带一路”建设、京津冀协同发展、长江经济带建设、“中国制造2025”、自贸区建设以及国家重大项目和重大科技工程等人才支持措施；紧紧围绕实施国家“十三五”规划，编制地区、行业系统以及重点领域人才发展规划，使人才发展不仅能满足经济建设的需要，而且能适应政治建设、文化建设、社会建设和生态建设的需要。

（二）面向未来

建立人才优先发展保障机制也要面向未来。一方面，服务发展不仅仅关

注人才发展服务于当前的发展，还关注服务于未来一段时期的发展，为未来经济社会更高水平的发展培养人才、发展人才、储备人才。另一方面，人才优先发展具有未来性的内在特征，主要体现在人才发展要遵循与社会经济协调发展并适当超前的原则，依据未来社会对人才的要求发展和改革人才事业，使人才队伍的整体知识储备、能力和素质满足未来发展的需要。长期以来，面向未来一直是我国人才发展的短板。基础科学研究是面向未来世界的，基础科学研究人才是基础科学研究的基石，基础科学人才发展一定意义上也是面向未来的。对基础科学研究的重视程度，直接反映了对基础科学研究人才发展的重视程度。目前，我国的基础科学研究经费占整个 R&D 的比重只有5%左右，相当多的国家在15%左右。从这个比例可以看到，我国对基础科学研究人才的重视远不如对应用技术研究人才的重视。近代以来，我国对科学发展的贡献较少，人才发展较少面向未来是一个重要原因。建立人才优先发展保障机制，要求预期和展望未来社会发展的需要，以长远的、历史的眼光改革和发展人才事业。当前，要充分估计现代科学技术的发展趋势，准确预见工业 4.0、5.0，互联互通时代对人才的需求，为一个尚未存在的社会培养人才提供有力的保障。

（三）面向世界

建立人才优先发展保障机制，不仅要面向时间轴上的当下与未来，而且要面向空间轴上的国内与国外。也就是说，人才优先发展的价值取向既要面向国内的发展，也要面向世界，面向国际经济社会发展日益激烈的竞争，通过一系列的保障措施，寻求在国际竞争中的人才比较优势。当前，随着我国经济发展步入新常态，经济增速放缓，高端人才向欧美发达国家回流、中低端人才向发展中国家分流的趋势逐步显现，我国的人才国际竞争力面临极大的挑战。有两个数据可以说明我国的人才国际竞争力水平：一是外籍人口数。目前我国外籍人口占常住人口比例只有 0.06%，远低于第三世界国家平均水平的 3.3%，发达国家的 10%。二是科研人员在国际组织中任职数量及层次。2007—2011 年五年间，中国在联合国秘书处任职的高级别人数平均为 11 人，不仅低于美国（47 人）、德国（23 人）、英国（22 人）、法国（19 人），还低于俄罗斯（17 人）和印度（12 人）。为此，要进一步解放思想，着重加强符合国际惯例的人才保障制度建设，构建国际化的人才政策、制度体系。

四、建立人才优先发展保障机制的关键举措

（一）实现由人才管理向人才治理转变

建立人才优先发展保障机制，首先要实现人才管理模式的变革，建立现代人才发展治理体系，实现由人才管理向人才治理的转变，为人才发展注入活力。当前人才发展“管得太多”“统得过死”，权力过于集中，用人单位缺乏充分用人自主权，人才工作行政化趋势明显；人才工作“政府热、市场冷”，很多主体没有到位，主要依靠“政府推动+行政主导”模式，市场力量调动不足。要构建有利于解放和激发人才活力的人才发展治理体系，完善以党、政、企业、社会等在内的多元化治理主体及其边界清晰、分工合作、平衡互动的和谐关系为重点的人才发展治理结构体系；以充分发挥组织、动员、监管、服务作用为重点的人才发展治理功能体系；以法律制度、激励制度、协作制度为重点的人才发展治理制度体系；以法律、行政、经济等手段为重点的人才发展治理方法体系；以自上而下、自下而上、横向互动等方式为重点的人才发展治理运行体系。

（二）建立多元投入机制

保障人才优先发展，必然要求人才优先投入。要着力优化财政支出结构，完善人才发展财政投入机制，加大各级财政投入力度。加强人才发展财政预决算监督、人才经费专项审计监督、人才经费落实情况监督，实施人才经费投入行政首长问责制。全面落实有关部门关于人才发展的税收政策，鼓励有条件的地方探索建立人才发展费附加和地方人才发展附加。加强各级人才发展经费统筹，重点支持欠发达地区人才发展。继续加大重大人才工程投入力度，建立重大人才工程投入优先保证机制，为人才工程实施提供稳定持续的财政资金保障。发挥人才发展专项资金、中小企业发展基金、产业投资基金等的引导和撬动作用，建立政府、用人单位、社会等多元投入机制。健全人才投入绩效考评制度，建立人才资金投入使用的跟踪检测、绩效评价和问责机制，保证人才投入管理的规范、高效。

（三）加强人才政策与制度检查、评估、调整与创新

政策、制度先行是人才优先发展的重要保障。要加强政策与制度管理，广泛听取用人单位、社会公众、中介组织和人才的意见，对人才政策与制度落实情况进行跟踪检查、评估，根据需要及时对人才政策和制度进行调整、

创新和完善。当前有不少政策或制度实际上已经对人才发展形成了负面影响，比如单一科研项目招投标制度、类似行政经费审计的科研经费审计制度、类似行政人员管理的专业技术人员出国出境审批制度等。要加大政策与制度研判，及时清理废止不合时宜的政策文件，确保政策与制度在人才发展中的积极作用。

（四）树立人才优先发展的理念

牢固树立人才投入是效益最大的投入理念。诺贝尔经济学奖获得者詹姆斯·赫克曼经过研究得出结论：中国人力资本投资的社会总回报可达30%~40%，高于物质资本投资回报率的20%。因此，要切实加大人才发展投入，增加人才资本积累。牢固树立人才开发是最具增长潜力的开发理念。在知识经济时代，人才资源具有无穷的增长潜力，投资于人才开发是最有战略价值的投资。美国总统奥巴马之所以一上台就提出教育改革计划，将教育经费预算增加近两倍，根本原因即在于此。牢固树立人才引进是最有价值的引进的理念。投资于人才引进是最有价值的投资。不论引进先进技术也好，引进先进设备也罢，如果没有一流的人才，都是空中楼阁。现实中引进的先进设备闲置、引进的先进技术不能消化的现象比比皆是，关键就在于没有同步引进一流的人才，没有引进先进技术的载体、先进设备的操作者。因此要牢固树立人才引进的理念，进一步加大人才对外开放力度，聚天下英才而用之。

（胡跃福，湖南省社会科学院人才学研究所所长、研究员。）

加强人才实现社会贡献的制度空间保障性功能

徐 志 箴

人才发展制度是我国党政建设制度改革的基础性内容。2016 年 3 月，中共中央印发了《关于深化人才发展体制机制改革的意见》（以下简称《意见》），是一份关于我国人才制度建设的基础性重要指导意见，是我国以“人才发展”为主题的人才制度建设和施政措施的重要纲领性文件，也是近期和较长时间内都会有重要影响力和导向性作用的制度建设指南。在《意见》中所提到的各个方面，都具体提出如何改革完善人才发展制度的体制导向和机制措施。以下从人才发展的制度空间基础性保障功能角度，具体贯彻落实《意见》促进人才劳动者实现社会贡献的制度空间保障体制和服务机制要求，谈几点学习体会。

一、贯彻落实《意见》要求，必须充分深化认识人才发展体制机制改革的重大意义

《意见》提出，“必须深化人才发展体制机制改革，加快建设人才强国，最大限度激发人才创新创造创业活力，把各方面优秀人才集聚到党和国家事业中来”“破除束缚人才发展的思想观念和体制机制障碍，解放和增强人才活力，构建科学规范、开放包容、运行高效的人才发展治理体系，形成具有国际竞争力的人才制度优势”。这是中共中央充分分析研究我国当前面临的国内外经济、社会、民生、政治、外交、军事等各个方面的社会综合要素和经济发展环境，所提出人才发展的重要制度举措。

（一）国情变化催生人才制度改革新要求

中国在国内外政治、经济、社会、文化、技术等复杂综合环境下，正处

于创新改革发展的社会变革关键阶段。中国经济社会发展的主导力量需要在日趋激烈的国际竞争环境中占据国际地位、把握发展机会、赢得有利空间，这就要求我国政府掌握良好契机，强身健骨，加快社会改革步伐，发展管理、治理、服务制度。人才资源是实现我国参与世界各国在经济、社会、文化、政治、军事、人文等方面的竞争，取得核心资源能力的推动力量，是实现我国伟大复兴的社会建设的主干力量。计划经济时期全国各个地方中小型国有企业大批关停并转，导致国有经济资源领域存在问题，是各种社会经济因素导致人才队伍大面积流失所引发的主要起因。这是我国经济社会建设过程中存在的客观现实问题，也是我国经济社会建设应当吸取的教育案例。

（二）社会发展机遇催生人才发展制度改革的新要求

当今的中国，不仅在国内，而且在国际，都面临着挑战与发展的双重机遇。面对世情、国情、民情的发展变化，中国在世界的舞台上必然受到广泛深刻的影响而变化，必然带来人才资源结构性的变化。为此，人才发展制度在新形势下也必然跟随、推进、改变、完善，需要发挥重大核心作用。人才发展制度改革是必然实施的基本趋势。

（三）国际事务参与度的变化催生人才发展制度改革新要求

国际社会的多元化和复杂性，迫使我国在国际事务关系的处理中，需要更大规模的多元化人才类型群体参与，增强我国内力实力和预制外部压力的重要基础资源。国际政治格局的快速变化，促使我国在军事、政治、经济、文化、民生等各个方面要强化筋骨、锤炼肌体，这需要更高质量的人才队伍给予支撑，才能加强我国参与世界和平、全球合作、经济开发等领域的实力。

（四）全球性经济社会格局新变化催生人才发展制度改革新要求

国际地缘政治、全球市场竞争、经济危机、金融危机、次贷危机和世界政治变动影响经济走低，为国内企业“走出去”和“引进来”提供参与世界经济活动的新机遇。信息化、物流化、网络化等为企业招募人才、引进人才、深化资源调整、强化企业内部改革、提高经营管理水平提供了新型理念、发展契机。国际经济市场竞争的残酷性，迫使我国需要更高远的全球经济视角来观察人才资源的开发使用模式，制定科学务实的人才资源发展战略措施，进一步增强我国人才资源的质量、数量、体积和密度，增强我国在国际社会经济事务中的核心竞争力。

（五）社会经济资源国际化催生人才发展制度改革新要求

经济文化逐渐全球化、社会政治地缘逐渐融化、社会资源国际化发展、社会成员流动性增加、生产关系逐渐和谐发展，促进在人才发展制度空间的制度设计上，必然建立一套与国际接轨的人才发展制度体系。同时，国际政治形势的复杂多变、知识经济的科技革新、民众思想意识的迅速崛起和现代生活的快速发展，给人才资源和人才队伍的综合素质和人才工作提出更高的严格要求。

（六）社会思想意识形态变化催生人才发展制度改革新要求

在国际事务的直接影响下，会催化更多元的社会思想意识形态，这将广泛地通过社会信息网络渠道以及其他渠道，形成更为复杂化的意识形态，渗透改变中国传统社会思想，倒逼我国需要提前做好思想准备、技术预防、资源储备。而这些应付挑战的资源要素，需要更高端的人才技术资源给予开发支持。

（七）科技的创新发展催生人才发展制度改革新要求

科技发展促进人民群众生存发展的动态性，需要更高质量的经济物质、社会产品、技术服务等的客观现实服务，这需要更高质量的社会生产经营服务和社会生产产品供给。而只有更多样化的人才群体参与科研、技术、产品、创造、发明等，才能给予实现人民群众的基本物质生活需求保障，才能适应日益增加的社会民生物质需要。

未来科学技术进步逐步走向人工智慧、人工智能、宇宙开发、军事竞争、精密制造、生物工程等领域，这些都需要经济技术人才等社会劳动者群体给予创新、创造、发明，需要更高端的科技人才给予支持支撑。

二、贯彻落实《意见》要求，必须增强人才实现社会贡献制度空间的基础保障功能

（一）落实人才发展制度建设的本质需求目标，推动纠正人才发展制度的着力点

政府实施以人为本的人才社会性功能的标准要素，主要体现在以下三个方面：一是更有质量地体现人才作为“人”的个体合理性需求满足感。二是更高层次地体现人才作为社会劳动者的社会职业定位需求。三是更多地满足人才具有人性更合理的社会性贡献愿景。

（1）人才生活物资要素的驱动性。人才生活性，是指人才满足自己生存发展需要的物资需求性。较好的生活性人才待遇，可以激发人才主观能动性

的发挥、偏好。只有满足人才的基本合法合理需求，才能促进人才的合理流动和吸引人才集合。

（2）人才劳动荣誉地位的社会性。人才社会制度的需求，主要体现在社会其他人员对人才个体的需求。因为人才需求的满足是通过社会成员的需求形成社会市场供给来满足的。所以人才社会制度的保障机制，就是促进社会其他成员给予人才个体的认可、地位、需求、供给等方面的保障。

（3）人才劳动资源作用的时效性。政府和社会应当关注人才的生理生命存在局限性问题。主要体现在人才生命时间有限，同时人才资源开发利用也有一定时限。比如人才的技术在一定时间后被别人超越，所掌握的技术已经是落后技术。人才资源及时开发利用的重要性，也说明人才需要及时流动，才能让人才自己发挥作用。

（二）创造人才创新创业机会，完善人才发展政策体系

为提供更为充足的人才个体创新创造发明的社会劳动机会，吸收选拔更为优秀的人才劳动者，参与社会创造创新创业，实施人才发展的社会劳动职业空间的社会贡献机会制度，《意见》提出，“坚持聚天下英才而用之，牢固树立科学人才观，深入实施人才优先发展战略，遵循社会主义市场经济规律和人才成长规律”。这实际上提出了如何确定人才劳动者的人事组织身份和社会吸纳人才的基本条件，概括起来就是“一有机会就能发展”“不拘一格降人才”“更有质量的科学的人才保障政策功能”等制度导向和政策理念。

（三）树立人才发展新理念，营造人才发展环境

人才发展制度，应秉承“有能有机会、有为才有位、有位就要为”制度理念；同时，能够实现人尽其才、人尽其用、人尽贡献。社会制度需要空间，也需要提供给人才实现社会贡献的基础性劳动资源、社会职位、创业机会。因此《意见》提出，“人才管理体制更加科学高效，人才评价、流动、激励机制更加完善，全社会识才爱才敬才用才氛围更加浓厚，形成与社会主义市场经济体制相适应、人人皆可成才、人人尽展其才的政策法律体系和社会环境”。

三、贯彻落实《意见》要求，必须尽快提升人才参与开发利用社会劳动生产率、创新产品和社会服务的倍增效应

（一）提升人才资源生产效益，加速人才供给侧改革

促进最大限度地提升人才资源生产效益和实现人才社会贡献，是人才发

展制度的基本制度要素。促进人才发展的制度核心作用，是提升人才在参与社会生产活动中，能够实现社会生产资源、社会生产资料的倍增效益。这是衡量人才能力、水平、贡献等的最重要标识，也是人才作为社会生产实践者是否具有真才实学、社会贡献程度、个人合理收益的社会重要指标。围绕着人才发展的制度机理，在人才的培养、评价、供给、吸收、收益、报酬、服务等方面，所提供的社会政策供给要素，都是要求直接体现的人才发展制度供给政策基础要点。

（二）加快分类改革，注重发挥不同领域人才效益

无论是社会资源、交易资源还是个人资源，在参与社会生产经营、服务管理、市场治理等过程中，都是围绕着社会生产要素的倍增效应目标来展开的。这也是促进提升人才实现社会贡献的基本判断导向要素。

人才资源分布在社会生产、服务、经营、科研、市场、军事、外交等各个不同的领域，因此人才具有不同内容和不同侧面的社会贡献程度，如何实现人才参与社会生产要素和社会生产资料的开发、生产、创造、创新、发展等，需要不同的增效评价标准。

不同领域的专业人才、管理人才、技能人才、行政人才等群体，具有不同的社会领域生产效益表现形式。而人才提升社会生产资源的开发作用具有倍增效应，主要表现在促进带动社会就业、提高劳动生产效率、提升社会生产水平、提高社会产品质量、提升创造创业能力等方面。

（三）增强人才主观能动性，满足人才需求愿望

提高人才实现社会贡献的主观能动性，强化人才发展的主观能动性动力。人才的主观能动性是人才发展的动力源泉。人才主观能动性首先决定人才具有的职业情感方向。政府和社会需要满足人才实现社会贡献意愿和劳动职业愿景。

（1）人才发展主观能动性，直接体现在人才本事资源所决定劳动投资转移的方向，也就是实现人才主观发展作用的功能要素，以及在行使个人本事资源开发利用发展的决定权。

（2）人才的社会劳动是社会活动，必然存在个体主观能动性和劳动贡献程度的比较、对比、评价。再脱俗的人才，都是生活在社会世俗环境中，受到个体、家庭、同事、社会等的物质待遇比较影响，需要满足人才个体在社会世俗中的生活需求。人才在社会世俗环境的物质保障需求满足后，人才还具有劳动职业需求，就是人才本事资源的所得资源权益分配需求，主要体现

在人才劳动资源的首次分配、再次分配、后续分配等过程中。

（四）推进人才发展制度改革、提高人才贡献率

人才劳动者的社会贡献判定，主要是应当实施建立“以贡献为本”的人才发展观理念。无论是“以用为本”或者是“以人为本”的人才原理观点，都会最终落实到人才劳动者的社会贡献上来体现。

（1）人才个体劳动资源直接关系到社会贡献相关性程度。人才个体对于社会其他人来讲，个体是否属于人才并不重要，关键在于是否能对社会做出贡献？所以人才可以按照社会贡献理论来确定是否属于社会人才。一个人即使本事再大、资源再多，没有社会贡献，对社会来讲是没有价值的。一位博士只做小学生的贡献，有时还不如小学生。因为社会支付给这位博士的社会价格成本大于给予小学生的。这对社会来讲属于收不抵支；对社会资源积累来讲，属于透支亏欠。

（2）人才的社会贡献具有反哺导向作用。人才通过组织、开发、吸收、运作、增值社会资源之后，所获得的个人资源，应当能够主动为社会做出贡献。一个人，能够成为人才，除了个人主观成才能动性之外，主要是吸收了社会资源，应该能够主动反哺为社会做出贡献。

（五）破除体制机制障碍，增强人才活力

（1）人才发展的社会劳动职业空间的社会贡献机会制度。社会制度需要空间，也需要提供机会、岗位、职位等社会贡献的基础性劳动资源。应当实施“有能有机会、有为才有位、有位就要为”的人才制度施政思想。

（2）政府促进和引导人才发挥社会贡献作用的政策要素要点。政府在实施尊重人才的社会制度，可以依靠社会市场模式，促进人才融入社会实现人才自我价值，促进人才参与社会资源的开发利用，从而促进实现人才社会价格。而政府也可以依靠市场，消除解除人才对政府制度行为政策的依靠、依赖、埋怨的社会矛盾问题。

（3）人才发展制度重心在于，如何建立健全完备的促进人才发展的制度机制和实施办法，促进社会资源的开发效率，增值社会资源效益。让人才发挥主观能动性，做合理合法的事业；促进人才流动发展，在人才流动发展过程中，提高社会资源的充分开发使用。

（4）人才发展需要社会制度的促进机制。人才劳动者是社会劳动者中的主干力量，也是社会劳动岗位的创新、创造和贡献的主体力量。无论政府、社会、人才劳动者，最终的落实点是人才资源的社会贡献。但是人才贡献也

需要机会，既要“人才精忠祖国，又要报国有门”。一部分人才由于受到非人性的制度性障碍，或者受到人为故意设置障碍，导致出现一些人才存在“报国无门”的失落感、流失性问题，无法激活这部分人才创新、创造、贡献。

四、贯彻落实《意见》要求，必须强化促进健全完善人才参与社会经济发展的创业、就业和职业发展保障的制度服务、机会保障、政策机制

（一）深化体制机制改革，必须解决人才生存发展的收益保障问题

人才作为社会劳动者，无论生活物资、生产资料、创新产品、市场竞争、社会地位等，都会汇集社会上各种劳动势能要素进行收益比较，这是人才作为社会劳动者所体现的社会劳动价格的直接表现要素，也是人才参与社会市场竞争的基本价格衡量指标，更是人才自身社会劳动价值的直接表现形式。因此，促进提升人才的劳动收益合理分配机制，是人才持续性创新创造创业的基本动力源泉。

《意见》中提出“制定分类推进人才评价机制改革的指导意见。坚持德才兼备，注重凭能力、实绩和贡献评价人才，克服唯学历、唯职称、唯论文等倾向。”“改进人才评价考核方式。发挥政府、市场、专业组织、用人单位等多元评价主体作用，加快建立科学化、社会化、市场化的人才评价制度。”“改革职称制度和职业资格制度。深化职称制度改革，提高评审科学化水平。研究制定深化职称制度改革的意见。”

《意见》中所论述的这些政策要点，主要集中在解决人才生存保障问题、实现人才发展保障机制、促进人才政治保障体制三个方面的内容，务实客观地提出如何充足实现以人为本的人才发展制度社会劳动目标，实现人才劳动者的社会价值充分体现。

因此，在贯彻执行《意见》时，应当实施充足科学合理的人才发展制度的社会贡献按劳分配体制，实现人才发展的社会劳动与社会价值的对称对接的和谐关系，这是促进人才资源充分开发使用的有效政策途径。

（二）社会体制机制改革，必须解决人才生存发展的权益保障问题

国家《宪法》的按劳分配规定是社会科学制度发展的基本准则。但重要的是，如何在具体的经济生产、服务领域、社会事务中体现在政府施政政策

内，而且要确实落实这个基本准则。因此，《意见》就如何解决人才劳动者的按劳分配问题的制度性障碍，已经提出“完善国有企业经营管理人才中长期激励措施”“改进事业单位岗位管理模式，建立动态调整机制。探索高层次人才协议工资制等分配办法”“探索实行哲学社会科学研究成果后期资助和事后奖励制”“建立人才引进使用中的知识产权鉴定机制，防控知识产权风险”“完善市场评价要素贡献并按贡献分配的机制”“不断提高技术技能人才经济待遇和社会地位”“整合人才引进管理服务资源，优化机构与职能配置”等施政意见。

（1）人才本事资源主要由人才自己控制的，尤其是个人的技能才华、知识产权、财富资本等基本属于个人所有。而这些人才本事资源，需要通过人才主观能动性发挥得到开发利用。

（2）人才在社会职场共事中存在合作与竞争的劳动定位和职业地位问题，也具有人才在行使个人本事资源的独立权益，成为人才资源收益的均衡度量器，以及后续参与个体资源投资的动机目标基础。

（3）人才发展愿望驱使参与社会交易活动中的比较、分析、判定、分配、收益、损益等客观过程。但绝大部分人才更希望寻找合适的社会市场和社会地位，也就是人才通过个人本事资源的权利，在寻找合适的社会寻租地位权。

（三）深化体制机制改革，必须解决人才生存发展能力保障问题

（1）从经济社会发展水平和促进就业的实际需要出发，高度重视人力资源的质量和能力开发，树立人才资源是社会发展的“战略资源”的观念。经济社会发展需要在给政府提出管理制度要求之外，也给人才发挥主观能动性提供人才发挥作用的市场。因此，政府考察人才的原则应该是，促进保障个人人才资源收益的同时，注重和体现人才社会贡献的效果和效益。这既是个人需求与社会需求相结合的人性化才能作用，也是社会制度中的人才管理服务机制目标。

（2）政府实施人才开发模式，应当注重人才的自身利益要求，主要措施是实施以人为本的人才生存发展基础性保障功能。首先要尊重人才作为一个社会成员的基本生存发展需求的合理性和必然性，这是实现人才做出社会贡献的基础资源。

（3）政府的人才工作，重点在于消除人才发展的制度性功能障碍，促进人才贡献自己更多的本事资源，促进人才实现社会贡献的开发利用能力，由此借助和结合人才主观能动性的发挥，促进提高人才资源贡献率。

（4）人才发展制度应当强调人才的个人就业效应。解决人才个人劳动效益是人才发展制度的基础任务，也是解决人才关系问题的基本任务。人才个人生存发展效益，主要表现为人才在实现社会劳动中的工资待遇差别、社会地位改善、子女因素影响、经济收入程度、个人发展趋向等内在的变化程度。

（四）深化体制机制改革，必须解决人才生存与发展的机会保障问题

政府应当创建一个与社会经济发展和人才发展相适应的管理服务平台，促进人才发展的市场竞争机会，实现人才社会劳动地位的社会贡献保障服务制度。

（1）尽力提供人才发展的社会机会。人才发展是通过社会来实现的，尤其是在起步起始阶段，主要是指信息机会、市场机会、资源机会。政府给予人才发展，主要体现为社会资源、个人资源进入社会交易市场的市场机会、参与机会。在社会资源方面，参与社会交易的社会资源信息应当透明公开。在个人资源方面，人才进入社会交易的个人资源，政府和社会应当提供促进更多的人才参与平等竞争的社会公共服务平台以及信息透明机制，促进吸引更多的人才群体参与竞争，促进个人劳动资源交易价值最优化、市场价格最大化。

（2）由于不同人才具有不同的机会、素质、技能、背景、动机、目标、压力、需求等多种因素，人才发展制度应当是提供人尽其才、人尽其能、人尽其力、人尽其质的社会制度。通过实施人才开发利用的社会化服务市场体系，消除人才市场发展的体制性障碍和行业壁垒，推动各类人才市场相互贯通，实现人才发展就业能力与职业发展相对应的公平制度。

（五）深化体制机制改革，必须解决人才生存发展的换届保障问题

（1）完善尊重人才的社会劳动地位制度。尊重人才不是一句空话，从古到今人才一般都是受到尊重的，问题是政府如何确实尊重人才。人才也是人，需要物质生活条件和精神肯定，需要待遇留人用人，尤其是实现人才生存发展的人文政治环境。人才劳动者与单纯的技术工具截然不同，政府需要为人才营造良好的人际环境、学术环境、思想环境，甚至是政治环境。特别需要建立人才参与社会劳动的人文环境。

（2）人才保障性措施主要体现在“按劳分配”原则，促进人才获得合法收益的制度性保障。主要体现在人才本体的生活性保障、职业性保障、事业性保障等社会制度性措施。人才保障制度，一是应当满足人才基本需求保障，包括居住条件、工作环境、工资待遇、子女教育、社会地位、政治荣誉；二是人才本事资源保障，包括知识积累、技能培训、知识产权、价值回报、劳动报酬等。三是人才参与社会交易过程保障，包括流动服务、资源交易、平等机会、职业发展等。

（六）深化体制机制改革，必须解决人才生存发展的分配保障问题

（1）实施并建立完善人才社会贡献的按劳分配体制。首先是要尊重人才的社会价值体现，其核心政策就是人才劳动贡献能够实现按劳分配制度。实施按劳分配的社会收入分配制度，实施健全人才物质激励机制制度。按劳分配，不仅包括劳动工资分配，也包括劳动福利、劳动职位、劳动地位、劳动权益等分配。

（2）实施并建立人才获得实现社会分配的科学合理机制。人才参与社会劳动职业岗位的生产经营活动，如果人才参与的对象是属于社会公共资源部分的，就应当属于社会劳动公共分配的组成部分。属于社会劳动公共分配的范畴要素，都是可以成为人才制度分配的基本要素，人才劳动者应当享受到这些社会劳动公共资源费的分配机会和收益权益。

（3）积极探索生产要素按贡献参与分配的有效实现方式。逐步建立起知识产权、社会资金、技术入股等多元化劳动资源收益分配制度，向社会贡献者、优秀人才和关键岗位人才倾斜的多种分配制度。

（七）深化体制机制改革，必须解决人才生存发展的社会保障问题

政府应当不断发展完善人才生存发展保障体系，实现人才社会价值。实施人才流动的社会劳动保障制度，实施人才按劳分配后期的退休保障机制。鼓励企事业单位为人才建立补充保险和个人储蓄性保险，保证人才劳动生产的社会福利项目、退休待遇项目、医疗保障项目等社会保障多层次的项目，逐步实现规范化、制度化和优质化。

（八）深化体制机制改革，必须解决人才生存发展的地位保障问题

（1）人才自身完成生存待遇需求的能力是没有问题的，但政府和社会更应当充分理解人才在追求职业发展和社会劳动地位待遇的思想、精神、意识方面的需求满足趋向。政府施政政策和社会制度项目也应当能够实现人才合理合法的劳动地位愿景。

（2）完善多层次的人才奖励制度，创造人才积极发展的空间。为改善科技人员的科研成果贡献条件，鼓励科技人员多出成果，加大对有突出贡献的科学家及学科前沿、产业界和研发活动中做出贡献的社会劳动者的奖励力度。

（3）实施健全的人才社会荣誉制度。完善多层次的人才奖励制度。建立国家级、地方政府级等多元化的奖励制度，实行物质奖励和精神奖励相结合的办法，依此增强人才的社会地位、责任感、荣誉感和成就感。

五、贯彻落实《意见》要求，必须要强化人才发展制度空间的基础性边界保障功能

（一）消除行政壁垒，松绑人才

完善提升人才发展制度的实施政策质量，改进人才发展社会劳动地位的治理机制，提升人才社会贡献程度，是《意见》通篇的主题思想。这是减少社会腐败问题、消除人性违规问题、提升社会管理水平、提高社会服务质量、强化制度治理质量的重要政策要素。人才发展是依靠社会给予肯定和政府施政支持的。但在政府部门或社会机构存在人才发展壁垒，造成人才发展生态恶化问题。为避免人才压制、人才制约、人才壁垒等人性行政问题，政府应当消除人才发展壁垒。

《意见》就如何治理人才个体发展中存在的行政管道问题，已经提出“纠正人才管理中存在的行政化、‘官本位’倾向，防止简单套用党政领导干部管理办法管理科研教学机构学术领导人员和专业人才”“构建科学规范、开放包容、运行高效的人才发展治理体系，形成具有国际竞争力的人才制度优势”“总结推广各类创新创业孵化模式，打造一批低成本、便利化、开放式的众创空间”等意见措施。

（二）消除制度障碍，放活人才

政府应当科学制定人才发展的制度空间体量边界。既要给予人才合法的发展性通道，也要给予人才发展制度空间的政策顺畅通道。强化建设人才发展制度空间的基础性边界保障功能，消除按劳分配问题的制度性障碍，治理解决人才发展的行政管道堵塞问题，促进保障人才发展的管道顺畅化，缓解人才发展的社会制度空间政策压力。

因此，《意见》就如何促进人才发展的政策管道顺畅性，已经提出“完善更加开放、更加灵活的人才培养、吸引和使用机制，不唯地域引进人才，不求所有开发人才，不拘一格用好人才，确保人才引得进、留得住、流得动、用得好”“建立军地人才、技术、成果转化对接机制”“扩大社会组织人才公共服务覆盖面”“完善国际组织人才培养推送机制”等意见措施。

（三）消除约束因素，开放人才

实施人才劳动者社会贡献的制度性空间约束性机制。人才是具有个体资

源的社会劳动者，由于具有不同的善恶要素、不同的社会劳动环境、不同的社会交易对象，这些个体要素与社会要素之间的复杂关系，必然影响到人才个体的社会行为动机和收益目标。在社会劳动收益过程中，具有不同的劳动收益程度。因此，在促进人才合理发展的同时，应该给予人才发展的制度空间内外有别的边界约束性。为此，《意见》已经提出“清理不合时宜的人才管理法律法规和政策性文件”“完善人才诚信体系，建立失信惩戒机制”等政策意见，实行更加开放的人才政策。

（徐志箴，福建省人力资源和社会保障厅、福建省社会劳动保险局。）

人才发展关键在于制度创新

杨河清　苗仁涛

2016年3月21日，中央印发了《关于深化人才发展体制机制改革的意见》(以下简称《意见》)。《意见》着眼于深入实施人才优先发展战略，构建“聚天下英才而用之”的人才工作体系，围绕进一步提升人才工作服务国家战略，对我国人才发展体制机制方面需要突破的一些重点问题，提出了重大的改革意见，并做出了具体部署。

人才发展体制机制改革是全面深化改革的重要组成部分，《意见》的关键就在于制度创新。《意见》提出要在人才引进、培养、使用、评价、激励、保障及党的领导等方面，在体制机制上进行创新，通过构建具有国际竞争力的引才用才机制，完善海外人才引进方式及扩大人才对外交流；改进人才培养支持机制，促进青年优秀人才脱颖而出；健全人才顺畅流动机制，促进人才合理流动；创新人才评价机制，优化人才评价“指挥棒”作用；强化人才激励机制，加大对创新人才激励力度；建立人才优先发展保障机制，加大多元投入力度；加强党对人才工作的领导，发挥引领和凝聚人才作用。这些举措的实施，将为人才发展创造良好的环境氛围，形成具有国际竞争力的人才制度优势。

一般而言，体制主要从职能责权角度来界定和考量，机制则主要从协调运行方面来界定和考量。在我国现有语境下，体制主要指如何“管事”，例如不同层级、不同部门的职责分工和管理权限；层级又分为国家、省市、地区、县、乡镇等级。机制则是把事物的各个部分联系起来并协调发挥作用的运行形式。在人才发展领域，一般可以按照环节分为培养发现、流动配置、激励保障等；或按类型分为激励机制、约束机制和保障机制等。人才发展的体制和机制两个方面密切关联，下面主要谈谈对《意见》中人才发展机制方面的几点认识。

一、构建具有国际竞争力的引才用才机制

在习近平总书记“聚天下英才而用之”的思想的指引下，各地、各部门出台了一项项引才用才的新举措，中国正逐渐成为能够从全球吸引人才的一极。实际上，中国对海外人才的关注是随时间、地域和组群的不同而有所不同的。早期阶段，因受当时环境所限，对海外人才更多的是关注吸引受过海外高等教育的中国籍人才“回流”，助推中国的科技发展。比如“海外高层次人才引进计划”（简称“千人计划”项目）、地方的“百人计划”等。新加坡前领导人李光耀曾非常深刻地说过，“中国是从 13 亿人中挑选人才，而美国则是从 70 亿人中挑选人才”，给我们触动很大。因此，“无论是黄皮肤、黑皮肤，还是白皮肤，只要是我们需要的，都可以为我所用”成为近年来中国引才用才的关键指导语。

《意见》提出“支持有条件的高校、科研院所、企业在海外建立办学机构、研发机构，吸引使用当地优秀人才”。明确提出了在境外利用国际人才的思想和具体措施，开辟了利用境外高级人才为我所用的新途径，是引才的一种新形式，极有创新价值。另外，《意见》提出要“扩大来华留学规模，优化外国留学生结构，提高政府奖学金资助标准，出台学位研究生毕业后在华工作的相关政策”。其中，“优化外国留学生结构”这句话是很有内涵的。我们理解，既有调整各生源国留学生数量结构的要求，更有优化留学生的学科结构和层次结构的要求，争取更多的学位研究生毕业后在华工作，也是加强国际引才的新途径、新举措。欧美发达国家早已盯上了外国留学生中优秀人才这块大蛋糕，制定了很多措施，延揽他们为其所用。这次，《意见》明确提出，出台学位研究生毕业后在华工作的相关政策，就是在构建具有国际竞争力的引才用才机制中补上这项空白。

引才是为了用，对已有人才如何不断提升他们的能力、水平，发挥他们才智的积极性，更是不容忽视。

党的十一届三中全会以来，我国在促进人才国际交流的制度设计上，解放思想，积极大胆创新，成为改革开放事业的一大亮点。各类人才，特别是大批科技人才走出国门，通过进修、留学、访学、参加学术会议，合作办学、联合开发、共同研究等多种形式，进行国际的学术、科技交流与合作，取得了很大的成绩，极大地促进了我国的科技进步、经济发展。但是，在实际工作中，仍然存在一些不合理的限制，对科技人才参加国际学术交流的审批程

序十分复杂、不便，甚至与政府工作人员同等管理，一刀切、下指标的做法近年比较流行，一定程度上妨碍了人才特别是科技人才进行国际学术交流合作活动的正常开展。根据存在的问题，以及当前和未来长期发展的需要，《意见》提出“扩大人才对外交流。鼓励支持人才更广泛地参加国际学术交流与合作，完善相关管理办法”。“扩大”和“更”两个词表明了中央对国际学术交流与合作的高度重视，表明了中央对人才进行对外交流的坚定支持。

《意见》指出“对引进人才充分信任、放手使用，支持他们深度参与国家计划项目、开展科研攻关。研究制定外籍科学家领衔国家科技项目办法”。这在外籍人才使用方面是一次观念的大转变，体制的大突破，是大胆的创新和尝试。在相关办法出台，并不断改进、完善的基础上，按照这个思路走下去，我国在利用国际高端人才方面，将会创出一个新格局。

《意见》所提出的各项举措如果切实能够落实，相信具有国际竞争力的引才用才新局面一定能够显现。

二、改进人才培养支持机制

（一）支持调整高等教育布局

《意见》指出，要“突出经济社会发展需求导向，建立高校学科专业、类型、层次和区域布局动态调整机制”。新中国成立后，我国高校学科专业、类型、层次和区域布局经历过多次调整。在计划经济时期，调整与当时对高等教育性质的政治认识密切相关；改革开放后，又经历了多次大规模调整和不断的微调，虽然，这些调整已经与经济社会发展需求建立了比较密切的联系，但是，经济社会发展需求导向作用仍然比较薄弱。《意见》用了“突出”二字，切中了问题的要害。经济社会发展需求是关键，这会有很大的争议，需要科学、合理的共识，高校各种结构的状态与经济社会发展需求的关系，本质上是人才培养与经济社会发展需求的关系，这种关系是十分复杂的，涉及认识的、体制机制的，特别还涉及利益的关系。我国高等教育的空间区域布局明显不合理，大量的高校特别是名校高度集中在几个大城市和经济发达省份，高校毕业生也因此而大量就业于这些地方。长此积累，形成人才流动的马太效应，造成全国性人才过密与人才过疏现象并存，既不利于区域经济社会的均衡发展，带来诸多的经济社会乃至城市问题，也不利于人才效能的发挥。另外，高端人才过度密集于少数城市和地区，除了不利于经济潜能的释放，在国防上也存在的风险。《意见》明确提出了高校区域布局调整问题，对于改善上述问题，具有战略意义。此外，高校的人才培养，是衔接中学、小学、幼儿园乃至家庭和社会教育的，人才的德以及创新意识更多的是在学生进入高校之前的形成的，这需要进一步“创新人才教育培养模式”。

（二）支持科研经费管理改革

在人才支持机制方面，人才特别是科技人才的创新活动和创新成果多数是通过科学研究实现的，国家每年投入了大量的经费支持科学研究。如何管理这些经费，使之能够更有效地支持科研活动，的确是必须进行改革的事项。当前的情况是：一方面，科学研究成果的阶段性及结项评审比较粗放，在社会科学领域，几乎没有通过不了评审的研究项目。另一方面，科研经费的管理规则与程序原本就很复杂，近年为防止贪腐、浪费，以及用所不当现象，科研经费管理规则与程序日益复杂、低效。在编制预算，使用经费方面，有诸多不合理的要求和限制（例如，社科研究领域，无论何种研究项目，不管研究的需求如何，会议费、差旅费、出版费、劳务费等都有相同的比例限制，做预算时，还要按此比例把经费额度做满。但是，这些比例规定的依据是什么？不得而知。为什么预算经费正好是按此比例计算出来的？明显不合理。还有，课题负责人及课题承担单位的课题组成员不得支取劳务费的规定，无论在理论上，还是在实践中都是站不住脚的。特别是经费报销过程中，繁杂而多变的规定，令很多科研人才耗费掉大量的时间和精力，对承担科研项目望而却步。现行的科研经费管理办法虽有遏制贪腐、浪费的功效，但是已经形成沉重的直接管理成本和间接成本，弊端很大。《意见》指出要“完善符合人才创新规律的科研经费管理办法”“进一步改革科研经费管理制度，探索实行充分体现人才创新价值和特点的经费使用管理办法。下放科研项目部分经费预算调整审批权，推行有利于人才创新的经费审计方式。完善企业研发费用加计扣除政策。探索实行哲学社会科学研究成果后期资助和事后奖励制”具有很强的针对性，指出了现存的主要问题，指明了改进的方向和方法。在《意见》的推动下，如果能够参考发达国家的有益经验，彻底转变管理的思路，上述问题将可获得合理解决，做到既能遏制贪腐、浪费，又可大大降低各项成本，调动科研人员的积极性，使经费更有效地支持科学研究，创出更多、更有价值的成果。

（三）支持青年优秀人才脱颖而出

《意见》在促进青年优秀人才脱颖而出方面提出了一系列要求和措施。青年优秀人才的脱颖而出离不开人才培养支持机制的构建。本土人才国际化与海外人才本土化相辅相成、协同发展，是中国人才国际竞争力的根本保障。培养与用好青年人才要做到破除旧框框、树立新思维。

（1）破除论资排辈、求全责备等陈旧观念。青年人才成长规律是与时代发展要求相适应的，旧有规程、习惯与环境对青年人才的成长具有制约效应。旧有框框不破除，青年人才就难以脱颖而出。“唯才是举”不应成为口号、空话；“看不起、不放心”青年人的心态要摒弃；“凡破格提拔必质疑”的舆论环境要打破；否则，即使脱颖而出的青年人才也会在研究与工作中受到种种羁绊，处于劳心又劳力的困境之中，倍感疲乏。比如，在课题申请时，经常看到主持者必须是正教授的申请条件，其实完全可以摒弃这一条件，因为能否承担和很好地完成课题不是靠职称作为保障的，应该着重依据申请人的前期研究成果水平、课题设计方案、可行性等方面而定。

（2）树立新思维、新导向，理解和支持青年人建功立业的梦想。应该树立相信青年的思想观念，敢于放手，勇于支持，实事求是地了解与掌握其优点与不足，多给予理解和支持，最大限度地发挥其潜能；应该高举不拘一格降人才的新的价值导向，明确倡导上台阶、进主流、有进步、能而优则进的价值导向，切实把思想坚定、能力突出、立志全心全意为人民服务的青年人才选拔出来；应该建立让青年人才建功立业的新平台，强化他们后来居上的意识，让他们能够在实践中加强学习、加快成长，避免沦为花瓶或摆设，能够合理而迅速地独当一面，通过优异的成果与业绩让群众信服。

三、健全人才顺畅流动机制

（一）消除人才流动条件限制

人才的可流动性是人才资本、人才资源实现优化配置的基本方式，是人才充分发挥作用的前提条件。近年来，从中央到地方相继出台多项新政畅通人才流动渠道，如“千人计划”“外国人永久居留证”等制度，但户籍、地域、身份、学历、人事关系等一些条件限制，仍在客观上制约着人才的横向流动。体制内人才向体制外流动，一些后顾之忧还未得到很好的解决。造成人才横向流动障碍的主要原因有：人才流动的户籍问题仍根深蒂固，人力资源服务业不够成熟完善，现行人才管理体制和人才使用机制缺乏有机衔接，公共服务均等化程度不够，区域间经济发展水平不平衡。人才实现纵向流动的障碍则表现为基层条件差、发展通道有别，缺乏有效激励，保障措施不力而导致人才不愿意向下流动。《意见》提出，要破除人才流动障碍，畅通党政机关、企事业单位、社会各方面人才流动渠道，并促进人才向艰苦边远地区和基层一线流动。《意见》提出建立高层次、亟须紧缺人才优先落户制度，为解决人才流动中“肠梗阻”的户籍问题打开了突破口；《意见》还提出加快人事档案管理服务信息化建设，完善社会保险关系转移接续办法，为人才跨地区、跨行业、跨体制流动提供便利条件。

（二）消除人才流动体制心理障碍

体制内的人才向体制外流动仍存在心理上的障碍。一是在心理上对附加在自身的公务员或事业编身份上的职务职级、工资福利、职称、编制等方面的问题考虑较多。二是担心一旦辞职创业失败，没有了退路，顾虑较多。《意见》提出的“研究制定非公有制经济组织和社会组织优秀人才进入党政机关、国有企事业单位的政策措施”，将进一步推动由体制外向体制内的单一、个案性质的人才流动，向人才双向流动转变，并由地方试点到全面开花，流动机制更加合理。该政策的出台与实施，体制内外人才双向流动或将成为常态。

（三）消除人才纵向流动障碍

要突破人才纵向流动障碍，应从两个方面入手。一是政府部门要通过制度设计，在工资待遇、职务晋升、职称评定、成长平台等方面进行倾斜，同时在住房保障、医疗保健、子女入学等基础设施建设方面加大投入，积极改善环境，鼓励和引导人才向基层一线流动。二是畅通流动渠道方面，要打破条块分割化、身份藩篱化、分层凝固化；加强制度建设方面，要完善流动机制，架设流动桥梁，解除流动之忧。

四、建立科学人才评价机制

（一）破除人才评价工作中的弊端

多年来，人才评价标准单一、导向急功近利、掀锅盖过勤、行政色彩浓厚，以及人才评和用的脱节是人才成长发展中和作用发挥中的弊端。这主要是由于政府管得太多，用人单位缺乏自主权，造成了“用的评不上，评的用不上”。有专家提出，当前我国人才评价存在“六重六轻”，即人才评价中重学历、轻能力，重资历、轻业绩，重论文、轻贡献，重近期、轻长远，重显能、轻潜能，重数量、轻质量。另外，对德才关系还有不少模糊认识，在实际工作中，重能轻德的现象比较严重。针对这些问题，《意见》明确提出，

“突出品德、能力和业绩评价”“改进人才评价考核方式”“深化职称制度改革，提高评审科学化水平”，并强调要突出用人主体在职称评审中的主导作用，合理界定和下放职称评审权限。

（二）人才评价必须突出德才兼备

在人才学中，“德与才”同列时，或辨析德才关系时，才实际上指的是能力。德才关系的辨析，中国古来有之，过去是用“才”这个字表示现在所说的能力，人才一般是指德能兼备的人，也就是德才兼备的人。有德无才算不上人才，有才无德会成为祸害，更称不上是人才，至少不是合格的人才。业绩是对人才已经做出实绩的考评，代表人才对经济社会发展的贡献的大小；能力则偏重人才的发展潜力及未来可能做出的贡献。

现行人才评价制度对不同领域、不同门类的人才使用简单的量化衡量，“一把尺子量到底”，评价标准针对性不强、脱离实际，既可能出现偏颇，又容易挫伤人才的积极性。而《意见》提出的，“坚持德才兼备，注重凭能力、实绩和贡献评价人才，克服唯学历、唯职称、唯论文等倾向”，既是对我国传统人才评价标准的回归，也是评价标准、方法上的与时俱进。

（三）必须改革海外人才评价方式

现实中，一些高端人才包括海归人才在被引进后还要“熬年头”才能逐级晋升职称，极大地影响了他们为国效力的热情。对此，《意见》提出职称直聘，为高端人才开辟了一条凭专业能力快速晋升的“绿色通道”。《意见》将探索高层次人才、亟须紧缺人才职称直评办法提上日程，扩大了曾经实行过的专门针对海归人才评职称的“绿色通道”，突破了资历条件和职称职数的限制，为相关人才的评价创出了新的制度安排。

（四）必须重视体制外人才评价问题

一段时期以来，职称评定多集中在事业单位、科研院所，甚至被视为体制内人才的“专属”，而广大非公有制经济组织和社会组织人才却因“职称瓶颈”影响了积极性和创造性。对此，《意见》提出畅通非公有制经济组织和社会组织人才申报参加职称评审渠道。职称评审将更顺畅地从体制内走向全社会，这有助于营造人才无论在哪里工作都可以得到国家制度肯定的良好氛围。此外，《意见》还提出对职称外语和计算机应用能力考试不做统一要求，解决了不少专业技术人才在发展过程中因外语、计算机等“硬杠杠”被卡住的问题，遵循了人才评价的规律和客观实际，减轻了专业技术人才的应考负担。

总之，努力实现科学化、社会化、市场化的人才评价制度改革方向，首先，要改革人才评价方式和机制。评价主体选择要社会化，坚持同行评议，必要时要听一听国外专家的意见，做到“问东家、问专家、问大家”。评价标准和内容应根据人才的职业类别、层次和评价目的设计，比如，以培养为目的的人才项目评价重在人才潜力，以荣誉奖励为目的的人才项目评价关注已产生的实际效用或价值。此外，要推动第三方专业化机构评审评价。着力培育专业化的人才评价机构，逐步建立起政府引导、社会主导的评价制度，提高人才评价的社会化程度。同时，打造一支社会化的评审专家队伍，适时调整、优化专家库资源，保障评价结果的公平性、独立性和权威性。

五、强化人才创新创业激励机制

（一）必须保护知识产权

只有充分保障人才的知识成果产生相应的效益，才能更好地激发人才潜能，促进人才发展。在保护和激励创新中，知识产权保护，尤其是职务发明的产权收益问题是一个绕不开的话题，付出与回报不成比例的现状寒了不少职务发明人的心。《意见》提出，加强创新成果知识产权保护，加快出台职务发明条例，加大对创新人才激励力度，研究制定国有企事业单位人才股权期权激励政策。

知识产权案件举证难、周期长、成本高、赔偿低、效果差等问题的存在，使我国一些创新型企业处境艰难，创新人才饱受损失；海外高层次人才发现、引进和使用中的鉴定机制尚待完善，为人才“引进来”保驾护航；融资难、融资贵让不少缺乏抵押资产的初创期企业遭遇发展瓶颈，亟须知识产权金融服务为创业创新纾解困局。《意见》提出的“加强知识产权保护方面”，坚持问题导向，勇于向创新成果转化领域突出问题开刀，有利于进一步完善体制机制，让创新人才更好地分享成果收益。

近些年，随着科学技术水平的提高，发明本身的复杂程度增加，这使研发人员独自进行发明创造的可能性大为降低，而职务发明所占比例则逐年增长。但我国职务发明制度还存在一些问题，总体来看，一是现有法律规定原则性较强，缺乏可操作性。二是实践中单位侵害发明人权益的现象时有发生，挫伤了发明人的积极性。《意见》提出的“加快出台职务发明条例”，有助于进一步细化职务发明制度，明确创新成果的权属和利益分配规则，确保发明人的合法权益落到实处，充分激发研发人员的创新活力，营造创新人才安于创新、乐于创新的环境。

（二）必须重视股权期权激励

股权期权激励作为一种长期激励手段，主要应用于企业的经营者。让有条件的科研人员能够通过股权期权激励合理分享创新财富，让他们的长期经济利益和他们的贡献密切地联系起来，对于调动他们的积极性和创造力将有难以估量的作用。这在美国等发达国家得到了证实。在我国，不少地方也已开始试行并取得了良好效果。《意见》提出研究制定国有企事业单位人才股权期权激励政策，正是在总结经验的基础上，针对我国激励机制的短板提出的改革措施。股权期权是一种有效的激励手段，但是，实行的门槛较高，需要具备比较严格的条件，因此，“意见”规定“对不适宜实行股权期权激励的采取其他激励措施”，体现了坚持“两点论”与“重点论”的统一。

（三）支持科研人员离岗创业

完善的激励机制包括对人才创新创业的支持与推动。近年来，不少地方出台规定，允许高校、科研院所等事业单位科研人员离岗创业或保留身份领办创办科技型企业，但政策的实施情况并不理想。一些科研人员离岗创业还存在人事关系、社会保障等诸多顾虑，特别是省区市出台的政策文件对部属高校和科研院所的约束力不大。《意见》从国家层面对事业单位科研人员离岗创业和在科技型企业兼职取酬做出明确规定，同时允许高校、科研院所设立一定比例的流动岗位，吸引具有创新实践经验的企业家、科技人才兼职，健全了科技人才在高校、科研院所和企业之间顺畅流动的机制，解决了地方出台的政策执行力不足的问题。

六、建立人才优先发展保障机制

（一）建立多层次、立体化的人才发展保障体系

《意见》提出的促进人才发展与经济社会发展深度融合，新意在“深度”二字。建立多源投入机制，将对人才优先发展的机制化、常态化建设起到积极作用。但目前，一些地区对人才优先发展的重要性认识不足，“重物质投入、轻人才投入”的人才工作与经济社会发展工作两张皮的现象依旧存在，人才发展服务于经济社会发展，经济社会发展促人才发展的格局深度还需进一步挖掘。

《意见》提出，将人才发展列为经济社会发展综合评价指标，综合运用

区域、产业政策和财政、税收杠杆等推进措施，旨在从政策保障、战略保障、规划保障、项目保障的角度，建立起多层次、立体化的人才优先发展保障体系，实现人才发展与经济社会发展的深度融合。促进人才发展与社会经济发展的深度融合，关键是推动人才与政府、企业、社会的融合，推动人才与城市、农村的融合，让人才投入到改革开放、创新创业的洪流中去。

（二）建立人才发展多元投入机制

目前，我国人才投资虽然连年提升，但总量偏低、规模较小的问题依然存在。对此，《意见》提出建立多元投入机制，发挥人才发展专项资金、中小企业发展基金、产业投资基金等政府投入的引导和撬动作用，建立政府、企业、社会多元投入机制，研究制定鼓励企业、社会组织加大人才投入的政策措施等举措。

之所以提出“多元”投入是因为人才投资需要庞大的财力作支撑，不只是政府财政的事情。只有在财政主导和政策引导下，建立多渠道投入机制，才能发挥政府（财政）、企业（资金）和社会（基金）的合理作用，推动人才投资力度不断加大。

（三）完善人才发展财税金融政策

2010 年，我国颁布实施中长期人才发展规划，把“实施促进人才投资优先保证的财税金融政策”作为重大政策的第一项。此次《意见》进一步明确了促进人才优先发展的财税政策，提出要优化财政支出结构，完善人才发展投入机制，加大人才开发投入力度；实施重要建设工程和项目，统筹安排人才开发培养经费等举措，将推动相关部门细化、优化税收政策，确保人才密集领域事业发展投入，加大重大人才工程投入力度。

各地要将人才优先发展战略纳入地方整体的发展规划中，出台相应的政策、文件支持人才发展。但政府并不是万能的，更重要的是依靠企业投入。企业要加强人才投入，建立人才企业共享机制，让人才与资本技术充分对接，建立人才和市场的合作机制，形成项目找人才、人才引领项目的局面，最终推动经济发展。

（杨河清，首都经济贸易大学学术委员会副主任、教授、博士生导师；苗仁涛，首都经济贸易大学劳动经济学院人才系讲师。）

责任落实篇

人才发展体制机制改革需破解的几个问题

沈　荣　华

中央《关于深化人才发展体制机制改革的意见》是我国第一个针对人才发展体制机制改革的纲领性文件，对未来我国人才发展具有里程碑的意义。目前，中国的人才制度改革已进入“深水区”，正处在攻坚阶段。加强对人才发展体制机制改革深水区问题的研究，突破人才发展体制机制短板，是摆在我们面前的重大课题。

一、关于发挥中国人才制度优势问题

总体上讲，中国人才有优势，但也存在体制机制等方面的不足。中国人才的优势，主要体现在四个方面：一是中国人很聪明；二是中国有五千年的历史，文化底蕴很深；三是中国有优越的社会制度，这一点在世界范围内得到认可；四是改革开放 30 多年来，中央对人才问题越来越重视，21 世纪提出的人才强国战略已初见成效。

但是，中国人才制度也存在一些局限，一是人才体制落后，内耗比较严重，“1+1<2”；二是人才机制不活，论资排辈、求全责备、平均主义现象比较普遍，导致有效的资金不能真正给最杰出的人才；三是人才“虚胖”问题突出，人才总量居世界第一，但质量、结构问题大，特别是世界级的科技大师非常匮乏。据统计，我国拥有的世界一流科学家仅 100 多人，只占世界的 4.1%。还远不能满足发展的需要。

中国不缺人才，中国缺制度，中国人才工作落后，主要是制度落后，也就是十八大报告讲的缺乏“制度优势”。党的十八届三中全会《中共中央关于全面深化改革若干重大问题的决定》强调：注重制度安排，这是人才发展的一项根本任务。

二、关于全面改革教育培养问题

必须充分肯定改革开放以来我国教育事业发展取得的巨大成就，但不能不看到中国教育管理模式比较滞后等问题，必须花大力气改革。

现在大家讲的“教育改革滞后”，实际上是个改革教育管理模式问题。我认为，我们的办学模式与国外的办学模式最本质最关键的区别是，国外的大学是学术机构，而我们的大学是行政单位。国内大学现在都有行政级别，国家花钱办大学是希望大学成为知识创新的源泉，而不是成为一个副部级的行政单位。好在十八届三中全会决定，下决心逐步取消学校、科研机构、医院的行政级别，为中国高校体制改革指明了方向。

与发达国家的教育相比，我国的教育体系、教学方式也在一些方面存在不足。中小学教育提倡了多年的素质教育没有能够完全实现。但现在基本上还是应试教育，问题的症结是高考制度需要加快改革。我国大学教育在创新精神培养、实践能力训练方面，与先进国家比有一定差距。

教育的核心问题是教学质量问题，教学的质量应该由老师的水平来体现。所以，一定要提高老师的水平，加快教师队伍的国际化。要拿出最好的机制、最好的待遇，吸引国内外最好的人才去从事教育。1991 年成立的香港科技大学，近几年排名亚洲前列，主要原因是他们的 600 多名教师来自 80 多个国家，基本上都是高薪聘请来的。建议把一部分外汇储备用来培养老师，把中小学、幼儿园老师派到国外去学习，甚至支持中小学生出国去学习。

三、关于人才使用中去“官本位”问题

党的十八届三中全会把“破除官本位观念”列为改革的重要任务，可谓切中要害。

要坚决打破“官本位”。“官本位”比科研经费不足、创新力度不大等问题的杀伤力还大。解放人才，必须消灭“官本位”，做管理还是做科研，只能选一条。大家讲，现在人才地位不高，人才的地位主要是人才的政治地位，提高人才政治地位，有利于打破“官本位”。现在，全国各省的获教学成果奖人员很多都是校长、副校长、教务处处长、教学研究所所长，普通老师很少能够拿到教学成果奖。目前，论资排辈有些打破了，但“官本位”还有待进一步打破。

人才要有专业精神，集中精力搞科研。中央提出人才以用为本，这个非常好。他适合做什么，就应当安排他去做什么。现在让很多科学家去当教育家、当校长，他不一定能当好校长，他能搞好科研不一定能当好校长。当校长的应当是教育家，有志于教育、适宜于搞教育的，不是所有的科学家都能当校长。有专家说，科学家即使把所有的精力都放在科研上，还是会时间不够，那么还要把许多精力放在行政工作上，那就基本上不可能有国际竞争力，不可能有真正的创新。

要重视培养使用年轻人才。创造一个更公开、平等的机制环境，给年轻人更多的机会。目前，在高校和科研机构中，教授、研究员的主体是40多岁的人。面对未来，要具有长远的竞争力，应该重点考虑培养本土30多岁的年轻人，应该给他们更多的机会。

四、关于人才保持问题

2005年欧洲科学院院士格利博达在联合国教科文组织做了一个报告，题为《脑力的流失》。格利博达指出，所谓“脑力流失”（brain drain），就是中国通常所说的“人才流失”。格利博达还特别强调，人才多少不是根本，关键在于人才保持。人才流失是国家资源的流失，同时也是未来创造力的流失。留住了人才，也就是留住了自己过去的巨额投资。格利博达的精彩判断，揭示了我国实施人才强国战略中一个亟须解决的重大问题，即人才保持问题。

目前，我国顶尖人才流失问题比较严重。人才保持，关键是要营造一个良好的人才环境，这是当前我国人才创新创业中亟待解决的一个问题。

要营造允许失败、宽容失败的工作环境。创新人才的成长需要一个宽松的工作环境，你只要创造了这个条件，他自己就会冒出来。打个比方，这块土地你整好了，很肥沃，很松软，浇水施肥各方面都到位了，它就会长出好庄稼来。要把创新人才和领军人才成长的条件环境作为一个问题来研究，不能让创新人才既流汗，又流泪。领军人才是实干出来的。我们要创造一个环境，既要给他一个成功机会，更要给他一个失败机会。

要营造公开、平等、竞争、择优的制度环境。以申请重大项目为例，重大项目评审现在问题较多。有些项目论证会，评审专家都是体制内的，个别体制外专家没有起到实际作用，致使有些体制外很好的项目很难中标。

要注重人文环境建设。与跨国公司相比，我们还是感到软实力方面差距比较大，特别是在核心技术、著名品牌、企业文化、一流的企业领袖、创新人才等方面，还有高技能人才方面差距更大。建议企业设立创新资金，引进一批创新创业人才。实力是完全没有问题的，需要制度，需要政策。必须看到，我们的硬件投入已经是非常大了，但是软环境的建设可能是未来更重要的内容。要在支持创新型国家的同时，也要支持人才文化软实力的塑造，这是非常重要的。离开了文化建设，会出现一些意想不到的问题。

五、关于创新人才机制问题

目前人才工作体制机制中存在一些问题，束缚了人才的创新创业热情和活力。

人才评价机制不活。人才标准的指挥棒作用很重要，应该坚持分类推进人才评价机制改革。现在大学和研究所以 SCI 文章来评价人才已经过时了，基础研究可以看 SCI 文章，而应用技术研究应该看到底给国家解决了什么问题。在一次人才工作会议上，陈竺院士有段话很动情，他说，对一位医生来讲，面对一个危急病人，最急需的是你高超的临床医术还是 SCI 论文？因此，要科学评价人才，不能看一个科学家写了多少论文，而要看他们具体做了什么工作，做出了什么重大贡献。这样可以避免科研人员的时间和精力主要放在发表文章，而不是在科研成果的开发利用上。

人才激励机制不活。我国科研经费每年增加，可是与实际需求存在些差距，据了解，由于激励机制不够完善，导致高端人才向外流出。跨国公司挖人都挖高端人才，开价很高。这些人才如果流出的话，首先对我们来讲，重置成本很高，另外核心技术有外泄的风险。所以，我们必须改革，希望激励机制能做得比跨国公司更好一些。

科研体制不活。在体制外建立一个试点，这样科研体制的“官本位”问题也能得到比较好的解决。北京生命科学研究所目前就是这样做的，它是一个中国科技体制改革的试验田。

六、关于改善人才布局问题

许多专家认为，人才布局失衡是目前我国人才队伍建设中的一个突出问题，也是影响人才作用发挥、制约地方经济发展的一个突出问题。必须合理调整科技人才布局，利用政策和利益杠杆，引导人才向企业集聚，在区域间和专业行业间合理流动。

改善科技人才的区域布局。目前，我国人才集中在北京、上海、长江三角洲、珠江三角洲，而边远地区、少数民族地区、经济欠发达地区，要想留住人才很难，吸引人才更难。据统计，西部（12个省）人才占我国人才总量的18.8%，与经济比重大体相当。解决人才“贫富差距”拉大问题迫在眉睫。不把这12个省的人才保持、留住、发挥好作用，各地区的协调发展就会受到影响。建议设立边远地区、经济欠发达地区人才开发专项基金，建立人才评审、项目评审的公平导向机制，向边远地区和经济欠发达地区倾斜，科学、合理、均衡配置各地区人才，更好地促进科学发展观落实。

改善科技人才在企事业单位之间的分布。我国科技人才资源，现在主要集中在独立的科研院所和高等院校，在大企业的规模和量相对要小得多。目前，国家级的研究中心95%设在高校和科研院所，150多个国家重点实验室基本上都在高校和研究所，“973”“863”项目的计划主体也大部分在高校和研究所，大部分的科技奖励授予高校和科研院所的科技人员。由于各方面相隔离的体制制约，产学研一体化很难实施，即使在150多家中央企业里面，科研院所和生产经营单位“两张皮”的现象也还没有很好地解决。建议对科技人才的布局要做一些战略性调整，产业部门的科技机构还是设在企业比较好，解决“两张皮”的问题。同时在人事管理、社会保障、分配制度等方面，制定一些可以操作的政策，引导人才向企业流动。

改善科技人才的专业和行业分布。我国人才在科研体系内部分布也不均衡。要根据国家重大工程任务来组织集聚人才，要以任务积聚人才。像“两弹一星”一样，目标定了以后，就在全国选择我们的优秀人才，以这样的方式，把液晶方面、航天方面、电子方面的人才集聚在一起，共同完成重大课题。

七、关于加快人才开放问题

吸引海外人才、推进人才国际化，是中央非常关注的一个战略问题，主要涉及以下几个问题：

引才重点的问题。主要是三类人才：国际化人才、企业家人才、创新创业人才。中国的国际化人才不少，但中国目前最缺的是真正国际化的企业家。吸引创业型的人才回国，对于我们建设创新型国家非常重要，他们会在帮助中国企业走出去、帮助中国建设创新型企业方面发挥非常关键的作用。在高端人才吸引方面，要特别强调世界眼光和国际水平，要吸引和打造一批世界品牌的CEO，这些人的数量可能不大，也许就是几十个人，但是他们的眼光比国外更加超前，能引领世界发展潮流，代表着中国在未来国际舞台上的整体形象。目前，我们应该有更强的实力吸引海外优秀人才，首先吸引的重点就是华人，比如新加坡等地华人。其次要大力吸引外国人，很多外国人都对中国感兴趣，海外高端人才也可能愿意来中国。

引才策略的问题。要发挥社会主义制度能够集中力量办大事的优越性，实施重点人才培养和引进工程，在全球范围内引进急需的人才，不论国籍、肤色都可以用特殊办法争取和引进高端人才。建议在吸引海外人才方面，一要"抓两头带中间"。抓住最高端的几百人或一百人重点吸引；吸引我国在海外的180多万留学人员回国创业。抓住这两头就能把中间的人才带回来。二要"以攻为守"。不能仅仅停留在吸引留学人员，而要面向世界吸引人才，给他们高薪、给他们绿卡、给他们子女入学政策包括减免税政策，吸引他们，在最关键的科技岗位让他们发挥作用。三要建立沟通和联系的渠道，更有效地吸引海外高端人才回来。

国际化人才的扶持问题。不少海外留学人员回国后已经具备了相当的经济实力，有了地位和品牌。应该在现有的引才计划基础上，再做出一个针对中国20年之后的顶尖人才的扶持计划，对其所从事的事业、品牌包括在资金等方面给予支持，使他们成为国际舞台本领域的领军人物，从而引导全球潮流和世界文明的发展。

八、关于人才工作的组织领导问题

近年来，中央提出了党管人才原则，各地建立了人才工作领导机构，对于健全完善人才工作管理机制发挥了积极作用。但在人才工作的组织领导方面还存在一些问题：人才管理的计划经济色彩明显，管理手段、管理方式还没有完全与市场经济接轨；人才工作各相关部门的协调还需要进一步加强，政出多门、多头管理的问题仍然存在；许多地方领导还没有真正把人才工作摆上重要位置，人才投入力度不够，没有形成良好的人才投入机制。

针对上述问题，提出一些意见和建议：要完善市场配置人才机制；要统筹各部门人才工作；要建立考核监督机制；要大力推进党管人才。

（沈荣华　中国人才研究会副会长，上海市公共行政与人力资源研究所名誉所长、研究员。）

进一步加强党对人才工作的领导

郑　其　绪

2002年全国组织工作会议第一次提出“党管人才”的理念，2003年12月，中央召开第2次全国人才工作会议，出台了《关于进一步加强人才工作的决定》，正式确立了党管人才原则。从此，在全国范围内拉开了党管人才工作的序幕。

时隔13年，中共中央又出台了《关于深化人才发展体制机制改革的意见》（以下简称《意见》）。《意见》全文六千余字，共9题30条，内容全面、清晰明了、言简意赅、一语中的。对党管人才工作的一系列问题进一步做了明确的阐释与规范。这是党管人才13年实践的全面总结和升华，是全党智慧的历练与凝结，是党管人才新思想、新理念、新方法的集大成。

学习《意见》，反复思考，不仅方向更加明确，对做好党管人才工作更加充满了信心，而且深感进一步做好党管人才工作意义重大、形势紧迫。

《意见》第九个问题是“加强对人才工作的领导”。其总的定位是：总揽全局、协调各方；管宏观、管政策、管协调、管服务。这是一个原则，也是一个方向。就是说，党管人才工作既要加强领导，又不要拘泥于一时一事的具体事务；既要相对超脱，又要做到心中有数；既要制定政策，又要保证政策不折不扣地执行。如何将这个总体构想在现实中有效地落实，是一个不容回避、必须认真对待的问题。对此，必须首先从三个方面进一步加强工作。

一、加强评价考核，形成党管人才的运行机制

《意见》在讲到加强党对人才工作的领导时指出：“建立各级党政领导班子和领导干部人才工作目标责任制，细化考核指标，加大考核力度，将考核结果作为领导班子评优、干部评价的重要依据。”在讲到创新人才评价机制

时，又对人才自身的评价进行了规范，明确指出对人才要“坚持德才兼备，注重凭能力、实绩和贡献评价人才……”“发挥政府、市场、专业组织、用人单位等多元评价主体作用，加快建立科学化、社会化、市场化的人才评价制度”。

就是说，对人才工作评价的对象有两个方面，一方面是对人才工作的评价，另一方面是对人才自身的评价。这两个方面的评价如果做到了科学有序、长期坚持，而且评价结果管用，那么，一个生动活泼、卓有成效的人才工作新局面必将形成，人才工作“党委统一领导，组织部门牵头抓总，有关部门各司其职、密切配合，社会力量发挥重要作用”的新格局所形成的执行系统，必将迸发出新的活力。

因为评价具有“终审”的性质，具有督促、导向和激励功能。科学的评价，加上严格的奖惩兑现，会形成一种巨大而潜在的力量。这里的关键是两点：科学评价与严格兑现。这是评价的威慑性和权威性所在。否则，被评价者就会不痛不痒、不当回事，而参与评价的人员就会萌生被欺骗、被愚弄的感觉。于是，评价的神奇与神圣功能统统化为乌有。

现在的问题是，评价考核工作存在人为的复杂化、工作的简单化、操作的随意性以及技术的不规范性。这种状况，不可能很好地建立起党管人才的考核机制。这些年，在对一些地方和企业的人才咨询工作中，在对一些地方的人才工作考察中，我们发现在一些地方，人才工作并没有很好地落实。缺乏认识的高度和行动的韧性，缺乏一种主动性和紧迫感，缺乏推动力和威慑力。其中官僚主义、官本位、不作为是最大的障碍。当务之急是建立考核机制，对人才工作进行专门的评价，将评价结果作为干部升降去留的重要依据。甚至对一些地方埋没人才、冷落人才，给工作带来损失的实施责任追究。从而，保证开展人才工作的过程中不犹疑、不偷懒、不敷衍、不守旧。

人才评价机制就是使人才评价工作得以科学运转、长期坚持的互相促进、互相制约的内部质的规定性。人才评价自身之所以能够形成机制，是因为它还对“评价”自身进行评价，它类似于执法监察工作，还要对执法者进行执法。搞清楚这个关系至关重要，否则，就会思维上混乱，操作上茫然。人才评价机制具有特有的功能。第一，它使人才评价工作科学运转、长期坚持。第二，它给管理系统注入动力、使得这个系统形成管理机制。

人才评价机制是管理机制的一个微机制，是管理机制的一部分。人才评价机制在机制链上的位置（见图 1）。

人才评价机制的核心，就是评价对象向人才评价者自身延伸。人才评价

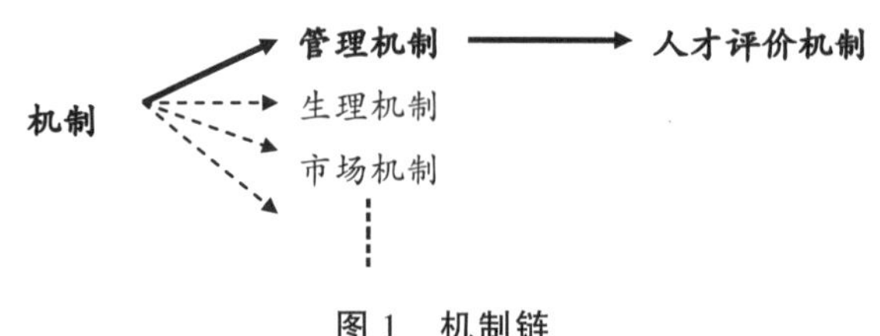

图 1　机制链

形成机制的重要条件之一，是看其在对他人评价的同时，是否还对自身（评价的组织者的工作状态、机构的功能发挥、政策的水平、评价工具的科学性、评价结果发挥作用的充分性等）进行评价。这一工作的意义在于强化人才工作者的自为性。对人才评价工作的评价要明确两个问题：

（1）评价对象。主要是指五类评价对象：组织机构、法规政策、工作人员、评价工具和评价结果应用。

（2）评价内容。五类评价对象评价的内容实际上就是评价要素的雏形。①对组织机构的评价。主要是评价其职能是否合理，运转是否正常，人员配备是否科学，工作的计划性、协调性，工作效率以及群众的满意度等。②对法规政策的评价。这里所指的法规政策是特指人才评价方面的法规政策，主要评价这些法规政策的科学性、全面性、系统性、可行性及实施效果等。③对工作人员的评价。主要评价组织者和工作人员的责任心、工作态度、工作水平、研究精神、坚持精神等。④对评价工具的评价。评价内容包括评价指标和标准的科学性、评价程序的严谨性以及所设计的评价工具是否简洁合理以及评价的技术应用是否得当、信息的处理是否科学等。⑤对评价结果发挥作用的评价。主要是评价结果在人才配置、导向、激励和约束等方面发挥作用的情况。对以上五类评价对象的评价完成以后，要将综合结果依托反馈功能向从事人才评价的工作人员进行反馈。

与此同时，评价考核的另一类对象就是人才自身，对人才自身的评价不可繁杂、不可过多过勤，但必须要有，必须科学。这就是《意见》所指出的“突出品德、能力和业绩评价”。人才评价的基本指标充分体现了它的科学性、逻辑性和普适性。平常所说德才兼备，实际上是德、智、能兼备，它们与“绩”是一种因果关系。“德”“才”是“绩”的必要条件，反过来，“绩”又是“德”“才”的集中体现。德、智、能、绩不仅从宏观上涵盖了人才的全面素质，而且四者具有密不可分的逻辑关系，这种关系可以如图 2 所示。

对人才评价的结果同样要兑现政策。评价的宗旨及过程类似于对人才工作的评价。

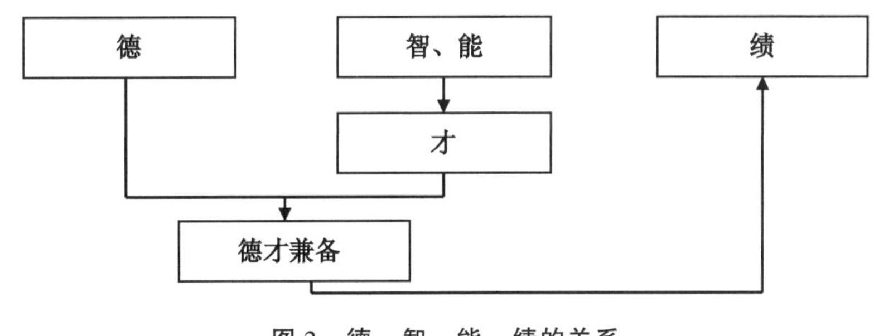

图2 德、智、能、绩的关系

二、“管服务”的根本在于全面落实人才以用为本方针

人才发展有其自身规律，“管服务”最首要的就是要根据人才发展规律用好用活人才，真正让各类人才都能适才适用、适得其所，体现人才以用为本的战略思想。这些年，讲到服务，常常拘泥于人才生活保障、医疗服务、子女教育等问题上。不可否认，这些问题也是很重要的，甚至是首要的问题。但是，这些问题相对而言简单得多、容易得多。只要制定相关政策、认真落实就可以了，而且这一类政策最容易制定，也容易落实。而用好用活人才就不单单是制定政策的问题，解决这个问题困难得多、复杂得多。它既有认识问题、观念问题，又有方式方法问题。

用好用活人才既是一个历史性话题，又是一个现实的课题。自古以来人们对此不知发出过多少感慨：从孔子“选贤与能”、孟子“尊贤使能”的主张，到韩愈“千里马常有，而伯乐不常有”的感叹；从龚自珍“不拘一格降人才”的呼唤，到国家确立人才“以用为本”的最新理念等，都反映出社会对人才选拔使用的关注与忧心。时至今日，这个问题并没有得到很好的解决。主要是因为对科学人才观没有准确地把握其精神，在思想认识上还存在诸多困惑、矛盾乃至茫然。

在社会现实中，许多精彩的用人之道以及人才概念常常发生矛盾，形成二律背反现象。这些现象主要表现在以下8个方面。

（一）任人唯贤与不拘一格

德才兼备、任人唯贤是我们用人的一贯主张，是选用人才的基本标准和原则，必须毫不动摇地坚持。另一方面，“不拘一格”也是历来所倡导的用人思想，而不拘一格就难以保证“兼备”。二者看起来是矛盾的，其实是可以统一的。孔子的“选贤与能”、孟子的“尊贤使能”都是将贤与能相并列、相区分的。贤人是德才兼备者，可以带队伍，可以治政治天下；而能人则是具有一技之长乃至身怀绝技者，在某个领域非他莫属。遗憾的是，能人又常常是“高峰”和“低谷”同在，难以做到“兼备”。人们在总结美国前总统艾森豪威尔的成功时常常用“无智使众智、无能使众能、无为使众为”来解释他成功的原因，他所用的“众”恐怕也不全是贤人。所以，贤人和能人是两类人才，两类人才各有所用以便人尽其才，这就叫用当其位，这就叫不拘一格。

（二）用人不疑与监督制约

用人不疑是人才使用的又一个原则。用人不疑是对人格的尊重，是心灵沟通的基础，是建立良好人际关系的前提。用人不疑才能发挥人才的潜能，才能使人才在心怀感激之中产生“效忠行为”。监督制约与用人不疑是两回事。一位哲人说过：“为了和平，我们发誓消灭战争；为了消灭战争，我们拿起了枪。”著名管理学家杜拉克也说过：“才干越高的人，其缺点往往也越明显，有高峰必有深谷，谁也不可能十项全能。”这就是用人不疑与监督制约之间的辩证法。由于人们的能力所限，由于看问题处理问题的角度不同、方式方法不同，哪怕是出以公心也难免会有偏颇乃至错误，谁也不可避免。人之聪明不是“终无过”，而是“不二过”。这就需要提醒、警示、制约、监督，这是对人才发展的有益补充，这是对人才负责，这就是用人不疑又要监督制约的道理。

（三）用当其时与人才储备

人才用当其时是说人才当用则用，不要错过人才价值与能力的黄金时期。用当其时是人才的幸运，否则就是不幸。在今天社会发展需要大量人才的时候，历史上颜驷“三世不遇”的悲剧不能再重演。而人才储备是为了实现组织的既定目标而在一定时期内积聚人才，它与人才闲置和人才浪费截然不同。人才储备是暂时行为，是过渡行为。即使在人才的储备阶段，人才也不是无所事事，而是有明确的目标指向和前奏性的工作，是弹在膛中、箭在弦上的蓄势待发。这是一种充满激情的期待——站在起跑线上就要摘取桂冠的期待。所以，人才储备不是一件轻而易举的工作，它需要远见，需要魄力，更需要“众里寻他千百度”的智慧和毅力。

（四）用人所长与用人所好

这是专业与爱好之间的不对称问题。常常有这种情况，因为各种各样的原因，人才所学的专业或者正在从事的工作并非本人的爱好所在，对所从事的专业没有那种内在的需求和本能的冲动，“身在曹营心在汉”，随时准备跳槽和改行。如果这种愿望得不到满足，对当前的处境无力回天，就必然会在无可奈何中失去工作的激情和对美好的追求欲。与其如此，不如用其所好，以免空耗光阴、消磨人生。所以，当人才所长与所好一致时，我们用其所长；而当人才所长与所好相悖时，我们用其所好。相信心向往之必专注之，心向往之必成功之。没有必要担心他在新的领域可能一筹莫展，在兴趣的驱使下他会很快地扩充知识，具备能力，到那时加上原有的所长，就可能在其所好的领域迅速突破。世界上不知多少名家都是在其所好的领域里纵横驰骋终成大业者。

（五）高端引领与群众英雄

国家中长期人才发展规划纲要在人才发展的指导方针中规定了“高端引领、整体开发”的思想，这是对人才地位和作用的最新最确切的定位，这是对英雄史观的补充和完善。毛泽东同志说过“群众是真正的英雄”“人民，只有人民，才是创造世界历史的动力”。这是从宏观上对人民群众历史作用的肯定，其中自然包含了高端人才。我们必须指出的是，高端人才与一般人是不同的，高端人才是善于治国理政的领导人才，是世界水平的科学家、科技领军人才、工程师和高水平的哲学社会科学专家、文学家、艺术家、教育家，是优秀的企业家，是技艺精湛的高技能人才，是社会主义新农村建设的带头人，是高级社会工作人才。这些高端人才是人力资源中能力和素质突出的佼佼者，是引领社会发展和科技进步的第一资源。所以，历史和现在都证明：人民群众创造历史，高端人才引领未来。

（六）以用为本与脱产培养

人才以用为本是国家中长期人才发展规划纲要中的又一新思想，它把充分发挥各类人才的作用作为人才工作的根本任务，围绕用好用活人才来培养人才、引进人才，积极为各类人才干事创业和实现人生价值提供机会与条件，使全社会的创新智慧竞相迸发。它为人尽其才和人才的可持续发展提供了理论和方法的支撑。然而，人才发展和人才价值的提升是需要投入的，人才的“磨损”是需要维护的。所以，我们又常常强调用养结合、用养并重。人才脱产培养不仅是必需的，而且是必然的。平时所说“磨刀不误砍柴工”“退一步是为了进两步”，其道理就在于此。可是，在现实中常常出现这样的情况：需要培养的人离不开岗位，其实这是不难解决的问题，至于能否解决就看领导、组织的远见与境界了。

（七）人才流动与人才稳定

市场经济下，人才流动是一个普遍的现象，也是一个正常的现象。它在一定程度上反映了政治的民主与稳定、社会的开放与繁荣。研究表明，一个优秀企业的人才流动率一般在5%～15%。当然，这个比例只是一个参考值，它反映了人才流动的客观性和必然性。一般来说，在大部稳定、中坚稳定的前提下，要创造人才流动的环境和条件，形成动态稳定、动态平衡。令人困扰乃至苦恼的是常常有这种情况：想稳定的人才稳不住，该流动的人却宁死不动。这时首先要从组织自身找原因，是组织发展乏力还是缺乏公平？是内部管理混乱还是外部干扰？是组织文化落后还是激励机制不健全？总之，要从源头上发现问题、破解问题。

（八）引进人才与本土人才

这些年，人才引进已经是经济社会发展的普遍现象，也是人才竞争的必然举措，世界各国都在引进人才方面倾注了大量的精力，提供了诸多的优惠政策。随着我国改革开放的深入和经济发展方式的转变，我国人才引进的力度也在加大，政策进一步优惠。这就引发了一个新的矛盾：如何平衡一直在为我国社会发展努力工作并做出贡献的本土人才的感情。尤其是引进的人才又是自己的同学、同乡甚至是曾经的同事，本土人才从感情上欢迎，而对在政策上不能一视同仁的现实又难以接受，令本土人才多少有些不公平感。对此，最终的办法还是创造公平环境，在尽快度过这个人才引进的初期阶段后，政治上平等，机会上平等，最终以成果论成败，以贡献论英雄。

面对这一个个人才使用中的二律背反现象，人们往往在行将选择和决策时犹疑了、迷茫了，更不用说在用人过程中心胸狭窄、墨守成规，甚至于极“左”的观念还常常堂而皇之地在模糊是非、混淆视听，形成对全面用人的干扰。

所以，党管人才、管服务就应该在用人上下功夫。用好了人才，这是对人才最大的尊重、最大的爱护，也是最好的服务。这是管服务的关键之关键，核心之核心。在这个问题上，必须破除因循守旧、树立高端引领的观念；破除先入为主、树立唯才是举的观念；破除求全责备、树立以用为本的观念；破除自我封闭、树立行行出人才的观念；破除唯资历论、树立实践造就人才的观念；破除嫉贤妒能、树立见贤思齐的观念。

三、加强全面领导，保证人才健康发展

《意见》以“坚持对人才的团结教育引导服务”为题，专门用一条的篇幅强调对人才要“加强政治引领和政治吸纳，充分发挥党的组织凝聚人才作用”。这是党管人才理念和境界的再升华，体现了党管人才工作全面领导、全面负责的思想。就是说，党管人才，一方面要为人才发展服好务，另一方

面要为人才前进掌好舵。这一思想充分体现了党管人才工作的完整性、深刻性和及时性。

当今社会是一个开放的信息社会，是一个越来越民主的社会。在这样的社会里，各种思想、观念、意识相互碰撞、疾速传播。任何人都不可能再回到那个“躲进小楼成一统”的年代，他必须置身于各种思想、思潮之中，并做出选择。选择对了，事业兴旺；选择错了，贻误个人的发展，尤其是贻误工作乃至给国家造成损失。因此，这就需要在这些方面及时地为人才提供信息、提供帮助，避免人才发展中来自各方面的干扰以及可能形成的祸端。这项工作是对人才发展的有益补充，体现了党与人才之间心地坦荡、亲密无间的和谐氛围以及党对人才高度负责的精神。

就道德滑坡而言，在社会现实中，确有一些人失去了理性和敬畏之心，在渐变中逐步淡化了当初的理想和锐气，结果走向了反面，给我们的事业带来损失，给个人的发展蒙上了阴影。改革开放以来，国家经济总量迅速扩大，巨额资金流引发了一些人的贪欲，监督的缺失给他们以可乘之机，社会的民主化进程让一些人放松了政治的警觉。我们不得不深思一个问题：这些人当初都是人才，为何身居要位之后却走向异化？追根溯源，根本原因有两个：一是个人失去了驾驭自我的能力，这是最根本的原因。二是权力失去了约束力，这是外因。所以，加强党对人才工作的领导，各级党委必须对人才全面发展负责。

对于任何一个社会人，谁都绕不过一个问题：人生何如——人生怎么度过？这是一个千年的追问。这个千年追问不知难倒了多少人。有人说，人生如画、岁月如歌；有人说，人生如罪、光阴苦度；有人说，人生苦短、转眼百年……于是，有人激情荡漾奉献社会，有人拼命赚钱以享富贵，有人我行我素误入歧途。这一切行为都是对人生不同态度的诠释。

如何避免人生的悲剧？一是自律，二是他律。谁来有效地监督权力；一个长期存在的管理隐患就是管理不闭合、监督乏力。今后的任务就是形成管理的“势”，打造监督的“场”。这里所说的“势”是一种悄无声息、蓄势待发的管理能量。它是一种潜在的、充满生机的氛围，一种箭在弦上、弹在膛中的待命状态，它时刻准备着对那些不轨行为发出攻击。这里所说的“场”是无所不及、无处不在的空间。从管理的角度讲，这是一种至高无上的境界。同样，对人才的健康发展，也需要打造一个管理的“势”，一个监督的“场”，从而，为人才的发展创造一个健康向上、安全无忧的大环境。

（郑其绪，中国石油大学校务委员会主任、教授、博士生导师。）

完善制度　强化执行　转变观念

马　抗　美

《关于深化人才发展体制机制改革的意见》（以下简称《意见》）是推进我国全面深化改革和党的建设制度改革的重要文献。《意见》的出台对于广大人才和人才工作者来说，是一件鼓舞人心的大事。从改革开放初期我党提出尊重知识、尊重人才，到人才是第一资源，再到人才强国战略、人才优先发展、坚持党管人才、创新驱动就是人才驱动等一系列重要思想观念的创新，体现出我党随着形势的发展对人才问题的认识不断深化和细化。而这些思想观念的创新，又对人才事业的发展起到了巨大的推动和导向作用。《意见》的出台，集中表现出党对人才事业的高度重视和解决好人才问题的决心和胆略。《意见》是对新时期人才事业发展的顶层设计和全面部署，是指导人才理论研究和人才工作实践的纲领性文件。

人才现象是最复杂的社会现象。人才问题有其自身的复杂性，解决起来不可能一蹴而就。《意见》给我们指明了人才发展体制和机制改革的大方向和基本路径，目前关键二字就是落实。这是一项复杂而细致的系统工程，也是一个结合具体情况再创造的过程。

一、在制度建设层面，要加快人才立法和配套政策的科学制定

制度建设是一个国家得以生存和发展的最基本的条件，是一项带有全局性、根本性、稳定性和长期性的工程。人才事业要得到快速发展，制度建设同样是重要保证。当今世界愈演愈烈的人才竞争，归根到底是人才制度的竞争。党的十八大提出，要形成具有国际竞争力的人才制度优势。这是激发人才创造活力，有效应对国际人才竞争的根本措施。由此可见，实现人才制度环境的现代化十分重要。《意见》所蕴含的精神实质和重大创新性举措，都要通过人才制度建设才能转化为现实的力量。

（一）加快人才立法

人才法制建设是人才制度建设的重要组成部分，它契合了新时期依法治国的理念，其自身所具有的刚性、普遍性、强制性等特征，也适应了新时期人才工作的新要求。习近平总书记曾指出："凡属重大改革都要于法有据。在整个改革过程中都要高度重视运用法治思维和法治方式，发挥法治的引领和推动作用，加强对相关立法工作的协调，确保在法治轨道上推进改革。"①由于人才现象本身的复杂性，人才法律涉及的内容相当广泛，既有人才培养、选拔、评价、激励等问题，又有不同类型人才队伍建设与发展问题，还有国家人才队伍整体规划和调节等问题。近些年来，我国已制定了不少关于人才的法律法规，发挥了重要作用。但是，随着形势的发展和对人才的强烈需求，人才立法的速度慢、数量少、分散化、碎片化，人才工作中一些重大问题缺乏相关的法律规定等弊端越来越充分地暴露出来。

因此，《意见》在加强人才管理法制建设方面，提出了新的要求和任务，主要包括四个方面：一是要研究制定促进人才开发及人力资源市场、人才评价、人才安全等方面的法律法规。二是完善外国人才来华工作、签证、居留和永久居留管理的法律法规。三是制定人才工作条例。四是清理不合时宜的人才管理法律法规和政策性文件。从这四个方面的内容可以看出，虽然人才法制建设的任务千头万绪，但《意见》的思路非常清晰，体现出对人才法制建设的总体考虑。

（1）突出了问题导向，找准了人才法制建设的切入点和突破口。《意见》把理顺政府、市场、社会、用人主体关系，明确各自功能定位，作为改革重点，着力加以推进。在人才工作实践中，人才评价是一个影响人才创新活力的突出问题，社会反映也颇为强烈。随着国家之间、地区之间、用人单位之间对人才资源的争夺日益激烈，组织机密泄漏、经济资源流失、核心和关键技术外流等现象时有出现。人才安全问题显得越来越突出，关系到国家的安危。因此，《意见》把规范人才开发及人力资源市场建设、人才评价、人才安全作为人才法律法规建设的重点。同时，《意见》把完善外国人才来华工作、签证、居留和永久居留管理的法律法规提到法制建设的日程，充分说明对引进海外人才的重视。

（2）制定人才工作条例。这是一项带有全局性、统领性的工作，也是人才法制建设中的重要基础。条例是法的表现形式之一，人才工作条例将由国

① 习近平在中央全面深化改革领导小组第二次会议上的讲话［N］. 证券时报，2014-03-01.

家权力机关或行政机关根据宪法和法律，针对人才工作这一重大事项做出比较全面、系统、原则的规定，具有长期执行的普遍效力。在现有的人才法律法规中，尚缺乏一部基础性、综合性的法律规范性文件，来统领和规范人才工作的基本原则和制度框架。人才工作条例的制定，将弥补这一空白，成为人才立法中最为关键的一步。条例一经颁布实施，其所涉及的对象，必须依条款办事，否则将要受到法律、行政或经济的处理。应当说，人才工作条例的制定将对人才事业的发展起到重要的保驾护航作用。

（3）清理不合时宜的人才管理法律法规和政策性文件。这一点体现了《意见》对人才法制建设的动态把握和实事求是的科学精神。随着形势的发展变化，要进一步推进人才发展体制机制改革，就必须冷静而理性地审视以往的不合时宜的法律法规和政策性文件。如果这些文件已不适应新的形势和发展需要，就有可能成为人才事业发展的障碍。另外，在人才工作的实践中，我党对人才发展规律和市场运行规律的认识也在不断加深，这也是推动人才管理法律法规和政策性文件清理的依据。总之，通过清理，人才法律法规将更能够促使政府、市场、社会、用人主体各司其职，形成公平竞争的人才成长法制环境，促进和激发人才的创造活力。

贯彻落实《意见》最有力的保障是走法治化的道路。目前人才立法的任务相当繁重。因此，要采取有效措施，加快人才立法的速度，提高人才立法的质量。在立法资源稀缺有限的情况下，可以考虑在立法内容和层级上采取循序渐进策略。

（二）科学制定人才政策

政策也是人才制度建设的组成部分。人才政策是指执政党和政府根据经济社会发展需要，对人才工作制定的指导方针和行政措施。改革开放以来，党和国家制定并实施的各项人才政策发挥了巨大作用。任何一项法律的创制都具有一定的政策背景，都要受到执政党的政策影响。可以说，执政党的政策是国家法律法规最核心的来源，而执政党也要通过国家政权机关，包括利用法律手段贯彻自己的政策。因此，加强人才法制建设并不意味着取消或不重视人才政策，相反，政策对于法律有着非常重要的意义，成熟的、行之有效的人才政策是人才法律的基础和重要来源，而人才法制建设的成果又将成为人才政策贯彻落实的最为重要和有力的手段。我们在坚持人才工作法制化基本方向的同时，要注意人才政策的研究和制定。

《意见》系统提出要建立和完善和制定多种工作机制及办法。从纵向来看，涉及人才的培养、选拔、管理、评价、激励、流动等各个环节，特别是在以往的基础上，增加了人才支持这一重要提法。仅在知识产权保护中，就提出研究制定商业模式、文化创意等创新成果保护办法、建立创新人才维权援助机制、建立人才引进使用中的知识产权鉴定机制、完善知识产权质押融资等金融服务机制。从横向来看，覆盖到了不同类型的人才队伍建设，而且更加细化，针对不同类型的人才提出了不同的措施。这些机制要真正发挥作用，都需要转化为不同的政策。因此，相关政策的科学制定成为落实《意见》的重要途径。

在以往的人才工作实践中，政策难以落实一直是困扰人们的难点。这其中固然有各种复杂的原因，但政策本身的问题无疑应该引起高度重视。这主要表现为政策不配套，造成在实际工作中很难执行；有些政策过于原则，缺乏具体可操作性等。因此，在落实《意见》的过程中，特别需要认真梳理《意见》所提出的各种要求和措施，从两个方面加强人才政策建设。一是要统筹规划，有序推进，使政策能够科学配套，相互促进和补充，从而形成合力，最大限度地发挥政策的积极效益。二是要加强细化，提高政策的可操作性。例如，探索实行充分体现人才创新价值和特点的科研经费使用管理办法、对职称外语和计算机应用能力考试不做统一要求等较为具体的问题，也需要转化为相关的可操作的政策，才能得以实行。

二、在政策执行层面，要强化执行力

执行力指的是贯彻战略意图，完成预定目标的操作能力。这个过程也就是政策目标得以实现的过程。政策执行以提高执行力为重要条件，执行力高，则政策执行到位，成效显现充分，反之亦然。由此可见，政策执行落实过程直接关系到政策目标能否实现及实现的程度和范围，在政策运行中具有重要意义。美国政策学者艾利森曾指出，“在实现政策目标的过程中，方案确定的功能只占10%，而其余90%取决于有效的执行”。[①]《意见》针对人才发展体制机制的重要领域和关键环节发力，从人才管理体制、人才培养支持机制、人才评价机制到人才流动、人才创新创业激励、国际引才用才机制，每个环节都部署了若干具有突破性、创新性的改革举措。相关地区和部门还会在《意见》的指导下进一步细化任务分工，制订更为详细具体的改革方案和路线图。这些高“含金量”的政策要成为真正推动改革的现实力量，关键在于

① 陈振明. 政策科学：公共政策分析导论［M］. 北京：中国人民大学出版社，2003：260.

通过有效执行使其得到切实贯彻。

在人才工作实践中，政策执行力不足主要体现在两个方面：一是从最顶层主体到基层单位这一链条中，政策执行者对政策的执行情感、执行政策的积极性存在逐级递减现象，从而影响政策执行的力度。二是在执行的过程中出现偏差，影响政策执行的走向。要强化《意见》的执行力，保证中央的部署能够得到有效的落实，防止政策执行中越来越弱，或者偏离《意见》的精神实质，需要从以下几方面入手：

（一）要提高政策执行主体的能力素质

影响政策执行力的因素很多，其中最重要的还是政策执行主体的能力素质问题。对于《意见》的贯彻执行来说，政策执行主体首先就是要准确深入地领会《意见》的精神内涵。《意见》中既有理论创新，又有实际措施的突破。执行者只有正确领会了《意见》，熟悉政策、精通政策，才能在贯彻执行中情绪饱满，发挥积极性和主动性，将文件的要求与本地区、本部门的具体情况结合起来，整合各种资源，调动各方面力量，创造性地落实《意见》提出的各种任务；才能在执行中能够不偏离政策预期，在关键政策点上拿捏好度。在提高政策执行主体的素质能力的同时，《意见》要求有关方面抓紧制订任务分工方案，明确各项改革的进度安排，也有利于消除误解和歧义，提高各层级的执行效率。

（二）要协同联动，形成政策执行合力

政策的执行又是一定的组织行为。要达到高效顺畅的目标，就要有科学的组织结构和组织原则，在权力和职责明确的前提下，遵循系统的运行程序和方式进行。在当前形势下，人才发展体制机制的每项改革举措，实质都是一项系统工程或综合性活动，涉及多方主体、多种领域、多项资源甚至多个时段的动态调度。仅海外引才服务和工作平台建设一项工作，就涉及国籍户籍、人才任职、社会保障、子女教育等一系列问题。因此，要下好人才发展体制机制改革这样一盘大棋，就必须强化协同观念，实现不同主体、不同层级、不同资源间的联通互动。主要包括两个层面：一是增进不同主体间的协同，形成分工明确、协调有序、科学规范的长效稳定执行机制。如在人才管理体制改革中，既要政府转变人才管理职能，又要用人主体发挥用人自主权，还需人才公共服务机构深化改革；人才培养支持机制的创新，涉及产、学、研多个领域的协同育人，科学、技术、工程等不同类型专家的协同创新，以及产教、校企等不同主体的合作。可建立改革工作联席会议制度，打造各方

信息的交流聚合平台，协调多个部门集中研判解决人才发展体制机制改革中的突出问题。二是加强不同层级之间的积极联动。《意见》的落实需要层层贯彻，只有从上至下达成共识，形成有效畅通的沟通互动，才能将各项政策真正执行到位，发挥政策预期功能。

（三）要加强监督指导，强化责任落实

人才发展体制机制改革的复杂性，使得不同主体、不同环节、不同领域之间工作的关联性增强，进而对政策执行者职责履行程度提出更高要求。因为在这个系统链条中，某一主体的执行不力或执行偏差不仅会影响这一环节工作的开展，而且会波及其他相关环节甚至人才发展体制机制改革的全局。例如，《意见》强调转变政府职能，简政放权，赋予用人主体更多的自主权。这里包含着一个人才管理体制上的重大变革。能不能用好自主权，将是对不同用人主体的一次考验。而对政府各级人才管理部门来说，能不能真正转变职能，无疑也是一次考验。要实现这一转变，既要发挥不同主体的主动性、创造性，而且还需要加强指导和监督，以避免政策走向的偏离和用人中的腐败等现象。因此，要准确掌握政策执行情况，必须从全局角度组织开展督导指导，明确职责责任。正是基于此认识，《意见》对强化监督做出了具体规定，一是进一步完善宏观指导、科学决策、统筹协调、督促落实机制。对政策执行的监督过程，也是宣讲政策、指导工作的过程，通过实地检查和面对面交流，总结改革中的好经验和做法，为执行者提供解决问题的思路。二是明确责任，并纳入考核范围。《意见》要求实行人才工作目标责任考核，建立各级党政领导班子和领导干部人才工作目标责任制，细化考核指标，加大考核力度，将考核结果作为领导班子评优、干部评价的重要依据。通过监督指导和明确责任，对执行者的行为进行有效规范和引导，形成执行政策的张力，保证改革健康发展。这些措施将会大大提高《意见》的执行力度，保证改革健康发展。

（四）要重视学习宣传，提高政策知晓率，营造良好的政策执行氛围

对一些重大人才工程、普惠性人才计划和人才制度应采取多种方式，扩大政策影响，尽量消除政策执行中的“信息不对称”现象。《意见》中提出的国家“万人计划”、重大人才工程项目中设立青年人才专项，以及高层次亟须紧缺人才优先落户制度等内容，能够极大调动和激励相关单位和人才的创新积极性，要在全社会范围内大力宣传。一般来说，社会组织和公众对人事人才政策越是关注和了解，人才政策的影响力就越大，政策执行的社会环

境就越有利。因此，可通过报刊网站开辟专栏、在人才活动中积极宣讲等措施，提高公众对《意见》的知晓度，使社会大众、相关单位以及各类人才了解到这些政策，不但成为政策的真正受益者，而且还要成为政策执行的监督者。

三、在思想观念层面，要实现思维方式的三个转变

思想是行为的先导。从某种意义上说，思想观念方面的障碍不破除，体制机制方面的改革就更加难以推进。我们党高度重视人才工作，经过多年的努力，人才事业得到了巨大发展，培养造就了各个领域的优秀人才队伍。各类人才的社会地位不断提升，他们所做出的卓越贡献得到了人民群众的认可和赞扬。我党关于人才强国的一系列基本理念已经成为社会各界的共识。但是在新的条件下，对人才优先发展、人才驱动等问题的认识仍然存在误区。要真正落实科学人才观，形成《意见》所提出的爱才、敬才、用才的浓厚氛围，除了加强政策解读和舆论引导外，各级人才管理部门和人才工作者还要转变思维方式。

（一）要从工具型思维转向价值型思维

“政策不只是达到理想目的的工具手段，它象征了社会重视什么事情及什么人”①。在人才工作中，工具型思维主要体现在只追求功利的动机，借助人才达到自己需要的预期目的，而漠视人才的情感和精神价值。价值型思维则体现出对人才价值问题的理性思考，视野中是一个充满人文精神的、有情感的世界，而不是把人才只当作物的冷冰冰的世界。人才资源是第一资源，具有巨大的收益递增性和惊人的可开发性。人才固然要为经济社会发展服务，具有工具性职能，但如果仅仅把人才看作实现利润或达到任期目标的手段，就会陷入实用主义的误区。对待人才，要有更长远的眼光和更广阔的胸襟。《意见》从人才的尊严、权利、需要和发展出发，体现出的正是这样一种博大的胸怀。《意见》提出要使全社会人人都拥有成长成才与施展才华的自由和权利。通过各项改革，最大限度激发和释放人才创新创造创业活力，使人才各尽其能、各展其长、各得其所，让人才价值得到充分尊重和实现。通过加强创新成果知识产权保护，加快科技成果转化使用、处置和收益管理改革，

① Kevin B. Smith，Christopher W. Larimer. 公共政策入门［M］. 苏伟业，译. 台湾：五南图书出版股份有限公司，2010：141.

改革人才评价、职称评定制度，完善科研人员收入分配政策，赋予创新领军人才更大人财物支配权、技术路线决定权，不断提高技术技能人才经济待遇和社会地位等，使人才价值得到充分体现；使人才在创新创造中有收益、有荣誉、有地位，让人才切实感受到知识创造的价值。通观《意见》全文，可以说是处处想人才之所想，急人才之所急，各类人才都能在其中发现自己所关心和关注的问题。要落实《意见》，我们就必须真正尊重人才，改变自觉不自觉地把人才作为工具的思维，不仅要充分认识人才在当今时代的价值，而且还要为人才的潜在价值实现而努力；不仅要为人才施展才华搭建舞台，还要为人才全面自由发展铺平道路，这样才能由衷地把人才放在优先发展的位置，也才能彰显出我国现代化建设的价值。

（二）要从管理型思维转向服务型思维

管理者是人才工作中的重要角色之一。在现代管理中，管理和服务并不是截然对立的，它们往往是重合的，管理是服务的一种表现形式和必要手段。然而在现实的人才工作中，还存在以管理者的管理活动为中心，以方便管理为目标，而不是以方便人才创造性劳动为目标的做法，主要体现就是人才管理中的官本位和行政化。不少管理手段和环节虽然规范，但却失之于重复和烦琐，无形中给人才增加了数倍的工作量，有时这些工作量都超过了研究工作本身，使人才的时间和精力不能集中。有些管理规定在执行中过于死板，缺乏灵活性，等等。民间反映强烈的科研经费使用管理问题、在职称评定中的外语和计算机考试问题等，都反映了人才管理中管理型思维的弊端。针对存在的问题，《意见》提出要纠正人才管理中存在的行政化、“官本位”倾向，特别回应了人才反映强烈的问题。按照《意见》，管理者要学会换位思考，树立服务意识，改变管理思维方式，树立服务思维。管理思维和服务思维的最大区别就在于思维起点的不同。管理思维的起点是管理者的管理活动，体现的是管理者的主体性。而服务思维的起点则是人才的创造性活动，体现的是人才的主体性。这种服务既不是简单的后勤服务，也不是被动的服务，而是具有科学性、专业性和前瞻性的职业化服务。这种服务对于人才工作的健康持续发展，具有独特的价值和贡献。

（三）要从经验型思维转向科学型思维

经验既是人们在实践中总结出的认识成果，又能够给人们的实践提供指导。经验思维所体现的就是以经验为依据决断问题的思维形式。这种思维是人们日常生活中最基础、最一般的思维形式，对人们认识事物的表象起着重要作用。但是在应对不断变化的新形势、不断出现的新问题方面，经验型思维显然具有其局限性。在这种情况下，科学思维就显得极其重要。科学思维是以科学理论为指导、借助于科学抽象力和理论洞察力深入分析矛盾和问题，形成关于事物的本质和发展规律的理性认识。现在人才工作实践中，凭借以往的经验对人才进行管理的情况还屡见不鲜。由于历史的原因，其中最常使用和最为便捷的便是用行政管理的经验来指导人才管理，在人才的评价、使用、激励等环节中都有体现。人才管理工作的核心是要激发人才的创新活力。“人有生存、发展和自我实现三层基本需求。……一些人的生存需要得不到满足，会产生不满，进而阻碍创新；一些人的生存需要虽然得到了满足，但其发展需要没有得到合理而有效的满足，缺乏公平感，也会产生不满，影响创新；一些人生存和发展需要都得到了满足，但其具有自我实现性质的需要却没有得到合理有效满足，这也会影响人的创新积极性和主动性。”① 由于人才的成长成才有其自身的规律，人才所从事的工作也有不同于行政工作的特殊性，因此用简单的行政工作经验来管理人才，就不能深入了解人才的需求和创造性劳动的特点，也就不能科学解决人才发展的体制机制、公共服务等方面的不足，从而阻碍或压抑人才的积极性和创造性。正因为如此，《意见》指出，要遵循社会主义市场经济规律和人才成长规律，分类施政，根据不同领域、行业特点，坚持从实际出发，具体问题具体分析，增强改革针对性、精准性。《意见》还针对不同类型的人才队伍建设，在培养支持、评价考核、保障激励、引进流动等方面提出了不同的政策和措施，充分体现出对人才发展规律和市场规律的深层次认识。人才管理部门和人才工作者要实现由经验型思维向科学型思维的转变，就必须加强学习，了解人才劳动的特点，掌握人才成长的规律和市场运行规律，从而自觉地用科学的理论指导人才工作实践。

（马抗美，中国政法大学教授、博士生导师，中国人才研究会副会长。）

① 韩庆祥，张艳涛. 当代中国的整体转型与力量转移［J］. 毛泽东邓小平理论研究，2016（1）：60.

推进人才与经济社会的深度融合

桂　昭　明

近日，中共中央印发了《关于深化人才发展体制机制改革的意见》（以下简称《意见》）。《意见》在五条“基本原则”的“服务发展大局”中特别强调；“围绕经济社会发展需求，聚焦国家重大战略，科学谋划改革思路和政策措施，促进人才规模、质量和结构与经济社会发展相适应、相协调，实现人才发展与经济建设、政治建设、文化建设、社会建设、生态文明建设深度融合”。

纵观当今中国的人才发展，与经济社会发展的“融合度”并不高：2012年，我国拥有这样三项世界第一：“现役”和“后备”工程师数量排名世界第一；2010年起SCI数据库收录中国科技论文数量排名世界第一；2011年起超越美日成为世界上申请专利最多的国家。但是这三项看似风光无限的世界第一，却没有改变我国自主创新能力相对较弱的局面，在全球产业布局中，仍然暂时不能改变“世界工厂”的尴尬局面。其中原因何在？

一、“四个脱节”，显现人才与经济社会结合不紧密

（一）科技人才同经济的脱节

我国工程师数量虽多，但据2014—2015年度GCR（全球竞争力报告），中国在“科学家和工程师的可用性”指标中，仅排名第43位，评估分值4.4分（最高分7分）。美国81%的工程专业毕业生可以立刻胜任工作，印度有25%的毕业生可能做到这一点，中国只有10%。

（二）人才创新成果同产业的脱节

我国科技论文数量虽多，但在全球被引用次数居于前1%的论文（即“高被引论文”）数量仅居世界第6位。专利数量虽多，但整体转化率低于

20%，产业化不到5%；且被世界公认的权威专利局授权的专利很少：2012年，在美国（USPTO）、欧洲（EPO）和日本（JPO）授权的三方专利局，中国专利权人获得专利授权的比例分别只有2%、1%、2%。而美国、日本和欧洲专利组织成员国（EPC）的专利权人获得专利授权的比例高达98%~99%。

（三）人才创新项目同现实生产力的脱节

毋庸讳言，有相当一些在我国中西部地区（大多在高等院校及科研院所）申报、落地的“千人计划”人才（其中主要是创新人才），却被吸引到东南部沿海地区的一些省市去创业了。为什么？因为他们的创新项目在申报、落地的地区缺乏产业化平台，缺乏创业环境，无法转变为现实生产力；而东南部沿海地区的一些省市为他们提供了完善的、没有“天花板”的创业平台和没有“藩篱”的创业环境，使他们“如鱼得水”，能够充分展示其聪明才智。这些人才的“东南飞”，就不仅仅是20世纪末的孔雀“东南飞”，而是凤凰“东南飞”了。

（四）研发人员创新劳动同其利益收入的脱节，也就是人才价格与价值的脱节

人才价格与价值脱节的重要表现，是把人才当作廉价劳动力。由于人才资本的廉价使用，又造成了对人才的虚假需求，造成了国有企事业单位的庞大和臃肿、人浮于事的现象比较普遍，许多优秀人才在做着他们不应该做的事情，人才浪费严重。人才价格与价值相背离的根源，还在于没有真正认识到或者不愿意承认优秀人才对经济发展的重要作用，不愿意承认人才资本的价值。

“四个脱节”，显现了人才与经济社会的游离。有不少地方的领导人，对自己“拥有”多少人才如数家珍，但对这些人才在当地经济社会发展中发挥作用如何，却“心中无数”。“四个脱节”，缘于人才发展“顶层设计”——人才发展体制机制的偏差。

二、“四个脱节”，缘于体制机制的藩篱

考察我国当前人才发展的现实，要践行“以用为本”的科学人才观，实现人才发展与经济社会发展的深度融合，必须进一步解放思想、解放人才、解放科技生产力。中国改革开放将近40年，国家经济层面的开放已经完成，中国已经崛起成为经济超日追美的“大国”。中国的硬件和基础设施也日趋

完善，但中国在人才层面的解放还远没有完成。“国富”之后还没有“民强”，“大国崛起”的基石之下还并不是一个“人才强国”。

“人才强国”战略的实施还缺乏一个以解放人才和开放人才为主要要素的操作系统，中国人才还被束缚于不同类型的体制机制的藩篱，还缺乏当代中国人才需要具备的以解放人才和“以用为本”为显著特征的核心诉求和价值体系的政策制度环境，使得我国庞大的人才资本难以在运营中重组、在重组中优化、在优化中增值。

“四个脱节”，需要从制度设计上寻求其根源；中国人才创新创业水平提升受阻，需要破解制度上的诸多障碍。

（一）市场在人才资源配置中没有起决定性作用，政府行为越位

在美国独立之初，为抑制美国的工业发展，英国禁止向美国出售生产设备，也不准技术人才向美国移民。1790 年，英国建筑师和机械工程师、纺织业的先驱人物塞缪尔·斯莱特为到达美国，在出境文件上将自己的身份填写成“农民”，才得以出境。他的到来，使美国拥有了第一个具有先进技术的纺织厂，开始了美国的工业革命。斯莱特之所以有如此巨大的动力来到美国，并不是美国政府的行为，而是由于美国两位富商（企业主）提供的优厚条件。他们以合伙为筹码，来换取斯莱特的技术知识。

无独有偶，20 世纪 90 年代，美国高科技企业发展迅猛，需要大量计算机等高新技术人才。1990 年，在美国计算机业主的游说和推动下，美国通过 H-1B 签证计划，使外来人才可以一次居留 6 年，成为美国企业吸引人才的有效武器。虽然这一计划遭到很多政府官员的反对，但美国的大型高科技公司一致认为，外来科技人才对该行业来说是一个不可或缺的人才资源，它们声称，如果无法有效地吸引人才来美国公司效力，它们只好把就业机会转到国外去。

在美国，吸引外来人才的并不是政府，而是以私营企业为主导的社会力量。在人才吸引问题上，美国政府的主要作用不是通过行政手段人为影响和干预人才流动，也不是通过临时性的措施和政策对少数人和少数地区提供优惠，更不是拿出金钱和官方职位吸引少数成功者，而是致力于营造公平竞争的就业和创业环境。

而目前的中国，高端人才的吸引基本是以政府为主体，来推进企业（或企事业单位）实施，以“千人计划”为代表的海外人才引进计划就是通过这种路径来实现的，还没有达到运用市场供求机制来吸引、配置人才。诚然，在目前我国社会主义市场经济发展尚不完善的情况下，以政府为主体来推进

是必要的；但是，今天以政府为主体推进，是为了明天以企业（或企事业单位）为主体来引进和使用，因为政府和人才之间并不存在供求关系，供需双方是使用人才的企业与人才。

可喜的是，目前在东部沿海省份，已经出现了一批以企业为主体引才、用才的典型，如江苏的昆山、张家港等地。如昆山市以工业技术研究院为核心，以清华科技园、北大科技园、留学生创业园、软件园等为载体，不断完善创新体系，加速集聚创新人才，建立了6个国家火炬计划产业基地、1个国家“863”“973”计划成果产业化基地，实现“人才引领产业”与“产业集聚人才”的良性互动，形成“引进一个人才、集聚一个团队、培育一个企业、带动一个产业”的链式效应。如昆山小核酸产业基地，囊括了国内小核酸行业的顶尖人才，形成了“搞核酸、到昆山”的共识。如今，“政府搭建交互平台，人才、企业双向选择”的引才模式，已在我国许多地方推行、实施。

西方发达国家的历史经验和我国东部沿海省份的引才实践说明，吸引、配置人才的市场供求机制，首先是一个具有自发性的机制。这一机制形成的关键是个人对自身价值的追求，而社会对个人价值的重视和保护程度决定了人才流动机制的发育程度。其次，人才市场供求机制是一个具有普遍性的机制。它不是针对少数人才、少数地区的特殊政策或措施，而是要在全社会的范围内为每个人才才能的发挥提供平等的机会和条件。最后，人才市场供求机制是一个具有持久性的机制。它形成的动力不是来自政治上或策略上的短期需要，而是市场经济发展所形成的产业对人才配置的需要和市场竞争所导致的企业对人才的客观需求。

由于在我国部分地区的市场在人才资源配置中没有起决定性作用，人才引进主要是政府行为，用人单位特别是企业并非引才的主体，由此导致“四个脱节”特别是科技人才同经济的脱节、人才与经济社会游离。

（二）人才评价导向误区，评价行为行政化

市场竞争机制是指在市场经济中，各个经济行为主体之间为了自身的利益而相互展开竞争，由此形成的经济内部的必然的联系和影响。人才市场竞争机制通过人才能力的竞争和用人单位政策、制度等环境的竞争，按照优胜劣汰的法则来调节人才市场运行。它能够形成人才的活力和发展的动力，促进人才经济的发展。好的人才加上好的制度，才能用好人才，才能才尽其用。

人才市场竞争机制体现在人才能力的竞争方面，表现为人才的业绩大小和效能高低。为此，对人才进行绩效评价就成为必然。一个地区、一个单位

拥有多少人才并不是最重要的，最重要的是现有人才的作用是否充分发挥、才智是否充分挖掘、能力是否充分开发？人才创新成果及产业化状况如何？这才是一个地区人才发展的切实要务，这才是检验人才“以用为本”战略成效的标志。

当下，人才评价政出多门，标准各异，方法繁多。由于政策的多元性，标准的人为性，方法的随意性，使得评价者的评价行为行政化、商业化；加之学术诚信的缺失，被评价者的行为随之出现片面追求论文、弄虚作假等庸俗化、“潜规则”化等现象。这些人才评价过程中的弊端，都可以归结到人才评价“机制”问题，由此导致“四个脱节”特别是人才创新成果同产业的脱节、人才与经济社会游离，“高水平”论文束之高阁，专利与产业化“无缘”。

江苏张家港市在全国率先推出“人才项目绩效评价指标体系”，启动对引进人才的绩效考核。人才绩效评估的“成绩单”与政府扶持绑定，打破了原先“一审定终身”的认定模式，将人才发展实绩与人才项目升级资助紧密相结合。同时，对连续多年绩效评价不合格的人才实行退出机制。人才绩效评价充分体现了市场竞争机制在使用、管理人才中的运用。

（三）人才激励机制缺失，知识与贫穷“结缘”

运用价格机制激励人才，是美国使用人才的法宝，使得国内人才不易外流，国外人才广泛被引。美国科学基金会的一次调查显示：美国科学家的中等收入是发展中国家科学家收入的 5 倍以上。这种个人经济利益上的差别对国外人才来说，具有很强的吸引力。目前，美国很多高技术公司还实行了配股方式，即公司除了给予高薪外，还视高技术人才工作的重要程度额外配给股票期权。由于高科技产品附加值看涨，许多公司的股票成倍甚至几十倍的上涨，每天都有一些专家、工程师成为百万富翁。

上海有个搞芯片设计的企业，前些年 200 多人集体辞职到外商（新加坡）投资企业去了。这件事惊动了党中央，专门派人去调查。其实，这 200 多人还在本地，只是从国有企业转到也是搞芯片设计的外资企业去了。他们流失的原因是分配问题，他们到外资企业还是做同样的工作，工资翻了 6 到 7 倍。

上述案例说明，人才激励机制的缺失，是导致“四个脱节”特别是人才价格与价值脱节、人才与经济社会游离的主要原因，而体制上的原因是过度行政化。过度行政化现象正制约着人才的发展，很多时候专业技术人才被现存体制裹挟着进入行政层级的上升通道，无论是从待遇，还是话语权来说，都远不如行政领导。

市场价格机制是指在市场竞争过程中，市场上某种商品市场价格的变动与市场上该商品供求关系变动之间的有机联系的运动。它通过市场价格信息来反映供求关系，并通过这种市场价格信息来调节生产和流通，从而达到资源配置。另外，价格机制还可以促进竞争和激励，决定和调节收入分配等。

运用市场价格机制激励、服务人才，考量的是在人才市场中用人主体的价值认知和人才客体的价值含量，双方缺一不可。和氏璞在楚厉王、楚武王的眼中只是一块石头，到了楚文王那里才成为价值连城的和氏璧；不学无术的南郭处士在齐宣王三百人合奏吹竽时可以滥竽充数，但在齐湣王好听独奏时，只好一逃了之。

毋庸讳言，时下的“高端人才”中，既有身怀瑰宝的“卞和”，也有无才无德的“南郭处士”。因此，引才也是有风险的。但是，一旦认准了人才的价值，就要舍得投入，要让真正的有才之士获得价值实现。张家港骏马集团的民营企业家慧眼识才，2011 年 3 月从美国引进海归人才周炳（2012 年入选第八批国家“千人计划”）合作创办“张家港意发功率半导体有限公司”。骏马集团除注册资金 1 000 万外，甘愿再投资 3 000 万元，却让仅以 100 万元现金和技术入股的周炳占 51%的股份。骏马集团看中的就是周炳博士的人才资本价值，让人才控股新企业，让其充分发挥高端人才在“技术、视野、信息”等方面的优势，以弥补本土企业转型升级“缺信息、缺人才、缺方向”的短板，全力助推企业转型升级，新产品已经进入市场，可望摆脱我国功率开关器件长期依赖进口的局面。

（四）平台及环境欠佳，“英雄无用武之地”

前些年，由于人才发展平台的欠缺，发生了“孔雀东南飞”“凤凰东南飞”的现象。而现在，有一个悄悄发生的新现象，就是东部一些地区的高端人才悄悄地向南方流动，当然还没有形成一个趋势。原因是什么？创业过程中遇到的融资问题，在广州、深圳等地，建立了创业金融中心，为高端人才解决融资问题。而在东部地区的一些地方，高端创业人才的融资问题成为人才创新成果产业化、创新项目形成现实生产力的瓶颈，这就是人才发展的政策制度环境问题。人才发展的平台及环境欠佳，是导致“四个脱节”特别是人才创新项目同现实生产力脱节、人才与经济社会游离的主要原因。

人才市场竞争机制体现在用人单位政策、制度等环境的竞争方面，表现为人才所处的创新创业环境的优劣。对于人才群体来说，其能量的发挥不仅取决于人才个体的能量，更取决于这支队伍是用一种怎样的制度组织起来的。

好的人才加上好的制度才是生产力。表面看我们是面临着人才的争夺与流动，实际上在背后还在进行着制度上的较量。人才政策和制度是影响人才吸引效果的主要因素，人才总是要向能够发挥才能体现价值的地方流动。也就是说，哪个地方的政策和制度更具有优势，哪个地方就能吸引、聚集更多的人才；哪个地方的政策和制度更具有活力，哪个地方就能将人才效能发挥到极致。

江苏昆山市在优化人才创新创业环境方面堪称楷模。昆山大力实施“人才生根”战略，以完善的功能、灵活的机制、周到的服务、宜居的环境，加快建设创新资源集聚、高端人才创业、科技成果转化、科技金融服务“四大高地”，先后引进“两院”院士 15 人、“长江学者”9 人，吸引了 52 名国家“千人计划”人才、34 名省高层次“双创”人才在昆山创业。在人才服务方面，成立市镇两级人才工作办公室和人才服务中心，完善人才工作网络，建立一支懂产业、懂科技、懂企业管理和经营、懂商业运作的人才工作队伍，提供全过程、专业化、保姆式服务。开设“绿色通道”，优先满足人才在出入境、居留、医疗、社保、购房、税收、子女入学、配偶安置等方面的需求，有效解决人才的后顾之忧。

三、创新驱动发展的实质是人才驱动

“强化科技同经济对接、创新成果同产业对接、创新项目同现实生产力对接、研发人员创新劳动同其利益收入对接”，主体是人才同经济的对接，形成人才经济。

人才经济是由创新速度、发展方向决定成败的经济，人才经济的实现与发展是一个“知识经济化”和“经济知识化”的双向互动过程，站在经济发展背后充任其支点的，是不断地创造新知识并付诸新应用、将智慧成果物化并创造出新价值的人才资本；“增强科技进步对经济发展的贡献度”，主要体现在“人才资本对经济增长的贡献率”上；“营造大众创业、万众创新的政策环境和制度环境”，重要的是营造有利于人才特别是引进人才创新创业的政策环境和制度环境。因此，创新驱动发展的实质是人才驱动。

（一）“四环联动”，人才驱动

研究社会经济发展的规律，人们逐步认识到：人才是经济、社会协调发展的根本推动力量。经济、教育、人才与科技四者是互相依存、不可分离的“多环联动”链。

经济是社会发展的物质基础，是多环连动的核心，但现代经济增长有赖于以科技进步为动力，而推进科技进步则有赖于人才，人才的培养又基于教育事业的发展，而教育事业的发展又依靠经济增长提供支撑。

这多环如能连动地、良性地运转起来，就具备了协调发展的基本条件。然而这种循环往复的联动，主驱动力何在？从哪里入手才能推动呢？普遍认为应该从人才的培养、使用入手，因为人才通过科技创新而实现科技进步，是经济增长的力量之源泉，是主驱动力，人才是社会经济发展的关键所在，在人才经济时代尤为如此。如图 1 所示。

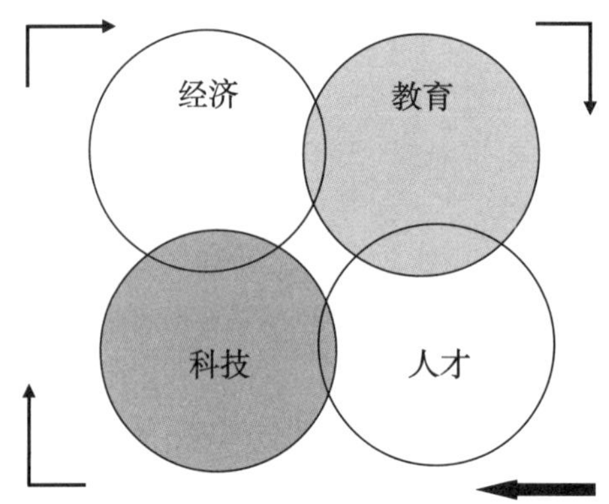

图 1　经济、教育、人才与科技“多环联动”链

（二）“政产学研”，人才链接

各地人才经济发展的实践证明，“产学研”相结合是吸引人才集聚、孵化创新企业、孕育创新创业人才、实现技术创新，进而实现产业的转型升级、形成新兴产业和高新技术产业、推进经济可持续发展的有效平台。

产学研合作有多种模式，其中以工业为载体的战略联盟模式最具典型性：高校、科研院所与大中型企业或中小企业集团结盟，通过强强联合，优势互补，以战略联盟的形式，共同组建高技术研发中心、高技术转移中心、孵化基地，形成完整的技术链、人才链、资金链、政策链和服务链，以促进人才创新成果顺利实现产业化。

而在市场发育尚不成熟、市场机制尚未完全形成、市场经济发展的初级阶段，政府以政策制度建设的方式有限介入，为“产学研”相结合提供支撑，则保证了以工业为载体的战略联盟在创新驱动发展的实践中取得成效。

基于此，创新驱动发展的“政产学研”循环推进的社会经济发展模式，成为发展中国家、欠发达地区走向发达国家和地区的必由之路。

其中，研究开发（人才创新）和科技成果产业化（人才创业）是这一发展模式的两个关键环节，都离不开人才开发，都需要人才来“链接”。因此，创新驱动发展，人才开发需先行。如图 2 所示。

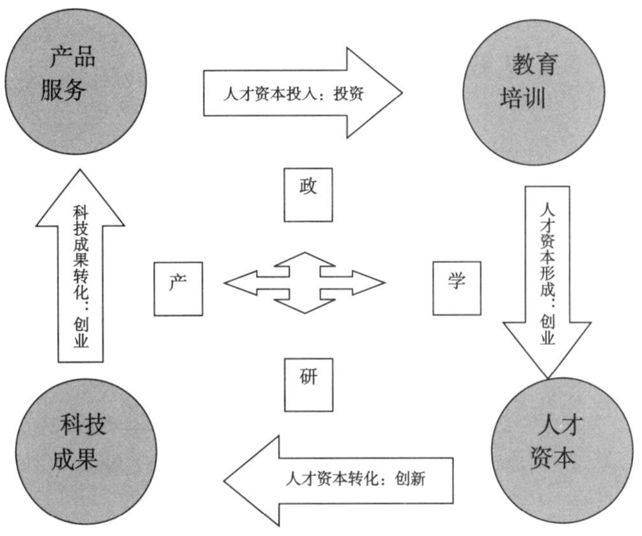

图 2 “政产学研”循环推进的社会经济发展模式

四、“四个对接”，改革为先，人才为本

要推进人才与经济社会深度融合，实现人才创新驱动发展，需要破除“四个脱节”，实现“四个对接”。《意见》为人才发展与经济社会发展深度融合指明了方向和路径。

（一）推进科技人才同经济的对接

《意见》在“转变政府人才管理职能”中指出，强化政府人才宏观管理、政策法规制定、公共服务、监督保障等职能。推动人才管理部门简政放权，消除对用人主体的过度干预。这一制度的实施，有望让市场真正成为配置创新资源的力量，让企业真正成为技术人才创新的主体。

从全球范围看，科学技术越来越成为推动经济社会发展的主要力量，即将出现的新一轮科技革命和产业变革与我国加快转变经济发展方式形成历史性交汇，为我国实施创新驱动发展战略提供了难得的重大机遇，科技人才同经济社会发展的对接已经成为历史的必然，对接则兴、脱节则衰。推动科技人才创新与经济社会发展紧密结合，关键是要处理好政府和市场的关系，通过深化改革，进一步打通科技人才和经济社会发展之间的通道。

（二）推进人才创新成果同产业对接

《意见》在“健全市场化、社会化的人才管理服务体系”中指出，积极培育各类专业社会组织和人才中介服务机构，有序承接政府转移的人才培养、评价、流动、激励等职能。在此机制改革中，人才绩效的科学评价是推进人才创新成果同产业对接的关键。

如何做好在人才发展的多环节和全过程中的评价，使人才评价实现科学化、规范化、社会化？中国创新创业科技人才评价应该把握的关键是——成果的创新性及由此产生的绩效。因此，首先要设计好人才评价各环节的机制，解决“为什么评”“评什么”“由谁评”“怎样评”“评价结果如何使用”等问题，填平人才资质评价的“陷阱”，避开人才绩效评价的“误区”，让人才达到与其“职业锚”相匹配的职业生涯发展巅峰。

政府要针对地方的需求，引进、用好各类高端人才，集中力量抢占制高点。围绕产业链部署创新链，围绕创新链完善资金链，消除人才科技创新中的“孤岛现象”，破除制约人才科技成果转移扩散的体制性障碍。

（三）推进创新项目同现实生产力对接

《意见》在“鼓励和支持人才创新创业”中指出，研究制定高校、科研院所等事业单位科研人员离岗创业的政策措施。鼓励和引导优秀人才向企业集聚。总结推广各类创新创业孵化模式，打造一批低成本、便利化、开放式的众创空间。这些制度的实施，有望推进创新项目同现实生产力对接，降低对外技术依存度，推进自主创新取得实效。

我国由于缺乏自主创新技术，被动高价引进国外信息技术，对外技术依存度仍然高达50%以上，而美国、日本对外技术依存度仅为5%；我国技术引进经费与消化吸收创新经费的比例约为11∶1，与日本该项指标的1∶10形成鲜明的反差。对外技术的依赖已经成为当前我国许多行业自主创新能力提高的瓶颈。

（四）推进人才价格与价值的对接

《意见》在“推进人才管理体制改革”中指出，探索高层次人才协议工资制等分配办法；在“改进人才培养支持机制”中指出，进一步改革科研经费管理制度，探索实行充分体现人才创新价值和特点的经费使用管理办法。研究制定技术技能人才激励办法，探索建立企业首席技师制度，试行年薪制和股权制、期权制；在“强化人才创新创业激励机制”中指出，完善科研人员收入分配政策，依法赋予创新领军人才更大人财物支配权、技术路线决定权，实行以增加知识价值为导向的激励机制。完善市场评价要素贡献并按贡献分配的机制。这些制度的实施，有望在研发人员创新劳动同其利益收入的对接中较快地取得成效。

在山东淄博有个村办企业，生产神舟飞船用的硅胶。这个村办企业现在已经成为中国氟硅行业的龙头企业，是中国石油化工的百强企业。他们的人才战略有两句话，叫以价值体现价值，以财富回报财富。十几年来，他们一共引进了几百名北大、清华、中国科学院的高层次人才。这个村办企业有什么诀窍吸引了这么多高层次人才？为什么这些高层次人才愿意到这个村办企业去？简单一句话，就是这些高层次人才以柔性流动的方式到该企业创新创业，其工资一律按照上海、北京等大城市工资标准的5倍执行。同时，该企业为这些人才实行期权股权制度。他山之石，值得借鉴。

在我们努力实施“创新驱动发展”的社会经济发展模式、全力推进人才发展与经济社会发展深度融合的进程中，当国家和各地形成了一个充满生机与活力的人才汇聚机制之日，就是国外人才慕名而至、海外学子携手归来、国内人才才智涌流的国盛才兴之时！

（桂昭明，湖北人才发展研究中心主任，武汉工程大学管理学院二级教授、博士生导师，中国人事科学研究院博士后导师，国务院政府特殊津贴专家。）

深入实施人才改革
创新人才管理和服务工作

李　普　严　利

中共中央《关于深化人才发展体制机制改革的意见》（以下简称《意见》）的发布实施，标志着推进人才强国战略进入事关成败的关键阶段，确定了体制机制改革是“十三五”时期人才工作的最重要任务。研究学习和贯彻落实《意见》将是当前和较长一个时期实施《国家中长期人才规划纲要》（以下简称《纲要》）的核心工作之一。科技人才是实施创新驱动发展战略的第一动力，是我国建设世界科技强国的主力军，也是《意见》涉及的主要人才对象，许多改革政策和举措，都是针对或适用于科技人才采取的重大突破。这些突破性改革措施力度之大、范围之广、针对性之强表明中央的决心和自信。《意见》的有效实施，必将决定人才强国战略和创新驱动发展战略走向更大的成功。机会弥足珍贵，充分、及时、全面地落实好新一轮改革政策是我们的光荣使命，更是扛在肩膀上的责任和担当。在我国“十三五”时期，科技人才的发展，需要着力在以下几个方面，落实《意见》中提出的体制机制改革的部署和政策措施。

一、加强人才管理的法制建设

目前，我国人才工作的法律体系尚未建立。全国人大通过的有关人才方面的法律法规，只是在教育法、科学技术进步法、科技成果转化法、知识产权法、国家科技奖励条例等法律法规中制定了相关条款，专门针对人才工作的宏观法律保障还是空白。《纲要》发布以来，各地方各部门针对人才发展出台了一系列政策措施，并进行了先行先试，这些政策需要经过实践检验，才能上升到法律层面。在科技人才发展体制机制改革进入“深水区”，工资制度、职称制度、社会保障制度等改革涉及广大科研人员切身利益，都是难啃的“硬骨头”，必须发挥法治的引领和推动作用，做到重大改革于法有据。

（一）研究制定人才开发促进法

加快研究制定国家人才开发促进法，对人才培养、引进、使用、评价、流动、激励、保障等各个环节和政府、用人单位、人才等多方主体进行规范，废除不利于创新创业和人才发展的政策规定，把成熟的改革经验上升为制度规范，把普适性政策纳入国家法律法规。用法律促进国家科技人才发展，保护国家人才安全，维护科技人才的权益，保护人才创新创业。

（二）修改完善工资管理、职业资格管理、人力资源市场管理等相关法律法规

充分发挥市场配置人力资源的决定性作用，推行政府权力清单，健全依法决策机制。修改完善工资制度、职业资格管理等相关法律法规，研究制定专业技术人才继续教育、人力资源市场管理等规范性文件，破除市场的政策性分割。

二、落实科研事业单位用人自主权

政府职能转变不到位，对科研事业单位在人事管理、收入分配、科研方向等方面管得过死。在人事管理方面，对科研人员身份管理方式不利于形成优胜劣汰、有进有出的人才发展机制，高层次创新型科技人才主要向“国有”和“体制内”相关部门集聚；受身份、单位、地域所限，科研人员很难由体制内向外流动。在工资制度方面，科研事业单位受工资总额限制，对科研人员激励不到位，没有形成知识、技术要素合理参与收入分配的工资增长机制，在部分单位存在干多干少一个样的现象，严重影响了科研人员创新创造积极性。在科研方向方面，受政府竞争性科研项目的影响，科研单位很难自我主导进行科研布局，提出具有前瞻性的重大命题。

为此，要全面推进简政放权改革，赋予科研单位更大自主权。

（一）加快现代科研院所制度建设

建立科研院所法人治理结构，取消科研院所行政级别，建立适应事业单位特点的负责人选人用人机制，对科研事业单位管理人员全面推行职员制度，改进科研人员岗位管理和薪酬制度，发展混合所有制经济形态的科研机构，鼓励有条件的私营企业建立高水平的科研院所或研发机构。

（二）扩大高校办学自主权

支持大学自主设立科研岗位。改革高校科研组织和收益分配方式，鼓励高校在开展基础研究的同时，面向经济建设开展服务，为企业培养人才，向企业转化成果。建立高校科技成果转化和技术转移机制，加强高校技术转移中心专业化建设，使高校科技人员不为技术转移分散精力。推进产学研协同创新，提高人才培养质量和科学研究能力。

（三）改进科研经费投入方式

在深化改革和考核评价基础上，对从事基础研究、公益研究和战略高技术研究的公共科研机构、大学研究单位给予稳定支持，通过增加事业费、基本科研业务费等方式，使稳定性经费和竞争性经费比例更加合理，形成既注重竞争又鼓励合作的良好创新氛围。加大对人的支持力度。稳定支持科研机构经常性研发活动和自主选题。

（四）分类推动事业单位工资制度改革

对于一流人才，要给予一流待遇。优化工资结构，保证科研人员合理合法收入。基础研究公益岗位以岗定酬，增加岗位工资比重；应用开发岗位突出绩效，增加绩效工资比重。建立科研组织内部符合科研规律和人才成长规律的资源分配机制，重点向关键岗位、业务骨干和突出贡献人员倾斜；项目承担单位结合一线科研人员实际贡献，公开公正安排绩效支出。

（五）落实专业技术职务聘任自主权

结合科技人才职业特点和成长规律，完善科技人才职称评价标准，创新科技人才职称评价方式，探索职称评价结果和科技人才岗位聘用有机衔接的措施和办法。完善现行职称管理办法，科研机构和高等学校自主开展职称评定，实行评聘合一，由身份管理向岗位管理过渡。建立科研院所、高等学校中科技人才的学术休假制度。

三、改革科研经费管理上的“重物轻人”现象

主要表现在：一是科技经费投入“重物轻人”，影响科研人员积极性和创造性。二是以项目为主的科研资助方式对创新人才和团队的稳定支持不够。科研骨干承担项目压力大，用于项目申请、评审考核的时间过多，不能“潜心钻研”，很难考虑长远布局，选择挑战性、风险性大的科研项目。三是支持科技人才计划的相关政策落实不到位。支持人才发展的资金落实不到位，

影响相关人才计划实施。

要根据科技研究规律和人才激励规律落实好人才投入机制改革任务。对基础研究人才给予稳定和长效的资助。对于从事基础研究的科研机构给予稳定的政府财政支持，建立稳定性薪酬占高比例的岗位绩效薪酬制度，加强绩效与薪酬以及岗位聘用的关联性，充分体现薪酬制度的激励性。建立健全对青年人才普惠性支持机制。建设更加完备的青年科研基金支持体系，扩大博士后资助的规模和范围；扩大国家杰出青年科学基金的资助强度；建立青年科技人才应用型研究成果奖励基金；增加对科研成果购买投入，推广科技成果处置收益和股权期权激励制度，开辟青年创新创业人才科技成果产业化得到合理回报的渠道。科研项目经费中加大对人员的支持力度。根据科研项目性质的不同，设计不同比例的绩效支出。对于一些主要依靠智力投入的科研项目，增加人员绩效支出的比例，反映科研人员的贡献，激励他们从事科研的积极性和主动性。加大对人员知识更新的投资。在重大建设和科研项目经费中安排部分经费用于人才培训，鼓励用人单位加大对专业技术人才知识更新的投资等。通过知识更新，跟上科技的快速进步和产业不断变革的要求。

四、深化创新创业人才评价激励机制改革

（一）人才评价工作存在的问题

（1）人才评价的社会化与市场化机制亟待完善。政府主导的人才评价过多，科研人员的社会化同行评议不够，人才评价的第三方评估薄弱，评价的专业性有待提升。

（2）科研人员分类评价政策落实不到位。人才评价中还存在唯职称、唯经费、唯论文、唯奖项等问题，存在重学历重职称重资历等现象，人才评价存在过度量化倾向，重数量不重质量，对青年人才重视不够，非共识项目难以获得资助。

（3）创新创业激励机制不健全。目前正在推进实施的科技成果使用、处置、收益的相关政策，下一步还需解决下放给事业单位会计成果转化形成的国有资产管理体制和税收鼓励等问题。

（二）解决人才评价问题的改革措施

（1）要完善科技人才分类评价机制。充分发挥评价的指挥棒作用，突出

业绩和实际贡献，由主要关注“过去成果”转向主要关注“现实产出和未来潜力”，完善重在业内和社会认可的科技人才评价机制。完善分类评价标准和办法，对从事基础研究的科研人员，重在同行评议，看其在国际同行中的地位及成果的科学价值；对从事应用研究的科研人员，主要让市场和用户评价，看其成果解决问题及对产业发展的实质贡献。适当延长对基础研究人员评价的周期，简化评价程序，形成制度化，鼓励科研人员持续研究和长期积累。

（2）落实科技成果转化激励机制。建立单位和发明人之间合理的知识产权利益分享机制，全面推进科技成果使用、处置、收益改革措施。鼓励创造知识性财产。出台科技成果转让获得股权行权兑现前缓征个人所得税等政策。建立促进国有企业创新的激励制度，对在创新中做出重要贡献的技术人员实施股权和分红权激励。制定国家支持个人和中小企业发明创造的资助办法。建立健全有利于知识产权保护的社会信用制度。

（3）加大对青年人才的支持。打破论资排辈、重已有成果不重发展潜力的做法，大胆启用青年人才担当重任。在国家科技计划人才基地专项中，针对35岁以下具有研究潜力的优秀青年科技人才设立青年专项，在应用研究、技术开发成果转化应用等方面资助其自由选题。设立青年学术交流基金，资助青年科技人才出国参加学术会议、研讨和访问。国际大科学工程吸纳青年科研人员参加。

（三）推进科研单位工资制度改革

推进科研事业单位工资制度改革，是科技体制改革中具有根本性、全局性和战略性的任务。成功实施改革，将有利于进一步调动科技人员潜心研发的积极性和创造性，有利于提高科研活动的质量和效率，进而有利于依靠高水平、前瞻性科技创新活动支撑创新驱动发展战略的有效实施。目前，我国科研事业单位工资存在一些需要解决的突出问题，主要包括：

（1）科研人员的收入分配制度仍然不适应鼓励潜心研究、公益研发和促进转化等激励导向的现实要求。合理的工资决定和增长机制尚未形成。同时，政府科研机构和高等学校的科研人员工资水平按照国家公职人员工资制度改革统一确定，但在与之相关的住房和养老等福利保障方面存在差异，未形成根据国民经济发展和财政收入状况相结合的收入增长机制，工资收入中稳定有保障的部分比例过低，造成队伍浮躁、难以潜心工作。

（2）总体收入水平较高，但不同区域和群体间收入存在较大差距。

（3）激励机制提高了科研人员的积极性，但过度多元化的工资结构和来源分散了精力，影响了科学研究按正常轨迹向合理目标发展。

（4）建立国家科研资源竞争配置机制，调动了科技人员积极性，但弱化了科研机构使命的实现能力。有以下解决办法。一是改革实行岗位工资制度。如果科技、经济和社会管理改革，能够实现或开始实现三中全会等改革目标任务，目前工资制度改革；二是落实单位用人分配自主权，在审批编制和备案编制的范围内，由机构严格根据使命定位、分解任务、按需设岗，并自主决定岗位工资方案。主管部门加强对机构的创新绩效评价，机构加强对研究人员绩效考评。

五、更大力度实施“万人计划”和“千人计划”

（一）做好国家科技人才计划顶层设计

新形势下，科技人才计划要聚焦重大需求，加强顶层设计，加大改革力度，强化支持引导，不断创新管理体制和运行机制，更好地发挥科技人才计划培养和引进人才的功能和改革“试验田”的先行先试作用。对于专门针对人才自身发展的改革举措，如培养青年人才、推动人才流动、构建创新团队等，主要由科技人才计划来实施；对于针对少数高端人才的改革举措，如稳定支持科学家自由探索的政策等，应当在人才计划这个小环境中实施；对于涉及面广、探索性强的改革举措，如促进科技成果转化等方面的政策，要通过人才计划进行试点，及时总结推广。重点加强以下工作：

（1）加大对亟须紧缺人才的支持力度。重点支持从事基础性、前沿性、前瞻性研究的人才，创造自由探索、大胆创新的环境，提高原始创新能力和国家核心竞争力。加大对装备制造、生物技术、能源资源、医药卫生等经济社会发展重点领域急需和紧缺人才的支持，加强关键共性技术攻关和产品开发，促进产业转型升级提质增效。

（2）强化人才计划的培养和集聚功能。创新人才培养集聚模式，在实践中培养人才，为各类人才成长营造环境，快出人才，出好人才，用好人才。重点培养处于职业初期的青年人才，为35周岁以下的优秀科技人才提供快速成长的通道。进一步加强对科技人才的跟踪服务，开展人才的知识更新培训和合作交流，为人才成长搭建平台。

（3）发挥人才计划的先行先试作用。探索适应各类科技人才成长的政策和措施。在稳定支持科学家自由探索和潜心研究、鼓励青年人才“奇思妙想”、产学研合作培养创新团队、促进科技成果转化、完善人才流动机制等方面先行先试，探索经验。突出国家在人才使用中的动员能力。通过人才计划集聚创新型科技人才，形成科技人才库和智力库。支持科技人才承担国家重大任务和重大科技项目，攻克科学难题，解决产业发展面临的重大技术问题，提升人才的创新能力和服务经济社会发展的能力。

（二）统筹国家科技人才计划实施

根据新时期实施创新驱动发展的新要求，按照高端引领、整体开发的工作思路，统筹设计和部署各类科技人才计划（工程、项目），形成中央引导、行业和区域按需部署、单位和社会自主的协同工作格局，构建定位清晰、覆盖重点、梯次设置、分工明确、有效衔接的人才计划体系。按照既定顶层设计布局整合各类人才计划，确立国家人才计划总体构架。国家人才计划的总体构架应由“万人计划”和“千人计划”组成。主要在层次高、潜力大、作风硬的创新人才培养、引进工作中，承担引领、示范和合理布局作用。其中，“万人计划”内部的各种人才计划（工程），要实施分类，强化分工，统筹管理。第一类为科技人才计划（工程），主要包括创新人才推进计划及其他计划中有关科技人才的计划项目；第二类为人文哲社人才计划（工程），主要包括文化名家及其他计划中有关文化、哲学社会科学领域等人才计划；第三类为管理人才计划（工程），主要包括党政及企业经营管理和科技创新管理人才等计划。计划实施中，要向边远贫困地区、边疆民族地区和革命老区人才倾斜支持。继续做好做实“千人计划”的引进、使用和培养工作。同时，采取支付更加有国际竞争力的奖学金和津贴等措施，吸引发达国家著名学校优秀学生报考国内大学或研究机构研究生，使之成为我国研发队伍新力量和生力军。坚持自主培养和海外引进并举，统筹杰出科学家、领军人才和青年人才的全链条培养，覆盖创新和创业、管理和服务等各类别，全方位推动多元化的人才队伍建设。

作为国家人才计划的补充和有机整体，国家有关部门可根据本部门行业发展规划和人才发展规划要求，设计实施行业人才发展计划，促进和引领人才队伍建设，满足本行业对各类实用人才的需求。在进一步明确定位、提升水平、完善管理的基础上，继续实施高素质教育人才培养、全民卫生健康人才培养、国家高技能人才振兴、现代农业人才支撑、高校毕业生基层培养等计划（工程）。同时，在统筹规划人才发展基础上，其他行业领域可以针对急需紧缺人才的实际情况设计实施相应人才计划。区域性人才计划应根据当地人才状况和事业发展中长期需求进行设立，东中部地区以立足本地人才培养和引进海外优秀人才为主，并鼓励人才向欠发达地区合理流动。避免地区间、部门和行业间通过人才计划等特殊政策形成人才壁垒。

（三）加大人才计划入选者（机构）政策支持

一是对从事基础和公益研究的高层次人才（团队），给予基本科研业务费充分稳定、长期支持，赋予研发经费管理及研究重点等自主权，营造潜心研究环境。二是对开展技术应用和产业化研发的高层次人才（团队），给予职务技术成果完成认股权、收益权或期权等奖励，奖励个人所得可以占该成果单位收益的80%以上，行权后发生现金收益时缴纳个人所得税，激励科技人才转化科技成果。三是探索青年科技人员潜力发现、早期职业扶持、科学评价机制和自身成长路径设计等管理措施、政策环境和文化氛围，给予启动资金、科研条件、团队支撑、民主环境和导师指导等多方位扶持与锻炼措施。四是探索更加直接有效的“人才、项目、基地”相结合的模式，在承担国家重要科研任务实践中培养高层次创新型科技人才和团队，建立更加便捷有效的计划立项“绿色通道”，对于入选各类科技人才计划的科技人才或团队给予科技计划项目的任务支持，并向其无条件开放国家重点实验室、工程中心等科研基地。五是给予高层次特需引进人才除政治选举权以外的国民待遇。六是大力支持科技人员境外研修活动，由中央财政专项支持的科技人才境外研修项目，打破跨部门组团的限制，加强研修项目组织单位和外事审批权负责单位或部门的衔接，简化程序，畅通科技人员国际学术交流的审批渠道。

（四）加强科技人才计划全链条管理

按照关于深化中央财政科技计划（专项、基金等）管理改革方案的通知（国发［2014］64号）要求，科技人才计划全面实施需要完成人才遴选、培养使用的过程管理、效果评估和示范宣传等工作。新时期，在进一步做好科技人才遴选同时，还要加强人才的管理服务和计划效果的评估宣传。一是建立国家科技等人才计划协同推进机制。坚持党管人才原则，在中央人才工作协调小组的统一领导下，分科技、人文、管理三个方面分别建立计划入选者人才库和统一的科技等人才计划管理信息平台，实现跨部门、跨地方、跨计划的科技等人才信息的互联互通、资源共享。二是加强对科技人才的跟踪培养服务体系建设。改进完善科技人才计划的过程管理，创新科技人才发现、培养、使用、流动、评价、激励等机制，对人才的职业发展和成长路径给予一定指导，为人才开展学术交流、知识更新、技能培训、创新创业活动等搭建平台。探索和推行人才服务模式，与行业、地方和企业建立科技人才创新驱动中心，促进成果和技术转化为现实生产力。三是加强对人才成长的评价和人才计划实施的评估。研究人才成长规律，建立以品德、能力和业绩为导向，科学化、社会化的人才评价机制，引导人才健康成长。强化对人才计划绩效评估，制定评估标准和办法，引入第三方评估机制，组织开展实施过程的评估，研究提出改进意见。四是加强科技人才计划管理队伍的能力建设，提升理论研究水平和实践能力，健全管理手段，创新服务模式等。

2016年5月30日，在中央召开的全国科技创新大会上，习近平总书记指出“到2020年时使我国进入创新型国家行列，到2030年时使我国进入创新型国家前列，到新中国成立100年时使我国成为世界科技强国”。同时强调，“一切科技创新活动都是人做出来的，我国要建设世界科技强国，关键是要建设一支规模宏大、结构合理、素质优良的创新人才队伍，激发各类人才创新活力和潜力”。我们按照习总书记关于“要改革人才培养、引进、使用等机制，努力造就一大批能够把握世界科技大势、研判科技发展方向的战略科技人才，培养一大批善于凝聚力量、统筹协调的科技领军人才，培养一大批勇于创新、善于创新的企业家和高技能人才”以及“基础研究领域，包括一些应用科技领域，要尊重科学研究灵感的瞬间性、方式的随意性、路径不确定性的特点，允许科学家自由畅想、大胆假设、认真求证。不要以出成果的名义干涉科学家研究，不要用死板的制度约束科学家的研究活动”等讲话精神，认真推进科技人才体制机制改革，为实施创新驱动发展战略，完成全面建成小康社会任务，实现“两个一百年”奋斗目标提供科技创新人才的有力支撑。

（李普，科技部科技人才中心；严利，科技部科技人才中心。）